JN436386

서울법대
법학총서
6

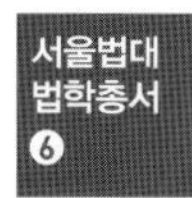

민법과 도산법

권영준 윤진수 이동진 최준규 한민

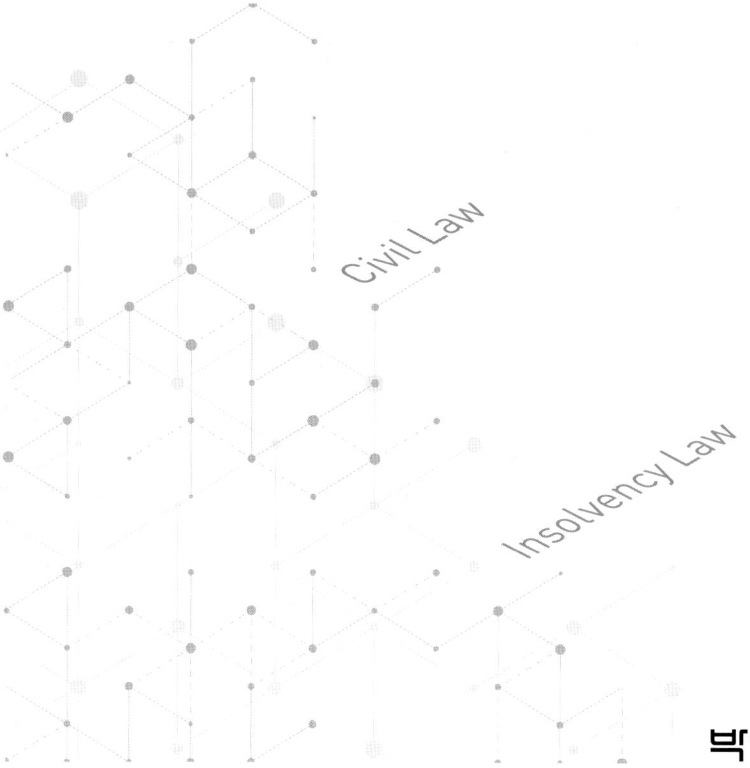
Civil Law
Insolvency Law

박영사

머 리 말

우리나라의 도산법은 1997년 무렵의 외환위기를 계기로 하여 큰 변화를 겪게 되었다. 사실 그 이전에는 도산법에 대한 학문적인 관심이 컸다고 말하기는 어려웠다. 그런데 도산하는 기업이 폭발적으로 증가하면서, 많은 도산 사건이 법원에 계속되게 되었고, 자의 반 타의반으로 도산 관련 법 자체도 크게 바뀌었다. 이로 인하여 도산법에 대한 학문적 연구도 활발해졌다. 이러한 도산법 연구의 활성화는 긍정적인 것이지만, 한 가지 아쉬운 점이 있었다. 즉 이제까지의 연구가 주로 절차적인 면에 치우쳐 있고, 실체법적 문제에 대하여는 다소 관심이 부족하였다는 것이다. 실제로 도산법은 실체법과 절차법이 밀접하게 얽혀 있어서, 어느 한 측면만으로는 도산법을 충분히 이해할 수 없는 것이다.

이에 이러한 상황을 다소나마 개선하기 위하여 지난 2018. 2. 21. 서울대학교 법학연구소에서는 "민법과 도산법"을 주제로 하는 학술대회를 개최하였고, 당시에 많은 사람들이 참여하여 뜨거운 논쟁을 벌였다. 이 책은 그 당시에 발표된 논문 3편을 바탕으로 하였고, 그 외에도 학문적 문제의식을 공유하는 논문 2편을 함께 수록하였다.

이 책의 내용을 간단히 소개하면 다음과 같다. 먼저 권영준이 쓴 제1장 “도산해지조항의 효력”은 계약 당사자 일방에게 도산절차가 개시되는 등의 사정이 있는 경우에 계약 상대방이 그 계약을 해지할 수 있도록 하거나 당연히 해지되도록 하는 계약 조항은 유효한가 하는 문제를 다루었다. 이 문제는 학설상 비교적 많이 다루어진 문제로서, 대법원의 판례는 쌍방 미이행 쌍무계약이 아닌 경우에는 그 효력을 인정하였으나, 실제로 중요한 쌍방 미이행 쌍무계약에 관하여는 아직 정면으로 판단하지 않았다. 이 글은 종래의 국내 상황과 각국에서의 동향을 소개한 다음 결론적으로는 도산해지조항은 무효라고 보아야 한다고 주장한다.

윤진수가 쓴 제2장 “담보신탁의 도산절연론 비판”은 담보신탁이 설정된 후 위탁자에게 도산절차가 개시된 경우에 이것이 수익자가 가지는 신탁재산에 대한 수익권에는 영향을 미치지 않는다는 담보신탁의 도산절연론을 비판하는 글이다. 종래의 확고한 대법원 판례나 압도적인 통설은 신탁재산의 독립성을 근거로 하여 이러한 도산절연을 긍정하고 있으나, 이 글은 도산법의 목적과 담보신탁의 실질을 중시하여 도산절연을 인정하면 안 된다고 주장한다.

이동진이 쓴 제3장 “부당이득반환청구권의 도산절차상 지위”는 종래 당연한 것으로 받아들여졌던, 부당이득반환청구권이 도산절차상 단순한 채권적 청구권으로 취급되는 것에 대하여, 물권적 청구권이 부당이득반환청구권으로 대체 또는 계속되는 경우 권리자의 지위는 환취권으로 100% 실현할 수 있는 지위에서, 경우에 따라서는 변제율이 5%에도 미치지 못하는, 회생 · 파산채권으로 급전직하하는 것이 타당한가 하는 점을 지적하면서 의문을 제기한다. 그리하여 해석론으로는 회생절차에서 부당이득반환청구권을 다른 회생채권보다 우선하여 변제하는 것이 공정하고 형평에 맞다고 볼 필요가 있고, 입법론으로는 이를 공익 · 재단채권으로 취급할 필요가 있다고 주장한다.

최준규가 쓴 제4장 “다수당사자 사이에서의 부인권 행사”는 양자 사이가 아닌 다수당사자 사이에서의 부인권 행사 문제를 다루었다. 부당이득법에서 다수당사자 사이의 부당이득 문제는 매우 복잡한 문제로 꼽히는데, 다수당사자 사이의 부인권 행사 문제도 마찬가지로 매우 어려운 문제이고, 국내에서는 제대로 논의된 바 없었다. 이 글에서는 여러 가지 상황에 대하여 상세한 분석을 하고 있다.

마지막으로 한 민이 쓴 “자산금융과 최근의 도산법 쟁점”은 자산금융거래에서 채무자에 대한 도산절차의 개시가 금융제공자의 권리에 미치는 영향과 관련하여 도산절차에서 소유권의 담보권으로의 재구성 문제와 도산절차의 개시가 장래채권 담보의 효력에 어떤 영향을 주는가의 문제를 다루었다. 이 글은 이들 쟁점에 관하여 최근의 대법원 판례와 법원 실무상 제시되어 있는 기본법리를 검토하고, 그 구체적인 적용단계에서 문제될 수 있는 세부 논점들에 관하여 해석론을 제시하고 있다.

이 책이 종래 별로 다루어지지 않았거나 충분한 연구가 부족했던 문제점에 대하여 앞으로 심도 있는 논의가 이루어지는 계기가 될 수 있기를 바란다.

이 책이 나오기까지 여러 분의 도움을 받았다. 먼저 공동연구를 지원해 주신 김도균 전 법학연구소장님과 서울법대 법학연구총서 제*권으로 이 책을 발간해 주신 정긍식 현 법학연구소장님께 감사를 드린다. 그리고 출판을 맡아 주신 박영사의 안종만, 안상준 대표님과, 제반 연락 업무를 맡아 주신 조성호 이사님, 편집과 교정을 위해 수고해 주신 정수정 선생님께도 고마움의 인사를 드리고자 한다.

2019. 7.

집필자 대표 윤 진 수

차 례

제 1 장 도산해지조항의 효력

제 2 장 담보신탁의 도산절연론 비판

제 3 장 부당이득반환청구권의 도산절차상 지위

제4장 다수당사자 사이에서의 부인권 행사
—지급지시 및 제3자의 변제 사례를 중심으로—

제 5 장 자산금융과 최근의 도산법 쟁점

제 1 장
도산해지조항의 효력*

권 영 준**

Ⅰ. 서 론

도산해지조항은 계약 당사자 일방에 관하여 도산절차가 개시되거나 도산 원인 또는 이에 준하는 일정한 사실이 발생하면 계약 상대방이 그 계약을 해지할 수 있도록 하거나 당연히 해지되도록 하는 계약 조항이다.[1)] 이러한 유형으로 도산해지조항[2)] 외에도 도

---

* 이 논문은 서울대학교 법학발전재단 출연 법학연구소 기금의 2017년도 학술연구비 지원(공동연구)를 받아 작성되었고, 같은 이름으로 비교사법 25권 제2호(2018. 5)에 게재되었다. 이 논문을 작성하는 과정에서 서울대학교 법학전문대학원 석광현 교수님, 이화여자대학교 법학전문대학원 한민 교수님, 경북대학교 법학전문대학원 김영주 교수님은 높은 통찰력과 세밀한 전문지식으로 더할 나위 없이 큰 도움을 주셨다. 또한 서울대학교 법학전문대학원 최봉경 교수님도 토론을 통해 이 주제에 대해 전체 그림을 그려보는 데에 큰 도움을 주셨다. 그 분들께 깊이 감사드린다.

** 서울대학교 법학전문대학원 교수

1) 대법원 2007. 9. 6. 선고 2005다38263 판결은 도산해지조항을 '계약의 당사자들 사이에 채무자인 회사의 재산상태가 장래 악화될 때에 대비하여 지급정지, 회사정리절차의 개시신청, 회사정리절차의 개시와 같이 도산에 이르는 과정상의 일정한 사실이 그 회사에 발생하는 것을 당해 계약의 해지권의 발생 원인으로 정하거나 또는 계약의 당연 해지 사유로 정하는 특약'이라고 정의한다.

2) 이성우, "도산해지조항의 유효성", 법률신문 제3799호 (2009. 12. 7); 임지웅, "도

산해제조항,[3] 도산해제특약,[4] 도산실효조항,[5] 도산조항[6] 등 다양한 명칭의 조항들이 있다.[7] 또한 계약관계를 종료하는 대신 계약 내용을 변경할 수 있도록 하는 도산변경조항도 있다.[8] 이러한 명칭은 용어가 얼마나 포괄적 의미를 담고자 하는가, 또 어떤 법적 효과를 의도하는 조항인가에 따라 다양한 모습으로 나타나므로 그 중 어느 것이 꼭 옳다고 할 수는 없다. 문제되는 조항에서 규정하는 내용과 논의의 범위 및 맥락에 따라 적절한 용어를 선택하면 충분하다. 우리나라 대법원은 그중 도산해지조항의 유효성을 다룬 바 있는데,[9] 이 글에서도 이를 고려하여 도산해지조항을 검토 대상으로 삼고자 한다.[10]

산해지조항의 효력 및 범위 — Flip-In 조항의 효력에 관한 영국과 미국의 판례분석을 중심으로", 도산법연구, 제1권 제2호 (2010. 7). 다만 이 논문의 36면 이하에서는 '도산실효조항'이라는 용어도 사용한다.

3) 김영주, "계약상 도산해제조항의 효력", 선진상사법률연구, 통권 제64호 (2013. 10).

4) 오민석, "건설회사의 회생절차에 관한 소고", 도산관계소송 (2009), 84-86면.

5) 오수근, "도산실효조항의 유효성", 판례실무연구, Ⅸ (2010), 439면; 김효선, "미국 연방파산법상 도산실효조항의 효력", 상사법연구, 제32권 제4호 (2014. 2).

6) 김성용, "도산조항의 효력", 사법, 제4호 (2008), 223면; 한민, "미이행쌍무계약에 관한 우리 도산법제의 개선방향", 선진상사법률연구, 통권 제53호 (2011. 1), 62-64면. "도산조항"은 후술하는 "도산변경조항"까지 포함하는 넓은 의미로 사용된다.

7) 영어로는 ipso facto clause, termination clause, bankruptcy termination clause, insolvency termination clause, insolvency clause, bankruptcy clause, flip clause 등 다양한 용어가 사용된다. 김영주 (註 3), 2면 참조.

8) 외국에서는 도산변경조항도 도산해지조항 등과 같은 범주로 논의되는 경우가 많다. Schmidt, Insolvenzordnung, 19. Auflage, C.H.Beck, 2016, § 119 Rn. 11; Adrienne Ho, *The Treatment of Ipso Facto Clauses in Canada*, 61 McGill L.J. 139, 145 (2015) 등 참조. 미국의 연방파산법 제365조(e)(1)도 도산해제뿐만 아니라 도산변경의 문제를 함께 다루고 있다. 도산절차 개시 등 소정의 사유가 발생하면 기한의 이익을 상실시키는 계약 조항도 일종의 도산변경조항이다.

9) 대법원 2007. 9. 6. 선고 2005다38263 판결.

10) 도산을 이유로 한 기한의 이익 상실 등의 문제를 규율하는 도산변경조항은 도산해지조항과 언제나 똑같이 취급할 수는 없다. 도산변경조항에 특유한 문제는 다

도산절차가 개시되면 채권자는 도산법이 정한 틀에 따라 제한된 범위 내에서만 자신의 권리를 행사할 수 있다. 채무자의 회생이나 채권자들 사이의 공정한 청산을 위해 불가피하게 가해지는 제한이다. 이러한 제한을 생각하면 채무자의 도산은 채권자에게는 일종의 위험(risk)이다. 도산해지조항은 이러한 위험을 사전에 계약으로 회피하려는 조항이다. 즉 도산법이 부과하는 법적 제한에서 벗어나 계약관계를 종료시킴으로써 일종의 개별적 청산을 도모하려는 조항이다. 도산해지조항은 계약 조항의 하나이므로 계약법의 규율 대상이지만, 이에 따른 해지가 도산절차에 미치는 영향 때문에 도산법의 규율 대상이기도 하다. 개별주의적 성격이 강한 계약법과 집단주의적 성격이 강한 도산법이 도산해지조항의 영역에서 교차하면서 도산해지조항의 효력을 둘러싸고 여러 가지 법적 쟁점들이 발생한다.

Ⅱ. 기본 논의

1. 개 관

계약 당사자들은 언제 어떤 사유로 어떻게 계약을 해지할 것인지 자유롭게 결정할 수 있고, 그 결정에 스스로 구속된다. 하지만 계약자유의 원칙도 어디까지나 전체 법질서 내에서 허용되는 것이므로 그 범위 내에서 제한될 수 있다. 계약 내용이 강행규정에 어긋나지 않아야 한다는 제한이 전형적인 예이다. 무엇이 강행규정인지는 그 규정을 두고 있는 법률 자체에서 정하는 바에 따르는 것이 원칙이지만,[11] 법률에서 명시적으로 정하지 않았다면 그 법

음 기회에 별도로 다루기로 한다.

11) 민법 제289조, 제608조, 부동산 실권리자명의 등기에 관한 법률 제4조 등이 그 예이다.

률의 목적과 해당 법률조항의 성격 등 여러 사정을 종합하여 그 조항이 강행규정인지를 결정한다. 강행규정에 반하는 법률행위는 무효이다.

한편 「채무자 회생 및 파산에 관한 법률」(이하 '채무자회생법'이라고 한다)은 다수인의 이해관계를 집합적으로 조정하고, 채무자의 회생이나 파산재단의 공정한 배당을 통해 채권자의 이익, 나아가 사회경제적 이익을 도모하는 법이다. 채무자회생법의 규정들은 원칙적으로 강행규정의 성격을 띤다.[12] 채무자회생법상 쌍방 미이행 쌍무계약에 대한 관리인의 선택권에 관한 제119조와 파산관재인의 선택권에 관한 제335조도 강행규정이다.[13] 그런데 도산해지조항에 따른 해지는 이 조항들에 따른 관리인 또는 파산관재인의 선택권, 특히 계약관계를 지속하려는 이들의 선택권을 침해한다고 볼 여지가 있다. 그렇다면 도산해지조항은 강행규정에 반하여 무효가 아닌가 하는 의문이 생긴다. 이러한 의문은 회생절차상 관리인의 선택권에 관한 제119조와 파산절차상 파산관재인의 선택권에 관한 제335조에서 공통적으로 발생한다.[14] 이 글에서는 회생절차상 관리인의 선택권에 관한 채무자회생법 제119조를 중심으로 이 문제를 살펴본다.

---

12) 도산법의 강행법규적 성격과 그 한계에 대해서는 山本和彦, 倒産法制の現代的課題 (有斐閣, 2014), 28-40면 참조.

13) 박병대, "파산절차가 계약관계에 미치는 영향", 파산법의 제문제(상), 재판자료, 제82집 (1999), 454-455면; 임치용, "건설회사에 대하여 회생절차가 개시된 경우의 법률관계", 사법, 제18호 (2011), 64면에서는 관리인이나 파산관재인의 선택권에 관한 위 규정들이 강행규정이라고 명시적으로 서술하고 있다.

14) 도산해지조항이 가지는 의미가 회생절차와 파산절차에서 꼭 동일하다고는 할 수 없다. 엄밀히 말하면 도산해지조항으로 인한 해지의 파장은 기존 거래관계를 유지하여 채무자의 갱생을 도모해야 하는 회생절차에서 더욱 크다. 그러나 이러한 차이가 도산해지조항에 관한 법리를 절차별로 다르게 전개해야 할 정도에 이르지는 않는다고 보인다. 국내외의 입법이나 논의도 양자를 구별하지 않는다.

2. 관련 조항

(1) 관련 조항의 내용

채무자회생법 제119조 제1항 제1문은 “쌍무계약에 관하여 채무자와 그 상대방이 모두 회생절차개시 당시에 아직 그 이행을 완료하지 아니한 때에는 관리인은 계약을 해제 또는 해지하거나 채무자의 채무를 이행하고 상대방의 채무이행을 청구할 수 있다.”라고 규정한다. 제2항은 “제1항의 경우에 상대방은 관리인에 대하여 계약의 해제나 해지 또는 그 이행의 여부를 확답할 것을 최고할 수 있다. 이 경우 관리인이 그 최고를 받은 후 30일 이내에 확답을 하지 아니하는 때에는 관리인은 제1항의 규정에 의한 해제권 또는 해지권을 포기한 것으로 본다.”라고 규정한다. 이처럼 관리인에게 계약이행과 해제에 대한 선택권을 부여하고 상대방에게는 그 선택권의 조속한 행사를 위한 최고권을 인정함으로써 채무자에게 유리한 방향으로 기존 계약관계의 운명을 조기에 확정하고, 이를 통해 더욱 신속하고 충실한 회생절차를 진행할 수 있도록 하는 것이다.[15]

(2) 쌍방 미이행 쌍무계약

채무자회생법 제119조는 쌍방 미이행 쌍무계약을 대상으로 한 조항이다. 그러므로 먼저 쌍방 미이행 쌍무계약의 개념을 살펴 볼 필요가 있다.

‘쌍무계약’은 쌍방 당사자가 상호 대등한 대가관계가 있는 채무를 서로 부담하는 계약으로서 편무계약과 대비되는 개념이다.[16] 쌍무계약에서는 쌍방의 채무 사이에 성립·이행·존속상 법률적·

15) 박병대 (註 13), 438면.

16) 편무계약 또는 일방 미이행계약과 도산해제조항에 대한 일본법상 분석으로는 伊藤 眞, 片務契約および一方履行済みの雙務契約と倒産手續 — 倒産解除條項關係を含めて, NBL No. 1057 (2015. 9. 1)가 있다.

경제적 견련성이 존재하므로 쌍방은 자신의 채무 이행을 담보로 타인의 채무 이행을 촉진할 수 있다.[17] 판례가 이러한 의미의 견련성이 있는 쌍무계약으로 인정한 계약 유형으로는 도급계약,[18] 아파트분양계약,[19] 주식매매계약,[20] 플랜트 제작공급계약[21] 등이 있다. 이러한 법률적·경제적 견련관계가 없는데도 당사자의 특약으로 쌍방의 채무를 상환 이행하기로 한 계약은 여기에서의 쌍무계약에 해당하지 않는다.[22] 관리인의 선택권이 문제되는 쌍무계약은 회생절차나 파산절차 개시 당시 유효하게 성립한 쌍무계약이라야 한다.[23] 한편 회생절차나 파산절차가 개시되기 전에 매매예약이 체결된 경우에도 쌍무계약에 관한 법리가 유추 적용된다.[24]

'쌍방 미이행'은 문자 그대로 쌍방이 계약에 따른 채무 이행을 완료하지 않은 상태를 말한다.[25] 만약 일방은 이행을 완료하였으

17) 대법원 2002. 5. 28. 선고 2001다68068 판결; 대법원 2014. 9. 4. 선고 2013다204140 판결.

18) 대법원 2001. 10. 9. 선고 2001다24174, 24181 판결; 대법원 2002. 8. 27. 선고 2001다13624 판결; 대법원 2017. 6. 29. 선고 2016다221887 판결.

19) 대법원 2002. 5. 28. 선고 2001다68068 판결; 대법원 2004. 11. 2. 선고 2002다53865 판결.

20) 대법원 2003. 5. 26. 선고 2000다54659 판결; 대법원 2017. 4. 26. 선고 2015다6517, 6524, 6531 판결.

21) 대법원 1998. 6. 26. 선고 98다3603 판결.

22) 대법원 2007. 9. 7. 선고 2005다28884 판결.

23) 따라서 청약만 있고 승낙이 없어 계약이 성립하지 않은 시점에서 도산절차가 개시되었다면 그 계약은 여기에서의 쌍무계약에 해당하지 않는다.

24) 대법원 2007. 9. 6. 선고 2005다38263 판결. 또한 한민, "전환사채·신주인수권부사채 및 교환사채 채권자의 도산절차에서의 지위", 민사판례연구, 28권 (2006), 1023면, 1062면의 각주 83 참조.

25) 미국 연방파산법에서는 이를 executory contract라고 한다. 이는 도산채무자와 상대방의 이행이 완료되지 않았고, 일방이 그 이행을 하지 않으면 중대한 계약 위반을 구성하여 타방의 채무 이행을 면제시키게 되는 계약을 말한다. Countryman, Executory Contracts in Bankruptcy: Part Ⅰ, 57 Minn. L. Rev. 439, 460 (1973); In re Murexo Petroleum, Inc., 15 F. 3d 60 (5th Cir. 1994); In re Texscan Corp., 976 F. 2d 1269 (9th Cir. 1992); United States v. Floyd, 882 F. 2d. 233, 235 (7th

나 타방은 이행을 완료하지 않았다면 쌍방 미이행 쌍무계약에 해당하지 않는다.[26] 이행을 일부만 완료한 경우에도 여기에서의 미이행에 포함된다.[27] 다만 미이행 부분이 극히 일부분이어서 상대방인 피고의 채무 이행을 담보하는 기능을 수행하지 않는 경우에는 여기에서의 미이행이라고 볼 수 없다.[28] 이행 대상인 의무는 서로 대등한 대가관계에 있는 계약상 채무를 말하므로,[29] 이러한 대가관계에 있지 않은 채무 미이행(예컨대 상대방의 채무와 대등하지 않은 부수적인 채무 미이행)은 여기에서의 미이행에 해당하지는 않는다.[30]

(3) 관리인의 선택권

쌍방 미이행 쌍무계약에 관하여 관리인에게 선택권을 부여하는 이유는, 관리인이 계약 이행과 계약 종료 중 어느 쪽이 채무자의 회생이나 채권자 등 이해관계인들의 이익 보호에 도움이 되는지를 공적인 지위에서 판단하고 실행함으로써 도산절차의 목적 달성에 기여하기 위함이다.[31] 기존 계약관계 해소가 채무자 회생에

Cir. 1989) 등. 또한 미국 대부분의 법원이 채택하고 있는 Countryman test에 관하여 간략히 소개하고 있는 James L. Bromley 외 2인(한민 역), "미국 파산절차에서 있어서의 전환사채·신주인수권증권 및 교환사채 권리의 행사", 민사판례연구 28권 (2006), 1093-1094면도 참고. 다만 executory contract의 개념에 계약 위반의 '중대성'을 요구해야 할 근거가 없다는 반론도 있다. Jay Lawrence Westbrook, A Functional Analysis of Executory Contracts, 74 Minn. L. Rev. 227, 282-283 (1989) 참조.

26) 상대방이 미이행 상태라면 관리인은 그 이행을 청구하면 되고, 도산채무자가 미이행 상태라면 상대방은 회생담보권 또는 회생채권으로 변제받게 된다.

27) 대법원 2003. 5. 16. 선고 2000다54659 판결; 대법원 2017. 4. 26. 선고 2015다6517 6524, 6531 판결.

28) 대법원 2013. 9. 26. 선고 2013다16305 판결. 미국에서는 실질적으로 채무 이행이 이루어진 경우에는 형식적으로 채무 이행이 완료되지 않았어도 미이행계약으로 보지 않는다. In re Pacific Exp. Inc., 780 F. 2d 1482, 1487 (9th Cir. 1986).

29) 대법원 1994. 1. 11. 선고 92다56865 판결; 대법원 2013. 9. 26. 선고 2013다16305 판결.

30) 대법원 1994. 1. 11. 선고 92다56865 판결.

31) 이러한 공적 판단의 정당성을 담보하기 위해 법원은 필요하다고 인정하는 때에는

유리하면 관리인은 계약 해제나 해지를 선택함으로써 채무자를 채무 부담으로부터 해방시킬 수 있다. 반대로 기존 계약관계 유지가 채무자 회생에 유리하면 관리인은 계약 이행을 선택함으로써 채무자가 본래 계약관계에서 도모하고자 하였던 이익을 실현할 수 있다. 일종의 효율적 계약파기(efficient breach of contract)가 법적으로 허용되는 셈이다. 이러한 관리인의 선택권은 회생을 도모하는 채무자나 채무자의 회생을 통해 권리 실현 가능성을 높이게 될 채권자들에게 요긴하고, 궁극적으로 도산절차의 목적 달성에 기여한다.[32] 계약 상대방의 입장에서는 본인의 의사와 무관하게 계약이 이행되거나 해지되는 불이익을 입게 되지만, 도산절차의 목적 달성을 위해 이러한 개별적 불이익을 감수하게 하는 것이다.

헌법재판소는 관리인의 선택권을 규정한 채무자회생법 제119조 제1항이 계약자유를 침해하여 헌법에 위반되는지 다투어진 사건에서 합헌 결정을 내렸다.[33] 이 결정에서 헌법재판소는 이 조항의 목적을 "채무자의 경제적 재건을 돕고, 회생채권자들 전체의 이익을 균형 있게 조정하기 위한 것"으로 파악하면서 "회생절차를 신속하게 진행하고 이해관계인들의 이해를 공평하게 조정하는 것은 회생제도의 목적을 달성하고 그 절차에 대한 사회적 신뢰를 확보함에 있어 매우 중요한 일"이라고 지적하였다. 아울러 "관리인의 계약 해제로 인해 상대방이 다소간의 불이익을 입게 되는 것은 사실이나 이러한 사익이 이를 통하여 달성하고자 하는 공익에 비하여 결코 크다고 볼 수 없다"고 보았다. 관리인의 계약해제권을 포함한 선택권이 가지는 공익적 의미를 인정한 것이다.

관리인의 계약의 해제 또는 해지 시 법원의 허가를 받도록 할 수 있다(채무자회생법 제61조 제1항 제4호).

32) 이를 도산법상의 공서(公序)라고 보는 입장도 있다. 伊藤 眞 (註 16), 35면 참조.

33) 헌법재판소 2016. 9. 29. 2015헌바28 결정.

이에 따라 헌법재판소 결정의 전제가 된 사건에서 대법원은 소수 주주의 주식매매청구권 행사에 따른 주식매매계약이 체결된 뒤 회생절차가 개시된 경우에도 관리인은 주식매매계약을 해제할 수 있다고 판결하였다.[34] 이 사건에서 소수 주주인 원고는 영업양도에 반대하는 주주의 주식매수청구권을 인정한 상법 제374조의2의 취지 등에 비추어 보면 관리인은 채무자회생법 제119조 제1항에 기한 선택권 행사의 일환으로 주식매매계약을 해제할 수 없다고 주장하였다. 그러나 원심법원은, 회생절차는 단체법적 법률효과를 가지는 것이므로 개별 소수 주주의 재산권을 보장하고자 하는 상법의 위 규정보다 채무자회생법의 위 규정이 우선하여 적용된다고 하면서 그 주장을 배척하였고,[35] 대법원도 원심의 판단을 그대로 유지하였다. 결국 헌법재판소와 대법원은 소수 주주의 권리를 보호하는 것도 중요하지만 관리인의 선택권 보장을 통한 회생절차의 목적 달성이 더욱 중요하다고 본 것이다.

Ⅲ. 도산해지조항의 효력에 관한 입법 내지 논의 현황

1. 문제의 소재

쌍방 미이행 쌍무계약의 상대방이 도산해지조항에 따라 그 계약을 임의로 해지하면 관리인의 위와 같은 선택권 행사를 통하여 보호될 채무자나 다수 이해관계인들의 이익이 침해된다. 이러한 점을 강조하면 도산해지조항은 강행규정인 채무자회생법 제119조의 취지에 반하여 무효이다. 하지만 도산해지조항을 두어 상대방의 도산 위험을 사전에 회피하려는 시도는 현실적 필요에 바탕을 둔 것으로 계약자유의 원칙상 이를 부정할 이유가 없고, 오히려 선

34) 대법원 2017. 4. 26. 선고 2015다6517, 6524, 6531 판결.

35) 서울고등법원 2014. 12. 12. 선고 2014나4196, 4202, 54566 판결.

제적으로 이러한 조치를 취한 채권자를 우대하는 것이 더 자연스럽다고 생각할 수도 있다. 이러한 점을 강조하면 도산해지조항은 강행규정인 채무자회생법 제119조에 반하지 않아 유효하다고 볼 수도 있다. 실제로 국내외의 입법 내지 논의 현황을 살펴보면 이러한 두 가지 입장이 공존하고 있다.

2. 국내 학설과 판례

(1) 학 설

우리나라 학설은 대체로 도산해지조항의 효력을 부정하는 경향을 보인다.[36] 그 이유로는 도산해지조항의 유효성을 인정하면 ① 회생절차의 경우 관리인에게 선택권을 부여한 의미가 몰각되거나, 영업에 중요한 계약들이 해제 또는 해지되어 채무자의 영업이 타격을 받게 되고 이로써 채무자 회생의 목적 달성이 어렵게 된다는 점,[37] ② 파산절차의 경우 파산관재인의 선택권이 무의미하게 되거나, 채권자 사이의 형평을 도모하면서 채무자의 총재산을 청산하여 총채권자에게 공평한 만족을 주려는 파산절차의 목적에 어긋나게 된다는 점,[38] ③ 이러한 조항을 유효하다고 보면 도산절차 개시에 따른 계약관계의 존속 여부는 채무자가 아닌 상대방의 처분에 따라 결정되므로 사실상 도산절차를 무시하는 결과가 된다는 점[39] 등이 제시되고 있다.

다만 도산해지조항이 언제나 무효인가에 대해서는 뉘앙스의

36) 전반적인 학설 상황에 대해서는 한민 (註 6), 66-70면 참조.

37) 남효순, "倒産節次와 契約關係 — 履行未完了雙務契約의 法律關係를 중심으로 —", 남효순·김재형 편, 倒産法講義 (박영사, 2005), 30-31면; 서울중앙지방법원 파산부 실무연구회, 회생사건실무(상), 제4판 (박영사, 2015), 382면.

38) 임종헌, "破産節次가 未履行契約關係에 미치는 影響", 인권과 정의, 제241호 (1996), 30면. 박병대 (註 13), 438면.

39) 오수근 (註 5), 449-450면.

차이가 있다. 국내 문헌들은 대체로 도산해지조항이 강행규정에 반하여 '원칙적으로' 무효라고 설명하는데, 그중에는 예외적으로 도산해지조항이 유효하게 되는 경우를 적극적으로 예시하는 견해들도 있다. 예컨대 도산법의 목적을 넘어서서 보호해야 하는 법률관계가 있는 경우에는 도산해지조항의 효력을 인정해야 한다면서, 어차피 도산채무자가 이행할 수 없게 된 경우(이행불능)나 계약 상대방이 채무자 외의 사람이 이행하는 것을 원하지 않는 합리적 이유가 있는 경우(일신전속적 채무), 해지를 못하게 하면 계약 상대방이 다른 채권자와 비교하여 부당한 불이익을 받는 경우를 그러한 경우로 드는 견해가 있다.[40] 또한 쌍방 미이행 쌍무계약 중 대출계약이나 증권발행계약 등 금전소비대차나 그에 준하는 금융계약에 대해서는 도산해지조항의 효력을 인정해야 한다는 견해,[41] 리스계약에 국한된 논의이기는 하지만 도산해지조항의 효력을 인정해야 한다는 견해[42]도 있다.

(2) 판 례

(가) 판결의 내용

도산해지조항의 효력을 정면으로 다룬 우리나라 대법원의 유일한 판결은 구 회사정리법상 회사정리절차에 관한 대법원 2007. 9. 6. 선고 2005다38263 판결이다. 이는 채무자에 대해 회사정리절차가 개시된 이후의 정리채권 확정 사건에 관한 판결이었다. 정리회사의 채권자인 원고는 채무자와의 합작투자계약에 도산해지조항 및 해지에 따른 주식매수조항이 있음을 근거로, 장차 해지권 및 주식매수청구권을 행사할 경우에 발생할 주식인도청구권을 정리채권으로 신고하였다. 이와 관련하여 원고에게 도산해지조항에 따른

40) 오수근 (註 5), 451면.

41) 한민 (註 6), 70면.

42) 이연갑, "리스계약과 도산절차", 민사판례연구, 28권 (2006), 952면.

해지권이 인정되는지, 다시 말해 도산해지조항이 유효한지가 다투어졌다. 원심법원은 도산해지조항이 무효라고 보아 원고의 청구를 배척하였다.[43)]

하지만 대법원은 "도산해지조항을 일반적으로 금지하는 법률이 존재하지 않는 상태에서 그와 같은 구체적인 사정을 도외시한 채 도산해지조항은 어느 경우에나 회사정리절차의 목적과 취지에 반한다고 하여 일률적으로 무효로 보는 것은 계약자유의 원칙을 심각하게 침해하는 결과를 낳을 수 있을 뿐만 아니라 상대방 당사자가 채권자의 입장에서 채무자의 도산으로 초래될 법적 불안정에 대비할 보호가치 있는 정당한 이익을 무시하는 것이 될 수 있다." 라고 전제한 뒤, "이와 같은 사정과 아울러 회사정리법상 관리인은 정리절차개시 당시에 존재하는 회사 재산에 대한 관리처분권을 취득하는 데에 불과하므로 채무자인 회사가 사전에 지급정지 등을 정지조건으로 하여 처분한 재산에 대하여는 처음부터 관리처분권이 미치지 아니한다는 점을 생각해 보면, 도산해지조항이 회사정리법에서 규정한 부인권의 대상이 되거나 공서양속에 위반된다는 등의 이유로 효력이 부정되어야 할 경우를 제외하고, 도산해지조항으로 인하여 정리절차개시 후 정리회사에 영향을 미칠 수 있다는 사정만으로는 그 조항이 무효라고 할 수는 없다."라고 판시하였다. 이 판결만 놓고 보면 대법원은 도산해지조항의 유효성을 원칙적으로 인정하는 태도를 취하였다고 볼 여지도 있다. 하지만 판결은 당해 사건에만 구속력을 가지는 것이고, 판결에 제시된 일반론도 구체적인 사건과의 관련성 아래에서 이해하여야 한다.

(나) 판결의 의미

우선 이는 쌍방 미이행 쌍무계약 사건을 다룬 판결이 아니므

43) 서울고등법원 2005. 6. 10. 선고 2004나87017 판결.

로 쌍방 미이행의 쌍무계약이 문제되는 사건에 그대로 적용할 수 없다.[44] 위 판결에서도 "쌍방 미이행의 쌍무계약의 경우에는 계약의 이행 또는 해제에 관한 관리인의 선택권을 부여한 회사정리법 제103조의 취지에 비추어 도산해지조항의 효력을 무효로 보아야 한다거나 아니면 적어도 정리절차개시 이후 종료 시까지의 기간 동안에는 도산해지조항의 적용 내지는 그에 따른 해지권의 행사가 제한된다는 등으로 해석할 여지가 없지는 않을 것이다."라고 하여 위 판결의 법리가 쌍방 미이행 쌍무계약에 기계적으로 확장되어서는 안 된다는 점을 확실히 하고 있다. 해당 사건과는 무관한 쌍방 미이행 쌍무계약에 대해 굳이 이러한 언급을 추가한 것은 그만큼 이 판결의 판시 내용을 쌍방 미이행 쌍무계약에 기계적으로 적용하는 사태를 경계하였기 때문일 것이다.

또한 이 판결은 합작투자계약이라는 특수한 계약 유형에 대한 판결이다. 합작투자계약은 둘 이상의 당사자가 모여 상호출자하여 회사를 설립·운영하는 것을 목적으로 하는 계약으로서 조합계약의 본질을 지닌다. 합작투자계약에서는 당사자들 사이의 신뢰관계, 특히 합작투자 파트너의 재정 상태에 대한 신뢰관계가 다른 계약 유형보다도 더욱 중요한 의미를 지니게 된다. 그런데 당사자가 도산하면 그러한 신뢰관계는 깨지게 된다. 또한 도산 당사자를 대신하여 관리처분권을 가지는 관리인 또는 파산관재인과는 합작투자 사업을 함께 운영해 나가는 데에 필수적인 고도의 신뢰관계가 애당초 존재하지 않는다. 이러한 합작투자계약의 본질과 성격에 비추어 볼 때에 도산해지조항이 정당화될 가능성도 높아진다. 이 판결은 이러한 계약 유형의 특수성을 염두에 두고 이해하여야 한다.

---

44) 대법원은 이 사건 합작투자계약상 의무가 서로 대등한 대가관계에 있다고 보기 어려우므로 합작투자계약이 회사정리법 제103조 소정의 쌍무계약이라고 보기 어렵다고 판단하였다.

실제로 이 판결을 평석한 논문들은 위 판결이 제시한 일반론이 모든 계약에 통용되는 기준을 제시한 것이 아니라 합작투자계약이라는 특수한 유형의 계약에 관한 기준을 제시한 것이라고 평가하고 있다.[45] 또한 이 판결을 언급한 다른 논문들에서는 이 판결에도 불구하고 여전히 도산해지조항의 효력은 원칙적으로 부정하여야 한다는 입장을 취하고 있다.[46] 참고로 서울중앙지방법원 파산부 실무위원회가 간행한 서적에서는 "쌍방 미이행의 쌍무계약에 관하여 도산해제(해지)조항의 효력을 인정한다면 상대방에게 회생절차 개시 이전에 항상 해제(해지)권이 발생하여 법이 관리인에게 계약에 관하여 이행 또는 해제(해지)의 선택권을 부여한 의미가 몰각되므로 이러한 경우에는 도산해지조항의 효력을 원칙적으로 부정함이 타당하다."라고 서술하고 있다.[47] 이러한 서술은 도산해지조항은 원칙적으로 유효하다는 위 대법원 판결이 선고된 이후에 법관들에 의하여 이루어진 것이다. 이는 대법원 판례에 크게 좌우되는 일선 법원의 도산실무에서조차도 쌍방 미이행 쌍무계약에 관한 한 도산해지조항의 효력은 부정해야 한다는 태도가 유지되고 있음을 보여주는 것이다. 다른 논문에서는 오히려 이 판결은 쌍방 미이행 쌍무계약에 관해서는 도산해지조항의 효력을 부정해야 한다는 취지라고 평가하면서,[48] 이 점에 대해서는 학설과 판례상 이견이 없다고까지 한다.[49] 그러므로 이 판결은 쌍방 미이행 쌍무계약에 관한 도산해지조항의 유효성까지 전면적으로 인정하는 판결

45) 김재형, "2007년 민법 판례 동향", 민법론 Ⅵ, (박영사, 2011), 428면; 박재완, "도산법 분야의 최신 판례와 실무례", 인권과 정의, 제383호 (2008. 7), 30면. 또한 판례평석은 아니지만 김효선 (註 5), 358면에서도 같은 취지로 언급하고 있다.

46) 임채웅, "도산격리의 연구", 민사소송, 제12권 제1호 (2008. 5) 448면, 452면; 오수근 (註 5), 449-451면; 한민 (註 6), 70-73면; 김영주 (註 3), 17면.

47) 서울중앙지방법원 파산부 실무연구회 (註 37), 382면.

48) 김영주 (註 3), 17면.

49) 김영주 (註 3), 21면.

이라고 평가할 수는 없다.[50] 쌍방 미이행 쌍무계약에 해당하지 않는 경우에는 관리인의 선택권 침해 문제가 발생하지 않으므로 도산해지조항이 당연히 무효라고 할 수는 없고, 그 도산해지조항이 부인권 대상이 되거나 공서양속에 위반되는 때에 한하여 무효가 된다는 점을 판시한 판결이라고 볼 수 있을 뿐이다.

3. 외국 입법례와 해석론

(1) UNCITRAL 도산법 입법지침

UNCITRAL(United Nations Commission on International Trade Law)은 1966. 12. 17. 국제연합(UN)에 설립된 위원회로서 거래 관련 법분야에서 각국 법제의 현대화와 법제 간 조화를 도모하고 그 실행을 지원하는 임무를 수행한다. UNCITRAL은 회원국 대표단들로 구성된 실무작업반(Working Group) 회의를 통하여 국제 규범을 성안한 뒤 UNCITRAL 본회의와 UN 총회의 채택 결의를 통하여 이를 UN의 공식 규범으로 선언하는 방식으로 작업하는데, 다양한 법제적 전통을 가진 전세계 회원국들의 공동 노력을 통해 특정 국가나 특정 법제적 전통에 치우치지 않는 균형 잡힌 모델 법제를 제시하는 노력을 기울인다는 점에서 큰 의미를 가진다. UNCITRAL은 도산법 분야에서도 의미 있는 성과물들을 생산하여 왔다.[51]

---

50) 이 판결 이후의 하급심 판결례는 엇갈린다(무효라는 입장을 취한 서울중앙지방법원 2013. 7. 17.자 2012회확1735 결정, 유효라는 입장을 취한 서울중앙지방법원 2014. 1. 24.자 2013카합80074 결정). 이은재, "한국과 미국의 회생절차에서의 미이행계약에 대한 비교", 사법, 제35호 (2016. 3), 294-295면 참조. 또한 서울고등법원 2012. 9. 7. 선고 2012나10678 판결은 도산해지조항에 따른 해지를 무효로 보았는데 상고심 판결인 대법원 2015. 5. 29. 선고 2012다87751 판결은 다른 이유를 들어 원심 판결을 수긍하였다.

51) UNCITRAL 도산법 입법지침 외에도 1997년 UNCITRAL 국제도산에 관한 모델법(UNCITRAL Model Law on Cross-Border Insolvency), 이에 관한 2013년 입법 및 해석 지침(Guide to Enactment and Interpretation), 2009년 UNCITRAL 국제도산 협력에 관한 실무 가이드(UNCITRAL Practice Guide on Cross-Border Insolvency

그중 UNCITRAL 도산법 입법지침(UNCITRAL Legislative Guide on Insolvency Law)은 도산법 전반에 걸친 입법 관련 권고사항(recommendation)들을 담고 있다.[52] 이는 세계 각국의 도산법제에 중요한 방향성과 지침을 제공하고 있고, 우리나라 도산법에도 상당한 영향을 미친 바 있다. 입법지침 권고사항 제70항은 도산해지조항의 효력에 대해 다루고 있다. 이 권고사항은 도산절차의 개시신청 또는 개시결정이나 도산관재인의 선임을 이유로 계약을 자동 종료시키거나 기한의 이익을 상실시키는 계약 조항은 도산관재인과 채무자에게 효력이 없다는 원칙을 규정한다.[53] 입법지침은 이에 관한 주석에서, 이 문제는 도산해지의 장단점을 신중하게 고려하여 결정해야 한다는 점을 인정하면서도, 이러한 조항의 효력을 인정하지 않는 쪽이 더 바람직한 방향이라고 설명한다.[54] 이로 인하여 계약 상대방에게 불이익이 발생할 수 있으나, 이는 계약 상대방이 계약을 해지하지 못한 채 계속 이행해야 하는 데에서 발생하는 손해나 손실을 전보하여 주거나, 특정한 계약 유형에 대해서는 예외적으로 도산해지조항의 효력을 인정하여 줌으로써 해결해야 한다고 설명한다.[55] 이와 관련하여 입법지침 권고사항 제71항은 금융계약 또는 특별한 법리하에서는 근로계약과 같은 계약들은 도산해지조항

Cooperation), 2011년 UNCITRAL 국제도산 모델법: 사법적 관점(UNCITRAL Model Law on Cross-Border Insolvency: The Judicial Perspective)이 발표되었다.

52) UNCITRAL 도산법 입법지침은 2004년(Part 1, 2), 2010년(Part 3), 2013년(Part 4) 세 차례에 걸쳐 순차적으로 발표되었다.

53) 원문은 다음과 같다. 70. The insolvency law should specify that any contract clause that automatically terminates or accelerates a contract upon the occurrence of any of the following events is unenforceable as against the insolvency representative and the debtor. (a) An application for commencement, or commencement, of insolvency proceedings; (b) The appointment of an insolvency representative.

54) UNCITRAL Legislative Guide on Insolvency Law (2004), p. 123.

55) UNCITRAL Legislative Guide on Insolvency Law (註 54). p. 123.

을 무효로 하는 제70항의 예외에 해당한다는 점을 규정한다.[56)] 즉 이러한 특정 유형의 계약들에 담긴 도산해지조항은 예외적으로 효력을 인정할 수 있음을 밝히고 있다.

(2) 각국의 입법 및 해석론

도산해지조항의 효력에 관한 각국의 입법 및 해석론은 다양한 양상을 보이고 있다. 전체적으로는 도산해지조항의 효력을 원칙적으로 부정하는 쪽이 우세하다.

(가) 미 국

종래 미국 연방파산법[57)]은 도산해지조항의 효력에 관하여 일반적인 규정을 두고 있지는 않았으나, 리스계약에 관해서는 제110(b)조에서 일방 당사자의 파산을 이유로 리스계약을 해지할 수 있다는 점을 규정하고 있었다.[58)] 미국 거래실무에서는 도산해지조항이 널리 사용되고 있었고, 법원도 도산해지조항의 효력을 대체로 긍정하여 왔다. 다만 도산해지조항이 도산절차에 미칠 부정적 영향을 고려하여 이 효력을 가급적 제한하려는 판례법상 시도도 있었다.[59)] 그런데 1978년 미국 연방파산법이 개정되면서(Bankruptcy

56) 원문은 다음과 같다. 71. The insolvency law should specify the contracts that are exempt from the operation of recommendation 70, such as financial contracts, or subject to special rules, such as labour contracts.

57) 미국 연방파산법은 1800년(Bankruptcy Act of 1800)에 처음 한시법으로 제정되었고, 그 뒤 몇 차례 제·개정과 폐지 등을 거쳐 왔다. 본문 해당 문장의 서술은 1970년판 U.S.C. Title 11(Bankruptcy)을 기준으로 한 것이다.

58) 11 U.S.C. 110(b) (1970).

59) Smith v. Hoboken R.R., Warehouse & S.S. Connecting Co, 328 U.S. 123 (1946); In re Fleetwood Motel Corp., 335 F.2d 857 (3rd Cir. 1964); Weaver v. Hutson, 459 F.2d 741 (4th Cir. 1972); In re Queens Blvd. Wine & Liovor Corp., 503 F.2d 202, 207 (2d Cir. 1974). 이러한 판결들은 형평(equity) 또는 비양심성(unconscionability)의 법리에 기초하거나 도산절차의 목적에 비추어 도산해지조항의 효력을 제한하였다. Andrea Coles-Bjerre, Ipso Facto: The Pattern of Assumable Contracts in Bankruptcy, 40 N.M.L. Rev. 77, 87 (2010) footnote 40

Reform Act of 1978) 쌍방 미이행 쌍무계약(executory contract)에 대한 도산해지조항의 효력을 원칙적으로 부정하는 제365조(e)(1), 제541조(c)(1)조가 포함되었다. 이러한 조항들은 도산해지조항의 효력을 인정하면 채무자의 재산이 일탈되어 채무자의 회생이나 청산에 방해가 된다는 이유를 바탕으로 입법된 것이다.[60] 1978년 미국 연방파산법 개정을 분기점으로 미국은 도산해지조항의 효력을 부정하는 입장으로 전환하였다. 다만 미국 연방파산법은 스왑계약이나 선물계약, 네팅계약 등 일정한 유형의 금융계약에 대해서는 도산해지조항 무효 원칙에 대한 예외들을 설정하고 있다.[61]

(나) 독 일

독일은 도산법(Insolvenzordnung)[62]에서 도산해지조항의 효력 문제를 일반적으로 다루는 직접적인 조항을 두고 있지는 않다.[63] 다만 도산법 제119조에서는 제103조 내지 제118조가 적용되는 것을 미리 배제하거나 제한하는 계약은 무효라고 규정하고 있는데, 그중 제103조는 쌍방 미이행 쌍무계약에서 관리인의 권한에 관한

도 참조.

60) H.R. Rep. No. 595, 95th Cong., 1st Sess. 348 (1977); S. Rep. No. 989, 95th Cong., 2d Sess. 59 (1978).

61) 제555조(증권계약), 제556조(선물계약), 제559조(환매계약), 제560조(스왑계약), 제561조(네팅계약 등).

62) 1877년의 파산법(Konkursordnung), 1935년의 화의법(Vergleichsdordnung) 및 1990년의 개정 포괄집행법(Gesamtvollstreckungsordnung)이라는 3개의 법률을 하나로 통합한 단일 도산법으로서 1994. 10. 5. 공포되어(BGBl. I S. 2866) 1999. 1. 1. 시행된 법이다. 그 뒤 2012. 3. 1.과 2013. 1. 1.에 순차적으로 시행된 "기업구조조정 촉진을 위한 법(Gesetz zur weiteren Erleichterung der Sanierung von Unternehmen; ESUG)"에 의하여 도산법이 개정되어 도산제도에 상당한 변혁이 이루어졌다. 다만 이때 도산해지조항에 관련된 부분은 개정되지 않았다.

63) 독일 도산법 제112조는 임대차와 사용대차계약에서 일방의 도산절차 개시신청 자체를 이유로 계약을 해지할 수 없다고 규정하고 있기는 하나, 도산해지조항의 효력을 일반적으로 다루는 조항은 아니다.

조항이다. 흥미롭게도 입법 연혁을 보면 도산법 입법 과정에서는 도산해지조항을 무효로 한다는 명문 규정을 두려는 시도가 있었으나 논의한 결과 이 규정을 두지 않게 되었다.[64] 그러므로 독일 도산법 자체가 도산해지조항의 효력에 관하여 특정한 태도를 취하였다고 말하기는 어렵다.[65] 결국 이 문제는 제119조의 해석론에 맡겨지게 되었다.[66] 독일의 일반적인 해석론에 따르면, 도산해지조항은 제103조 제1항의 적용을 배제하는 조항이고, 독일 도산법 제119조에 따라 도산해지조항의 효력은 원칙적으로 부정된다.[67] 한편 독일 연방대법원은 2012. 11. 15. 선고한 판결에서, 도산절차의 목적에 비추어 전기공급계약에 포함된 도산해지조항을 무효라고 판단하였다.[68] 종래 판례 중에는 건설공사계약표준약관(VOB)에 따라 수급인의 도산을 이유로 한 도급인의 계약 해제는 유효하다고 본 것도 있으나,[69] 이는 도급인이 일의 완성 시까지 언제든지 계약을

64) Nerlich/Römermann/Balthasar, Insolvenzordnung, 30. Auflage, C.H.Beck, 2016, § 119 Rn. 10; Schmidt (註 8), § 119 Rn. 13 참조. Kroth/Braun, Insolvenzordnung, 7. Auflage C.H.Beck, 2017, § 119 Rn. 10에 따르면 정부안 초안에는 도산해지조항의 무효를 선언하는 제137조 제2항 신설안이 포함되어 있었으나, 의회의 심의 과정에서 이 조항이 계약자유의 원칙을 해칠 수 있다는 우려 때문에 삭제되었다. 이러한 의회의 조처에 대해서는 많은 비판이 제기되었다고 한다.

65) Kroth/Braun (註 64), § 119 Rn. 11.

66) Schmidt (註 8), § 119 Rn. 11.

67) Nerlich/Römermann/Balthasar (註 64), § 119 Rn. 11, 15; Schmidt (註 8), § 119 Rn. 13; Kroth/Braun (註 64), § 119 Rn. 12. 반면 도산해지조항은 관리인의 선택권을 해치지 않는다는 반론도 있다. Bruns, Das Wahlrecht des Insolvenzverwalters und vertragliche Lösungsrechte, ZZP 110 (1997), 305.

68) BGH NZI 2013, 178 = BGH ZInsO 2013, 292. 독일 연방대법원은 이 판결에서 도산절차의 개시결정뿐만 아니라 그 개시의 신청, 또는 그 전 단계의 유동성 부족이나 채무초과 상태를 해지 사유로 하는 조항의 효력도 부정된다고 판시하였다. 이러한 태도는 독일 연방대법원의 2013. 10. 22. 판결에서도 유지되었다. BGH BeckRS 2013, 21441.

69) BGHZ 96, 34=BGH ZIP 1985, 1509.

해지할 수 있도록 허용하는 독일 민법 제649조에 따른 특수한 결론으로 보인다.[70)]

㈐ 프랑스

프랑스의 경우 상법 제6편에 의한 법원 회생절차인 (i) Sauvegarde(회생)절차, (ii) Accelerated Financial Sauvegarde(신속금융회생)절차 및 (iii) Accelerated Sauvegarde(신속회생)절차에서 도산 관련 사유를 이유로 하여 계약을 실효시키는 계약조항은 효력이 인정되지 않는다(상법 제622-13조 제1항). 또한 2014년 법 개정에 의하여 법정 외 사적 절차인 특별관리인(Mandataire ad-hoc)절차 또는 조정(Conciliation)절차의 개시(또는 개시신청)를 이유로 채무자의 권리를 제한하거나 채무자의 의무를 증가시키는 계약조항 등도 무효로 간주되게 되었다.[71)]

㈑ 일 본

일본은 도산 관련 법률에 도산해지조항의 효력에 관한 명문 규정을 두고 있지 않다. 종래 일본에서는 1970년대부터 소유권유보부 매매의 경우 매도인이 매수인의 도산을 이유로 매매계약을 해제하여 완전한 소유권을 회복함으로써 담보권이 아닌 환취권을 행사하는 것은 허용되지 않는다는 논의가 이루어져 왔다.[72)] 그러다가 1982년 일본 최고재판소가 소유권유보부 매매에 포함된 도산

70) Schmidt (註 8), § 119 Rn. 15; Kroth/Braun (註 64), § 119 Rn. 13.

71) 한민, "사전협의절차와 연계된 신속한 회생절차 마련을 위한 입법론적 방안 연구", 2015년도 법무부 연구용역 과제보고서 (2016. 1), 39-45면 및 115면.

72) 이러한 취지의 논리를 전개한 주요 문헌으로 竹下守夫, "所有權留保と破産 · 会社更生"(上 · 下), 法曹時報, 25巻 2号 (1973)가 있다. 반면 米倉明, 買主の会社更生と所有權留保, 所有權留保の実証的研究, (商事法務研究会, 1977), 291면 이하에서는 매도인의 권리를 동산저당권과 유사하게 보아 위와 같은 해지는 일종의 담보권 실행으로 유효하다는 반대 견해를 개진하였다. 이상 松下祐記, "倒産手続において倒産の解除条項の効力", 法学教室, No. 390 (2013. 3), 5-6면 참조.

해제특약에 기초하여 회사갱생절차 개시신청을 원인으로 한 해제권을 행사한 사안에서 그러한 해제권 행사는 "채권자·주주 기타 이해관계인의 이해를 조정해 곤궁에 처해 있는 주식회사 사업의 유지 갱생을 도모하기 위한 회사갱생절차의 취지와 목적을 해치는 것이므로 그 효력을 인정할 수 없다."라고 판시하면서,[73] 이러한 해제의 실질을 담보권 실행으로 보아 그 해제의 효력을 인정하였던 원심 판결을 파기하였다.[74] 이러한 최고재판소 판결은 소유권유보부 매매에 관한 것이었으나, 이처럼 도산해제조항의 효력을 부정하는 태도는 다른 계약 유형에서도 마찬가지로 적용되어야 한다는 견해[75]가 주장되는가 하면, 이러한 일반화에 대해 신중한 입장을 취하는 견해도 주장되었다.[76] 그런데 2008년 일본 최고재판소는 민사재생절차와의 관계에서 금융리스계약에 포함된 도산해지조항에 따른 해지는 채무자와 모든 채권자 사이의 민사상 권리관계를 조정하고, 채무자의 사업 또는 경제생활의 회생을 도모하는 민사재생절차의 취지에 반하므로 무효라고 판시하였다.[77] 이러한 판

---

73) 최고재판소 1982(昭和 57). 3. 30. 판결(民集 36卷 3号 484면). 그 2년 전에는 동경지방재판소 1980(昭和 55). 12. 25. 판결(判時 1003号 123면)에서도 회사정리절차와 관련하여 도산해제조항에 기한 해제를 무효라고 판시한 바 있다.

74) 이러한 원심판결은 앞서 본 米倉明 (註 72)의 견해에 입각한 것이다.

75) 예컨대 伊藤 眞, "会社更生申立てを原因とする契約解除特約の再検討", 北澤正啓先生還暦記念, 『現代株式会社法の課題』 (1986), 41, 59면. 松下祐記 (註 72), 9면에서 재인용.

76) 竹下守夫, "昭和57年最判批判", 判例タイムズ, 505号 (1983), 281면.

77) 최고재판소 2008(平成 20). 12. 16. 판결(民集 62卷 10号 2561면). 최고재판소는 이 판결에서 담보에 그치는 리스물건을 사전 합의에 의해 민사재생절차 개시 전에 채무자의 책임재산으로부터 일탈시키는 것은 민사재생절차의 취지와 목적에 반한다고 판시하였다. 한편 이러한 해지가 담보권 행사의 실질을 가진다면 해지와 동시에 담보권 실행이 종료되는 셈이 되어 담보권 실행에 부과되는 각종 제약을 회피하게 되어버린다는 지적으로 村田典子, "フルパイアウト方式によるファイナンス・リス契約における倒産解除特約の效力", ジュリスト, No. 1398 (2010. 4), 156면.

례들을 기초로 도산해지조항에 관한 무효설이 일본의 일반적인 해석론을 차지하고 있다.[78] 한편 지금까지의 최고재판소 판례는 회사갱생절차 또는 회생절차 등 이른바 재건형 도산절차에 관한 것이고, 이른바 청산형 도산절차인 파산절차에 관한 것은 아직 없는 것으로 보인다. 하급심 판결 중에는 파산의 경우에도 도산해지조항의 효력을 부정한 것이 있다.[79]

(마) 영 국

영국은 미국, 일본, 독일과 다소 다른 입장을 취한다. 영국에는 도산해지조항의 효력을 일률적으로 부정하는 입법이나 법리는 없다. 다만 보통법상 법리로서, 도산절차에 즈음하여 일어나는 기망행위를 방지하기 위한 박탈금지규칙(anti-deprivation rule)이 있다.[80] 이는 공서양속(public policy)에 반하여 도산 개시 시점에 도산재단에 속하는 재산을 일탈시켜 다른 채권자들을 해치는 행위를 방지하기 위한 법리이다.[81] 따라서 도산해지조항에 따른 해지가 기망

---

78) 다만 이러한 최고재판소 판결들의 사정거리를 둘러싸고는 여전히 논의가 분분하다. 이에 관한 최근까지의 논의를 정리한 글로 우선 長島 · 大野 · 常松法律事務所 編, ニューホライズン 事業再生と金融 (商事法務, 2016), 425-446면 참조.

79) 일본 동경지방재판소 2009(平成 21). 1. 16. 판결(金融商事判例 1892号 55면). 이 판결에서는 임대차계약에 포함된 도산해지조항이 문제되었는데, 재판소는 임차인의 파산이 임대차의 종료 사유로 규정되었던 구 민법 제621조가 삭제된 경과나 파산법 제53조 제1항에 따라 파산관재인에게 선택권을 부여한 취지에 비추어 볼 때 도산해지조항의 효력을 인정할 수 없다고 보았다.

80) 이 법리는 종래 'fraud upon the bankruptcy law principle'이라고 불렸으나, 2002년 Money Markets International Stockbrokers Ltd. v. London Stock Exchange Ltd. 판결에서 지금과 같은 명칭을 부여하였다고 한다.

81) 이 규칙은 도산채권자들은 별도로 인정되는 우선권을 가지지 않는 한 모두 평등하게 취급되어야 한다는 평등대우원칙(pari passu principle)과 구별되어야 한다. Roy Goode, Principles of Corporate Insolvency Law, 4th ed (London: Sweet & Maxwell, 2011), para 7-03; 13-11에서는 박탈금지규칙과 평등대우원칙을 다음과 같이 구별하여 설명한다. 도산재단을 파이(pie)에 비유한다면 전자는 파이의 크기를 줄이는 행위를 규제하는 법리이고, 후자는 파이의 크기에는 영향을 주지 않

적인 행위로 공서양속에 반하는 정도에 이르게 되면 효력이 부정된다.[82] 영국 판례 중에는 ① 주주가 도산절차에 들어가는 경우 그 주주가 가진 주식이 다른 주주에게 이전된다고 규정한 회사 정관 조항은 무효이고,[83] ② 채무자가 도산절차에 들어가는 순간 특정의 채권자에게 추가적인 담보권을 주도록 한 계약 조항은 무효라고 판단한 것들이 있다.[84] 그러나 박탈금지규칙은 기망적인 행위를 규율하는 규칙이므로 이러한 기망적 의도가 존재하지 않거나 상업적으로 합리성을 가진다고 평가되는 도산해지조항의 효력을 부정하는 근거가 될 수는 없다.[85] 또한 박탈금지규칙은 도산해지조항의 효력을 다루는 법리라기보다는 부인권의 문제를 다루는 법리에 더욱 가깝다. 따라서 굳이 말하자면 영국은 도산해지조항의 효력을 원칙적으로 긍정하는 법제로 볼 수 있다. 참고로 영국에서는 2002년 기업법(Enterprise Act 2002)에서 1986년 도산법에 대한 특칙들을 두었는데, 이 과정에서 도산해지조항의 효력을 배제하거나 제한하는 조항을 두어야 한다는 제안이 이루어졌다. 그러나 이러한 조항은 계약자유의 원칙을 침해할 수 있다는 이유로 부결되었다.[86]

㈓ 캐나다와 호주

이처럼 도산해지조항에 대해 계약법적 사고방식을 강하게 반영하는 영국의 태도는 종래 캐나다와 호주 같은 영연방 국가에도

지만 남들보다 먼저 그 파이를 먹기 위해 달려드는 행위를 규제하는 법리이다.

82) 영국에서 도산관계를 규율하는 법인 1986년 도산법(Insolvency Act 1986) 제127조 제1항은 박탈금지규칙을 성문화한 것으로 이해되고 있다.

83) Borland's Trustee v Steel Brothers & Co Ltd [1901] 1 Ch 279.

84) Ex pte Jay, In re Harrision, 14 Ch. D., 19. 이상 임지웅 (註 2), 30면에서 재인용.

85) Belmont Park Investments PTY Ltd v BNY Corporate Trustee Services Ltd & Anor [2011] UKSC 38.

86) Slaughter and May, Insolvency law and contract: policy and practice in the US and UK(2012. 7), 6면. 원문은 https://www.slaughterandmay.com/media/1833892/insolvency-law-and-contract-policy-and-practice-in-the-us-and-uk.pdf 참조.

영향을 미쳤다. 즉 도산해지조항의 효력을 원칙적으로 인정하면서 박탈금지규칙에 따라 예외적인 경우에 한하여 그 효력을 부정하는 태도는 캐나다와 호주에도 그대로 존재하였다. 그런데 이 두 나라는 입법을 통하여 도산해지조항의 효력을 부정하는 조항들을 신설하였다는 점에서 영국과는 다른 길을 가게 되었다. 캐나다에서는 1992년 이후 도산법(Bankruptcy and Insolvency Act; BIA)과 회사채권자계획법(Companies' Creditors Arrangement Act; CCAA)에 도산해지조항의 효력을 부정하는 조항들이 순차적으로 포함되었다.[87] 다만 도산해지조항의 효력은 채무자가 개인인 경우 또는 500만 달러 이상의 채무를 가진 회사인 경우에 한하여 부정되고, 그 이외의 회사가 채무자인 경우에는 부정되지 않는다. 또한 미국과 마찬가지로 일정한 금융계약에 대해서는 도산해지조항의 효력을 인정하는 예외를 둔다.[88] 호주도 종래 도산해지조항의 효력을 인정하였으나,[89] 2016. 4. 29. 호주 연방정부는 『도산법 개선에 관한 제안 보고서(Improving Bankruptcy and Insolvency Laws Proposal)』를 통해 도산해지조항의 효력을 제한할 필요성이 있다고 역설하였다. 이러한 배경 아래 호주에서도 2018. 7. 1.부터 도산해지조항에 따른 해지의 효력을 부정하는 내용이 포함된 개정 회사법(Corporations Act)이 시행되고 있다.[90] 이 법에 따르면 계약 당사자는 도산절차 개시신청 또는 이러한 신청의 의향 표시, 도산절차의 관재인 또는 관리인의 선임, 이러한 경우에 존재하는 재정 상태 악화 등을 이유로 계약을 해지할 수 없다.[91] 또한 법원의 명령이나 도산관재인·관리인의 서

87) BIA 제65.1조, 제66.34조, 제84.2조, CCAA 제34조.

88) IA 제65.1조 제7항.

89) 다만 2001년 회사법(Coporations Act)에는 전기나 가스, 수도, 통신 등 기본 역무 제공에 관한 계약 해지를 제한하는 조항을 두고는 있었다.

90) 상세한 내용은 https://www.legislation.gov.au/Details/C2017A00112 참조.

91) 제415D조, 제451E조 참조.

면 동의를 얻으면 계약을 해지할 수 있다.[92] 1998년 지급시스템 및 네팅법(Payment Systems and Netting Act 1998), 2013년 케이프타운 협약 관련 이동자산에 관한 국제적 권리에 관한 법(International Interests in Mobile Equipment (Cape Town Convention) Act 2013이 적용되는 계약은 대상에서 제외된다.[93] 이 법은 2008. 7. 1. 이후 체결되는 계약에만 적용된다.

(사) 외국의 동향 정리

정리하면, 입법 또는 해석론으로 도산해지조항을 무효로 보는 입장이 국제적으로 주된 흐름을 형성하지만 영국처럼 도산해지조항을 원칙적으로 유효로 보는 국가도 있다. 다만 도산해지조항을 무효로 보는 국가들도 일정한 경우에는 도산해지조항의 효력을 인정하는 예외를 둔다는 공통점이 있다. 이러한 외국의 입법 또는 해석론이 우리나라의 입법론이나 해석론으로 바로 연결되는 것은 아니다. 그러나 우리나라에서 도산해지조항의 효력을 인정할 것인지, 이에 대한 예외를 얼마나 넓게 인정할 것인지에 대해 중요한 시사점을 제공해 준다.

Ⅳ. 도산해지조항의 효력 인정 여부

1. 원칙론

도산해지조항의 효력에 관한 입장 차이는 계약자유의 원칙과 도산절차 목적 달성의 관계에 대한 접근 방식의 차이에서 비롯된다.

계약 중심적 접근 방식에서는 계약자유의 원칙을 강조하면서, 도산해지조항의 효력을 부정할 경우 계약자유의 원칙이 침해된다

---

92) 제415D조, 제434L조, 제451D조.

93) 제434M조.

는 점을 우려한다. 이러한 우려는 도산해지조항의 효력을 정면으로 다루었던 대법원 2007. 9. 6. 선고 2005다38263 판결에서도 표출되었다. 대법원은 도산해지조항을 일률적으로 무효로 보는 것은 "계약자유의 원칙을 심각하게 침해하는 결과를 낳을 수 있을 뿐만 아니라 상대방 당사자가 채권자의 입장에서 채무자의 도산으로 초래될 법적 불안정에 대비할 보호가치 있는 정당한 이익을 무시하는 것이 될 수 있다."라고 판시하였다. 대법원은 도산해지조항의 효력에 관한 명문의 규정이 없는 이상 그 효력 판단은 강행규정 법리에 기한 것이건 공서양속 법리에 기한 것이건 결국 제반 이익을 총체적으로 고려하여 판단할 수밖에 없다는 전제에서 출발하였다. 이러한 미시적 접근방식을 통해 ① 도산해지조항의 효력에 관해 특정한 도그마의 입장 정립을 거부하는 한편, ② 오히려 도산해지조항이 도산법의 후견적 접근 아래 당사자의 자율이 부당하게 박탈되거나 제한되는 사태를 경계하였던 것이다. 이러한 우려는 관리인의 선택권을 규정한 채무자회생법 제119조 제1항이 "자신의 자유로운 의사에 따라 계약의 존속·폐기를 결정할 수 있는 자유"를 침해하여 헌법에 위반되는지가 다투어진 헌법재판소 사건에서도 재현되었다.[94] 결국 합헌 결정이 내려지기는 했지만, 위 사건은 관리인의 선택권 행사와 계약자유 간의 긴장관계의 존재에 대해 다시 생각해 보게 하였다.

외국에는 후견과 자유, 공동체와 개인 사이의 추상적인 논란을 뛰어넘어 효율성(efficiency)의 차원에서 볼 때에도 도산해지조항의 효력을 인정해야 한다는 학술적 주장이 있다. 미국의 Alan Schwartz 교수는 그의 논문에서 도산해지조항의 효력을 부정한 미국 연방도산법 제365조가 효율성의 차원에서 가지는 의미를 분석하였다.[95]

---

94) 헌법재판소 2016. 9. 29. 2015헌바28 결정.

95) Alan Schwartz, A Contract Theory Approach to Business Bankruptcy, 107 Yale

그 주장의 요지는 다음과 같다.[96] 도산해지조항을 무효로 하게 되면 관리인이 도산재단에 유리한 방향으로 선택권을 행사할 수 있게 됨으로써 사후적으로 도산재단의 크기를 불릴 수 있을지 모른다. 그러나 일단 이러한 규칙이 정립되면 상대방은 장차 채무자가 도산하더라도 자신이 이를 이유로 계약을 해지할 수 없게 됨을 우려하여 아예 채무자와 거래하지 않거나 도산해지조항이 무력화됨으로써 발생할 불이익을 다른 거래조건을 통해 보완하려 할 것이다. 이는 도산해지조항을 포함시킨 거래를 통하여 채무자가 도모할 수 있었던 더 나은 재산 상태의 존재를 불가능하게 만들고, 잠정적인 도산재단의 크기를 오히려 줄이게 된다. 그러므로 미국 연방도산법 제365조를 강행규정으로 보아 도산해지조항을 무효로 하는 것은 효율적이지 않다.

그러나 계약자유의 원칙은 어디까지나 개별 당사자 사이의 자율적 결정을 존중한다는 전제 위에 서 있는 원칙이다. 이러한 원칙은 계약법 곳곳에서 다양한 모습으로 나타나고 있다. 계약은 계약을 체결한 당사자들 사이에서만 구속력을 가진다. 계약 당사자가 아닌 제3자에게는 그 수익의 의사표시에 의거하여 권리나 이익을 부여할 수 있을 뿐, 의무나 불이익을 부과할 수는 없다(민법 제539조). 계약관계의 해소는 자유롭게 할 수 있으나, 제3자의 법익 앞에서 그 자유가 한 걸음 물러서는 경우가 많다. 가령 계약의 해제나 해지도 제3자의 권리를 해치지 못한다(민법 제548조 제1항). 결국 계약자유의 원칙은 개별 당사자 사이의 개별 권리관계를 전제로 한 고유의 활동 영역이 있고, 그 영역을 벗어나는 순간 외부로부터의 제한에 취약해진다.

그런데 도산의 국면에서는 어느 한 사람의 선택이 다른 사람

L.J. 1807, 1842 (1998).

96) Schwartz (註 95), 1842-1847.

들에게도 영향을 미치는 상호 의존적 상황이 펼쳐지게 되고, 모든 이해관계인들이 도산법의 규칙 아래에서 상호 협력하도록 법으로 강제하지 않으면 각자도생(各自圖生) 식의 개별적 이익 도모행위가 난립하여 도산절차의 목적이 위협받게 된다.[97] 또한 도산을 이유로 채권자들이 줄줄이 계약관계를 종료시킬 것을 우려한 채무자가 장기적으로 모두에게 이익이 될 수 있는 회생제도의 이용을 꺼릴 수도 있다. 따라서 도산절차에서는 회생과 청산의 목적 달성을 위해 계약관계 등 개별적인 법률관계에 기초한 개별적인 권리자의 권리행사가 한 걸음 뒤로 물러서고, 도산법에서 획일적으로 정한 공정한 기준에 기초한 집합적인 권리조정이 한 걸음 앞으로 나아오게 된다. 도산해지조항은 이러한 도산법의 규칙에 대해 미리 사적으로 예외를 설정하려고 하는 조항이라는 점에 문제가 있다.[98] 도산해지조항에 따른 해지는 단순히 당사자 사이의 개별적 법률관계의 종료에 그치는 것이 아니라 그 개별적 법률관계에 대해 총체적 이해관계를 가지는 — 그러나 그 이해관계에 관하여 자신의 의사를 계약 형태로 반영할 기회가 없었던 — 채권자들의 이익에 영향을 미친다는 특성이 있다. 그러므로 도산절차개시를 전제로 하는 한 도산해지조항은 계약 중심적 접근 방식에서 강조하는 개별규율의 대상이 아니라 도산 중심적 접근 방식에서 강조하는 집단규율의 대상이 되어야 한다. 이는 도산법의 목적을 달성하기 위한 집단 규율 앞에서 개별적인 도산해지조항의 효력은 양보될 수 있음을 의미한다. 물론 권리의 선후관계만 놓고 보면 먼저 해지권을

97) 특히 채무자를 회생시키는 것이 종국적으로 모든 채권자들에게 이익이 되지만, 단기적으로는 채권자들이 개별적 이익을 극대화하려는 경향을 보이므로 이를 규칙으로 금지할 필요가 있다는 점에서 죄수의 딜레마가 상정한 것과 유사한 상황이 펼쳐진다.

98) 이는 사전 합의에 따른 사적인 압류금지재산의 창출을 허용하는 꼴이 된다. 水元宏典, "契約の自由と倒産解除特約の效力", 熊本法学, 117号 (2009), 3면.

취득한 계약 당사자가 나중에 도산절차의 채권자 지위를 취득한 제3자보다 뒤로 물러서야 할 이유가 없다고 생각할 수도 있다. 그러나 계약에 따라 이미 발생한 채무마저 사후에 면책시키는 도산법제의 본질을 받아들이는 이상 이러한 선후관계만으로 계약상 권리가 앞서야 한다고 말할 수는 없다.

또한 도산해지조항을 무효화하는 것이 잠정적인 도산재단의 크기를 줄여 오히려 비효율적인 결과를 가져올 수 있다는 Alan Schwartz 교수의 견해가 타당한지도 분명하지 않다. 이는 계약 상대방은 도산해지조항의 무효화가 자신에게 가져 올 불이익을 산정한 뒤 그에 기초하여 거래를 거절하거나 채무자에게 불리한 조건으로 거래를 행하리라는 전제 위에 서 있다. 그런데 계약상대방이 실제로 이러한 불이익을 산정하여 거래에 임하는지, 그러한 불이익의 산정이 가능하더라도 이를 이유로 실제로 거래를 거절하거나 거래에 반영하는지, 그렇게 할 만큼 채무자보다 우월한 협상력을 가지는지가 불명확하다. 또한 도산해지조항의 무효화가 가지고 올 불이익은 ① 실제 도산절차가 개시될 가능성, ② 이에 따른 관리인의 선택권 행사가 상대방 자신에게도 불이익한 결과일 가능성을 곱하여 산정되는데, 이러한 가능성이 높지 않으면 그만큼 불이익도 줄어들게 되어 실제 거래에 영향을 미칠 가능성도 높지 않다.[99] 물론 반대로 도산해지조항을 무효화하는 것이 도산재단의 크기를 늘리는 결과로 이어질지도 명확하지만은 않다. 하지만 도산상황에서 개별 권리자는 자신의 이익을 극대화하려고 할 것이고 그것이 도산절차의 목적에 위협이 될 수 있다는 점은 도산법의 기본 전제를

99) Roy Kreitner, The Role and Limits of Legal Regulation of Conflicts of Interest (Part I): Frameworks of Cooperation: Competing, Conflicting, and Joined Interests in Contract and Its Surroundings, 6 Theoretical Inq. L. 59, 105-106 (2005).

이루고 있다. 도산해지조항은 개별 권리자가 도산상황에서의 개별 탈출 전략으로 선택하는 것이다. 이를 무효화하는 것이 도산절차의 목적에 이바지하리라는 점은 상대적으로 더욱 명확하다.

도산해지조항의 효력을 부정한다고 하여 계약 상대방의 이익이 부당하게 침해되는 것도 아니다. 만약 관리인이 계약 해지를 선택한다면, 스스로 계약을 해지하여 계약관계에서 벗어나고자 하였던 계약 상대방의 목적은 달성될 수 있다. 계약 해제나 해지의 경우 계약 상대방은 미리 급부한 것을 반환받을 수 있고, 그 급부가 현존하지 않으면 그 가액에 관하여 회생채권자가 아닌 공익채권자로서 권리를 행사할 수 있다(채무자회생법 제121조 제2항, 파산의 경우는 제337조 제2항).[100] 만약 관리인이 계약 이행을 선택한다면 계약 상대방은 본래 계약에서 예정하였던 바를 달성하게 된다. 또한 이를 통해 계약 상대방이 가지는 권리는 회생채권이 아니라 공익채권으로 취급되어 다른 채권자보다 더 강한 보호를 받게 된다(채무자회생법 제179조 제1항 제7호, 파산의 경우는 제473조 제7호). 즉 상대방은 회생절차나 파산절차에 복속되지 않은 채 수시로 변제받을 수 있게 되어 설령 자신의 희망과 달리 계약이 존속하더라도 특별한 대우를 받게 된다. 관리인의 선택권 행사 과정에서 계약 상대방이 회생채무자에게 손해배상채권을 취득하게 되는 경우도 있다. 이때 이 손해배상채권은 회생채권에 해당하므로 회생절차에 따라 변제받게 되는데, 이는 회생절차에서 정당하게 예정하고 있는 바이므로 계약 상대방의 이익을 부당하게 침해한다고 할 수 없다. 만약 계약 상대방이 좀 더 우월적 지위를 누리고 싶다면 담보권을 설정

100) 그 이유에 대해서는 박병대 (註 13), 439면 참조. 반면 계약 상대방의 원상회복청구권을 특수하게 취급하는 것에 대한 비판적 견해로는 김성용, "도산절차에서의 쌍무계약의 처리와 관련한 두 가지 의문", 비교사법, 제14권 제1호 (2007. 3), 61-73면 참조.

하면 된다. 도산해지조항 설정을 담보권 설정과 동일하게 평가할 수 있다는 반론이 제기될 수도 있다. 그러나 양 당사자 사이에만 구속력 있는 계약을 체결하는 것과 제3자에 대한 우선변제적 효력을 가지는 담보권을 설정하는 것은 실체법상 엄연히 다른 취급을 받는다. 전자는 채권자평등주의의 적용을 받지만 후자는 그에 대한 예외이다. 이러한 실체법상 구별은 개별집행에 관해 규정하는 민사집행법이나 포괄집행에 관해 규정하는 채무자회생법에도 반영되어 있다. 따라서 양자를 동등하게 평가할 수는 없다.

결국 도산해지조항은 원칙적으로 무효라고 보아야 한다. 그렇게 보는 쪽이 앞서 살펴 본 국제적인 흐름에도 부합한다. 미국처럼 도산해지조항을 무효로 보는 입법이 없는 현재 우리나라 상황에서도 그렇게 해석할 수 있다. 왜냐하면 이러한 해석론은 강행규정인 채무자회생법 제119조 제1항의 해석론으로부터 도출될 수 있기 때문이다. 독일이나 일본에도 도산해지조항을 무효로 보는 명문 조항은 없으나 우리나라 채무자회생법 제119조 제1항에 상응하는 조항들의 해석론으로부터 그러한 결론을 도출한다. 다만 엄밀히 말하면 도산해지조항에 관한 합의는 강행규정인 채무자회생법 제119조 제1항에 정면으로 위반하는 행위라기보다는 그 취지에 반하는 탈법행위라고 생각된다.[101] 관리인의 선택권은 계약 해제와 계약 이행의 선택지 두 개가 존재할 때 비로소 발생하는 것이고, 도산해지조항에 따른 해지는 이러한 선택권을 정면으로 침해한다기보다는 선택권의 전제조건인 계약의 유효성을 미리 제거한다는 의미를 가지기 때문이다. 오히려 본질적인 문제는 선택권 침해 그 자체라

101) 탈법행위는 강행규정에 직접적으로 위반하지는 않으나 그 법규가 금지하고 있는 것을 회피수단에 의하여 실질적으로 실현하는 행위, 즉 강행규정을 간접적으로 위반하는 행위를 말한다. 金龍潭 編, 註釋 民法, 總則(2), 第4版 (한국사법행정학회, 2010), 492면 (白泰昇 집필부분).

기보다는 선택권을 수단으로 하여 달성하고자 하는 도산재단 보호목적에 대한 침해, 또는 채권자평등원칙의 관철에 대한 침해이다.

한편 도산해지조항이 무효로 판명될 경우 그 조항이 포함된 계약 전체가 무효로 되는지는 민법 제137조에 따른 일부무효의 법리에 따라 판단한다. 일반적으로는 도산해지조항이 무효라고 하더라도 나머지 계약 부분은 유효라고 해석해야 할 경우가 많을 것이다.[102] 이는 도산해지조항이라는 표제 아래 진정한 의미의 도산해지 부분과 그렇지 않은 부분(예컨대 채무불이행을 이유로 하는 해지)이 포함된 경우에도 마찬가지이다. 이 경우에는 전자만 무효가 되는 경우가 대부분일 것이다.

2. 개별 문제

이러한 원칙론의 토대 위에 서더라도, 도산해지조항의 무효 범위와 관련해서는 개별적으로 검토해 보아야 할 문제들이 있다.

(1) 민법상 권리와의 상관관계

우선 민법에 의하여 인정되는 계약 당사자의 권리와의 상관관계를 살펴볼 필요가 있다.

민법에 따르면 채무불이행은 법정해지 사유이다(민법 제543조 내지 제546조). 도산해지조항이 아니라 민법상 채무불이행에 기하여 도산절차개시 전에 해지하는 것은 가능하다.[103] 다만 이는 해지권이 도산절차개시 전에 발생하였다는 점을 전제한 것이다. 예컨대 이행지체로 인한 법정해지의 경우 상당한 기간을 정하여 이행을

102) Schmidt (註 66), § 119 Rn. 19.

103) 박재완 (註 45), 31면. 외국도 비슷한 입장이다. Schmidt (註 66), § 119 Rn. 11; 일본 최고재판소 2008(平成 20). 12. 16. 판결(民集 62卷 10号 2561면) 중 田原 재판관의 보족의견(補足意見); 工藤敏隆, "倒産解除条項の倒産手続における效力", 法学政治学論究, 第81号 (2009. 6), 22-23면. 반대설로 遠藤元一, "リス契約における倒産解除特約と民事再生手続(下)", NBL, No. 894 (2008), 35면.

최고하였는데 이행 없이 그 기간이 경과하여야 해지권이 발생하므로, 그 기간이 경과하기 전에 도산절차가 개시되었다면 이행지체를 이유로 해지권을 행사할 수 없다.[104)]

계약에서 도산신청을 채무불이행으로 간주하는 조항(이른바 bankruptcy default clause)이 있다면 도산신청에 따른 채무불이행을 이유로 계약을 해지할 수 있는가? 미국에서는 이 문제에 대해 논란이 있었다. 연방 제4항소법원은 In Riggs Nat'l Bank v. Perry 판결[105)]에서 이러한 조항에 효력을 인정하면 채무자의 회생을 도모하는 도산법의 목적에 명백히 반하게 된다고 하여 그 조항의 효력을 부정하였다. 또한 연방파산법원도 General Motors Acceptance Corp. v. Rose 판결[106)]에서 마찬가지 이유로 이러한 조항의 효력을 부정하였다. 만약 이러한 조항의 효력을 인정한다면 계약 당사자들은 도산신청을 채무불이행 사유로 정함으로써 손쉽게 도산해지조항에 대한 규제를 회피할 수 있어 부당하다. 우리나라에서도 마찬가지로 이러한 조항의 효력을 부정하는 쪽으로 해석할 수 있다.

민법상 인정되는 불안의 항변권과의 관계도 살펴볼 필요가 있다. 민법 제536조 제2항은 쌍무계약의 당사자 일방이 선이행 의무를 부담하는 경우로서 상대방의 이행이 곤란할 현저한 사유가 있는 때에는 자신의 선이행을 거절할 수 있다고 규정한다. 불안의 항변권은 ① 미이행 쌍무계약에 적용된다는 점, ② 도산신청이나 도산절차 개시가 이행이 곤란할 현저한 사유에 해당할 수 있다는 점에서 도산해지조항의 문제와 밀접한 관련성을 가진다. 다만 도산해지조항에서는 해지가, 불안의 항변권에서는 이행 거절이 각각 문제된다는 차이가 있다. 도산신청 또는 도산절차개시의 사정만으로

---

104) 박병대 (註 13), 451면; 이연갑 (註 42), 953면.

105) 729 F.2d 982, 984 (4th Cir. 1984).

106) 21 B.R. 272. 276 (Bankr. D.N.J. 1982).

불안의 항변권이 박탈되는 것은 아니다.[107] 우리나라 판례 중에도 사전구상권자가 파산선고를 받은 뒤 그 파산관재인이 사전구상권을 행사하는 경우에 구상권자가 이를 전부 주채무자의 면책을 위하여 사용하는 것은 파산절차의 제약상 기대하기 어려우므로, 파산절차에도 불구하고 구상금이 전액 주채무자의 면책을 위하여 사용되리라는 점이 확인되기 전에는 신의칙과 공평의 원칙에 터 잡아 민법 제536조 제2항을 유추 적용하여 사전구상에 대한 보증채무의 이행을 거절할 수 있다고 한 것이 있다.[108]

(2) 해지 사유와의 상관관계

도산해지조항에 관한 무효설을 선택할 경우, 도산신청이나 도산절차 개시 또는 관리인의 선임을 이유로 한 해지의 효력을 인정해서는 안 된다는 점은 명확하다. 그런데 도산해지조항에서는 도산신청 전 단계에 발생한 도산원인(예컨대 채무자의 지급정지나 부도)도 해지 사유로 삼는 경우가 많다.[109] 이러한 도산신청 전 해지 사유에 대해서도 도산해지조항을 무효로 할 것인가에 대해서는 좀 더 검토가 필요하다.

도산신청 전 단계에서는 설령 도산원인이 존재하더라도 반드시 도산절차로 이행될지가 불명확하다는 데에 문제의 핵심이 있다. 도산절차로 이행하려면 도산개시신청이 필요하기 때문이다. 이처럼 도산절차로 이행될지가 불명확하다면 관리인이 선임될지, 그 결과 관리인이 선택권을 가지게 될 것인지가 불명확하다. 그렇다면 도산신청 전 해지 사유에 기한 해지가 관리인의 선택권을 해친

107) 박병대 (註 13), 452면.

108) 대법원 2002. 11. 26. 선고 2001다833 판결.

109) 김영주 (註 3), 18면에서는 도산해지조항은 도산절차개시나 그 이후에 이루어지는 관리인의 선임을 해지 사유로 하는 경우도 있지만(이른바 협의의 도산해지조항), 그 전 단계에 해당하는 지급정지나 부도 또는 채무초과 등 채무자의 재정상태 악화를 해지 사유로 정하는 경우도 있다(이른바 "광의의 도산해지조항").

다고 단정할 수도 없으므로 이러한 해지는 허용해야 한다는 입론도 가능하다. 특히 해지가 관리인 선임 전에 이루어졌다면 과연 이러한 해지가 관리인의 선택권에 관한 채무자회생법 제119조 제1항에 위반하는 것인지 의문이 들 수도 있다.

그런데 이러한 해지를 허용하게 되면, 당사자는 도산해지조항에 도산신청 전 해지 사유를 포함시킴으로써 손쉽게 도산해지조항에 대한 규제를 회피할 수 있다는 문제가 있다. 또한 도산원인의 발생과 도산신청, 도산개시결정은 연속적으로 일어나는 일련의 단계인데, 그중 무엇을 해지 사유로 삼는가에 따라 법적 취급이 달라지는 것도 다분히 작위적이다. 이러한 일련의 단계는 모두 '실질적 도산상태'라고 부를 수 있는데, 실질적 도산상태를 해지 사유로 삼는 이상 그 도산해지조항은 무효로 보아야 한다.110) 설령 해지가 관리인의 선임 시점 전에 이루어졌다고 하더라도 다르게 볼 이유가 없다. 도산해지조항은 그 조항이 담고 있는 내용이 관리인의 선택권을 통해 채무자의 갱생이나 채권자 간 공정한 청산을 도모하고자 하는 강행규정의 취지를 몰각시키기 때문에 무효가 되는 것이고, 그 조항에 기한 해지권 행사가 실제로 선택권을 침해하는 결과를 초래할 것까지 요구하지는 않기 때문이다.

(3) 계약 유형과의 상관관계

도산해지조항이 무효라고 하더라도 예외가 인정되지 않는 것은 아니다. 도산해지조항을 무효로 보는 입법이나 해석론을 가진 외국에서도 이에 대한 일정한 예외를 설정하고 있다. 도산해지조항의 효력을 부정하는 것은 도산재단의 이익을 보전하기 위한 것이므로 상대방의 해지를 인정하는 것이 오히려 도산재단의 이익에

110) 김영주 (註 3), 19면도 같은 취지이다. 한편 이는 실질적 도산상태 이후 실제로 채무자에 대한 도산절차가 개시되는 것을 전제로 한다.

보탬이 된다면 관리인이 이를 승인할 수 있다.[111] 또한 도산해지조항을 유효로 보아야 할 필요성이 채무자회생법 제119조 제1항을 통해 보호하고자 하는 이익보다 크다면 도산해지조항을 무효로 볼 필요가 없다. 채무자회생법은 이러한 계약 유형을 규정하고 있다.

우선 채무자회생법 제120조 제3항은 기본계약에 근거한 일정한 금융거래[112]의 당사자에 대해 회생절차가 개시된 경우 그 금융거래의 종료 및 정산에 관하여는 기본계약에서 정한 바에 따라 효력이 발생하도록 규정한다. 도산사유가 발생하면 금융거래가 종료되고 일괄 정산되도록 미리 정하는 합의도 실질적으로 도산해지조항에 해당한다. 금융거래 시 이러한 일괄정산계약(네팅계약, netting agreement)을 두는 경우가 많다. 채무자회생법 제120조 제3항은 이 경우에는 계약의 효력이 우선한다고 규정한다. 그러므로 이 규정이 적용되는 범위 내에서는 도산해지조항의 실질을 가지는 위 합의의 효력을 인정해야 한다. 종래 국제결제은행은 국제금융거래에서 거래 상대방의 신용 위험과 유동성 위험을 효과적으로 감소시키기 위해 네팅의 효력을 인정하는 확실한 법적 근거가 마련되도록 권고한 바 있는데, 이러한 권고가 채무자회생법 제120조 제3항을 규정하는 배경이 되었다.[113] 참고로 UNCITRAL 도산법 입법지침에서도 도산해지조항의 무효 원칙이 적용되지 않는 계약 유형으로서 스왑계약이나 선물계약 등 금융계약(financial contract)[114]을 제시하는데, 이는 금융에 따른 위험을 헤지(hedge)하는 것을 주된 목

---

111) 伊藤 眞 (註 16), 36면.

112) 채무자회생법 제1호 내지 제4호에 규정된 유형의 금융거래로서 이 조항에서는 이를 '적격금융거래'라고 부른다.

113) 박준, "채무자회생 및 파산에 관한 법률 제120조의 해석 — 지급결제제도, 청산결제제도 및 적격금융거래에 대한 특칙의 적용범위 —", BFL, 22호 (2007), 70면.

114) 금융계약의 정의에 대해서는 UNCITRAL Legislative Guide on Insolvency Law (註 54), p. 5 참조.

적으로 하는 계약에서 그러한 헤지의 일환으로 둔 합의를 무효로 하면 계약의 존립 목적 자체가 상실될 뿐만 아니라, 금융거래의 불안정성을 높이고 그 무효화로 인한 연쇄적 효과로 금융시스템 자체에 위해가 발생할 수 있기 때문이다.[115)]

또한 채무자회생법 제124조 제4항은 임대인인 채무자에 대하여 회생절차가 개시된 경우로서, 임차인이 ① 주택임대차보호법 제3조 제1항의 대항요건을 갖춘 때, 또는 ② 상가건물 임대차보호법 제3조의 대항요건을 갖춘 때에는 채무자회생법 제119조를 적용하지 않는다고 규정한다. 또한 채무자회생법 제340조 제4항은 임대인이 파산선고를 받은 경우에 관하여 채무자회생법 제335조를 적용하지 않는다고 하여 같은 취지로 규정한다. 모두 임차인의 이익을 보호하기 위한 규정들이다.[116)] 그러므로 임대인에 대한 도산절차가 개시되는 경우 채무자회생법 제119조에 따른 관리인의 선택권 문제는 발생하지 않고, 그 결과 도산해지조항이 관리인의 선택권을 해칠 위험도 발생하지 않는다. 결국 임대인의 도산을 이유로 임차인이 계약을 해지할 수 있도록 하는 도산해지조항은 임차인이 제124조 제4항 및 제340조 제2항의 요건을 갖추는 한 유효이다.

채무자회생법 외에 다른 법률에서 도산을 이유로 계약을 실효시키거나 해지하는 것을 허용하는 경우에도 도산해지조항을 무효로 할 이유가 없다. 민법의 경우만 보면, 소비대차에서 대주가 목적물을 차주에게 인도하기 전에 당사자 일방이 파산선고를 받으면 소비대차는 그 효력을 잃고(제559조), 사용대차에서 차주가 파산선고를 받으면 대주는 계약을 해지할 수 있으며(제614조), 임대차에서

---

115) UNCITRAL Legislative Guide on Insolvency Law (註 49), p. 157 및 입법지침 권고사항 제101 내지 제107항 참조.

116) UNCITRAL Legislative Guide on Insolvency Law (註 49), p. 130에서도 임대인에 대해 도산절차가 개시된 경우 특별하게 취급할 필요성에 대하여 설명한다.

임차인이 파산선고를 받으면 임대인이 계약해지 통고를 할 수 있다(제637조). 고용에서 사용자가 파산하는 경우 노무자가 계약을 해지할 수 있으며(제663조),[117] 도급에서 도급인이 파산선고를 받으면 수급인이 계약을 해제할 수 있고(제674조), 위임에서 당사자 일방이 파산되면 위임이 종료된다(제690조). 파산자의 상대방이 계약을 해제 또는 해지할 수 있도록 허용하는 민법 조항들(제614조, 제637조, 제663조, 제674조)은 파산관재인의 선택권에 관한 채무자회생법 제335조 제1항에 우선하여 적용되는 특칙이다.[118] 따라서 이 조항들을 적용하거나 이 조항들과 같은 내용의 계약을 체결한다고 하더라도 채무자회생법 제335조 제1항의 취지를 무색하게 하는 결과가 발생하지 않는다. 이러한 경우에는 이미 법률에 의하더라도 계약관계 종료가 예정되어 있거나 계약관계를 종료시키는 것이 가능하므로, 그러한 취지의 도산해지조항도 유효하다. 우리나라 판례 중에도 도급인이나 위임의 당사자 일방이 파산선고를 받은 경우에는 쌍방 미이행 쌍무계약에 관한 구 파산법 제50조 제1항이 적용될 여지가 없고, 도급인의 파산선고를 이유로 한 해지를 규정하는 민법 제674조 제1항이나 파산으로 인한 위임의 종료에 관한 민법 제690조가 적용된다고 한 것이 있다.[119] 다만 이러한 민법 조항들은 모두 파산절차만을 염두에 두고 있으므로 회생절차의 경우에는 어떻게 되는지의 문제가 남아 있다. 앞서 살펴 본 도산해지조항의 효력에 관한 일반론을 기계적으로 적용한다면 이 경우 도산해지조항의 효력은 인정될 수 없다고 할지도 모른다. 그러나 위와 같은 민법

---

117) UNCITRAL Legislative Guide on Insolvency Law (註 49), p. 120에서도 근로계약에 관한 특별한 취급의 필요성에 대하여 설명한다.

118) 민법 제674조 제1항에 관하여는 대법원 2007. 6. 29. 선고 2016다221887 판결 참조. 또한 민법 제663조가 도산법의 특칙이라는 설명으로 임치용, "파산절차의 개시가 고용절차에 미치는 영향", 법조 통권 600호 (2006. 9), 60면 참조.

119) 대법원 2002. 8. 27. 선고 2001다13624 판결.

조항들은 회생절차의 경우에도 유추 적용된다고 보아야 한다.[120] 따라서 회생절차의 경우에도 위 민법 조항과 동일한 내용의 해지권을 부여하는 약정은 유효하다.

한편 소유권유보부 매매계약과 리스계약에 관한 도산해지조항이 유효한가에 대해서는 논란의 여지가 있다. 양자의 담보적 실질을 강조하여 도산을 이유로 한 계약 해지를 담보권 실행과정의 하나로 본다면 양자는 다른 일반적인 계약 유형과 달리 취급할 여지가 있기 때문이다. 우리나라 법원 실무에서는 소유권유보부 매매계약상 매도인이나 리스계약상 리스채권자를 도산절차의 담보권자로 파악한다.[121] 소유권유보부 매매계약의 경우 대법원은 매도인이 유보한 소유권은 담보권의 실질을 가지므로 회생담보권이라고 판시하기도 하였다.[122] 반면 이들을 회생담보권자로 파악하여서는 안 된다는 유력한 반대 견해도 있다.[123] 그런데 현재 판례나 실무의 입장처럼 이들을 회생담보권자로 본다고 하여 도산해지조항이 유효하게 되는 것은 아니다. 회생담보권자도 도산을 이유로 한 해지를 통해 자신의 권리를 보호할 것이 아니라, 회생절차 내에서 담보권을 행사하여 자신의 권리를 실현하여야 하기 때문이다. 그것이 회생절차의 목적에도 부합한다. 일본의 경우에도 소유권유보부 매매나 리스에 기한 권리를 담보권으로 취급하는 것이 실무의 태

120) 대법원 2017. 6. 29. 선고 2016다221887 판결은 파산절차에 관한 특칙인 민법 제674조 제1항은 공사도급계약의 도급인에 대하여 회생절차가 개시된 경우에도 유추 적용할 수 있다고 한다.

121) 서울중앙지방법원 파산부 실무연구회 (註 37), 429면; 배현태, "회사정리절차에 있어서 리스채권의 취급", 법조, 통권 521호 (2000), 164면; 김영주, "도산절차상 양도담보계약 당사자의 법적 지위", 사법, 제33호 (2015. 9), 24면, 26면 참조.

122) 대법원 2014. 4. 10. 선고 2013다61190 판결. 이에 대한 반대 견해로서 양형우, "회생절차에서 소유권유보와 매도인의 지위 — 대상판결: 대법원 2014. 4. 10. 선고 2013다61190 판결", 인권과 정의, 제447호 (2015. 2), 155-157면; 김영주 (註 121), 25면.

123) 김영주 (註 121), 25면, 28면; 이연갑 (註 42), 959면.

도였으나, 일본 최고재판소 판결은 소유권유보부 매매계약과 리스계약에 포함된 도산해지조항에 따른 해지를 무효로 보았다.[124] 이와 별도로 이 두 가지 계약이 채무자회생법 제119조가 규정하는 의미의 미이행 쌍무계약인가 하는 문제는 남아 있다. 이에 대해서는 논란이 있으나,[125] 소유권유보부 매매의 매도인은 소유권이전의무를, 리스계약의 리스회사는 리스이용자가 리스물건을 이용하도록 할 의무를 여전히 부담한다는 점에서 이들 계약은 미이행 쌍무계약이다.[126] 따라서 이 계약 유형에도 도산해지조항의 효력에 관한 일반론이 적용된다.

지금까지 살펴본 것처럼 도산해지조항은 원칙적으로 무효이지만, 법률의 해석상 도산해지조항을 유효로 보아야 하는 경우도 있다. 한편 계약 유형이나 개별 사안의 특성상 도산해지조항을 유효로 보아야 하는지가 논란이 되는 경우도 있다. 도산해지조항의 유효성을 인정할 수 있는 예외는 향후 해석론을 통한 유형화를 통해 정립해 나갈 수밖에 없다. 이로 인한 법적 불명확성은 입법의 부재에서 비롯된 불가피한 결과이다. 이러한 법적 불명확성을 최소화하려면 궁극적으로는 입법이 필요하다.[127] 이러한 입법은 ① 도산해지조항 또는 이에 상응하는 개념의 정의, ② 도산해지조항이 원칙적으로 무효라는 선언, ③ 도산해지조항이 유효로 취급되는 예외적 경우에 대한 규정 내지 관련 조항의 지시를 포함할 수 있다.

---

124) 최고재판소 1982(昭和 57). 3. 30. 판결(民集 36卷 3号 484면); 최고재판소 2008(平成 20). 12. 16. 판결(民集 62卷 10号 2561면).

125) 가령 리스계약의 경우 이를 미이행 쌍무계약으로 보아서는 안 된다는 견해로 배현태 (註 121), 163면.

126) 김영주 (註 121), 27-28면; 이연갑 (註 42), 955-964면.

127) 한민 (註 6), 61면; 김영주 (註 3), 19면; 이은재 (註 50), 293면.

Ⅴ. 도산해지조항의 효력에 관한 준거법

1. 문제의 소재

국제도산에서 도산해지조항의 효력에 관한 특수한 문제로서 준거법 결정이 있다. 우리나라에서는 그동안 이 문제가 충분히 논의되지 않았지만, 국제도산의 빈도와 중요성이 커지고 도산해지조항이 널리 사용됨에 따라 도산해지조항의 효력에 관한 준거법을 결정하는 문제도 더욱 중요해지고 있다. 이러한 준거법 결정 문제는 국제사법의 차원에서 도산해지조항의 효력에 대해 더 입체적으로 생각해 볼 기회를 제공한다. 도산해지조항의 효력을 계약관계의 문제로 파악한다면 도산해지조항이 포함된 계약의 준거법이 적용될 것이다. 계약의 준거법은 계약 당사자가 명시적 또는 묵시적으로 선택할 수 있고(국제사법 제25조 제1항), 선택하지 않은 경우에는 그 계약과 가장 밀접한 관련이 있는 국가의 법이 준거법이 된다(제26조 제1항). 도산해지조항의 효력을 도산관계의 문제로 파악한다면 도산관계의 준거법이 적용될 것이다. 국제사법이나 채무자회생법은 도산관계의 준거법에 관하여 아무런 조항을 두고 있지 않다. 다만 국제사법 제8조 제1항은 당해 법률관계와 가장 밀접한 관련이 있는 국가의 법이 준거법이 된다는 원칙을 밝히고 있다. 이러한 원칙 아래에서, 도산관계의 준거법은 도산절차가 개시, 진행되는 국가의 법, 즉 도산법정지법이 준거법이라고 보는 것이 일반적이다.[128] 결국 도산해지조항의 준거법이 계약의 준거법인지, 아니

---

128) 임치용, "판례를 통하여 본 국제도산법의 쟁점", BFL, 제38호 (2009. 11), 105면; 석광현, "영국법이 준거법인 채권 간의 소송상 상계에 관한 국제사법의 제문제", 서울대학교 법학, 제57권 제1호 (2016. 3), 223면 참조. 대법원 2015. 5. 28. 선고 2012다104526, 104533 판결도 이 점을 전제로 삼고 있다. 참고로 독일 도산법(Insolvenzordnung) 제335조는 도산절차와 그 효력에 관해서는 달리 정함이 없

면 도산법정지법인지는 도산해지조항의 효력이 도산법정지법이 적용되는 도산관계의 문제로 환원될 수 있는지에 달려 있다.

2. 준거법 결정 기준

(1) 도산전형적 법률효과

이 문제의 핵심은 도산해지조항의 효력이 계약관계와 도산관계 중 어떤 법률관계에 속한 사항으로 분류될 수 있는가이다. 이는 결국 국제사법에서 말하는 성질 결정(characterization 또는 classification)의 문제이다. 도산관계에 순수한 도산절차적 사항이 포함된다는 점은 명확하다. 따라서 도산절차의 개시와 종료, 관리인이나 파산관재인의 선임, 관리인이나 파산관재인의 권한과 의무, 채권의 신고 및 확정 절차 등 순수한 도산절차적 사항에 관한 준거법은 도산법정지법이다. 국제사법의 일반 원리에 따르면 절차는 법정지법에 따르도록 되어 있고, 이러한 일반 원리는 국제도산법 영역에도 그대로 적용되기 때문이다.[129] 그런데 도산법은 절차와 실체의 문제가 유기적으로 얽혀 있는 법으로서, 양자를 명확하게 구별하기도 어려울 뿐만 아니라, 양자를 인위적으로 분리하여 각각 다른 법을 적용하는 것은 정합성과 일관성을 갖춘 도산절차의 진행에 장애가 될 수도 있다. 따라서 도산관계에는 도산법정지법에 의하여 통일적으로 규율할 필요성이 있는 실체법적 사항도 포함된다.[130] 이러한 실체법적 사항의 범위를 정하기 위한 도구로 '도산전형적 법률효과'라는 개념이 사용된다. 도산전형적 법률효과는 도산절차에 내재하는 구성요건에 의하여 발생하고, 도산절차의 목적에 봉사하는

는 한 도산절차가 개시된 국가의 법이 적용된다고 함으로써 도산법정지주의를 명문으로 규정하고 있다.

129) 석광현, "채무자회생 및 파산에 관한 법률에 따른 국제도산법의 개관", 국제사법과 국제소송, 제4권 (박영사, 2007), 414면; 임치용 (註 128), 105면.

130) 석광현 (註 128), 223면; 석광현 (註 129), 414면.

법률효과이다.[131] 도산전형적 법률효과에 관한 실체법적 사항은 계약관계가 아니라 도산관계에 속하므로 도산법정지법에 의하여 결정된다. 따라서 도산해지조항의 효력이 도산전형적 법률효과에 해당하는지가 문제된다.

(2) 관련 판례

도산해지조항의 효력이 도산전형적 법률효과에 해당하는지를 정면으로 다룬 대법원 판결은 발견되지 않는다. 다만 이 문제에 참고할 판결들이 있다

대법원 2015. 5. 28. 선고 2012다104526, 104533 판결은 "외국적 요소가 있는 계약을 체결한 당사자에 대한 회생절차가 개시된 경우, 계약이 쌍방 미이행 쌍무계약에 해당하여 관리인이 이행 또는 해제·해지를 선택할 수 있는지, 그리고 계약의 해제·해지로 인하여 발생한 손해배상채권이 회생채권인지는 도산법정지법인 채무자 회생 및 파산에 관한 법률에 따라 판단되어야 하지만, 계약의 해제·해지로 인한 손해배상의 범위에 관한 문제는 계약 자체의 효력과 관련된 실체법적 사항으로서 도산전형적인 법률효과에 해당하지 아니하므로 국제사법에 따라 정해지는 계약의 준거법이 적용된다."라고 판시하였다.[132]

이 판결은 도산해지조항의 효력이 도산전형적 법률효과에 관한 것인지를 다루고 있지는 않다. 다만 판결 이유에서 "계약의 해제·해지로 인한 손해배상의 범위에 관한 문제는 계약 자체의 효력과 관련된 실체법적 사항"이므로 도산전형적인 법률효과에 해당하지 않는다고 하고 있어, 도산해지조항의 효력처럼 계약의 효력에 결부된 사항에는 도산법정지법이 적용되지 않는다고 볼 여지도 있

131) 대법원 2015. 5. 28. 선고 2012다104526, 104533 판결; 석광현 (註 128), 223면.
132) 이 판결에 대한 간략한 해설로는 김희중, "2015년 상반기 도산법 관련 대법원 판례 소개", 도산법연구, 제6권 제2호 (2015. 12), 18-19면 참조.

다. 그러나 이 판결 이유에서 “계약 자체의 효력”이라고 표현한 것은 “자체”라는 표현에서 간취할 수 있듯이 도산절차와 무관한 계약적 사항의 효력을 일반적으로 지칭한 것이라고 보아야 한다. 따라서 도산법의 목적 달성에 밀접하게 연결된 도산해지조항의 효력이 여기에서 말하는 “계약 자체의 효력”에 포함된다고 단언할 수는 없다. 오히려 위 판결은 “계약이 쌍방 미이행 쌍무계약에 해당하여 관리인이 이행 또는 해제 · 해지를 선택할 수 있는지”와 같이 계약의 효력과 관련된 실체법적 사항이라고 볼 여지가 있는 사항에 대해서도 계약의 준거법이 아니라 도산법정지법에 따라 판단되어야 한다고 판시함으로써, 관리인의 해지를 제한하는 결과를 가져오는 도산해지조항의 효력 문제가 도산법정지법에 따라 판단되어야 할 필요성을 간접적으로 내비치고 있다.

대법원 2015. 1. 29. 선고 2012다108764 판결은 도산에 관한 사건을 다루지는 않지만 도산해지조항의 효력에 도산법정지법이 적용될 수 있는가를 고민하는 데에 참고할 만한 이론 구조를 제시하는 판결이다.[133] 이 판결은 외국적 요소가 있는 채권들의 상계 문제를 다루었는데, 채권자가 한국의 민사집행법에 의하여 채권압류명령 및 추심명령을 받아 채권집행을 한 경우에 채권압류명령을 받은 제3채무자가 채무자에 대한 반대채권을 가지고 상계로써 압류채권자에게 대항할 수 있는지는 집행절차인 채권압류의 효력과 관련된 문제이므로 상계의 준거법인 영국법이 아니라 집행절차의

133) 그 외에 대법원 2001. 12. 24. 선고 2001다30469 판결은 영국법을 준거법으로 하는 차관계약상 대주인 우리나라 은행이 파산한 사안에서 이 은행의 파산관재인이 우리나라 구 파산법 제50조에 따른 선택권을 행사할 수 있다는 점을 전제로 한 원심 판단을 긍정함으로써 결과적으로 도산법정지법 원칙을 따랐다. 다만 이 판결은 국제도산법의 논점을 언급하지 않았고 이러한 결론을 당연시한 것으로 보인다. 석광현, “도산국제사법의 제 문제”, 사법, 제4호 (2008. 6), 122면, 136면 (이 글은 석광현, 국제사법과 국제소송, 제5권 (박영사, 2012), 594면 이하에도 수록되어 있다) 참조.

준거법인 한국의 민사집행법 등에 의하여 이 문제를 판단하여야 한다고 판시하였다. 즉 상계는 실체법적 사항에 해당하는 문제이지만, 그러한 상계가 집행절차와의 관련성 아래에서 허용되는지는 그 집행의 준거법에 따라 판단하여야 한다는 취지이다. 이는 도산해지조항은 실체법적 사항에 해당하는 문제이지만, 그러한 조항에 따른 해지가 도산절차와의 관련성 아래에서 허용되는지는 그 도산절차의 준거법, 즉 도산법정지법에 따라 판단하여야 한다는 논리와도 비견할 수 있는 구도를 가진다. 상계와 도산해지조항에 따른 해지는 둘 다 개별 또는 포괄집행절차에서 그 권리 행사 주체의 우선적 보호를 꾀하면서 채권자평등주의와 긴장관계를 형성하는 원인이 된다는 점에서 공통되므로 위 판결은 도산해지조항 효력의 준거법을 결정하는 데에도 참고할 가치가 있다.

하급심 판결 중에는 도산관계에 영향을 미치는 해지 문제를 도산전형적 법률효과에 관한 문제로 보아 도산법정지법의 적용대상에 해당한다고 본 것이 있다. 즉 서울중앙지방법원 2010. 1. 11.자 2009회확562 결정은 "회생절차에서 미이행 쌍무계약의 이행 또는 해지의 선택은 도산전형적 법률효과를 가져오는 내용으로서 이에 관하여는 도산법정지법이 적용되어야 하는데, 미이행 쌍무계약에 관하여 도산법정지법이 적용되는 범위는 채권자평등의 원칙 등에 비추어 보면 단순히 관리인이 이행 또는 해지를 선택하는 경우뿐만 아니라 관리인의 위와 같은 선택권을 보장하기 위하여 계약상대방이 채무자의 채무불이행을 이유로 계약을 해지하거나 손해배상을 구하는 것을 제한하는 경우까지 포함한다."라고 판시하였다. 이는 계약상대방의 계약 해지가 관리인의 선택권을 보장하기 위해 제한되는지에 관한 준거법은 계약의 준거법이 아니라 도산법정지법임을 분명히 한 결정이다.

(3) 외국의 경우

유럽연합의 "도산절차에 관한 규정(Regulation (EU) 2015/848 of the European Parliament and of the Council of 20 May 2015 on Insolvency Proceedings)"[134](이하 "EU 도산규정"이라고 한다)은 유럽연합뿐만 아니라 우리나라에서도 관심을 모으는 도산 관련 국제규범이다. 이는 복수 국가가 관련된 도산절차에 관한 규정으로서 별도의 이행입법 없이 유럽연합 회원국에 직접 적용된다. EU 도산규정 제7조 제2항은 도산법정지법이 적용되는 사항 중 하나로 (e)에서 "채무자가 당사자인 현재 계약에 도산절차가 미치는 영향(the effects of insolvency proceedings on current contracts to which the debtor is party)"을 들고 있다. 쌍방 미이행 쌍무계약상 도산해지조항의 효력 문제는 "현재 계약에 도산절차가 미치는 영향"에 관한 문제라고 할 수 있다.[135] 그러므로 EU 도산규정의 취지에 따르면 도산해지조항의 효력은 도산법정지법에 의하여 결정하게 된다.

반면 영국은 이와 달리 도산해지조항 효력의 준거법을 계약의 준거법으로 파악한다. 영국 고등법원(English High Court)이 선고한 Fibria Celulose S/A v Pan Ocean 판결[136]이 이 문제를 다루었다. 이 사건에서 한국 해운회사인 Pan Ocean은 브라질 기업인 Fibria

134) 2000. 5. 29. 채택되어 2002. 5. 31. 발효된 유럽연합의 "도산절차에 관한 규정(Council Regulation(EC) No 1346/2000 of 29 May 2000 on insolvency proceedings)"이 2015. 5. 20. 전면 개정되어 일부 예외적인 경우를 제외하고 2017. 6. 26.부터 시행되었다. 개정된 EU 도산규정에 관하여는 김영석, "전면개정 EU도산규정과 기업집단도산절차", BFL, 제81호 (2017. 1) 참조.

135) 석광현, "도산절차의 국제사법 — 국제도산법", 남효순·김재형 공편, 도산법강의(박영사, 2005), 279-280면에서는 도산이 양 당사자의 이행이 종료되지 않은 기존 계약(특히 쌍무계약)에 미치는 영향은 도산법정지법에 의해 규율한다고 설명하면서 이와 더불어 개정 전 EU 도산규정 제4조 제2항(현행 EU 도산규정 제7조 제2항에 대응하는 조항)을 소개하고 있다.

136) 〔2014〕 EWHC 2014 (ch).

Celulose와 해상운송계약을 체결하였다. 이 계약에는 도산해지조항이 포함되어 있었고, 계약의 준거법은 영국법이었다. 그런데 한국 법원에서 Pan Ocean에 대한 회생절차가 개시되었고, 그 후 영국에서 한국 회생절차에 대한 승인이 이루어졌다. Fibria Celulose는 회생절차가 개시된 후 Pan Ocean에게 도산해지조항에 따라 계약을 해지한다고 통보하였다. Pan Ocean의 관리인은 도산해지조항의 효력은 도산법정지법인 한국법에 따라 정해지는데, 한국법에 따르면 도산해지조항에 다른 해지는 관리인의 선택권을 침해하므로 효력이 없다고 다투면서 영국 법원에 이러한 계약해지의 효력정지를 구하였다. 그러나 영국 법원은 계약해지 통보는 영국 국제도산규정[137] 21.1(a)에서 정지 대상으로 삼는 절차(proceedings)에 해당하지 않고, 달리 영국 법원에게 계약해지의 효력에 관여할 권한도 없다고 판단하였다. 또한 설령 영국 법원에 그러한 권한이 있다고 하더라도 계약 당사자들이 영국법을 준거법으로 선택한 이상 도산해지조항의 효력에 관해서도 영국법이 적용되어야 하므로 한국법의 적용을 전제로 한 관리인의 신청은 받아들일 수 없다고 판단하였다. 이러한 영국 법원의 준거법 결정에 대한 태도는 도산해지조항의 효력 자체에 대한 영국법의 너그러운 태도와도 맞닿아 있다.

(4) 검　토

도산법정지법의 적용 기준이 되는 '도산전형적 법률효과'의 속성은 도산법의 목적과의 상호관련성 아래에서 이해하여야 한다. 그 점에서 도산해지조항의 효력에 관한 사항은 도산전형적 법률효

137) 영국의 국제도산규정(The Cross-Border Insolvency Regulations 2006)은 2006년에 제정되었다. 이 규정의 목적은 1997년 국제도산에 관한 UNCITRAL 모델법(UNCITRAL Model Law on Cross-Border Insolvency)을 영국의 실정법으로 적용하기 위한 것이다(제2조).

과에 해당한다. 관리인에게 쌍방 미이행 쌍무계약의 이행과 해제·해지 사이에 선택할 수 있는 권한이 주어지는지의 문제와 계약 상대방이 도산해지조항에 기초하여 자신이 먼저 계약해지권을 행사할 수 있는지의 문제는 서로 밀접하게 연결되어 있다. 왜냐하면 도산해지조항에 기초한 계약해지권 행사를 허용할 경우 관리인의 선택권, 나아가 그 선택권을 통하여 보호하고자 하는 이해관계인들의 이익을 해칠 수 있기 때문이다. 또한 채권자들이 각각 자기 채권의 근거가 된 계약의 준거법을 내세우고, 그 준거법마다 도산해지조항의 효력을 달리 취급하여 결과적으로 채권자별로 다른 취급을 하게 된다면 이는 채권자 평등의 원칙 및 도산절차의 안정성에 반하는 결과를 초래하게 된다. 따라서 관리인의 선택권 문제와 이를 침해할 수 있는 도산해지조항의 효력 문제는 도산법정지법의 단일한 법체계 안에서 유기적으로 해석하는 것이 타당하다.[138] 그것이 위에서 살펴 본 우리 판례의 입장과도 부합한다.

3. 외국도산절차 승인과의 관계

지금까지 살펴본 바와 같이 도산해지조항의 효력에 관한 준거법은 도산법정지법이다. 그런데 국제도산의 경우 도산해지조항의 효력에 관해 도산법정지가 아닌 국가에 소재한 당사자에게 도산법정지법을 적용하기 위해 그 국가의 외국도산절차 승인이 필요한가 하는 문제가 있다.

가령 다음 상황을 가정해 보자. A국에 소재한 기업 1과 B국에

138) 석광현 (註 133), 122면도 "매수인인 한국 기업과 매도인인 독일 기업 간에 국제물품매매계약이 체결된 뒤 우리나라에서 매수인의 파산선고가 있었다면, 그 매매계약의 성립 및 효력의 문제는 법정지인 한국의 통상의 국제사법에 따라 결정되는 준거법에 따르지만, 매수인의 파산관재인이 쌍방 미이행 쌍무계약임을 이유로 매매계약을 해제할 수 있는지는 도산전형적인 법률효과의 문제이므로 도산법정지인 우리 통합도산법에 따른다."라고 하여 같은 입장을 취하고 있다.

소재한 기업 2가 도산해지조항이 포함된 계약을 체결하면서 계약의 준거법을 A국법으로 정하였다. A국법에 따르면 도산해지조항은 유효하고, B국법에 따르면 도산해지조항은 무효였다. 그런데 B국 법원이 기업 2에 대해 도산절차개시결정을 내리자 기업 1은 도산절차 개시를 이유로 계약 해지 통보를 하였다. B국 법원에 의해 선임된 관리인은 기업 1에 대하여 도산법정지법인 B국법에 의하면 도산해지조항에 따른 기업 1의 해지는 효력이 없다고 주장한다. 반면 기업 1은 B국법의 도산절차가 A국 법원에 의하여 아직 승인되지 않았으므로 도산절차의 효력은 자신이 소재한 A국에 미치지 않고, 따라서 기업 1은 계약의 준거법인 A국법에 따라 유효하게 계약을 해지할 수 있다고 주장한다. 여기에서 문제되는 것은 도산법정지법 적용과 외국도산절차 승인의 상관관계이다. 아래에서는 우리나라 법제를 기준으로 살펴본다.

과거 우리나라 도산법제는 외국도산절차의 효력은 우리나라에 영향을 미치지 않는다는 속지주의(principle of territoriality)를 채택하면서 별도로 승인 제도도 두지 않았다. 따라서 외국도산절차가 국내에 관철될 수 있는 공식 통로가 존재하지 않아 국내에서도 별도로 도산절차 개시결정을 받아야 하는 번거로움이 있었다. 그런데 대법원은 외국에서 선고한 파산이 한국 내 재산에 효력이 없다고 규정한 파산법 제3조 제2항의 해석과 관련하여 “이는 외국에서 선고된 파산은 한국 내에 있는 재산에 대하여 파산선고의 본래적 효력인 포괄집행적 효력이 미치지 않는다는 것을 선언함에 그치고, 나아가 외국에서 파산선고가 내려진 사실 또는 그에 따라 파산관재인이 선임되었다는 사실 자체를 무시한다거나, 그 선고의 결과 파산선고를 한 해당 국가에서 선임된 파산관재인이 그 국가의 법률에 따라 한국 내에 있는 파산자의 재산에 대한 관리처분권을 취득하는 것까지 부정하는 것은 아니다.”라고 판시하였다.[139] 즉 도산절차의 효력 문제와 관리처분권의 문제를 분리한 뒤 전자에만 속지주의를 적용함으로써 속지주의를 완화하는 한편, 이론적으로는 관리처분권의 일환인 선택권이 국내 당사자와의 관계에서도 보호될 여지를 남겨 놓았던 것이다.

그런데 외국에서 선임된 파산관재인이 한국 내 파산자 재산에 대한 관리처분권을 취득한다고 판시한 부분은 승인 및 지원처분제도, 그리고 지원처분의 일환으로 국제도산관리인제도(제636조 제1항 제4호)를 도입한 현행법 아래에서 계속 유지된다고 할 수 없다. 국제도산관리인제도는 외국도산절차 대표자가 한국에 소재하는 채무자 재산에 관리처분권을 행사하기 위해 특별히 마련된 제도인데, 이 제도는 외국도산절차가 개시되었다고 하여 한국에서 바로 관리처분권을 행사할 수는 없다는 점을 전제로 하기 때문이다.[140] 채무자회생법의 승인 및 지원처분에 관한 규정들은 1997년 UNCITRAL 국제도산 모델법의 영향 아래 2006년에 도입되었다. 이에 따르면 외국도산절차 승인은 외국도산절차에 대하여 국내에서 지원처분[141]을 할 수 있는 기초로서 이루어지는 승인을 말한다(채무자회생법 제628조 제3호). 즉 외국도산절차 승인은 외국도산절차가 국내에

139) 대법원 2003. 4. 25. 선고 2000다64359 판결.

140) 서울고등법원 2014. 7. 25. 선고 2012나77541, 2012나77558 판결(확정); 석광현, 국제사법과 국제소송, 제5권 (박영사, 2012), 540면; 임치용, "국제도산사건의 실무상 문제", BFL, 제53호 (2012. 5), 61-62면; 한민, "도산 관련 외국재판의 승인과 집행", BFL, 제81호 (2017. 1), 92-94면. 반대로 외국도산절차의 승인과 국제도산관리인의 선임 없이도 외국도산절차의 대표자가 한국 내 재산에 관리처분권을 행사할 수 있다는 견해도 있다. 제강호·이제한, "외국회사의 파산관련 제문제", BFL, 제42호 (2010. 7), 44-45면.

141) 지원처분의 종류는 채무자회생법 제636조에 열거되어 있는데, 여기에는 채무자의 업무 및 재산에 대한 소송이나 강제집행, 담보권 실행, 보전절차의 금지 또는 중지, 채무자의 변제금지 또는 채무자 재산의 처분금지, 국제도산관리인의 선임 등이 포함되어 있다. 즉 외국도산절차의 목적이 국내에서도 달성될 수 있도록 지원하는 처분을 말한다.

서도 관철될 수 있는 창구 역할을 한다.[142] 그러므로 외국도산절차 승인 없이는 국내 채권자가 도산해지조항에 기하여 해지하는 것을 막을 수 없다고 주장할 여지도 있다.

하지만 결론적으로 말하면 외국도산절차의 승인 문제와 도산해지조항의 효력에 관한 준거법 결정 문제는 별도의 문제이므로 후자가 전자에 좌우된다고 볼 수는 없다. 적어도 우리나라 채무자회생법의 해석론에 따르면, 외국도산절차의 승인은 외국도산절차의 실체적 효력이나 외국도산절차 내에서 선임된 관리인에게 부여된 권한 그 자체에 직접 영향을 미치는 것이 아니라, 개별집행금지나 자산동결 등 외국도산절차에 필요한 제반 조치들을 국내에서 관철시키기 위한 일종의 형식적 요건으로서 의미를 가질 뿐이다. 대법원도 "채무자 회생 및 파산에 관한 법률상의 '외국도산절차의 승인'은 민사소송법 제217조가 규정하는 '외국판결의 승인'과는 달리 외국법원의 '재판'을 승인하는 것이 아니라 당해 '외국도산절차'를 승인하는 것으로서 그 법적 효과는 외국도산절차가 지원결정을 하기 위한 적격을 갖추고 있음을 확인하는 것에 그치는 것이고, 그 승인에 의하여 외국도산절차의 효력이 직접 대한민국 내에서 확장되거나 국내에서 개시된 도산절차와 동일한 효력을 갖게 되는 것은 아니다."라고 판시한 바 있다.[143] 그런데 도산해지조항의 효력을 판단하는 문제는 도산법정지에서 선임된 도산법정지국의 관리인이 당해 계약의 선택권을 행사할 수 있는가 하는 문제의 이면(裏

142) 외국도산절차가 한국에서 자동 승인되지는 않는다는 점에서 완전한 의미의 보편주의(principle of universality)를 채택하지는 않았지만, 한국 법원의 승인 결정을 거치면 외국도산절차에 필요한 지원처분을 가능하게 함으로써 수정된 보편주의를 채택하였다. 석광현 (註 133), 114면. 일본의 「외국도산처리절차의 승인원조에 관한 법률(外国倒産処理手続の承認援助に関する法律)」도 우리와 마찬가지 입장이다.

143) 대법원 2010. 3. 25.자 2009마1600 결정.

面)이다. 이는 그 계약 상대방이 소재한 국가에서 도산절차를 승인하였는가와 논리적으로 연결될 문제가 아니다. 시간적으로 볼 때에도 관리인이 선택권을 행사할 수 있는 시점에는 결정되어야 할 도산해지조항 효력의 준거법이, 아직 이루어지지도 않았고 언제 이루어질지도 모를 외국에서의 승인 여부에 좌우되는 것은 부자연스럽다. 그러므로 외국도산절차의 승인 여부에 따라서 외국도산절차에 따른 법률관계 자체가 달라진다고는 할 수 없다. 따라서 위 사례에서도 도산해지조항의 효력에 관한 준거법 문제는 A국에서의 승인 유무와 무관하게 결정되는 것이고, 그 결과 도산법정지법인 B국법이 적용된다.

Ⅵ. 결 론

도산해지조항의 효력은 계약법적 사고방식과 도산법적 사고방식이 교차하는 영역에 있는 문제이다. 따라서 이 문제는 개별적 권리행사와 집단적 권리조정, 사전적 위험회피와 사후적 위험배분의 대립으로 점철되어 있다. 국내외의 논의를 조망하여 보면, 대체로 도산법적 사고방식의 특징인 집단적 권리조정과 사후적 위험배분을 우선시하려는 경향을 보인다. 그 범위 내에서 계약 당사자가 사전적 위험회피 수단으로 채용한 도산해지조항에 따른 개별적 권리행사는 뒤로 물러난다.

이러한 도산법적 사고방식의 우위는 어디에 기인하는 것일까? 국제적으로 영향력 있는 표준 도산규범으로 명성을 얻어가는 UNCITRAL 도산법 입법지침의 예에서 알 수 있듯이, 도산해지조항의 문제가 주로 도산법적 사고방식에 익숙한 실무가나 학자들에 의해 논의되어 왔기 때문이라고 말할 수 있을지도 모른다. 그러나 더욱 중요한 이유는 도산법을 바라보는 기본 태도에서 찾을 수 있다. 현대 사회의 경제 체제와 법 시스템 안에서 도산법의 중요성이 커질수록 도산법의 목적을 저해하는 계약법적 메커니즘이 계약자유의 원칙이라는 이름 아래 운신할 영역은 줄어든다. 이는 고전적 계약법의 핵심인 계약자유의 원칙에 대한 신봉의 정도와도 반비례한다. 이러한 경향성이 도산해지조항의 효력에 대한 입장에도 영향을 미친다.

필자도 도산해지조항의 효력 문제는 도산법적 사고방식의 우위 구도에 입각하여 풀어나가야 할 대상이라고 생각한다. 도산해지조항은 본질적으로 개별 당사자들이 미리 정할 수 없는 도산절차의 규칙을 다루는 조항이기 때문이다. 이는 도산해지조항의 효력을 판단하는 준거법을 결정하는 국면에서도 그러하다. 다만 도산해지조항이 널리 활용되는 거래계의 현실을 생각하면 이러한 규범적 기준과의 간극을 줄여나갈 필요가 있다. 특히 우리나라에는 이 문제에 대한 명확한 판례가 정립되지 않은 상황이라 그러한 필요성이 더욱 커진다. 해석론의 축적과 별도로 입법적 논의와 시도를 진지하게 생각해 보아야 하는 이유이다.

▨ 참 고 문 헌

1. 국내문헌

〈단행본〉

김용담 편, 주석민법, 총칙(2), 제4판, 한국사법행정학회, 2010.

서울중앙지방법원 파산부 실무연구회, 회생사건실무(상), 제4판, 박영사, 2015.

석광현, 국제사법과 국제소송 제5권, 박영사, 2012.

한민, 사전협의절차와 연계된 신속한 회생절차 마련을 위한 입법론적 방안 연구, 2015년도 법무부 연구용역 과제보고서, 2016.

〈논문〉

김성용, "도산조항의 효력", 사법 제4호 (2008).

______, "도산절차에서의 쌍무계약의 처리와 관련한 두 가지 의문", 비교사법 제14권 제1호 (2007. 3).

김영주, "계약상 도산해제조항의 효력", 선진상사법률연구 통권 제64호 (2013. 10).

______, "도산절차상 양도담보계약 당사자의 법적 지위", 사법 제33호 (2015. 9).

김영석, "전면개정 EU도산규정과 기업집단도산절차", BFL 제81호 (2017. 1).

김재형, "2007년 민법 판례 동향", 민법론Ⅵ (2011).

김효선, "미국연방파산법상 도산실효조항의 효력", 상사법연구 제32권 제4호 (2014. 2).

김희중, "2015년 상반기 도산법 관련 대법원 판례 소개", 도산법연구 제6권 제2호 (2015. 12).

남효순, "倒産節次와 契約關係 — 履行未完了雙務契約의 法律關係를 중심

으로 —", 남효순 · 김재형 편, 倒産法講義 (2005).

박병대, "파산절차가 계약관계에 미치는 영향", 파산법의 제문제(상), 재판자료 제82집 (1999).

박재완, "도산법 분야의 최신 판례와 실무례", 인권과 정의 제383호 (2008. 7).

박준, "채무자회생 및 파산에 관한 법률 제120조의 해석 — 지급결제제도, 청산결제 제도 및 적격금융거래에 대한 특칙의 적용범위 —", BFL 제22호 (2007).

배현태, "회사정리절차에 있어서 리스채권의 취급", 법조 통권 제521호 (2000).

석광현, "영국법이 준거법인 채권 간의 소송상 상계에 관한 국제사법의 제문제", 서울대학교 법학 제57권 제1호 (2016. 3).

______, "채무자회생 및 파산에 관한 법률에 따른 국제도산법의 개관", 국제사법과 국제소송, 제4권 (2007).

______, "도산국제사법의 제 문제", 사법 제4호 (2008. 6).

______, "도산절차의 국제사법 — 국제도산법", 남효순 · 김재형 공편, 倒産法講義 (2005).

양형우, "회생절차에서 소유권유보와 매도인의 지위 — 대상판결: 대법원 2014. 4. 10. 선고 2013다61190 판결", 인권과 정의 제447호 (2015. 2).

오민석, "건설회사의 회생절차에 관한 소고", 도산관계소송 (2009).

오수근, "도산실효조항의 유효성", 판례실무연구 IX (2010).

이성우, "도산해지조항의 유효성", 법률신문 제3799호 (2009. 12. 7).

이연갑, 리스계약과 도산절차, 민사판례연구 28권 (2006).

이은재, "한국과 미국의 회생절차에서의 미이행계약에 대한 비교", 사법 제35호(2016. 3).

임종헌, "破産節次가 未履行契約關係에 미치는 影響", 인권과 정의 제241호(1996).

임지웅, "도산해지조항의 효력 및 범위 — Flip-In 조항의 효력에 관한 영국과 미국의 판례분석을 중심으로", 도산법연구 제1권 제2호 (2010. 7).

임채웅, "도산격리의 연구", 민사소송 제12권 제1호 (2008. 5).

임치용, "건설회사에 대하여 회생절차가 개시된 경우의 법률관계", 사법 제18호 (2011).

______, "파산절차의 개시가 고용절차에 미치는 영향", 법조 통권 600호 (2006. 9).

______, "판례를 통하여 본 국제도산법의 쟁점", BFL 제38호 (2009. 11).

______, "국제도산사건의 실무상 문제", BFL 제53호 (2012. 5), 61-62면.

제강호 · 이제한, "외국회사의 파산관련 제문제", BFL 제42호 (2010. 7).

James L. Bromley 외 2인(한민 역), "미국 파산절차에서 있어서의 전환사채 · 신주인수권증권 및 교환사채 권리의 행사", 민사판례연구 28권 (2006).

한민, "미이행쌍무계약에 관한 우리 도산법제의 개선방향", 선진상사법률연구 통권 제53호 (2011. 1).

한민, "도산 관련 외국재판의 승인과 집행", BFL 제81호 (2017. 1).

2. 외국문헌

〈단행본〉

Kroth/Braun, Insolvenzordnung, 7. Auflage, C.H.Beck, 2017.

Nerlich/Römermann/Balthasar, Insolvenzordnung, 30. Auflage, C.H.Beck, 2016.

Schmidt, Insolvenzordnung, 19. Auflage, C.H.Beck, 2016.

UNCITRAL Legislative Guide on Insolvency Law, 2004.

山本和彦, 倒産法制の現代的課題, 有斐閣, 2014.

長島 · 大野 · 常松法律事務所 編, ニューホライズン 事業再生と金融, 商事法務, 2016.

〈논문〉

Ho, Adrienne, The Treatment of Ipso Facto Clauses in Canada, 61 McGill L.J. 139 (2015).

Schwartz, Alan, A Contract Theory Approach to Business Bankruptcy, 107 Yale L.J. 1807 (1998).

Coles-Bjerre, Andrea, Ipso Facto: The Pattern of Assumable Contracts in Bankruptcy, 40 N.M.L. Rev. 777 (2010).

Bruns, Das Wahlrecht des Insolvenzverwalters und vertragliche Lösungsrechte, ZZP 110 (1997).

Countryman, Executory Contracts in Bankruptcy: Part Ⅰ, 57 Minn. L. Rev. 439 (1973).

Westbrook, Jay Lawrence, A Functional Analysis of Executory Contracts, 74 Minn. L. Rev. 227 (1989).

Goode, Roy, Principles of Corporate Insolvency Law, 4th ed (London: Sweet & Maxwell, 2011).

Kreitner Roy, The Role and Limits of Legal Regulation of Conflicts of Interest (Part I): Frameworks of Cooperation: Competing, Conflicting, and Joined Interests in Contract and Its Surroundings, 6 Theoretical Inq. L. 59 (2005).

Slaughter and May, Insolvency law and contract: policy and practice in the US and UK (2012. 7).

工藤敏隆, "倒産解除条項の倒産手続における効力", 法学政治学論究 第81号 (2009. 6).

米倉明, "買主の会社更生と所有權留保, 所有權留保の実証的研究", 商事法務研究会 (1977).

松下祐記, "倒産手続において倒産の解除条項の効力", 法学教室 No. 390 (2013. 3).

水元宏典, "契約の自由と倒産解除特約の效力", 熊本法学 117号 (2009).

遠藤元一, "リス契約における倒産解除特約と民事再生手続(下)", NBL No. 894 (2008).

伊藤 眞, "片務契約および一方履行済みの雙務契約と倒産手續 — 倒産解除條項關係を含めて", NBL No. 1057 (2015. 9. 1).

_______, “会社更生申立てを原因とする契約解除特約の再検討”, 北澤正啓先生還暦記念,『現代株式会社法の課題』(1986).

竹下守夫, “所有權留保と破産・会社更生”(上・下), 法曹時報 25巻 2号 (1973).

_______, “昭和57年最判批判”, 判例タイムズ 505号 (1983).

村田典子, “フルパイアウト方式によるファイナンス・リス契約における倒産解除特約の效力”, ジュリスト No. 1398 (2010. 4).

제 2 장
담보신탁의 도산절연론 비판

윤 진 수*

Ⅰ. 서 론

근래 채권 담보의 수단으로서 담보신탁이 많이 활용되면서, 그에 따른 여러 가지 법률적인 문제가 발생하고 있다. 그중에서 일찍부터 문제되었던 것은, 담보신탁이 설정된 후 위탁자에게 도산절차가 개시되더라도 이는 수익자가 가지는 신탁재산에 대한 수익권에는 영향을 미치지 않는가 하는 것이다. 이를 보통 담보신탁의 도산절연 또는 도산격리(bankruptcy remoteness)라고 표현한다. 좀더 정확하게 말한다면 담보신탁의 수익자인 채권자가 채무자회생 및 파산에 관한 법률(이하 '채무자회생법'이라고만 한다)이 규정하는 회생담보권자에 해당하는가 하는 점이다. 판례는 이러한 수익자는 회생담보권자에 해당하지 않는다고 하여 담보신탁의 도산절연 기능을

---

* 이 글은 서울대학교 법학연구소가 2018. 2. 21. "민법과 도산법"을 주제로 하여 개최한 공동연구 학술대회에서 필자가 "담보신탁의 회생절차상 지위"라는 제목으로 발표하였던 글을 보완한 것이다. 당시 지정토론을 맡아 주셨던 이화여대 한 민 교수님과, 사회를 맡아 주시고 평소에도 필자와 이 문제에 대하여 토론하여 주신 서울대 박 준 교수님, 의견을 주신 다른 참석자님들, 그 밖에 조언을 해 주신 여러분들께 감사드린다.

긍정하고 있고, 종래의 통설도 이를 지지하고 있으나, 근래에는 이에 반대하는 견해도 눈에 뜨인다. 필자는 담보신탁의 수익권을 가지는 채권자도 회생담보권자에 해당한다고 보아야 하고, 담보신탁의 도산절연은 부정되어야 한다고 생각하므로, 이 글에서는 이 점을 논증해 보고자 한다.

이하에서는 문제의 소재 및 판례와 학설의 상황을 살펴보고(아래 Ⅱ., Ⅲ.), 외국에서는 이 문제가 어떻게 다루어지고 있는지를 알아본다(아래 Ⅳ.). 그리고 필자의 견해를 개진하고자 한다(아래 Ⅴ.).

Ⅱ. 문제의 소재

1. 담보신탁의 개념

담보신탁이라는 용어는 일반적으로 사용되고 있으나, 법령상의 용어는 아니고, 거래계에서도 여러 가지 의미로 사용되고 있다.[1] 그러나 여기서는 채무의 담보를 위하여 위탁자가 채권자를 수익자로 하여 신탁목적물을 수탁자에게 양도하고, 채무자가 채무를 이행하지 않으면 수탁자가 신탁목적물을 매각하여 그 매매대금으로 채권자인 수익자에게 변제하며, 잔여가 있으면 위탁자에게 반환하는 것을 내용으로 하는 신탁을 가리키는 것으로 이해하고자 한다. 대법원 2017. 6. 22. 선고 2014다225809 전원합의체 판결의 다수의견도, 담보신탁을 위탁자가 금전채권을 담보하기 위하여 그 금전채권자를 우선수익자로, 위탁자를 수익자로 하여 위탁자 소유의 부동산을 신탁법에 따라 수탁자에게 이전하면서 채무불이행 시에는 신탁부동산을 처분하여 우선수익자의 채권 변제 등에 충당하고 나머지를 위탁자에게 반환하기로 하는 내용의 신탁이라고 설명

---

1) 林彩雄, "擔保信託의 硏究", 人權과 正義 2008. 2, 116면 이하; 崔秀貞, "담보를 위한 신탁", 法曹 2013. 8, 6면 이하 등.

하고 있다. 위 판결은 담보신탁의 목적물을 부동산으로 보고 있으나, 반드시 부동산에 국한될 이유는 없다. 다만 실거래에서는 부동산이 담보신탁의 목적물인 경우가 대부분으로 보인다.

한편 종래의 문헌에서는 담보신탁의 개념을 설명함에 있어서 위탁자가 채무자임을 전제로 하는 것들이 있다.[2] 그러나 물상보증과 마찬가지로 채무자 아닌 제3자도 채무를 담보하기 위하여 담보신탁을 설정할 수 있음은 물론이다.[3] 위 판례도 위탁자를 채무자로 한정하고 있지는 않다. 그러나 위탁자가 채무자가 아닐 때에는 당연히 도산절연의 효과가 발생하기 때문에, 이하에서는 위탁자가 채무자인 경우만을 살펴본다.

또한 실무상 담보신탁이라고 부르는 것 중에는 위탁자가 자신의 부동산을 신탁하고 발급받은 수익권증서를 금융기관에 담보로 제공하고, 신탁회사는 위탁자의 채무불이행 시에 부동산을 처분하여 금융기관에 변제해주는 것도 있다. 앞에서 살펴본 담보신탁은 수익자가 위탁자 아닌 채권자라는 점에서 타익신탁인데 반하여 이러한 신탁은 위탁자가 스스로 수익자가 되는 자익신탁이다. 그러나 이러한 신탁의 경우에는 도산절차가 개시되면 위탁자가 가지는 수익권은 당연히 채무자의 재산에 포함되므로 이 경우에도 도산절연의 문제는 생기지 않는다.[4]

그리고 현행 신탁법 제2조는 위탁자가 수탁자에게 담보권을 설정하여 주는 이른바 담보권 신탁을 인정하고 있다.[5] 이 경우에

---

2) 林彩雄(주 1), 115면 이하 등 참조.

3) 최수정, "부동산담보신탁상 우선수익권의 성질과 우선수익권질권의 효력", 인권과 정의 2017. 12, 46면.

4) 林彩雄(주 1), 127면; 최수정(주 3), 46면. 대법원 2002. 12. 26. 선고 2002다49484 판결도, 신탁계약 시에 위탁자인 정리 전 회사가 자신을 수익자로 지정한 후 그 수익권을 담보 목적으로 제3자에게 양도한 경우에는 그 수익권을 양도담보로 제공한 것으로서 당시의 회사정리법에 따른 정리절차 개시 당시 회사 재산에 대한 담보권이 된다고 하였다.

는 담보권자가 채권자 아닌 수탁자여서 채권자와 담보권자가 분리되는 현상이 일어난다. 그러나 이때에는 위탁자인 채무자가 도산하면 담보권이 설정된 재산은 채무자의 재산이기 때문에 도산절차에 영향을 받게 되고, 따라서 도산절연의 문제는 생기지 않는다.[6]

현재 이러한 담보신탁은 매우 활발하게 이용되고 있다. 금융감독원의 통계에 의하면, 2017년 9월 말 현재 신탁업을 영위하는 금융기관의 총 신탁 수탁고는 770.7조 원인데, 그중 부동산신탁은 213.1조 원이고, 부동산신탁 가운데 담보신탁은 135.3조 원이다.[7]

2. 문제의 소재

담보신탁에서 수익자인 채권자를 회생담보권자로 보는가 아닌가는 실제에 있어서 큰 차이를 가져온다.

우선 회생담보권이란 회생채권이나 회생절차 개시 전의 원인으로 생긴 채무자 외의 자에 대한 재산상의 청구권으로서 회생절차 개시 당시 채무자의 재산상에 존재하는 유치권·질권·저당권·양도담보권·가등기담보권·「동산·채권 등의 담보에 관한 법률」에 따른 담보권·전세권 또는 우선특권으로 담보된 범위의 것을 말한다(채무자회생법 제141조 제1항). 채무자회생법은 2005. 3. 31. 공포

---

5) 제2조(신탁의 정의): 이 법에서 "신탁"이란 신탁을 설정하는 자(이하 "위탁자"라 한다)와 신탁을 인수하는 자(이하 "수탁자"라 한다) 간의 신임관계에 기하여 위탁자가 수탁자에게 특정의 재산(영업이나 저작재산권의 일부를 포함한다)을 이전하거나 담보권의 설정 또는 그 밖의 처분을 하고 수탁자로 하여금 일정한 자(이하 "수익자"라 한다)의 이익 또는 특정의 목적을 위하여 그 재산의 관리, 처분, 운용, 개발, 그 밖에 신탁 목적의 달성을 위하여 필요한 행위를 하게 하는 법률관계를 말한다.

6) 이중기, "담보신탁과 담보권신탁", 증권법연구 제14권 2호, 2013, 686면.

7) 금융감독원, "2017.3분기 신탁관련 통계", 금융감독원 홈페이지 [http://acct.fss.or.kr/fss/kr/bbs/view.jsp?url=/fss/kr/1366595458384&bbsid=1366595458384&idx=1513664660274&num=20&stitle=신탁관련 통계(2017년 3분기). 2018. 2. 3. 최종방문].

되어 2006. 4. 1.부터 시행되었는데, 그때까지는 회사정리법이 규정하고 있던 정리담보권이 이에 해당하였고,[8] 그 규율의 내용은 현재의 회생담보권과 큰 차이가 없다. 회생담보권이나 과거의 정리담보권은 유치권 등에 의하여 담보되는 채권이나 재산상의 청구권을 말하고 유치권과 같이 이를 담보하는 권리, 즉 담보권 자체를 의미하는 것은 아니다.[9]

회생절차에서는 회생담보권자는 회생절차 내에서만 권리를 행사할 수 있다. 그리하여 회생절차가 개시되면 회생담보권에 기한 강제집행 등은 중지되고(채무자회생법 제58조 제2항 제2호), 회생절차 개시 신청이 있은 후 그 결정 전까지도 법원은 필요하다고 인정하는 때에는 회사재산에 대하여 이미 진행되고 있는 회생담보권 실행을 위한 경매절차의 중지를 명할 수 있다(채무자회생법 제44조 제1항 제2호). 그리고 회생담보권자의 채무자에 대한 상계가 금지되는 것은 아니지만, 제한이 있다(채무자회생법 제144조, 제145조).

또한 회생절차에 참가하고자 하는 회생담보권자는 법원이 정하는 신고기간(채무자회생법 제50조 제1항 제2호) 내에 법원에 신고를 하여야 하고(채무자회생법 제149조 제1항), 신고하지 않으면 회생절차에 참여할 수 없다. 회생담보권자가 신고를 하면 조사 및 확정절차

---

8) 회사정리법 제123조 제1항. 이 규정은 1998. 2. 24. 마지막으로 개정되었는데, 당시의 규정은 다음과 같았다. "정리채권 또는 정리절차개시 전의 원인으로 생긴 회사 이외의 자에 대한 재산상의 청구권으로서 정리절차개시 당시 회사재산상에 존재하는 유치권, 질권, 저당권, 양도담보권, 가등기담보권, 전세권 또는 우선특권으로 담보된 범위의 것은 정리담보권으로 한다. 다만, 이자 또는 채무불이행으로 인한 손해배상이나 위약금의 청구권에 관하여는 정리절차 개시결정 전일까지 생긴 것에 한한다."

9) 禹成萬, "會社整理法上 擔保權者의 地位", 裁判資料 제86집 會社整理法·和議法上의 諸問題, 법원도서관, 2000, 281-282면 참조. 그러나 이를 담보권 자체를 가리키는 것으로 사용하는 경우도 있다. 대법원 2009. 12. 10. 선고 2008다78279 판결도 어음의 양도담보가 구 회사정리법 제123조 제1항에 정한 '정리담보권'에 해당한다고 하였다.

를 거치게 되는데(채무자회생법 제158조 이하), 회생계획에 의하여 정하여진 회생채권자 또는 회생담보권자의 권리는 확정된 회생채권 또는 회생담보권을 가진 자에 대하여만 인정되고(채무자회생법 제253조), 회생계획인가의 결정이 있는 때에는 채무자는 회생계획이나 채무자회생법의 규정에 의하여 인정된 권리가 아니면 모든 회생채권과 회생담보권에 관하여 그 책임을 면한다(채무자회생법 제251조).

회생계획에서는 회생담보권자는 다른 회생채권자에 비하여는 우선하지만(채무자회생법 제217조 제1항), 항상 채권 전액을 받을 수 있는 것은 아니다. 다만 회생계획에 의한 변제방법은 채무자의 사업을 청산할 때 각 채권자에게 변제하는 것보다 불리하지는 않아야 한다(이른바 청산가치의 보장, 채무자회생법 제243조 제1항 제4호).

그러므로 담보신탁에서의 수익자인 채권자가 회생담보권자에 해당한다면 위와 같은 여러 가지의 제약을 받게 되지만, 회생담보권자에 해당하지 않는다면, 수익자는 회생절차와는 관계없이 자신의 수익권을 실현할 수 있게 된다.

다만 파산절차에서는 담보신탁의 수익권자를 어떻게 보는가 여부가 그다지 큰 차이를 가져오지는 않는다. 즉 이를 담보권자가 아니라고 보게 되면 수탁자가 환취권을 행사하여 수익자의 수익권을 실현할 수 있지만(채무자회생법 제407조), 담보권자라고 보더라도 파산절차에 의하지 않고 담보권을 행사할 수 있는 별제권이 인정되므로(채무자회생법 제411조), 실제로는 별다른 차이가 없다.

Ⅲ. 종래의 판례와 학설

1. 판 례

종래의 판례는 담보신탁의 수익자는 회생담보권자에 해당하지 않는다고 보고 있다. 이 점에 관한 최초의 판례는 대법원 2001. 7. 13. 선고 2001다9267 판결이다. 이 사건에서는 채무자 회사는 채권자인 피고 1에 대한 채무의 담보를 위하여 1998년 1월 초순경 채무자 소유의 부동산에 대하여 피고 2 신탁회사와의 사이에 담보신탁용 부동산관리·처분신탁계약을 체결하고, 피고 1에게 수익권리금 9억 5,000만 원의 신탁원본 우선수익권을 부여한 다음, 1998. 1. 13. 피고 2 앞으로 위 부동산에 관하여 신탁을 원인으로 한 소유권이전등기를 경료하였는데, 그 후 채무자 회사에 대하여는 회사정리절차가 개시되어 정리계획이 인가되었으나, 피고 1은 정리채권 신고기간에 채무자 회사에 대한 채권을 신고하지 아니함으로써 정리계획에 변제의 대상으로 규정되지 아니하였다.

대법원은, 당시의 회사정리법 제240조 제2항에 의하면, "정리계획은 정리채권자 또는 정리담보권자가 회사의 보증인 기타 회사와 함께 채무를 부담하는 자에 대하여 가진 권리와 회사 이외의 자가 정리채권자 또는 정리담보권자를 위하여 제공한 담보에 영향을 미치지 아니한다."고 규정하고 있는데,[10] 위탁자인 채무자의 신탁에 의하여 이 사건 신탁부동산의 소유권은 수탁자인 피고 2에게 귀속되었고, 피고 1이 그 신탁부동산에 대하여 수익권을 가지게 된 원인이 비록 채무자의 신탁행위로 말미암은 것이라 하더라도, 그 수익권은 회사정리법 제240조 제2항에서 말하는 '정리회사 이외의 자가 정리채권자 또는 정리담보권자를 위하여 제공한 담보'에 해당하여 정리계획이 여기에 영향을 미칠 수 없다고 하였다. 따라서 피고 1이 정리채권 신고기간 내에 신고를 하지 아니함으로써 정리계획에 변제의 대상으로 규정되지 않았다 하더라도, 이로써 실권되는 권리는 피고 1이 정리회사인 채무자 회사에 대하여 가지는 정리채

10) 현행 채무자회생법 제250조 제2항의 규정도 이와 같은 취지이다.

권 또는 정리담보권에 한하고, 피고 2에 대하여 가지는 위 신탁부동산에 관한 수익권에는 아무런 영향이 없다고 보았다. 이 사건 원심은, 피고 1이 가지는 수익권은 신탁자인 채무자가 제공한 담보라고는 할 수 있을지언정 이를 가리켜 수탁자인 피고 2가 제공한 담보에 해당하는 것으로 볼 수 없다고 하였으나, 대법원은 위와 같이 판시하여 원심판결을 파기하였다.

또한 대법원 2003. 5. 30. 선고 2003다18685 판결은, 신탁자가 자기 소유의 부동산에 대하여 수탁자와 부동산관리신탁계약을 체결하고 수탁자 앞으로 신탁을 원인으로 한 소유권이전등기를 경료한 다음 수탁자로 하여금 신탁부동산에 관하여 다시 신탁자의 채권자의 채권을 위하여 근저당권설정등기를 경료하도록 한 경우에 관한 것이었다. 대법원은 위 대법원 2001. 7. 13. 선고 2001다9267 판결을 인용하면서, 수탁자는 결국 신탁자를 위한 물상보증인과 같은 지위를 갖게 되었고, 그 후 신탁자에 대한 회사정리절차가 개시된 경우 채권자가 신탁부동산에 대하여 갖는 근저당권 등 담보권은 회사정리법 제240조 제2항에서 말하는 '정리회사 이외의 자가 정리채권자 또는 정리담보권자를 위하여 제공한 담보'에 해당하여 정리계획이 여기에 영향을 미칠 수 없고, 채권자가 정리채권 신고기간 내에 신고를 하지 아니함으로써 정리계획에 변제의 대상으로 규정되지 않았다 하더라도, 이로써 실권되는 권리는 채권자가 신탁자에 대하여 가지는 정리채권 또는 정리담보권에 한하고, 수탁자에 대하여 가지는 신탁부동산에 관한 담보권과 그 피담보채권에는 아무런 영향이 없다고 하였다.

그리고 대법원 2017. 11. 23. 선고 2015다47327 판결에서는 신탁자가 그 소유의 부동산에 자신의 채권자를 위하여 저당권을 설정하고 저당권설정등기를 마친 다음, 그 부동산에 대하여 수탁자와 부동산신탁계약을 체결하고 수탁자 앞으로 신탁을 원인으로 한 소유권이전등기를 해 준 경우에 관하여, 수탁자는 저당부동산의 제3취득자와 같은 지위를 가지므로, 그 후 신탁자에 대한 회생절차가 개시된 경우 채권자가 신탁부동산에 대하여 갖는 저당권은 채무자회생법 제250조 제2항 제2호의 '채무자 외의 자가 회생채권자 또는 회생담보권자를 위하여 제공한 담보'에 해당하여 회생계획이 여기에 영향을 미치지 않고, 회생절차에서 채권자의 권리가 실권되거나 변경되더라도 이로써 실권되거나 변경되는 권리는 채권자가 신탁자에 대하여 가지는 회생채권 또는 회생담보권에 한하고, 수탁자에 대하여 가지는 신탁부동산에 관한 담보권과 그 피담보채권에는 영향이 없다고 하면서, 위 대법원 2003. 5. 30. 선고 2003다18685 판결을 선례로서 인용하였다.

다른 한편 대법원 2002. 12. 26. 선고 2002다49484 판결은 결론적으로는 담보신탁에 의하여 담보되는 권리가 정리담보권이 아니라고 하였으나, 다른 판례와 그 이유 설시에서 차이가 있다. 이 사건에서는 채무자 회사가 1996. 10. 31. 신탁회사와 분양형 토지(개발)신탁계약을 체결하면서, 피고 회사에 대하여 부담하고 있던 채무를 담보할 목적으로 금 270억 원을 한도로 피고를 제1순위 수익자로, 채무자 회사를 제2순위 수익자로 지정하여 신탁계약을 체결하였는데, 신탁계약에서 채무자가 채무를 불이행할 경우 부동산 자체를 수탁자가 환가할 수 있다는 것은 규정되어 있지 않았다. 그 후 채무자 회사에 대하여 회사정리절차가 개시되어 정리계획이 인가되었는데, 피고 회사는 채무자의 관리인에게 채무자에 대한 채권을 정리채권으로 신고하였을 뿐, 별도의 정리담보권 신고는 하지 않았다.

대법원은, 정리담보권으로 신고하지 아니하였을 때 회사정리법 제241조[11]에 의하여 소멸되는 정리담보권이 되기 위해서는 그

11) "정리계획인가의 결정이 있은 때에는 계획의 규정 또는 본법의 규정에 의하여 인정된 권리를 제외하고 회사는 모든 정리채권과 정리담보권에 관하여 그 책임을

담보권이 정리절차 개시 당시 회사 재산을 대상으로 하는 담보권이어야만 하는데, 신탁계약 시에 위탁자가 제3자를 수익자로 지정한 이상, 비록 그 제3자에 대한 채권담보의 목적으로 그렇게 지정하였다 할지라도 그 수익권은 신탁계약에 의하여 원시적으로 그 제3자에게 귀속하지, 위탁자인 정리 전 회사에게 귀속되어야 할 재산권을 그 제3자에게 담보 목적으로 이전하였다고 볼 수는 없는 것이어서, 그 경우 그 수익권은 정리절차 개시 당시 회사 재산이라고 볼 수 없고, 따라서 그 제3자가 정리절차에서 그 수익권에 대한 권리를 정리담보권으로 신고하지 아니하였다고 하여 회사정리법 제241조에 의하여 소멸된다고 볼 수는 없다고 하였다.

위 판결에 대한 재판연구관의 해설은 이 점에 관하여 다음과 같이 설명한다. 즉, 위 대법원 2001. 7. 13. 선고 2001다9267 판결과 같은 경우에는 채권자는 수탁자에 대하여 신탁 목적 부동산의 환가를 의뢰하고 신탁의 종료를 요구할 권리를 가지는 것이고, 따라서 실질적 의미에서 보았을 때에는 신탁 목적 부동산 자체가 담보 목적물로서의 기능을 하는 것이며, 법률적으로 보아도 수탁자가 보증을 하는 것과 다를 바가 전혀 없으므로, 수익권을 담보로 제공한 것은 정리회사 이외의 자가 보증을 한 것 내지는 정리 회사 이외의 자가 담보를 제공한 것이라고 보는 것이 가능하지만, 대법원 2002. 12. 26. 선고 2002다49484 판결의 경우에는 개발신탁의 신탁 목적은, 채권담보와는 아무런 관련이 없이 오로지 그 부동산을 개발하여 타에 분양, 수익을 올리는 것이고, 다만 그 수익권을 담보의 목적물로 제공하는 것이므로, 채무불이행이 있다고 해도 채권자가 신탁 목적 부동산의 환가를 요구하거나 신탁의 종료를 요구

면하며 주주의 권리와 회사의 재산상에 있던 모든 담보권은 소멸한다. 그러나 제121조 제1항 제5호에 게기하는 청구권은 그러하지 아니하다." 현재의 채무자회생법 제251조와 같은 취지이다.

할 권리가 전혀 없고, 다만 개발이 완료되거나 기타 이유로 채권자와는 아무런 관계없이 신탁이 종료된 후 수익이 있을 경우에 한하여 그 수익을 받을 권리를 행사할 수 있을 뿐이다. 따라서 수익권을 담보로 제공한 것이지, 신탁 목적 부동산을 담보로 제공한 것이 아니므로, 신탁에 의하여 부동산의 소유권이 수탁자에게 귀속된다는 이유만으로, 정리회사 이외의 자가 제공한 담보가 될 수는 없다고 한다.[12)]

결국 판례는 담보신탁에 의한 수익권자가 회생담보권자에 해당하지 않는다는 이유로서 수탁자가 신탁부동산을 환가할 수 있는 본래의 의미의 담보신탁의 경우에는 담보신탁에 의한 수익권은 정리회사 또는 채무자 이외의 제공한 담보라는 점을 들고 있고, 그러한 환가 규정이 없는 경우에는 수익권은 정리절차 개시 내지 회생절차 개시 당시 정리회사 또는 채무자의 재산이 아니라는 점을 들고 있다.

다른 한편 대법원 2017. 6. 22. 선고 2014다225809 전원합의체 판결의 다수의견은, 특별한 사정이 없는 한 담보신탁의 우선수익권은 경제적으로 금전채권에 대한 담보로 기능할 뿐 금전채권과는 독립한 신탁계약상의 별개의 권리가 되므로, 이러한 우선수익권과 별도로 금전채권이 제3자에게 양도 또는 전부되었다고 하더라도 그러한 사정만으로 우선수익권이 금전채권에 수반하여 제3자에게 이전되는 것은 아니고, 금전채권과 우선수익권의 귀속이 달라졌다는 이유만으로 우선수익권이 소멸하는 것도 아니라고 하였다.[13)]

이에 대하여 위 전원합의체 판결에서의 권순일 대법관의 반대의견은 담보신탁에 의한 우선수익권에 관하여 다음과 같이 설명하

12) 李柱玄, “신탁법상의 신탁계약을 체결하면서 담보 목적으로 채권자를 수익권자로 지정한 경우 그 수익권이 정리계획에 의하여 소멸되는 정리담보권인지 여부”, 대법원판례해설 제42호, 2003, 595면 이하.

13) 같은 취지, 대법원 2017. 9. 21. 선고 2015다52589 판결.

고 있다. 즉 우선수익권은 구 신탁법이나 신탁법에서 규정한 법률용어는 아니나, 거래계에서는 통상 부동산담보신탁계약에서 우선수익자로 지정된 채권자가 채무자의 채무불이행 시에 신탁재산을 처분한 대금에서 자신의 채권을 위탁자인 채무자나 그 밖의 다른 채권자들에 우선하여 변제받을 수 있는 권리를 지칭하는데, 이러한 우선수익권의 법적 성질에 관하여 학계에서는 담보신탁은 형식은 신탁이지만 그 실질은 담보이므로 담보물권의 법리가 함께 적용되며 우선수익권을 변칙담보물권으로 이해하는 견해와 물권법정주의와의 관계에서 법률에 명문의 규정이 없는 이상 채권자는 담보신탁을 통하여 담보권을 얻는 것이 아니라 신탁이라는 법적 형식을 통하여 도산절연 및 담보적 기능이라는 경제적 효과를 달성하게 되는 것일 뿐이므로 그 우선수익권은 우선 변제적효과를 채권자에게 귀속시킬 수 있는 신탁계약상의 권리로 이해하는 견해 등이 대립되고 있고, 판례는 후자의 입장을 취하고 있다고 한다.[14)]

2. 학 설

우리나라의 학설상으로는 담보신탁의 수익권자가 회생담보권자에 해당한다는 긍정설[15)]과, 회생담보권자에 해당하지 않는다는 부정설[16)]이 대립한다. 그러나 부정설이 압도적인 통설이라고 할

---

14) 여기서는 대법원 2014. 2. 27. 선고 2011다59797 판결; 2016. 5. 25.자 2014마1427 결정을 그러한 취지의 선례로 들고 있다. 그러나 최수정(주 3), 49면 이하는 위 판례들이 과연 그러한 취지인가에 대하여 의문을 제기한다.

15) 함대영, "신탁형 자산유동화에서의 전정양도 판단", BFL 제44호, 2010, 78면 이하; 광장신탁법연구회, 주석 신탁법, 박영사, 2013, 549면 이하; 이은재, "신탁과 도산", 기업법연구 제30권 3호, 2016, 102-103면.

16) 李柱玄(주 12), 593면 이하; 金尙遵, "신탁자에 대한 회사정리절차가 개시된 경우 토지신탁회사가 신탁자를 위하여 기존에 제공한 물상담보의 효력", 대법원판례해설 제44호, 2004, 560면 이하; 김재형, "倒産節次에서 擔保權者의 地位", 인권과 정의 2006. 4, 17면 이하; 한민 · 박종현, "신탁과 도산법 문제", BFL 제17호, 2006, 31-32면; 이중기, 신탁법, 삼우사, 2007, 611면 이하; 林彩雄(주 1), 130-131면;

수 있다. 실제로 2010년 이전에는 긍정설은 찾아볼 수 없었고, 현재에도 긍정설의 존재 자체가 그다지 알려져 있지 않은 것으로 보인다.

(1) 긍정설

채무자회생법 제141조 제1항은 회생담보권을 정의함에 있어서 신탁의 수익권으로 담보되는 권리를 회생담보권으로 들고 있지는 않다. 따라서 담보신탁의 수익권자를 회생담보권자라고 하려면 그와 같이 주장하는 자가 논증책임(burden of argumentation, Argumentationslast)을 부담하므로, 그에 대한 근거를 제시하여야 한다.

최초로 긍정설을 주장한 문헌은 다음과 같은 근거를 든다.[17] 첫째, 미국의 일부 주에서 인정하는 우리나라의 담보신탁과 동일한

1000-1001면; 吳泳俊, "信託財産의 獨立性", 民事判例研究 제30권, 박영사, 2008, 862-863면; 金炯斗, "不動産을 目的物로 하는 信託의 法律關係", 民事判例研究 제30권, 박영사, 2008, 1000-1001면; 조영희, "파산절연과 자산유동화에 관한 법률 제13조에 관한 소고", BFL 제31호, 2008, 87-88면; 김춘수, "도산절차에서의 신탁부동산의 취급", 고영한·강영호 편, 도산관계소송, 한국사법행정학회, 2009, 131-132면; 고일광, "부동산신탁에 관한 회생절차상 취급 — 부동산담보신탁의 경우를 중심으로 —", 사법 9호, 2009, 92면 이하; 남동희, "부동산신탁의 위탁자에 대한 회생절차의 실무상 쟁점", 사법 15호, 2011, 139면 이하; 양진섭, "부동산담보신탁에 관한 소고", BFL 제52호, 2012, 88면 이하; 崔秀貞(주 1), 13면 이하; 신영수·윤소연, "부동산신탁의 쟁점", BFL 제62호, 2013, 57면; 이혜원, "담보신탁의 도산절연성에 관한 연구", 서울대학교 법학석사학위논문, 2014, 73면 이하; 서울中央地方法院 破産部 實務研究會, 回生事件實務 (上), 제4판, 박영사, 2014, 433-434면; 한민, "신탁제도 개혁과 자산유동화", 정순섭·노혁준 편저 신탁법의 쟁점(제2권), 小花, 2015, 242-245면; 李政宣, "擔保信託의 特徵과 法的 爭點에 관한 研究", 고려대학교 법학박사학위 논문, 2017, 76면 이하; 이계정, "담보신탁과 분양보증신탁에 관한 연구", 사법 41호, 2017, 103면 이하 등. 담보신탁을 다룬 초기의 문헌인 金相容, "不動産擔保信託制度開發의 必要性과 法的 問題點 檢討", 經營法律 제5집, 1992, 659면 이하, 특히 680면은 부동산 담보신탁을 일종의 변칙담보로 이해하면서도, 위탁자인 채무자에게 회사정리절차가 개시되었다 하더라도 담보신탁의 목적물은 정리회사의 재산에 속하지 않으므로 담보수익권이 정리담보권으로 전환되지 않고, 담보수익자는 회사정리절차가 개시되어도 담보권의 실행에 아무런 지장을 받지 않는다고 한다.

17) 함대영(주 15), 78면 이하.

deed of trust는 신탁의 외관을 띠고 있으나, 그 실질은 신탁이 아니라는 이유로 담보신탁의 도산절연을 부인하고 있다. 둘째, 대법원 판례가 담보신탁의 도산절연을 인정하는 주된 근거는 이 경우 수탁자가 물상보증인의 지위에 있다는 것이지만, 물상보증인은 이미 자기가 보유하던 재산을 담보로 제공하는 반면, 담보신탁의 수탁자는 애초 채무자가 소유하던 재산의 소유권을 잠정적으로 이전받음에 불과하다. 셋째, 담보신탁거래를 양도담보거래와 구분하는 것이 곤란하다. 넷째, 담보신탁에서 신탁재산의 위탁자로부터의 도산절연이 인정되는 것은 회사재산의 주주로부터의 도산절연이 인정되는 것과 마찬가지로 이해될 수 있다는 견해가 있지만,[18] 미국에서는 신탁법상의 위탁자로부터의 도산절연성이 회사법상 회사재산의 주주로부터의 도산절연성보다 약하다고 보고 있고, 설사 양자의 도산절연 정도가 동일하다고 보더라도, 특정한 재산이 회사의 재산으로 기속되기 위해서는 민법상 재산이전의 효력이 발생하여야 하는데, 담보신탁에서 수탁자에게로의 신탁이전의 효력을 민법의 관점에서 고찰하면 양도담보에서의 재산이전과 동일한 효력이 인정되어야 한다는 결론이 도출된다.

나아가 위 견해는 미국에서는 신탁재산의 수탁자로부터의 도산절연은 신탁법의 법리에 기하여 인정되지만, 위탁자로부터의 도산절연까지 당연히 인정되는 것은 아니라고 주장한다.

긍정설을 취하는 다른 문헌은 다음과 같이 설명한다.[19] 즉 대법원은 타익신탁과 자익신탁을 구별하여 타익신탁 형태의 담보신탁의 경우에는 해당 수익권은 위탁자의 회생절차로부터의 절연을 인정하는 반면, 자익신탁방식에 의해 위탁자가 일단 수익권을 취득한 이후 이를 채권자에게 담보 목적으로 제공하는 경우에는 위탁

18) 이중기(주 16), 616면을 인용하고 있다.

19) 광장신탁법연구회(주 15), 549면 이하.

자의 회생절차로부터의 절연을 인정하지 않는데, 이와 같은 대법원의 태도는 너무 거래행위의 외관 내지 형식론에 치우친 것으로 보인다고 한다. 위탁자의 회생절차로부터의 절연가능성이 논의되는 근본적인 이유는 회생절차의 주요 원칙 중의 하나인 채권자 평등원칙의 실질적 구현을 위한 것인데, 신탁설정행위와 담보제공이 상당한 시차를 두고 전혀 별개의 거래행위로 이루어진 경우에는 대법원이 취하고 있는 태도가 타당하나, 처음부터 사실상 하나의 거래를 예정하고 자익신탁의 설정과 거의 동시에 수익권을 담보목적으로 채권자에게 양도한 경우를 타익신탁과 구별하여 전자의 경우에만 위탁자의 회생절차로부터 절연되지 않는다고 하는 것은 문제이고, 따라서 단순히 자익신탁과 타익신탁이라는 이분법적인 구분보다 실체관계를 고려한 판단이 필요하다고 한다.

또 다른 문헌은 다음과 같이 설명한다.[20] 즉 미국에서는 담보용 특수목적기구에 해당하는 신탁을 신탁으로 보지 않고 있고, 그 근거는 신탁으로서 실질이 없다거나 그러한 수탁자는 관리권을 갖는 것으로 볼 수 없기 때문이라고 하는데,[21] 이는 단순히 거래의 법률적 형식에 따른 결론이 아니라 신탁이 실질적으로 어떻게 기능하는가를 검토하여 판단한다는 논리로서 상당히 설득력이 있는 것으로 보인다고 한다. 원칙적으로 신탁도 그 실질적 기능에 따라 신탁으로서의 법형식을 존중하여야 하는 것이 타당하다는 것이다.

(2) 부정설

부정설의 근거는 다음과 같다.

첫째, 담보신탁의 수익권은 채무자 이외의 자가 제공한 담보이다. 이는 판례가 들고 있는 이유이기는 하나, 문헌상으로는 이를

20) 이은재(주 15), 102-103면.

21) 함대영(주 15), 78-79면을 인용하고 있다.

적극적으로 들고 있는 견해는 많지 않다.[22)]

둘째, 담보신탁의 목적물은 위탁자의 소유가 아니라 수탁자의 소유이므로 채무자의 재산이 아니다. 부정설을 취하는 대부분의 문헌이 그와 같이 설명한다. 신탁재산의 독립성을 근거로 들고 있는 것도 같은 취지로 보인다. 부정설은 이러한 도산절연의 효과는 담보신탁의 고유한 특성은 아니고 신탁 특유의 성질로서, 신탁의 도산절연효과는 신탁이기 때문에 발생하는 것이지 담보 목적의 신탁이기 때문에 발생하는 것은 아니라고 한다.[23)] 담보신탁이 경제적으로는 담보로서 기능하는 특수성이 있지만, 담보신탁의 기본구조 자체가 수익자신탁과 크게 다르지 않은 이상 담보신탁을 수익자신탁의 한 유형으로 보고 신탁법에 따라 규율하는 것이 논리적이라는 주장[24)]도 같은 취지라고 할 수 있다.

셋째, 담보신탁은 양도담보나 저당권과 마찬가지로 채무자에 대한 담보를 제공하므로 회생절차에서 동일하게 취급하여야 한다는 주장에 대하여는 부정설은 다음과 같이 설명한다. 우선 담보신탁과 양도담보를 비교하면, 양도담보와 담보신탁은 그 구조가 다른데, 양도담보의 경우에는 채무자가 채권자 앞으로 직접 소유권을 이전하는 형식을 취하는 반면, 담보신탁은 채무자가 수탁자 앞으로 소유권을 이전하고 채권자는 신탁재산에 대하여 담보로서 수익권을 취득하는 것이므로 담보인 수익권이 채무자에서 채권자 앞으로 직접 이전되는 구조는 아니다.[25)] 그리고 담보신탁과 저당권의 비

22) 고일광(주 16), 94면 등.

23) 이중기(주 16), 610면; 李政宣(주 16), 80면 등.

24) 이계정(주 16), 105면.

25) 이계정(주 16), 103면. 여기서는 담보신탁을 일종의 담보권으로 파악하는 담보권설은 물권법정주의에 반한다고 한다. 李政宣(주 16), 81면은 양도담보의 경우 채무자인 양도담보설정자는 양도담보권자와의 관계에서 자신이 소유자임을 명확히 하지만, 담보신탁에서 채무자인 위탁자는 자신의 재산을 수탁자에게 이전함으로써 해당 신탁재산의 소유권이 대내외적으로 모두 수탁자에게 있음을 처음부터 의

교에 관하여는, 담보신탁과 비슷한 경우는 저당권을 설정하는 경우가 아니라, '채무자 갑이 그의 부동산의 소유권을 을에게 이전한 다음, 을이 담보제공자가 되어 갑을 위하여 채권자 병에게 저당권을 설정하는 경우'인데, 후자의 경우, 을이 제공한 저당권이 채무자회생법 제250조 제2항 제2호에 의해 회생계획의 영향을 받지 않는, '채무자 외의 자가 회생채권자 또는 회생담보권자를 위하여 제공한 담보'가 되어 회생절차에 복종하지 않는 것이라면 담보신탁의 경우에도 마찬가지의 결론을 내리는 것이 마땅하다고 한다.[26)]

Ⅳ. 비교법적 고찰[27)]

1. 미 국

미국법상 우리나라의 담보신탁과 가장 유사한 것은 deed of trust이다.[28)] deed of trust는 모기지(mortgage)[29)]와 마찬가지로 부동산에 대한 물적 담보제도이다. 양자의 차이는 모기지의 경우에는 모기지 설정자(mortgagor)가 채권자인 모기지권자(mortgagee)에게 직

욕하였고, 위탁자는 자신의 재산을 이전한다는 의사로 담보신탁을 설정하고 이후 담보신탁관계가 신탁법리로 규율되는 것에 동의하였으므로, 양도담보와 담보신탁이 경제적 실질적으로 유사한 것으로 보일 수도 있으나 회생절차의 목적과 취지를 고려할 때 그리고 양도담보와 담보신탁의 각 당사자들의 의사를 근거로 판단할 때 양자를 회생절차에서 법적으로 달리 취급하는 것은 타당하다고 한다.

26) 林彩雄(주 1), 131면.

27) 이계정(주 16), 92면 이하도 참조.

28) 이에 대한 상세한 국내 문헌으로는 가정준, "신탁인 듯 신탁 아닌 '부동산담보신탁'", 전남대학교 법학논총 제36권 1호, 2016, 553면 이하가 있다. deed of trust의 사전적 의미는 '신탁증서'라고 할 수 있고, 또 이를 담보신탁이라고 번역하는 예도 있으나, 아래에서 보듯이 이는 신탁(trust)이 아니므로 그러한 표현은 적절하지 않다. 이하에서는 deed of trust라고만 한다.

29) 모기지에 관한 국내 문헌으로는 李珦徹, "美國 Mortgage의 法的 構造에 관한 硏究", 牧園大學 論文集 제10집, 1986, 267면 이하가 있다.

접 권리를 설정해 주는 반면,[30] deed of trust의 경우에는 채무자가 채권자 아닌 제3자(trustee)에게 부동산을 담보를 위하여 이전하고, 채무자가 채무를 이행하지 않을 때에는 이 제3자가 채무의 변제를 위하여 부동산을 처분할 권한을 가지며, 채무자가 채무를 모두 변제하면 소유권이 다시 채무자에게 복귀한다. 모기지와 deed of trust 중 어느 것이 더 많이 이용되는지는 주에 따라 다른데, 캘리포니아 주에서는 deed of trust가 이용되는 비율이 모기지에 비하여 500배 정도 많다고 한다.[31]

이처럼 모기지 외에 deed of trust가 따로 생긴 이유는 다음과 같다. 원래 영국에서는 모기지에 의하여 담보권을 실행하려면 법원에 청구하였어야 했는데, 이 절차가 느리고 복잡하기로 악명이 높았기 때문에, 채무자가 모기지 대신 제3자인 trustee에게 부동산의 소유권을 이전하고, 채무불이행이 있으면 trustee가 법원의 개입 없이도 부동산을 매각할 수 있는 권한을 부여한 데서 유래하였다.[32] 그런데 영국에서는 얼마 되지 아니하여 법률가들이 모기지

---

30) 이 경우에 모기지권자가 취득하는 권리가 소유권인지(title theory) 아니면 우선변제권인지(lien theory)는 주에 따라 차이가 있다. 현재 많은 주는 모기지권자는 우선변제권만을 가진다고 본다. 李珦徹(주 29), 273면 이하; Joseph William Singer, Introduction to Property, Aspen Law and Business, 2001, p. 531 참조. Grant S. Nelson and Dale A. Whitman, Real Estate Finance Law, 4th ed., West Group, 2001, p. 10은 이 외에 채무불이행이 있을 때까지는 모기지 설정자가 점유할 권리가 있고, 채무불이행이 발생하면 모기지권자가 점유할 권리를 가진다는 절충설이 있다고 한다.

31) Charles J. Jakobs, Real Estate Principles, 9th ed., Thomson/South-Western, 2003, pp. 179 f. 참조.

32) Dale A. Whitman and Drew Milner, "Foreclosing on Nothing: The Curious Problem of the Deed of Trust Foreclosure without Entitlement to Enforce the Note", 66 Arkasans Law Review 21, 32 (2013). 이 논문은 전거로서 John A. Gose & Aleana W. Harris, "Deed of Trust: Its Origin, History and Development in the United States and in the State of Washington", REAL PROP., PROB. & TR., Summer 2005를 인용하고 있는데, 이는 워싱턴 주 변호사회의 Real Property,

약정에 모기지가 부동산을 매각할 수 있는 권한을 포함시키면 굳이 trustee를 이용할 필요가 없다고 생각하게 되어 그것이 일반화되었고, 현재 영국에서는 법상으로도 모기지의 매각권한이 인정되고 있으므로,[33] deed of trust는 역사적인 각주에 불과한데, 미국에서 왜 이처럼 널리 퍼졌는지는 명확하지 않다고 한다.[34]

이처럼 모기지와 deed of trust의 실제상 중요한 차이는, 모기지의 경우에는 채권자가 담보권을 실행하려면 법원에 이를 청구하여야 하는 데 반하여(judicial foreclosure), deed of trust의 경우에는 제3자(trustee)가 법원의 개입 없이 담보권을 실행할 수 있다는 점이다(non-judicial foreclosure).[35]

그런데 이러한 deed of trust는 제3자인 trustee를 개입시킨다는 점에서 일반적인 신탁과 같은 구조를 가지고 있지만, 미국에서는 이러한 deed of trust는 원래의 의미에서의 신탁이 아니라고 보고 있다.[36] 2003년의 미국 제3차 신탁 리스테이트먼트[Restatement (Third) of Trusts] 제5조는 신탁이 아닌 것을 열거하고 있는데, deed of trust는 모기지와 함께 그에 포함되어 있다. 그리하여 deed of trust는 도산법상으로도 모기지와 같이 취급된다. 예컨대 채무자의 파산신청이 있으면 채권자의 권리 행사를 자동적으로 중지시키는 자동중지제도(automatic stay)[37]는 모기지뿐만 아니라 deed of trust에도 적

Probate and Trust Section의 뉴스레터에 실린 글로 보인다. 뒤의 글은 확인하지 못하였다. 또한 A. M Kidd, "Trust Deeds and Mortgages in California", 3 California Law Review, 381, 382 f.(1915)도 참조.

33) Law of Property Act, 1925, 15 Geo. 5, c. 20, §§ 101-107.

34) Whitman and Milner(주 32), p. 33.

35) 다만 현재는 많은 주에서 deed of trust뿐만 아니라 모기지에서도 모기지권자가 법원의 개입 없이 담보권을 실행할 수 있도록 허용하고 있다. Nelson and Whitman(주 30), pp. 581 ff. 참조.

36) 이계정(주 16), 92면 이하; 가정준(주 28), 564면 이하 참조.

37) 11 U.S. Code § 362.

용된다.[38)]

그런데 국내의 부정설은 이러한 deed of trust는 우리나라의 담보신탁과는 차이가 있다고 한다. 즉, 영미법에서는 수익자가 형평법상의 소유권을 가지지만, 우리나라에서는 신탁재산에 대하여 실질적인 소유자로서의 지위가 인정되지 않더라도 신탁법상 수익자의 지위가 인정될 수 있으므로 영미신탁과 달리 수익자의 지위를 인정할 수 있는 범위가 넓고, 담보신탁에서의 수탁자는 소유자로서의 권리 행사가 가능한 데 반하여, deed of trust에서 수탁자는 신탁재산의 관리자가 아니라 단순한 보유자에 해당하며, 담보신탁에서의 위탁자는 담보신탁의 설정 이후에 소유자로서 권리를 행사할 수 없고, 다만 신탁계약에 의해 일정한 권리를 가질 수 있을 뿐인데, deed of trust에서는 위탁자가 여전히 소유자로서의 권리를 행사한다는 것이다.[39)]

그러나 이러한 주장이 전적으로 타당한 것은 아니다. 우리나라의 담보신탁에 대하여 신탁으로서의 성질을 부정할 수는 없다.[40)] 그렇다고 하여 담보신탁이 미국의 deed of trust와 그렇게 차이가 있다고는 할 수 없다. 우선 deed of trust에서 위탁자가 여전히 소유자로서의 권리를 가진다는 것은 반드시 정확하지는 않다. 모기지의 경우에 모기지권자가 취득하는 권리가 소유권(title)인 주도 있고 우선변제권(lien)인 주도 있는 것과 마찬가지로, deed of trust에서도 trustee가 취득하는 권리가 소유권일 수도 있고, 우선변제권일 수도 있다.[41)] 뿐만 아니라 담보신탁의 핵심적 개념 요소는 채무자

38) Steven L. Schwarcz, "Commercial Trusts as Business Organizations: Unraveling the Mystery", 58 Business Lawyer 559, 570(2003).

39) 이계정(주 16), 101-102면.

40) 이혜원(주 16), 46면 이하 참조.

41) 캘리포니아 주에서는 모기지에 관하여 lien theory를 따르는 반면, deed of trust에 관하여는 title theory를 따른다. Bank of Italy Nat. Trust & Savings Ass'n v.

가 채무를 이행하지 않으면 수탁자가 신탁 목적물을 매각할 수 있다는 것이다. 우리나라에서 행해지는 담보신탁에는 여러 가지 형태가 있으나, 수탁자가 가지는 권한이 신탁 목적물을 매각하는 것뿐이라면 미국법상의 deed of trust와 실질적인 차이가 있다고는 할 수 없다.

보다 중요한 것은, 미국에서는 우리나라와 같이 위탁자가 도산한 경우에도 도산절연의 효과가 인정되는 담보신탁과 같은 것은 찾아볼 수 없다는 것이다.

2. 프랑스

담보신탁에 관하여 법률로 상세하게 규율하고 있는 나라로는 프랑스가 있다. 프랑스는 2007. 2. 19. 민법 제2011조 이하에서 신탁(fiducie)제도를 도입하였다.42) 그런데 이때에는 담보신탁에 관하여는 별도의 규정이 없었으나, 2009. 1. 30.의 오르도낭스는 담보신탁에 관한 규정을 민법에 도입하였다. 그런데 이에 앞서서 도산절차와 관련하여는 2008. 12. 18.의 오르도낭스에 의하여 상법에 새로운 규정을 두게 되었다.

우선 프랑스 민법 제2011조는 신탁을 다음과 같이 정의한다. "신탁이란 1인 또는 수인의 위탁자가 현재 또는 장래의 재산, 권리 또는 담보권이나 이들의 총체를 1인 또는 수인의 수탁자에게 이전하여, 수탁자가 이를 자신의 고유재산과 분리하여 1인 또는 수인의 수익자의 이익을 위하여 정해진 목적에 따라 행위하는 법률행위

Bentley et al., 217 Cal. 644, 654 f.(Supreme Court of California, 1933). Nelson and Whitman(주 30), p. 11 f. 참조.

42) 프랑스의 신탁제도에 관하여는 Francis Lefebvre, La fiducie, mode d'emploi, 2e éd., Edition Francis Lefebvre, 2009; 정태윤, "프랑스 신탁법", 비교사법 제19권 3호, 2012, 941면 이하; 심인숙, "프랑스 제정법상 '신탁' 개념 도입에 관한 소고", 중앙법학 제13집 4호, 2011, 257면 이하 참조.

이다."[43)]

그리고 담보신탁에 관하여는 동산 및 권리의 담보신탁(제2372조의1 이하)과 부동산의 담보신탁(제2488조의1 이하)에 관하여 따로 규정하고 있는데, 피담보채무 불이행의 경우에 담보신탁의 실행방법은 다음과 같다. 우선 수탁자와 채권자인 수익자가 동일인인 경우에는 신탁계약에 반대의 약정이 없는 한, 채권자인 수탁자가 담보로 양도된 물건 또는 권리에 대하여 자유롭게 처분할 수 있다. 그리고 수탁자가 채권자가 아닌 경우에는, 채권자는 그 물건의 인도를 청구하여 이를 자유로 처분할 수 있고, 신탁계약에서 정한 경우에는, 채권자는 그 물건을 매각하고 그 대금의 전부 또는 일부를 인도할 것을 청구할 수 있다(제2372조의3 제1, 2항, 제2488조의3 제1, 2항).

그런데 채무자가 도산상태에 빠지게 되면 어떠한가?[44)] 프랑스 도산법은 기본적으로 채무자가 신탁재산을 사용하거나 그로부터 이익을 얻고 있는가 아닌가에 따라 처리를 달리한다. 우선 채무자에게 보전절차(sauvegarde) 또는 재판상 회생절차(redressement judiciaire)가 개시되면, 미이행 쌍무계약의 경우에 관리인(administrateur)은 계약의 이행 또는 해제를 선택할 수 있는데, 이는 신탁계약에 관하여는 적용되지 않지만, 채무자가 신탁재산을 사용하거나 그로부터 이익을 얻고 있는 경우에는 여전히 이러한 관리인의 선택권이 인정된다(프랑스 상법 L622조의13, 제L631조의14).

그리고 채무자가 신탁재산을 사용하거나 그로부터 이익을 얻

43) Article 2011: La fiducie est l'opération par laquelle un ou plusieurs constituants transfèrent des biens, des droits ou des sûretés, ou un ensemble de biens, de droits ou de sûretés, présents ou futurs, à un ou plusieurs fiduciaires qui, les tenant séparés de leur patrimoine propre, agissent dans un but déterminé au profit d'un ou plusieurs bénéficiaires.

44) 프랑스의 도산절차 개관에 대하여는 이지은, "프랑스법상 도산절차의 우선특권", 선진상사법률 제53호, 2011, 166면 이하 참조.

고 있는 경우에는 담보신탁의 실행이 제한된다. 즉 프랑스 상법 L622조의23의1은 다음과 같이 규정한다. “신탁재산에 존재하는 물건 또는 권리가 위탁자인 채무자가 그것의 사용 또는 이익을 얻게 하는 합의의 대상인 경우, 절차의 개시, 재건계획의 채택, 또는 절차의 개시 이전에 발생한 채무불이행 등의 사유만으로는 수탁자 또는 제3자의 이익이 되게 이러한 물건 또는 권리가 양도되거나 이전될 수 없다. 이 금지에 위반하는 양도 또는 이전은 무효이다.”45) 다만 이처럼 담보신탁의 실행이 제한되는 것은 신탁재산을 위탁자가 사용하거나 그로부터 이익을 얻는다고 하는 합의가 있는 경우에 한한다. 이와 같이 합의가 있는가 아닌가에 따라 구별하는 것은, 그러한 합의가 없으면 그러한 재산이 기업 활동의 계속에 필요하지 않기 때문이라고 한다.46) 그리하여 신탁재산이 금전이나 금융상품인 경우에는 채권자는 도산절차와는 상관없이 담보신탁을 실행할 수 있으며, 이러한 점에서 담보신탁은 도산절차가 개시되면 그 실행이 정지되는 다른 전통적 담보물권보다도 채권자에게 유리하다고 한다.47)

반면 담보신탁의 위탁자에 대하여 재판상 청산의 절차가 개시되면, 수익자인 채권자의 권리는 보전절차나 재판상 회생절차에서

45) Article L622-23-1: Lorsque des biens ou droits présents dans un patrimoine fiduciaire font l'objet d'une convention en exécution de laquelle le débiteur constituant en conserve l'usage ou la jouissance, aucune cession ou aucun transfert de ces biens ou droits ne peut intervenir au profit du fiduciaire ou d'un tiers du seul fait de l'ouverture de la procédure, de l'arrêté du plan ou encore d'un défaut de paiement d'une créance née antérieurement au jugement d'ouverture. Cette interdiction est prévue à peine de nullité de la cession ou du transfert.

46) Michel Grimaldi et Reinhard Dammann, “La fiducie sur ordonnances”, Recueil Dalloz 2009, p. 670 n°. 15.

47) 정태윤(주 42), 996면 주 122); Grimaldi et Dammann(주 46), n°.15; Francis Lefebvre(주 42), n° 3831.

와 같은 제한을 받지 않고, 채권자는 자유롭게 담보를 실행할 수 있다.[48)]

이처럼 담보신탁에 관하여 채권자의 권리를 제약하게 된 경위에 관하여는 다음과 같은 설명이 있다. 즉 과거의 법은 담보권자의 이익을 희생시켰는데, 점차 담보권자의 이익을 위하여 잃어버린 땅을 되찾게 되었고, 2007년의 신탁제도를 도입하는 법은 담보신탁을 일반화함으로써 이러한 움직임을 완성하였다고 한다. 그러나 학자들은 담보신탁의 수익자가 도산절차를 우회함으로써 채무자가 자산 부족으로 인하여 회생계획을 제출할 수 있는 기회를 파괴한다는 가능성을 우려하게 되었고, 2008. 12. 18.의 오르도낭스는 윈-윈 밸런스(un équilibre «gagnant-gagnant»)를 도입함으로써 이 문제를 해결하였다고 한다. 즉 담보신탁은 관찰기관과 회생계획의 집행 기간에는 무력화되지만, 회생계획이 실패하거나 청산절차에 들어가면 담보신탁이 완전히 효력을 가지게 된다는 것이다.[49)]

3. 일 본

일본에서는 담보신탁[50)]이 그다지 많이 활용되고 있지는 않는

48) Grimaldi et Dammann(주 46), n°. 21 et s.; 정태윤(주 42), 996면 이하.

49) Grimaldi et Dammann(주 46), n°. 14. 정태윤(주 42), 997면은, 프랑스의 담보신탁제도는 기업의 활동에 필요한 재산은 기업으로부터 빼앗지 않음으로써 기업이 회생의 기회를 잃지 않게 하면서, 신탁재산이 기업활동에 필요하지 않거나 기업이 회생의 가능성이 없는 경우에는 채권자로 하여금 다른 위탁자의 채권자들이 참가하지 않은 상태에서 보다 간편하게 그 담보를 실행하는 것을 가능하게 하는 점에서 적절하게 균형을 취하고 있다는 평가를 받고 있다고 서술한다. 小梁吉章, フランス 信託法, 信山社, 2011, 171-172면은 이 점에 관하여 프랑스에서의 논의를 좀더 상세하게 서술하고 있다.

50) 일본에서는 담보신탁이라는 용어보다는 "담보로서의 신탁(擔保としての信託)" 또는 담보목적신탁이라는 용어가 쓰이는 것으로 보인다. 鈴木秀昭, "信託の倒産隔離機能", 信託法研究 제28호, 2003, 99면 이하; 道垣內弘人, "擔保としての信託", 金融法務事情 제1811호, 2007, 26면 이하 등.

것으로 보이고, 담보신탁의 도산절연에 관하여도 충분한 논의가 있는 것 같지는 않으나, 학설상으로는 다음과 같은 견해의 대립이 있는 것을 찾아볼 수 있다. 1설은 도산절연을 부정하면서 다음과 같이 주장한다. 즉 수탁자가 수탁재산의 완전한 소유권을 가지지만, 수익권의 내용이 신탁재산 전체에 대응하지 않고 담보 목적으로 된 경우, 위탁자에 대하여 갱생절차[51]가 개시된 때에 수익자를 갱생담보권자로 취급하기 위하여는 관재인으로서는 수익자가 가지는 수익권의 내용이 담보 목적인 것에 지나지 않으며, 신탁재산에 관하여 수익자가 가지는 담보 목적의 이익을 제외한 이익은 위탁자가 수익자 내지 귀속권리자로서 보지하고 있다는 것을 주장하여야 한다고 한다. 신탁이 유효하게 설정되기 위한 요건의 하나로서 신탁재산의 위탁자로부터의 분리를 들지만, 신탁재산의 위탁자로부터의 분리가 달성되어도, 대상재산의 이익은 위탁자에게 귀속되는 경우가 있는데, 자익신탁의 경우가 바로 그러할 뿐만 아니라, 위탁자가 수익자 내지 귀속권리자로서 수익자가 가지는 담보 목적의 이익을 제외한 이익을 보지하고 있는 경우에도 그러하다고 한다. 그리하여 이러한 경우에는 수익자는 갱생담보권자로서 취급되고, 이때의 담보가치는 신탁재산의 가치라고 평가되며, 수익자에의 급부[52]가 일정한 사유의 발생에 의하여 개시되는 구조에서는 그 개시는 담보권의 실행 외에 다른 것이 아니라고 한다. 그리하여 신탁재산의 처분이나, 수익자를 위탁자로부터 수익자로의 변경 등이 일정한 사유의 발생에 의해 생기는 경우에는 그러한 효과는 발생하지 않게 된다고 한다.[53]

---

51) 이는 과거 우리의 회사정리법에 해당하는 會社更生法이 규정하는 것으로서, 과거의 회사정리절차나 현재의 채무자회생법상 회생절차와 마찬가지이다.

52) 우리 민법상으로는 '급여'.

53) 道垣內弘人(주 50), 29-31면.

그러나 이 경우에 도산절연을 인정하여야 한다는 견해도 있다. 이 견해는 담보 내지 담보로서의 기능을 가진다는 것과 도산법의 영향을 받는 담보라는 것과는 별개의 문제이고, 도산법의 영향을 받는가 아닌가는 그 재산이 채무자의 책임재산을 구성하는 것인가 하는 점에서 생각해야 한다고 한다. 담보목적신탁에 도산법이 적용되어야 한다는 주장은 채무자가 그 재산에 담보물권을 설정한 것과 동일시할 수 있다는 것인데, 신탁은 수탁자에게 완전하게 권리가 이전되어 채무자의 재산이 아니므로, 담보목적신탁은 물상보증이나 인적 보증과 유사하고, 물상보증이나 인적 보증이 갱생담보권이 되지 않는 것과 마찬가지로, 신탁에 의하여 이행이 보전되는 채권도 갱생담보권으로 취급할 것은 아니라고 한다. 또한 일반채권자와의 이익조정에 관하여는, 위탁자의 일반재산은 신탁재산 분만큼 감소하지만 실질적으로는 채무가 소멸하기 때문에 총재산에는 변동이 없고, 다른 일반재산의 이익을 해치는 것은 아니며, 가령 다른 일반채권자를 해치도록 신탁이 설정된 경우에는 채권자취소권이나 사해신탁의 취소 등에 의하여 빠져나간 재산을 회복시킬 수 있으므로 문제가 없다고 한다. 그리고 도산법의 견지에서 법률관계를 재구성한다고 하여도 사적 자치의 원칙은 존중될 필요가 있는데, 양도담보의 경우에는 채권자에게 우선변제권을 주는 것이 취지임에 대하여, 신탁은 수탁자에게 일정한 목적에 따라 재산을 관리처분하게 하는 것으로서 양자는 다르고, 양도담보의 경우에는 2당사자 간의 관계로서 채무자에게 담보권을 공제한 권리가 남아 있다는 구성에 의하여 갱생담보권으로서 취급하는 것이 가능하지만, 신탁의 경우에는 채무자에게 권리가 남아 있다고 하는 양도담보와 마찬가지의 구성은 불가능하다고 한다. 그리고 담보물권의 경우에는 위탁자의 도산의 영향을 받아 특히 회사갱생법이 적용되면 갱생담보권으로 취급되지만, 담보목적신탁의 경우에는 그러한 영향을 받지 않는다면 담보물권이 이용되지 않게 되어 담보물권의 의의를 잃어버리게 되지 않는가 하는 점에 대하여는, 담보목적신탁과 담보물권은 설정의 절차나 비용 등에서 다르므로 필요에 따라 각각 사용되고, 담보물권이 이용되지 않게 되지는 않을 것이라고 한다.[54)]

4. 캐나다 퀘벡 주 민법과 유럽 공통참조기준초안

캐나다의 퀘벡 주 민법은 프랑스의 영향을 많이 받고 있는 대륙법계에 속한다. 퀘벡 주는 1994년에 그때까지 적용되던 로어 캐나다 민법전(Civil Code of Lower Canada) 대신 퀘벡 주 민법전(Civil Code of Quebec)을 제정하였는데, 이 민법전에서는 보통법상의 제도인 신탁에 관하여 자세하게 규정하였다.[55)] 퀘벡 주 민법은 신탁의 한 종류로서 채무의 이행을 보장하기 위한 신탁(담보신탁, security trust)을 인정하고 있는데(제1263조), 여기서는 채무불이행이 있으면 수탁자는 담보권(hypothecary rights)의 행사에 관한 규정에 따라 규율된다고 규정하고 있다.[56)][57)]

---

54) 鈴木秀昭(주 50), 116면 이하.

55) 제1260조 이하. 그 전에도 신탁에 관한 규정이 있었으나, 이는 기본적으로 생전증여 또는 유증에 의한 것에 한정되어 있고, 대가적 관계를 수반하는 신탁은 인정되지 않았다고 한다. 朴正基, "캐나다 퀘벡민법전의 역사와 성격", 국제지역연구 제11권 2호, 2007, 789-790면 이하 참조.

56) 제1263조: A trust established by onerous contract may have as its object the guarantee of the performance of an obligation. In that case, to be set up against third persons, the trust must be published in the register of personal and movable real rights or in the land register, according to the movable or immovable nature of the property transferred in trust.

Upon the default of the settlor, the trustee is governed by the rules regarding the exercise of hypothecary rights set out in the Book on Prior Claims and Hypothecs.

57) 담보권은 동산 또는 부동산에 관하여 설정되는 채무 이행을 위한 권리로서, 채권자에게 이를 점유하거나 변제에 충당하거나 매각하여 그 매각대금에 대하여 우선

그리고 유럽 공통참조기준초안(Draft Common Frame of Reference, DCFR)[58]은 제10권(Book X)에서 신탁(trust)을 다루고 있는데, 그 1:102조는 "담보를 목적으로 하는 신탁에 관하여는 이 권은 제9권(동산의 물적 담보) 규정의 적용을 받는다"라고 규정하고 있다.[59] 동산의 물적 담보에 관한 제9권(Book IX) 1:101조도 이 권의 규정은 담보를 목적으로 하는 신탁에 관하여도 준용된다고 규정하고 있다.

그러면 이들 규정에 따를 때에는 담보신탁이 도산절차에서도 담보권과 마찬가지로 취급될 것인가? 그럴 것으로 보이지만,[60] 이를 직접 언급한 문헌은 찾지 못하였다.[61]

5. 소 결

그러므로 이제까지 조사한 바에 의하면, 담보신탁의 경우에 위탁자가 도산하더라도 무조건적으로 도산절연을 인정하는 예는 찾을 수 없었다. 다만 프랑스가 신탁재산을 위탁자가 사용하거나 그

변제를 받을 권리를 부여한다(제2660조).

58) 이는 유럽위원회(European Commission)가 2005년에 유럽사법에 관하여 공통참조기준(Common Frame of Reference)를 만들기 위하여 유럽민법전 연구그룹(Study Group on a European Civil Code)과 유럽공동체사법 연구그룹(Research Group on Existing EC Private Law, acquis group)에게 의뢰하여 만들어진 것으로, 법전의 형태를 취하고 있으나 실정법은 아니며, 아직까지 그에 기하여 법이 만들어지지는 않았다. 이에 대하여는 권영준, "유럽사법(私法)통합의 현황과 시사점", 비교사법 제18권 1호, 2012, 35면 이하 참조.

59) X. – 1:102: Priority of the law of proprietary securities

In relation to trusts for security purposes, this Book is subject to the application of the rules in Book IX (Proprietary security in movable assets).

60) 이계정(주 16), 96면도 DCFR의 규정에 따르면 담보신탁에 대해서 도산절연성을 인정하기 어려울 것이라고 한다.

61) DCFR의 해설서인 Christian von Bar and Eric Clive ed., Principles, Definitions and Model Rules of European Private Law, Draft common Frame of Reference (DCFR), Full Edition, Vol. 6, Sellier, 2009, pp. 5677 f.에도 이 조문의 의미만을 설명하고 있을 뿐 도산과 관련하여서는 언급하고 있지 않다.

로부터 이익을 얻는 경우가 아닌 때에 한하여 도산절연을 인정하고 있는 정도이다.

Ⅴ. 검 토

1. 유추에 의한 회생담보권의 인정

여기서 다루고 있는 문제는 다른 말로 바꾸어 말한다면, 담보신탁의 수익자를 유추에 의하여 채무자회생법 제141조 제1항에 의한 회생담보권자로 인정할 수 있는가 하는 점이다. 긍정설은 이러한 유추를 긍정하는 것이고, 부정설은 이를 부정하는 것이다.

좀더 구체적으로는 담보신탁을 채무자회생법 제141조 제1항이 규정하는 저당권 또는 양도담보권과 마찬가지로 볼 수 있는가 하는 점이다. 이중에서도 양도담보가 소유권 이전의 형식에 의한 담보라는 점에서 저당권보다는 담보신탁과 더 유사하다. 담보신탁과 양도담보는 모두 채무의 담보를 목적으로, 재산의 소유권을 다른 자에게 이전하고, 채무가 변제되지 않으면 그 재산을 매각 내지 환가하여 채무를 청산할 수 있다는 권리이전형 담보제도라는 점에서 공통성이 있다. 다만 양도담보는 재산을 직접 채권자에게 이전하는 형식을 취하는 반면, 담보신탁은 권리이전의 상대방이 채권자가 아니라 수탁자로서 제3자라는 점에서 차이가 있다. 그러나 기능적으로는 양자가 동일하다. 부정설도 이 점은 모두 인정한다. 이 점에서 유추를 위한 필요조건은 갖추어졌다고 할 수 있다.

다른 한편 이러한 유추를 인정하는 것이 회생제도의 목적에도 부합한다. 채무자가 도산에 이르게 되었을 때 파산절차에 들어갈 것인가, 아니면 회생절차를 진행할 것인가를 결정하기 위한 기준은, 채무자가 사업을 계속하면서 얻을 수 있는 가치인 계속기업가치와 채무자의 재산을 바로 청산할 때 얻을 수 있는 가치인 청산가치의 비교이다. 전자가 후자보다 클 때에는 회생절차를 진행하여 채무자가 사업을 계속하면서 얻는 수익을 가지고 채무를 변제하게 하는 것이 바로 채무자의 재산을 청산하여 채무를 변제하는 것보다 당사자 모두에게 유리하고, 따라서 이때에는 청산절차가 아니라 회생절차가 진행되어야 한다.[62] 채무자회생법이 회생절차가 개시되면 담보권자도 회생절차 내에서만 권리를 행사할 수 있게 하는 것도 그 때문이다. 계속기업가치가 청산가치보다 큼에도 불구하고 담보권자가 담보권을 회생절차와 관련없이 행사할 수 있다고 한다면, 이는 회생의 기회가 있는 기업의 회생기회를 박탈하는 것일 뿐만 아니라, 담보권자에게도 유리한 결과를 가져오지 못한다.

그런데 담보신탁의 수익자를 회생담보권자로 보지 않는 것은 이처럼 계속기업가치가 청산가치보다 큼에도 불구하고 수익자인 채권자에게 청산을 할 것인지 여부를 임의로 선택할 수 있는 권한을 주는 것에 다름 아니고, 이는 실제로도 수익자에게 유리한 결과를 가져다주지도 못한다. 예컨대 담보신탁재산이 골프장인 경우에는, 수익자가 골프장 시설을 매각하더라도 골프장 아닌 임야로서만 매각할 수 있기 때문에, 골프장으로서 매각하는 것과는 비교가 되지 않는다. 따라서 이러한 경우에는 골프장도 채무자의 책임재산에 포함시켜 회생절차를 진행하는 것이 합리적이다.

그러므로 담보신탁을 양도담보와 유사한 것으로 보아, 수익자를 회생담보권자로 보는 것은 회생제도의 목적에 부합하고, 이를 부정하는 것이야말로 회생제도와는 모순된다.

2. 부정설에 대한 검토

부정설의 기본적인 논거는 담보신탁에 제공된 재산은 더 이상

62) 김경욱, "회생절차에 있어서 청산가치보장의 원칙", 경영법률 제26권 4호, 2016, 306면 등 참조.

채무자의 책임재산이 아니므로 담보신탁의 수익권은 회생절차 개시 당시 채무자의 재산상에 존재하는 권리가 아니라는 것이다. 판례가 들고 있는, 담보신탁의 수익권은 '채무자 외의 자가 회생채권자 또는 회생담보권자를 위하여 제공한 담보'에 해당한다는 것도 기본적으로는 같은 취지이다. 이하에서는 이를 신탁재산의 독립성과, 형식과 실질 중 어느 것을 우선시킬 것인가라는 두 가지 점에서 검토해 보고자 한다.

(1) 신탁재산의 독립성에 대하여

부정설의 논거는 기본적으로 신탁재산의 독립성을 근거로 한다. 즉 신탁재산은 위탁자와 수탁자의 고유재산으로부터 분리되고, 따라서 위탁자의 채권자도 신탁 전의 원인으로 발생한 권리에 기한 것이 아닌 한 더 이상 위탁자의 재산이 아닌 신탁재산에 대하여 강제집행을 할 수 없으며, 위탁자 파산 시에 수탁자 명의의 신탁재산이 위탁자의 파산재단을 구성하지도 않는다는 것이다.[63)]

생각건대 수탁자가 도산한 경우에 수탁자의 채권자는 원칙적으로 신탁재산에 대하여 권리를 행사할 수는 없다. 이 점에서는 신탁의 도산절연기능이 분명히 드러난다.[64)] 그러나 위탁자가 도산한 경우에는 이와 차이가 있다. 이때에도 신탁재산은 채무자의 책임재산이 아니므로, 원칙적으로 위탁자의 채권자가 신탁재산에 대하여 권리를 행사할 수는 없다. 그렇지만 위탁자가 신탁재산에 대하여 여전히 이해관계를 가지고 있을 때에도 이처럼 신탁재산의 독립성이 무제한으로 관철될 수는 없다. 이 점은 위탁자가 수익자로서 수익권을 가지는 자익신탁의 경우에는 분명하다. 이때에는 위탁자가 언제든지 신탁을 해지할 수 있고, 그 경우에 신탁재산은 특

63) 최수정, 신탁법, 박영사, 2016, 29-30면.
64) 상세한 것은 이계정, 신탁의 기본 법리에 관한 연구, 박영사, 2017, 257면 이하 참조.

별한 사정이 없는 한 수익자의 지위를 겸하는 위탁자에게 귀속한다(신탁법 제99조 제2항, 제101조 제1항 본문). 따라서 위탁자의 채권자는 위탁자의 신탁해지권을 대위행사할 수 있고,[65] 그에 의하여 위탁자의 채권자는 위탁자 앞으로 복귀된 신탁재산에 대하여 강제집행을 할 수 있다.[66]

그런데 담보신탁은 원래의 의미에서의 자익신탁은 아니지만, 피담보채무가 변제되면 신탁재산은 위탁자에게 복귀하게 된다. 따라서 신탁재산이 위탁자의 재산으로부터 분리되는 것은 잠정적인 것에 불과하고, 말하자면 피담보채무의 변제를 해제조건으로 하는 것이라고 할 수 있다. 또한 피담보채무가 변제되지 아니하여 수탁자가 신탁재산을 처분하여 피담보채무의 변제에 충당한다고 하는 경우에도, 위탁자는 그로 인하여 피담보채무의 소멸이라는 이익을 얻는 것이고, 이 점에서도 신탁재산에 대하여 여전히 이해관계를 가진다.[67] 그런데도 신탁재산이 일단 위탁자의 재산으로부터 분리되었다는 이유만으로 완전한 도산절연을 인정하는 것이 합리적일까?[68]

---

65) 대법원 2003. 8. 19. 선고 2001다47467 판결; 2007. 10. 11. 선고 2007다43894 판결 등.

66) 이계정(주 64), 299면.

67) 앞에서 살펴본 것처럼 道垣内弘人(주 50), 29면은 담보로서의 신탁에서 신탁재산이 위탁자로부터 이탈되지만, 위탁자는 수익자 내지 귀속권리자로서 수익자가 가지는 담보목적의 이익을 제외한 이익을 보지한다고 설명한다.

68) 林彩雄(주 1), 131면은 담보신탁과 비슷한 경우는 '채무자 갑이 그의 부동산의 소유권을 을에게 이전한 다음, 을이 담보제공자가 되어 갑을 위하여 채권자 병에게 저당권을 설정하는 경우'인데, 이 경우에는 을이 제공한 저당권이 채무자회생법 제250조 제2항 제2호에 의해 회생계획의 영향을 받지 않는, '채무자 외의 자가 회생채권자 또는 회생담보권자를 위하여 제공한 담보'가 되어 회생절차에 복종하지 않는 것이므로 담보신탁의 경우에도 마찬가지의 결론을 내려야 한다고 주장한다. 그러나 위의 예에서는 채무가 변제되더라도 부동산이 채무자 갑이 아니라 담보제공자인 을에게 복귀하지만, 담보신탁에서는 신탁재산이 채무자에게 복귀한다는 점에서 양자 사이에는 차이가 있다.

이 점에 관하여는 미국법상 철회가능신탁(revocable trust)에 관한 논의를 살펴볼 필요가 있다. 미국에서는 위탁자가 철회권을 유보한 경우 등에는 신탁을 철회할 수 있다.[69] 그런데 이러한 철회가능한 신탁에서 위탁자의 채권자가 신탁된 재산에 대하여 강제집행할 수 있을까? 종전의 보통법상으로는 이것이 허용되지 않았으나, 근래 미국 각 주의 판례나 주 법률은 이를 허용한다.[70] 모범신탁법(Uniform Trust Code)[71]과 제3차 신탁 리스테이트먼트(Restatement of Law, Third, Trusts)도 같은 태도이다. 즉 모범신탁법 제505조 (a) (1)과 (3)은 철회가능신탁의 재산은 위탁자가 생존하고 있는 동안뿐만 아니라 사망한 후에도 위탁자의 채권자를 위한 책임재산이 된다고 규정하고 있다.[72] 또 제3차 신탁 리스테이트먼트(Restatement of Law, Third, Trusts) 제25조 제2항은 철회가능한 신탁의 재산은 위탁자가 통상적으로 소유하고 있었던 것으로 취급된다고 규정한다.[73]

이 점에 관하여 자주 인용되는 매사추세츠 주 항소법원의 판결[74]은, 철회가능신탁의 위탁자가 생존한 경우뿐만 아니라 사망한 경우에도, 위탁자의 채권자는 위탁자의 상속재산으로부터 만족을

---

69) 최수정(주 63), 183면 참조. 위 책 183-184면은 우리법상 철회보다는 해지라는 용어가 적절하다고 한다.

70) Clifton B. Kruse, Jr., "Revocable Trusts: Creditors' Rights After Settlor-Debtor's Death", 7 Probate & Property 7-DEC Prob. & Prop. 40 ff.(1993); 이계정(주 63), 213-214면 참조.

71) 이는 미국의 모범법위원회(Uniform Law Commission)가 제정하여 각 주에 입법을 권고하는 모범법의 하나로, 모범신탁법은 많은 주에서 주법으로 받아들여지고 있다.

72) 상세한 것은 Uniform Laws Annotated, Uniform Trust Code (2000) (Refs & Annos), § 505 참조.

73) "… the property of such a trust is ordinarily treated as though it were owned by the settlor." 이는 주로 위탁자의 채권자에 대한 관계에서 신탁재산이 위탁자의 책임재산이 된다는 것을 의미한다. American Law Institute, Restatement (Third) of Trusts (2003), Reporter's Notes on § 25, Comment e. 참조.

74) State St. Bank and Trust Co. v. Reiser, 7 Mass.App.Ct. 633 (1979).

얻지 못한 범위 내에서는 신탁재산에 대하여 권리를 행사할 수 있다고 하면서, 다음과 같이 설시하였다. 즉 사람들이 재산을 전문적인 관리를 받기 위하여 신탁을 설정하면서 원본을 잠식하고 신탁을 수정하거나 철회할 권한을 가지고 있을 때에는, 그러한 조항 아래 신탁이 설정된 재산에 대하여 채권자가 권리를 행사할 수 없는 것은 형식에 대한 지나친 존중이라고 하였다.[75]

우리나라에서도 철회가능신탁이 설정된 경우에는 위탁자의 채권자가 채권자대위권에 의하여 위탁자의 해지권을 대위행사하여 신탁재산을 위탁자 앞으로 복귀시킨 후 강제집행을 할 수 있을 것이다.[76]

물론 담보신탁은 위탁자가 임의로 철회 내지 해지할 수 있는 것은 아니므로, 철회가능신탁과 동일한 것은 아니다. 그러나 다른 한편으로는 철회가능신탁은 철회 여부가 불확정한 반면, 담보신탁에서는 처음부터 피담보채무가 변제되면 신탁재산은 위탁자에게 복귀하는 것이 예정되어 있으므로, 철회 내지 해지가 전제되어 있다고 할 수 있다. 기본적으로 이러한 철회가능신탁에서 채권자가 신탁재산에 대하여 권리를 행사할 수 있게 하는 것은, 위탁자가 신탁으로부터 이익을 얻으면서, 채권자는 신탁재산에 대하여 권리를 행사하지 못하게 하는 것은 부당하기 때문이다. 다른 말로 한다면 신탁이 위탁자의 채권자를 해하는 수단으로 이용되어서는 안 된다는 것이다.[77]

---

75) 7 Mass.App.Ct. 633, 638.

76) 吳泳俊(주 16), 860-861면. 이계정(주 64), 300면은 철회가능신탁이 자익신탁인 경우에는 위탁자의 채권자는 위탁자가 가지는 해지권을 대위행사하여 신탁재산을 위탁자 앞으로 복귀시킨 후 강제집행을 할 수 있을 것이라고 한다. 그러나 타익신탁의 경우에도 이는 마찬가지일 것이다.

77) 미국연방제4항소법원의 United States v. Ritter 판결에서는 철회가능신탁에서 연방정부가 신탁자의 세금 체납을 이유로 신탁재산을 매각할 수 있는가가 문제되었는데, 위 판결은 이를 허용하였다. Widener 판사는, 이는 개인이 재산에 의존하

국내에도 이와 비슷한 취지의 주장이 있다. 즉, 도산격리기능이라는 신탁의 특권적 이익은 이것을 부여하는 데 걸맞은 내실을 갖춘 신탁에 대해서만 인정되어야 하므로, 형식적으로 명의와 권리를 수탁자에게 이전한 것에 지나지 않고, 신탁재산에 대한 실질적인 권한을 모두 위탁자가 유보하고 있는 것과 같은 극히 명목적인 자익신탁의 경우, 이 신탁에 도산격리기능을 인정하는 것은 문제가 있는데, 이런 신탁의 경우 위탁자의 재산은닉만을 위한 편법으로 악용되는 것을 막을 수 없기 때문이라고 한다. 따라서 일정한 조건을 충족하는 신탁에 한정하여 도산격리기능을 인정하여야 하는데, 구체적으로 신탁설정에 의한 재산의 이전이 위탁자의 지배로부터 완전히 이탈하는 실질적인 이전이어야 하고, 위탁자가 신탁재산으로부터의 수익의 내용 등을 통제할 수 있는 지시권 또는 신탁재산을 수탁자로부터 언제든지 되찾을 수 있는 철회권을 유보하고, 위탁자 자신이 신탁재산으로부터의 이익을 향수하고 있는 경우에는 실질적으로 볼 때 신탁재산은 여전히 위탁자의 지배영역 내에 머물러 있다고 해석되므로, 이러한 신탁에 도산격리기능을 인정할 수는 없다는 것이다.[78)]

그러므로 부정설이 담보신탁에서 신탁재산이 위탁자로부터 분리되었다는 이유만으로 위탁자가 도산한 경우에 도산절연을 인정하여야 한다고 보는 것은 지나치게 단순한 논리라고 하지 않을 수 없다.

여 살면서 이 재산을 가지고 채무를 변제하지 않는 것은 공공질서(public policy)에 반한다는 확립된 원칙에 부합하는 것이라고 하였다. United States v. Ritter, 558 F.2d 1165, 1167 (4th Cir. 1977).

78) 안성포, "신탁재산의 권리주체성에 관한 소고", 전북대학교 법학연구 제39집, 2013, 71-72면.

(2) 도산법에서의 형식과 실질

부정설도 담보신탁이 담보의 기능을 한다는 점에서 양도담보와 마찬가지의 기능을 한다는 점은 부정하지 않으면서도, 담보신탁은 양자관계인 양도담보와는 달리 수탁자라는 제3자가 개입한다는 점에서 양도담보와 같이 취급할 수는 없다고 한다. 그러나 도산법에서는 이러한 법적 구성 내지 형식보다는 실질을 중시할 필요가 있다.[79] 도산법의 중요한 정책적 목표는 주주, 채권자 등 이해관계인 사이의 공평한 분배에 있고, 특히 유사한 지위에 있는 채권자들은 공평한 취급을 받아야 한다.[80] 그런데 채무자와 일부 채권자가 어떤 담보제도를 선택하는가에 따라 다른 채권자의 이익까지 침해된다는 것은 도산제도의 목적에도 부합하지 않는다.

이 점에 대하여는 우선 담보신탁을 소유권유보부 매매와 비교하여 볼 필요가 있다. 대법원 2014. 4. 10. 선고 2013다61190 판결은, 동산의 소유권유보부 매매에서 매도인이 유보한 소유권은 담보권의 실질을 가지고 있으므로 담보 목적의 양도와 마찬가지로 매수인에 대한 회생절차에서 회생담보권으로 취급함이 타당하고, 매도인은 매매 목적물인 동산에 대하여 환취권을 행사할 수 없다고 하였다. 소유권유보부 매매의 경우에 매도인의 지위에 관하여는 담보권설도 있기는 하지만, 이는 물권법정주의에 위배되므로 받아들이기 어렵다.[81] 그런데 판례는 매도인이 소유권자임에도 불구하

79) 같은 취지, 이은재(주 15), 102면.

80) 정소민, “도산법상 소유권유보부 매매의 매도인의 지위”, 민사판례연구 제37권, 2015, 247-248면. 오수근, 한민, 김성용, 정영진, 도산법, 한국사법행정학회, 2012, 40면(오수근 집필부분)은, 도산법은 채권자 전체의 이익을 극대화하는 데 관심이 있고, 채무자와 채권자의 이익을 함께 도모한다고 한다.

81) 대법원 1999. 9. 7. 선고 99다30534 판결 등은, 목적물이 매수인에게 인도되었다고 하더라도 특별한 사정이 없는 한 매도인은 대금이 모두 지급될 때까지 매수인뿐만 아니라 제3자에 대하여도 유보된 목적물의 소유권을 주장할 수 있다고 하였다.

고 회생담보권과의 관계에서는 실질을 중요시하여 매도인을 회생담보권자로 본 것이다. 실제로 이 판결 전부터 종래의 실무례나 다수설은 소유권유보부 매매에서 매도인을 회생담보권자로 보고 있었다.[82] 부정설에서도 이러한 판례는 담보신탁에서 도산절연성을 인정하는 것과는 모순되는 것은 아닌지 의문이 들 수 있다고 한다.[83]

물론 소유권유보부 매매에서 매도인의 지위를 회생담보권자로 볼 것인가에 대하여는 반대설이 있고,[84] 외국에서도 이 문제에 대하여는 다양한 태도를 볼 수 있다. 예컨대 독일에서는 소유권유보부 매매에서 매수인이 도산에 빠진 경우에, 매도인을 담보권자로 보지 않고, 미이행 쌍무계약으로 보아 관리인의 선택권을 인정한다(독일 도산법 제107조 제2항). 확실히 소유권유보부 매매에서는 매도인이 원래 소유자였으므로, 소유권유보부 매매계약이 체결되었다는 것만으로 그의 지위가 담보권자로 바뀐다는 것에는 의문이 제기될 수 있다. 그러나 담보신탁의 경우에는 수익자의 지위는 소유자보다는 양도담보권자와 훨씬 유사하므로, 그를 회생담보권자로 보는 데 큰 어려움이 없다.

다른 한편 양도담보의 경우에도 이것이 회생담보권으로 인정되게 된 경과를 살펴볼 필요가 있다. 양도담보권자가 회생담보권자 내지 종전의 정리담보권자에 해당한다는 것이 명문으로 규정된 것은 1998. 2. 24. 개정된 구 회사정리법(법률 제5517호) 제123조 제1항에서였다. 그러나 그 전에도 판례[85]와 학설은 양도담보권자를

82) 상세한 것은 정소민(주 80) 참조.

83) 이계정(주 64), 313면.

84) 양형우, "회생절차에서 소유권유보와 매도인의 지위", 인권과 정의 제447호, 2015, 138면 이하; 김영주, "미이행 쌍무계약에 대한 민법과 채무자회생법의 규율", 민사법학 제70호, 2015, 495면 이하 등.

85) 채권의 양도담보에 관하여 대법원 1990. 2. 13. 선고 89다카10385 판결; 동산의

정리담보권자로 보고 있었다.[86] 현재 가등기담보 등에 관한 법률(가등기담보법)이 적용되는 부동산 양도담보의 성질은 담보물권으로 보는 것이 일반적이지만, 가등기담보법이 적용되지 않는 부동산이나 그 외의 동산 또는 채권 등의 양도담보는 여전히 신탁적 소유권 이전으로 보아야 한다.[87] 그러므로 이러한 경우에도 종전의 판례나 학설은 양도담보의 법적 형식보다는 실질을 중시한 것으로 볼 수 있다.

이처럼 도산법에서 무엇이 회생담보권에 해당하는가에 관하여는 형식보다는 실질을 중요하게 고려하여야 한다. 이는 도산법 전반에 관하여 타당하다고 할 수 있다. 다른 나라에서도 이러한 점이 인정되고 있다. 즉 미국에서는 도산법에 관하여 "형식보다는 실질(substance over form)"이라는 원칙[88]이, 독일에서는 "경제적 관찰법(wirtschaftliche Betrachtungsweise)"이라고 하는 원칙[89]이 인정되고 있는 것이다. 원래 이는 세법의 영역에서 인정되는 이른바 실질과세의 원칙을 가리키는 말인데, 도산법에도 그와 같은 법리가 인정되고 있는 것이다.

이를 여기서 자세히 다룰 수는 없으므로, 미국과 독일의 판례 가운데 한 가지 예를 드는 데 그친다. 즉 회사가 도산한 경우에 회사와 관련 있는 자가 회사에 대여를 하였다고 주장하면, 법원이 이를 대여 아닌 출자로 인정할 수 있는가[90] 하는 점이다. 대여채권자에 비하여 회사의 주주는 회생절차에서 후순위가 될 수밖에 없

양도담보에 관하여 1992. 10. 27. 선고 91다42678 판결.

86) 김영주, "도산절차상 양도담보계약 당사자의 법적 지위", 사법 33호, 2015, 15-16면 참조.

87) 동산 양도담보에 관한 대법원 2008. 11. 27. 선고 2006도4263 판결 등 참조.

88) 예컨대 Steven L. Schwarcz, "Collapsing Corporate Structures: Resolving the Tension Between Form and Substance", 60 The Business Lawyer 109 ff.(2004) 등.

89) 예컨대 Keller, Insolvenzrecht, Vahlen, 2006, Rdnr. 411.

90) 미국에서는 이를 recharacterization이라고 부른다.

다.[91] 그런데 미국과 독일의 판례는 일정한 경우에 형식적으로 대여를 한 경우에도 이를 출자로 인정하여 회생채권자의 지위를 인정하지 않고 있다.[92]

나아가 미국에서는 이른바 할부토지계약(installment land contract)[93]에 관하여도 우리나라에서의 담보신탁과 같은 논의가 있다. 할부토지계약이란 부동산 매수인이 매도인에게 매매대금을 보통 10년 이상의 장기간에 걸쳐서 분할하여 지급하는데, 그 기간 동안은 매도인이 여전히 소유권을 보유하지만, 매수인은 부동산을 점유하여 사용수익할 수 있는 형태의 계약이다.[94] 말하자면 부동산에 관한 소유권유보부 매매계약과 같은 것이다. 이에 대하여는 매수인이 도산한 경우에 관하여 "형식보다는 실질(substance over form)"을 강조하여, 매도인이 가지는 권리가 소유권이 아닌 모기지라고 하는 주장이 제기되고 있다.[95] 이는 우리나라에서 담보신탁의 수익자를 회생담보권자로 다루어야 한다는 주장과 맥을 같이 한다.

---

91) 채무자회생법 제217조 참조.

92) 예컨대 미국의 In re Alternate Fuels, Inc., 789 F.3d 1139 (2015); 독일의 BGH NJW 2013, 2282 등. 이 판례들에 대하여는 예컨대 Paul Wallace, "Simplifying the Muddled Doctrine of Debt Recharacterization", 86 Mississippi Law Journal 183 ff.(2017); Dennis Azara, "Die neue BGH-Rechtsprechung zur Abtretung von Gesellschafterdarlehensforderungen und ihre praktischen Auswirkungen", DStR 2013, 2280 참조.

93) contract for deed라고도 한다.

94) Seong-hee Lee, "Installment Land Contracts in Purchaser Bankruptcy", 29 Emory Bankruptcy Developments Journal, 425, 428(2013).

95) Seong-hee Lee(주 94); Juliet M. Moringiello, "A Mortgage by any other Name: A Plea for the Uniform Treatment of Installment Land Contracts and Mortgages under the Bankruptcy Code", 100 Dickinson Law Review 733 ff.(1996); Grant S. Nelson, "The Contract for Deed as a Mortgage: The Case for the Restatement Approach", Brigham Young University Law Review 1111 ff. (1998) 등. 1997년의 Restatement (Third) of Prop. (Mortgages) §3.4 (b)는 "A contract for deed creates a mortgage"라고 규정한다. 연방법원과 각 주 법원의 판례는 각 적용 주법에 따라 나누어져 있다고 한다.

그런데 회생절차는 당사자들의 재산권 처분의 자유를 예외적으로 법이 제한하는 경우이므로 그 절차에 참여하는 당사자들의 이해관계가 첨예한 분야로서 엄격한 해석이 필요하다는 이유로 부정설을 지지하는 견해가 있다.[96] 그러나 도산법의 중요한 목적이 유사한 지위에 있는 채권자들은 공평한 취급을 받아야 한다는 데 있다는 점을 생각한다면, 이것이 부정설에 대한 충분한 근거가 되기에는 부족하다.

기본적으로 도산법이 적용되는 경우에는 당사자의 사적 자치는 제한될 수밖에 없다. 이 점에 관하여는 도산절차가 개시되면 채무자의 계약 상대방이 그 계약을 해제 또는 해지할 수 있다는 이른바 도산해제조항 또는 도산해지조항이 유효한가 하는 문제를 참조할 필요가 있다, 현재의 통설은, 이러한 조항은 채무자회생법이 규정하는 회생절차 관리인 또는 파산관재인의 미이행 쌍무계약에 관한 선택권(제119조, 제335조)을 침해한다는 이유로 원칙적으로 무효라고 보고 있다.[97]

3. 부정설의 실제적 문제점

앞에서도 언급한 것처럼, 담보신탁에서 도산절연을 인정하는 것은 복수의 채권자 가운데 담보신탁의 수익자에게만 다른 회생담

---

96) 이혜원(주 16), 133면; 조영희(주 16), 88면도 같은 취지이다.

97) 김영주, "계약상 도산해제조항의 효력", 선진상사법률 제64호, 2013, 1면 이하 참조. 그런데 대법원 2007. 9. 6. 선고 2005다38263 판결은, 도산해지조항이 구 회사정리법에서 규정한 부인권의 대상이 되거나 공서양속에 위배된다는 등의 이유로 효력이 부정되어야 할 경우를 제외하고, 도산해지조항으로 인하여 정리절차개시 후 정리회사에 영향을 미칠 수 있다는 사정만으로는 그 조항이 무효라고 할 수 없다고 하였다. 다만 이 판결도, 쌍방 미이행의 쌍무계약의 경우에는 도산해지조항의 효력을 무효로 보아야 한다거나, 아니면 적어도 정리절차 개시 이후 종료 시까지의 기간 동안에는 도산해지조항의 적용 내지는 그에 따른 해지권의 행사가 제한된다는 등으로 해석할 여지가 없지는 않다고 하였다.

보권자보다도 우월한 지위를 부여함으로써, 다른 채권자, 특히 저당권자와 같은 회생담보권자보다도 우대하는 불평등한 결과를 가져올 뿐만 아니라, 실제로도 채무자의 회생을 어렵게 한다.[98]

이러한 점을 잘 보여주는 대법원 판례가 있다.[99] 대법원 2016. 5. 25. 자 2014마1427 결정에서는 채무자 회사의 회생계획에서 채무자 회사의 골프장시설 등을 신탁재산으로 한 부동산담보신탁계약의 우선수익자인 회생채권자들에 대하여 다른 회생채권자보다 유리한 변제조건을 정한 것이 공정하고 형평에 맞는가가 문제되었는데, 대법원은 다음과 같은 이유로 이를 긍정하였다. 즉, 위 우선수익자들은 채무자 회사에 대한 신탁 관련 대여금 채권이 전액 변제되지 않는 이상 언제든지 수탁자에게 골프장 영업에 필수적인 골프장시설에 대한 처분을 요청할 수 있는데, 우선수익자들이 회생계획에서 정해진 변제조건대로 변제받는다고 하더라도 신탁 관련 대여금 채권이 전액 변제되지 않으면 수탁자에 대하여 가지는 신탁재산인 골프장시설 등에 대한 처분요청권한을 포함한 담보신탁계약의 수익권에는 아무런 영향을 미칠 수 없으므로, 골프장 영업을 전제로 한 이 사건 회생계획의 수행을 위해서는 우선수익자들로부터 신탁계약상의 권리포기 또는 신탁계약의 해지에 대한 동의 등을 받는 것이 반드시 필요하고, 이를 위하여 담보신탁계약의 우선수익자들의 요구를 받아들여 그들의 신탁 관련 회생채권을 다른

98) 이계정(주 16), 105-106면도, 담보신탁에서 도산절연성을 인정하는 경우에 실질에 있어서 담보에 해당하는 채권자의 수익권은 도산절차상의 제약을 피할 수 있는데, 채무자의 회생에 상당한 차질을 빚는 경우도 발생할 수 있다고 한다. 좌담회, “자산유동화 10년의 회고와 전망”, BFL 제31호, 2008, 23면(황호석 발언)은, 담보신탁에 대하여 도산법인의 관재인 입장에서는 회계장부를 열어보면 재무제표에는 있는데 신탁으로 다 빠져나가 도산회사에 남아있는 재산이 없는 사태가 생겨서 당황스러울 가능성이 있다고 한다.

99) 이 점에 대하여는 2018. 2. 21.의 공동연구 학술대회에 참석하였던 최효종 변호사님의 지적으로부터 도움을 받았다.

회생채권자들의 회생채권보다 우월하게 변제조건을 정한 것이 반드시 부당하다고 볼 수는 없다고 하였다.

이처럼 담보신탁이 설정된 경우에는 지금까지의 판례대로라면 회생계획이 성공적으로 수행되기 위하여는 수익자인 채권자가 수익권을 실행하지 않는 것이 필요하고, 수익자가 수익권을 실행하면 회생계획은 성공적으로 수행될 수 없다. 그리하여 실무상으로는 특히 골프장 회생절차에서는 위 판례와 같이 수익자에게 다른 회생채권자보다 유리하게 회생계획을 정하도록 지도하고 있고, 또 수익권을 행사하지 않겠다는 확약서를 받아야 회생계획의 수행이 가능하다고 보고 있다고 한다.[100] 그러나 과연 이처럼 차별적인 회생계획을 정하는 것이 합리적인지, 수익자가 수익권을 행사하지 않겠다는 확약을 따르지 않을 때에도 확약을 강제할 방법이 있는지 하는 점들은 명확하지 않다. 반면 이러한 수익자를 회생담보권자라고 본다면 이러한 문제점은 모두 해소되게 되고, 채무자의 회생이 훨씬 수월하게 된다. 다른 말로 한다면, 담보신탁의 수익자도 회생담보권자에 포함시키는 것은 채무자나 수익자뿐만 아니라 다른 채권자 전체에도 유리한, 윈-윈 게임(win-win game)이 될 수 있다.

그런데 이러한 문제점에도 불구하고 담보신탁에 의하여 담보되는 채권을 회생담보권으로부터 제외해야 한다고 고집할 이유가 있는지 알기 어렵다. 부정설의 주된 논거는 신탁재산은 설정자의 책임재산으로부터 이탈되었다는 것이지만, 이는 형식보다 실질을

100) 나 청, "회원제 골프장 회생절차의 실무상 쟁점에 관한 소고," 사법 36호, 2016, 156면 참조. 또한 김장훈·홍정호, "골프장 회생절차의 실무상 쟁점", BFL 제81호, 2017, 61-62면도 참조. 실제로 수익자도 가령 담보신탁의 목적인 골프장에 대하여 수익권을 행사하여 매각하더라도 임야로서밖에 평가되지 않기 때문에 회생계획에 따라 변제받는 것이 유리한 경우에 이러한 확약서를 제출한다고 한다. 그러한 확약서가 제출된 예로서는 대법원 2017. 4. 7. 선고 2015마1384, 1385 결정(미공간) 참조.

중요시하여야 한다는 관점에서는 충분히 극복할 수 있는 논리이다.

그런데 부정설 가운데에는 다음과 같은 주장이 있다. 즉, 대법원판례가 인정하는 담보신탁의 도산절연효과를 그대로 긍정할 것인가의 문제 등 법제도를 설계함에서는 단순히 거래의 성격이나 개념에 집착하기보다는 좀더 법경제학적인 접근이 필요하다고 한다. 그와 같은 제도는 일부채권자들의 배타적이고 우선적인 권리가 다른 채권자들의 희생 위에 향유되는 측면이 있지만, 그러한 사회적 비용은 저렴한 자금조달수단의 제공을 통하여 다른 채권자들에게도 일반적인 이익으로 돌아갈 수 있기 때문에 적정한 선에서 상쇄될 수 있을 것으로 생각되고, 단순히 기존의 법개념과 원칙에 매몰되어 사회적 효용을 전체적으로 증가시킬 수 있는 기회를 상실하지 않도록 하는 노력이 필요하다는 것이다.[101] 그러나 이러한 주장은 설득력이 없다. 이처럼 채권자에게 우선변제권이 있는 자금조달수단을 제공함으로써 대여의 비용을 낮추는 것은 담보신탁뿐만 아니라 저당권과 같은 담보물권 일반에 모두 적용되는 것이기 때문에,[102] 왜 담보신탁에 대하여만 도산절연이라는 특혜를 인정하여야 하는지에 대하여는 대답이 되지 못한다. 설령 그처럼 대여의 비용을 낮출 수 있는 가능성이 있다고 하더라도, 그것이 도산에 빠진 채무자의 회생을 어렵게 한다는 문제점을 능가할 수 있는 장점이 되는지는 매우 의심스럽다.

부정설을 지지하는 논자들로서는 담보신탁의 도산절연을 인정하지 않으면, 채무자가 금융을 얻기 어렵게 될 것이라는 우려를 제기할 수도 있다. 그러나 이 또한 근거가 있는 것으로는 보이지 않는다. 도산절연이 인정되는 담보신탁이 아닌 다른 담보만으로는

---

101) 좌담회(주 98), 43면(김용호 발언).

102) 이동진, "물권법의 법경제학", 김일중 · 김두얼 편, 법경제학 이론과 응용 [II], 도서출판 해남, 2013, 215-216면.

채무자에게 대여를 하지 않겠다는 채권자가 있을 수도 있겠지만, 채무자가 그러한 채권자 외의 다른 채권자로부터 대여를 받는 것은 얼마든지 가능할 것이다. 담보신탁의 도산절연을 인정하지 않는 다른 나라에서 그 때문에 채무자가 금융을 얻지 못한다는 이야기는 들리지 않는다.

참고로 이 문제는 이른바 절대우선원칙에 관한 논의와 관련시켜 살펴보는 것도 도움이 될 수 있다. 도산법상 절대우선원칙이란 정해진 우선순위에 따라 상위의 권리자가 전액 변제받기 전까지는 하위의 권리자는 변제나 배당을 받을 수 없다는 것을 말한다. 반면 상대우선원칙이란 청산가치를 초과하는 몫을 권리의 우선순위에 따라 분배하는 것이 아니라 권리의 우선순위를 고려하되 적절한 차등을 두어 분배한다는 것으로서, 선순위청구권자의 권리감축의 정도보다 후순위자의 그것이 작아서는 아니 된다는 원칙이다. 우리나라 도산법의 회생절차는 절대우선원칙이 아니라 상대우선원칙을 채택하고 있다고 이해되고 있다.[103] 입법론적으로 절대우선원칙을 택할 것인가는 충분히 검토할 가치가 있는 주장이지만,[104] 이는 어디까지나 입법자가 결정할 문제이고,[105] 법원이 판단할 수 있는 영역을 넘어서는 것이다. 그런데 담보신탁에 관하여 도산절연을 인정한다면, 이는 담보신탁의 수익자에게만 절대우선원칙을 인

---

103) 한 민, "시스템적으로 중요한 금융기관(SIFI)에 대한 국제적 정리체계", 이화여대 법학논집 제19권 1호, 2014, 271면 등.

104) 절대우선 원칙을 도입하여야 한다는 주장으로는 김성용, "회생절차 관련 도산법 개정 동향", 비교사법 제16권 4호, 2009, 79면 이하 등. 이에 반대하는 주장으로는 윤남근, "회생계획안의 인가", 저스티스 제131호, 2012, 5면 이하.

105) 참고로 정부가 2012. 9. 4. 제19대 국회에 제출한 채무자회생법 개정안은 회생절차에 관하여 절대우선의 원칙을 도입하는 내용을 담고 있었으나, 국회에서의 논의과정에서 정부가 이를 철회하였다. 제19대국회 제323회 법제사법소위제1차(2014년4월17일) 회의록, 31면 참조(대한민국 국회 의안정보시스템, http://likms.assembly.go.kr/bill/billDetail.do?billId=ARC_N1D2H0X9C0L4E1H6F5C9L1N6U3R8V7. 최종 방문 2018. 2. 11.).

정하고 다른 담보권자나 회생채권자에 대하여는 이를 인정하지 않는 것이 되어, 도산법의 체계를 흐트러뜨리는 것이 된다.

이를 다음과 같이 표현할 수도 있다. 현재 담보신탁이 이처럼 널리 활용되게 된 것은, 채무자회생법이 담보권에 대하여 절대우선원칙을 인정하지 않고 있기 때문에 거래에서 사실상 절대우선원칙이 인정되는 결과를 얻기 위하여 담보신탁을 이용하는 것이라고 할 수도 있다. 그러나 그렇다고 하여 법원이 이를 인정해야 하는 것은 아니다. 당사자의 계약에 의하여 채무자회생법의 기본 원칙이 깨뜨려지는 것을 법원이 방관하고 있어서는 안 된다.

설령 당사자의 약정에 의하여 위와 같은 절대우선의 효력이 인정되는 담보권을 설정하는 것이 인정된다고 하더라도, 채무자에 대하여 회생절차가 개시되면 그러한 담보권의 실행은 회생절차 내에서 이루어져야 한다. 그런데 현재의 판례대로라면 담보신탁의 실행은 회생절차와 전혀 무관하게 이루어지게 된다. 이는 말하자면 파산절차에서만 인정되는 담보권자의 별제권을 판례가 회생절차에서도 인정하는 셈이 되어, 도산법의 기본 체계에 어긋난다.

4. 판례변경이 가능할 것인가?

그런데 현실적으로 우리나라에서 담보신탁이 많이 이용되는 이유가 이처럼 판례가 담보신탁의 도산절연성을 인정하기 때문이라고 한다면, 이를 전제로 하여 담보신탁의 거래가 이루어지고 있는 현 상황에서 판례가 종래의 태도를 바꾸어 도산절연성을 부정할 수 있을 것인가 하는 의문이 제기될 수 있다.[106)]

---

106) 좌담회(주 98), 21면(김용호 발언)은, 2001년도에 담보신탁의 도산절연에 대한 판례가 나온 후에는 그 판결에 의존해서 더 많은 거래를 했으므로, 거래의 신뢰 측면에서 대법원에서 그 결정을 바꿀 수 있을까 하는 회의가 있다고 한다. 담보신탁의 도산절연에 대하여 의문을 제기하는 함대영(주 15), 78면도, 담보신탁의 도산절연을 인정하는 기존의 입장을 대법원이 변경할 경우 특히 신탁시장에서 큰

실제로 기존의 판례가 이론상 문제가 있다고 하여 바로 판례가 변경되어야 한다고 말할 수는 없다. 판례를 변경할 경우 그로 인한 편익뿐만 아니라 사회적 비용도 발생한다. 판례변경에 따른 편익이 그로 인한 비용보다 크다면 판례변경은 사회적으로 효율적인 것이라고 평가할 수 있겠지만, 그 반대로 판례변경 자체의 취지가 매우 정당한 것이라 하더라도 그로 인해 많은 비용이 발생하는 경우라면, 종래의 판례법리에 문제가 있다고 해도 판례변경이 반드시 사회적으로 바람직한 결과를 가져온다고 단정할 수는 없다.[107] 대법원 2013. 2. 21. 선고 2010도10500 전원합의체 판결에서 이상훈, 김용덕 대법관의 별개의견은, 축적된 판례의 견해를 바꾸기 위해서는 그와 같은 견해가 시대와 상황의 변화에 따라 정의관념에 크게 어긋나게 되었거나 해당 법률 규정의 취지를 현저히 벗어나게 되는 등 이를 바꾸는 것이 그대로 유지하는 것에 비하여 훨씬 우월한 가치를 가짐으로써 그로 인하여 법적 안정성이 희생되는 것이 정당화될 정도의 사정이 있어야 하고, 단순히 새로운 법적 견해가 다소 낫다거나 보다 합리적으로 보인다는 이유만으로 축적된 판례의 견해를 바꾸는 것은 능사가 아니라고 하였다.[108]

확실히 대법원이 담보신탁의 위탁자는 회생담보권자가 아니라고 하다가 이를 바꾼다면, 종래의 판례를 신뢰하여 담보신탁계약을 체결하고 거래를 하였던 채권자들에게는 혼란을 가져올 수 있다.

혼란을 야기할 우려가 있으므로, 이 문제는 단순히 이론적으로만 접근할 수는 없고, 법정책적인 측면도 동시에 고려하여야 한다는 점에서, 신중한 접근이 필요하다고 서술한다.

107) 고학수·최준규, "법경제학적 관점에서 본 판례의 변경", 민사판례연구 제36권, 박영사, 2014, 1019-1020면.

108) 또한 대법원 2013. 5. 16. 선고 2012도14788, 2012전도252 전원합의체 판결에서의 이상훈, 김용덕 대법관의 반대의견도 참조. 이 점에 관한 외국에서의 논의에 대하여는 주석민법 총칙 (1), 제4판, 사법행정학회, 2010, 124-125면(윤진수 집필부분) 참조.

가령 채권자가 담보신탁에는 도산절연이 인정될 것으로 믿고 담보신탁의 수익자가 되어 채무자에게 낮은 이율로 금전을 대여하여 주었는데, 대법원이 종전의 판례를 변경하여 도산절연을 부정한다면 채권자에게 예상하기 어려웠던 불이익을 주는 것이 된다. 그러나 다른 한편 종전의 판례를 그대로 유지하는 것은 도산에 빠진 채무자의 회생을 어렵게 하는 것이 된다. 양자를 비교한다면, 판례 변경이 있기까지 종전의 판례를 신뢰하고 거래를 한 제한된 숫자의 채권자의 보호보다는 현재뿐만 아니라 장래에도 도산절연을 인정하지 않음으로써 채무자의 회생을 용이하게 한다는 이익이 훨씬 크다고 보인다. 또한 현실적으로 담보신탁이 위탁자의 도산으로부터의 절연이라는 점만을 염두에 두어 행하여지고 있는지도 확실하지 않다.[109]

이 문제에 관하여는 마찬가지로 도산법상의 담보에 관한 영국 귀족원의 National Westminster Bank v. Spectrum Plus Ltd. 판결[110]을 참고할 필요가 있다. 이 사건에서는 채권자가 채무자에게 대출을 하면서 채무자의 은행계좌에 대해 담보권을 취득하였다. 담보약정서에는 "특정된 담보(specific charge)"라는 표현을 사용하였지만, 실제로 채무자가 계좌로부터 자유롭게 인출하는 것이 허용되었다. 채무자가 도산절차에 들어가자, 조세채권자와 채권자 사이에 위 은행계좌에 대하여 조세채권자가 조세채권의 우선권을 주장할 수 있는가가 문제되었다. 영국의 도산법(Insolvency Act)은 도산절차에서 조세채권과 같은 우선채권은 부동담보권(floating charge)에 대하여는 우선권을 가지지만 확정담보권(fixed charge)에 대하여는 우선하지 못하는 것으로 규정하고 있다.[111] 그러므로 채권자의 담보

109) 이혜원(주 16), 135-136면 참조.

110) [2005] UKHL 41. 이 판결에 대한 국내의 소개로는 제철웅, "영국의 선례 변경", 민사판례연구 제36권(주 107), 1217면 이하가 있다.

111) 영국의 부동담보권에 대하여는 한기정, "英國의 浮動抵當權에 관한 硏究", 비교사법 제10권 4호, 2003, 2003, 119면 이하 참조. 위 논문은 floating charge를 부

권이 부동담보권인지 아니면 확정담보권인지가 문제되었다. 그때까지 영국에서는 항소법원(Court of Appeal)의 판례[112)]는 위와 같은 은행계좌에 대한 담보를 확정담보권으로 보고 있었으므로 거래계에서도 이를 확정담보권으로 이해하고 있었다.[113)]

그러나 귀족원(House of Lords)은 위와 같은 항소법원의 판례를 변경하여 이를 부동담보권으로 보았고, 이 자체에 대하여는 귀족원의 대법관들 사이에 별다른 이견이 없었다. 귀족원에서 대법관들 사이에 의견이 갈라진 것은 이른바 장래적 판례변경(prospective overruling)을 인정할 수 있는가 하는 점이었다. 장래적 판례변경이란, 판례변경이 있을 때까지 일어난 사건에 대하여는 변경되기 전의 판례를 적용하고, 판례변경이 있은 후의 사건에 대하여만 변경된 판례를 적용한다는 것을 말한다.[114)] 이에 관하여 7인의 대법관 중 5인은 장래적 판례변경을 인정할 수 있다고 하였지만, 2인은 그러한 변경은 인정할 수 없다고 하였다. 그러나 이 사건에서는 5인의 대법관도 장래적 판례변경이 허용되는 것은 아니라고 하여, 결국 장래적 판례변경은 이루어지지 않았다. 이러한 영국의 판례는 우리나라에서의 담보신탁에 관한 판례변경 여부에 관하여도 참고가 될 수 있을 것이다.

다른 한편 이 문제에 대하여는 입법에 맡겨야 한다는 의견도

동저당권이라고 번역하였다.

112) Siebe Gorman & Co Ltd v Barclays Bank Ltd [1979] 2 Lloyd's Rep 142 등.

113) 이 사건에서 문제된 금액은 16,136 파운드 정도로 많은 금액은 아니었으나, 이 사건은 테스트 케이스였고, 당시 수백 건의 청산 사건이 이 문제의 해결을 기다렸다고 한다. Westminster Bank v. Spectrum Plus Ltd., para. 76.

114) 장래적 판례변경에 대하여는 윤진수(주 108), 125면 이하; 이동진, "판례변경의 소급효", 민사판례연구 제36권(주 107), 1083면 이하; Jinsu Yune, "The Decision of the Korean Supreme Court on the Contingent Fee Agreement in Criminal Cases: General Clauses, Judicial Activism, and Prospective Overruling", 16 Journal of Korean Law, 163, 187 ff.(2016) 참조.

존재한다.[115] 그러나 현실적으로는 신탁업을 영위하는 금융기관이나 신탁회사와 같은 이익집단의 반발 때문에 그러한 입법이 가능할지 의문이다. 오히려 대법원에 의한 판례변경이 더 쉬울 수 있다.

Ⅵ. 결 론

현재의 판례와 같이 담보신탁의 수익자를 회생담보권자로부터 제외하여, 수익자가 회생절차와는 관계없이 담보신탁의 목적물로부터 독점적으로 이익을 얻을 수 있게 하는 것은, 유사한 지위에 있는 채권자들은 공평한 취급을 받아야 한다는 도산법의 목표에 어긋나는 것으로서, 도산법의 기본적인 체계에 어긋난다. 뿐만 아니라 이것이 신탁법의 원리에 의하여 뒷받침될 수 있는 것도 아니다. 현실적으로 이러한 판례는 채무자의 회생의 기회를 박탈하는 결과를 가져오게 된다.

현재의 채무자회생법은 이러한 사태를 예견하지 않았기 때문에 담보신탁에 대하여 따로 규율하고 있지는 않다. 이 점에서 입법자의 "계획에 어긋난 불완전"이 존재하며, 이러한 흠결은 유추에 의하여 보충되어야 한다.[116] 다른 말로 한다면, 담보신탁의 도산절연을 인정하는 현재의 판례는 도산법의 체계와 정합적이지 못하고, 이러한 부정합성은 담보신탁의 수익자를 회생담보권자로 인정하는 유추에 의하여 해소되어야 한다.[117] 드워킨(Dworkin)의 표현을 빌

115) 이혜원(주 16), 136-137면 참조.

116) 유추가 요구되는 법률의 흠결(Gesetzeslücke)은 일반적으로 입법자의 의도나 계획에 따르면 규율되었어야 함에도 불구하고 규율이 존재하지 않는 이른바 계획에 어긋난 불완전(planwidrige Unvollständigkeit)을 의미한다. 윤진수(주 108), 103면 참조.

117) 유추와 정합성(coherence)의 관계에 대하여는 강일신, "정합적 법해석의 의미와

린다면 이러한 유추는 법의 통일성(integrity)을 회복시키는 방법이 될 것이다.[118)]

사실 담보신탁에 관하여 전면적으로 도산절연을 인정하는 2001년의 판결이 나왔을 때에는 다른 나라에서 담보신탁이 적극적으로 운용되는 예도 거의 없었고, 국내외를 막론하고 이 문제에 대한 별다른 논의를 찾아볼 수 없었다. 이러한 상황에서 대법원은 신탁법의 기본적인 이론에만 입각하여 결론을 내렸다. 그리고 이후에도 대법원은 특별한 문제의식 없이 종전의 판례를 답습하고 있다. 그러나 지금은 이 판례의 문제점이 충분히 드러난 만큼, 하루라도 빨리 판례의 변경이 있어야 할 것이다.

〈追記〉

1. 대법원 2018. 10. 18. 선고 2016다220143 전원합의체 판결은, 체육시설업자가 담보 목적으로 체육필수시설을 신탁법에 따라 담보신탁을 하였다가 채무를 갚지 못하여 체육필수시설이 공개경쟁입찰방식에 의한 매각절차에 따라 처분되거나 공매절차에서 정해진 공매조건에 따라 수의계약으로 처분되는 경우에도 체육시설법 제27조에 따라 회원에 대한 권리 · 의무가 승계된다고 하였다. 위 판결의 다수의견은, 담보신탁을 근거로 한 공매절차에서 도산격리 효과를 일부 제한하여 체육필수시설의 인수인에 대해 입회금

한계", 법철학연구 제17권 1호, 2014, 230면; 권영준, "위약벌과 손해배상액 예정", 저스티스 제155호, 2016, 217면 참조. 권영준 교수는 손해배상 예정액의 직권감액을 허용하는 민법 제398조 제2항을 위약벌에 유추적용하는 것이 법의 정합성을 증진시킨다고 주장한다.

118) 드워킨의 통일성 개념에 대하여는 로널드 드워킨 지음, 장영민 옮김, 법의 제국, 아카넷, 2004; 김도균, "우리 대법원 법해석론의 전환: 로널드 드워킨의 눈으로 읽기 — 법의 통일성(Law's Integrity)을 향하여 —", 법철학연구 제13권 1호, 2010, 95면 이하 등 참조. 장영민 교수는 integrity를 통합성이라고 옮겼다.

반환채무를 포함한 권리 · 의무의 승계를 인정하는 것이 이익형량의 관점에서도 타당하다고 하였다. 반면 반대의견은 담보신탁의 특성 등을 고려하면, 다수의견은 신탁재산의 매매를 통해 체육필수시설을 취득한 제3자에게 신탁재산과 절연된 위탁자의 부담을 곧바로 전가해 버리는 결과를 낳으므로 부당하다고 하였다.

2. 이 글의 공간 후에 발표된 정소민, "담보신탁의 법리에 관한 비판적 고찰", 선진상사법률연구, 제85호, 2019, 104면 이하도 담보신탁에 대하여 도산절연을 인정하여서는 안 된다고 주장한다.
3. 판례의 변경에 관하여는 이 글을 공간한 후 필자가 다른 곳에서 별도로 다루었다. 윤진수, "판례의 무게 —판례의 변경은 얼마나 어려워야 하는가?—", 법철학연구 제21권 3호, 2018, 131면 이하.

▨ 참 고 문 헌

1. 국내문헌

제19대국회 제323회 법제사법소위제1차(2014년4월17일) 회의록.

가정준, "신탁인 듯 신탁 아닌 '부동산담보신탁'", 전남대학교 법학논총 제36권 1호, 2016.

강일신, "정합적 법해석의 의미와 한계", 법철학연구 제17권 1호, 2014.

고일광, "부동산신탁에 관한 회생절차상 취급 — 부동산담보신탁의 경우를 중심으로 —", 사법 9호, 2009.

고학수 · 최준규, "법경제학적 관점에서 본 판례의 변경", 민사판례연구 제36권, 박영사, 2014.

광장신탁법연구회, 주석 신탁법, 박영사, 2013.

권영준, "유럽사법(私法)통합의 현황과 시사점", 비교사법 제18권 1호, 2012.

권영준, "위약벌과 손해배상액 예정", 저스티스 제155호, 2016.

금융감독원, "2017.3분기 신탁관련 통계", 금융감독원 홈페이지.

김경욱, "회생절차에 있어서 청산가치보장의 원칙", 경영법률 제26권 4호, 2016.

김도균, "우리 대법원 법해석론의 전환: 로널드 드워킨의 눈으로 읽기 — 법의 통일성(Law's Integrity)을 향하여 —", 법철학연구 제13권 1호, 2010.

金相容, "不動産擔保信託制度開發의 必要性과 法的 問題點 檢討", 經營法律 제5집, 1992.

金尙遵, "신탁자에 대한 회사정리절차가 개시된 경우 토지신탁회사가 신탁자를 위하여 기존에 제공한 물상담보의 효력", 대법원판례해설 제44호, 2004.

김성용, "회생절차 관련 도산법 개정 동향", 비교사법 제16권 4호, 2009.

김영주, "계약상 도산해제조항의 효력", 선진상사법률 제64호, 2013.

김영주, "도산절차상 양도담보계약 당사자의 법적 지위", 사법 33호, 2015.

김영주, "미이행 쌍무계약에 대한 민법과 채무자회생법의 규율", 민사법학 제70호, 2015.

김장훈·홍정호, "골프장 회생절차의 실무상 쟁점", BFL 제81호, 2017.

김재형, "倒産節次에서 擔保權者의 地位", 인권과 정의 2006. 4.

김춘수, "도산절차에서의 신탁부동산의 취급", 고영한·강영호 편, 도산관계소송, 한국사법행정학회, 2009.

金炯斗, "不動産을 目的物로 하는 信託의 法律關係", 民事判例硏究 제30권, 박영사, 2008.

나 청, "회원제 골프장 회생절차의 실무상 쟁점에 관한 소고," 사법 36호, 2016.

남동희, "부동산신탁의 위탁자에 대한 회생절차의 실무상 쟁점", 사법 15호, 2011.

로널드 드워킨 지음, 장영민 옮김, 법의 제국, 아카넷, 2004.

朴正基, "캐나다 퀘벡민법전의 역사와 성격", 국제지역연구 제11권 2호, 2007.

서울中央地方法院 破産部 實務硏究會, 回生事件實務 (上), 제4판, 박영사, 2014.

신영수·윤소연, "부동산신탁의 쟁점", BFL 제62호, 2013.

심인숙, "프랑스 제정법상 '신탁' 개념 도입에 관한 소고", 중앙법학 제13집 4호, 2011.

안성포, "신탁재산의 권리주체성에 관한 소고", 전북대학교 법학연구 제39집, 2013.

양진섭, "부동산담보신탁에 관한 소고", BFL 제52호, 2012.

양형우, "회생절차에서 소유권유보와 매도인의 지위", 인권과 정의 제447호, 2015.

오수근, 한민, 김성용, 정영진, 도산법, 한국사법행정학회, 2012.

吳泳俊, “信託財産의 獨立性”, 民事判例硏究 제30권, 박영사, 2008.

禹成萬, “會社整理法上 擔保權者의 地位”, 裁判資料 제86집 會社整理法·和議法上의 諸問題, 법원도서관, 2000.

윤남근, “회생계획안의 인가”, 저스티스 제131호, 2012. 2.

이계정, “담보신탁과 분양보증신탁에 관한 연구”, 사법 41호, 2017.

이계정, 신탁의 기본 법리에 관한 연구, 박영사, 2017.

이동진, “물권법의 법경제학”, 김일중·김두얼 편, 법경제학 이론과 응용[Ⅱ], 도서출판 해남, 2013.

이동진, “판례변경의 소급효”, 민사판례연구 제36권, 박영사, 2014.

李珣徹, “美國 Mortgage의 法的 構造에 관한 硏究”, 牧園大學 論文集 제10집, 1986.

이은재, “신탁과 도산”, 기업법연구 제30권 3호, 2016.

李政宣, “擔保信託의 特徵과 法的 爭點에 관한 硏究”, 고려대학교 법학박사학위 논문, 2017.

李柱玄, “신탁법상의 신탁계약을 체결하면서 담보 목적으로 채권자를 수익권자로 지정한 경우 그 수익권이 정리계획에 의하여 소멸되는 정리담보권인지 여부”, 대법원판례해설 제42호, 2003.

이중기, 신탁법, 삼우사, 2007.

이중기, “담보신탁과 담보권신탁”, 증권법연구 제14권 2호, 2013.

이지은, “프랑스법상 도산절차의 우선특권”, 선진상사법률 제53호, 2011.

이혜원, “담보신탁의 도산절연성에 관한 연구”, 서울대학교 법학석사학위 논문, 2014.

林彩雄, “擔保信託의 硏究”, 人權과 正義 2008. 2.

정소민, “도산법상 소유권유보부 매매의 매도인의 지위”, 민사판례연구 제37권, 2015.

정태윤, “프랑스 신탁법”, 비교사법 제19권 3호, 2012.

제철웅, “영국의 선례 변경”, 민사판례연구 제36권, 박영사, 2014.

좌담회, “자산유동화 10년의 회고와 전망”, BFL 제31호, 2008.

주석민법 총칙 (1), 제4판, 사법행정학회, 2010.

崔秀貞, "담보를 위한 신탁", 法曹 2013. 8.

최수정, 신탁법, 박영사, 2016.

최수정, "부동산담보신탁상 우선수익권의 성질과 우선수익권질권의 효력", 인권과 정의, 2017. 12.

한기정, "英國의 浮動抵當權에 관한 硏究", 비교사법 제10권 4호, 2003.

한민, "시스템적으로 중요한 금융기관(SIFI)에 대한 국제적 정리체계", 이화여대 법학논집 제19권 1호, 2014.

한민, "신탁제도 개혁과 자산유동화", 정순섭·노혁준 편저 신탁법의 쟁점(제2권), 小花, 2015.

한민·박종현, "신탁과 도산법 문제", BFL 제17호, 2006.

함대영, "신탁형 자산유동화에서의 진정양도 판단", BFL 제44호, 2010.

2. 외국문헌

道垣內弘人, "擔保としての信託", 金融法務事情 제1811호, 2007.

鈴木秀昭, "信託の倒産隔離機能", 信託法硏究 제28호, 2003.

小梁吉章, フランス 信託法, 信山社, 2011.

American Law Institute, Restatement (Third) of Trusts (2003).

Christian von Bar and Eric Clive ed., Principles, Definitions and Model Rules of European Private Law, Draft common Frame of Reference(DCFR), Full Edition, Vol. 6, Sellier, 2009.

Charles J. Jakobs, Real Estate Principles, 9th ed., Thomson/South-Western, 2003.

A. M Kidd, "Trust Deeds and Mortgages in California", 3 California Law Review, 381 ff. (1915).

Clifton B. Kruse, Jr., "Revocable Trusts: Creditors' Rights After Settlor-Debtor's Death", 7 Probate & Property 7-DEC Prob. & Prop. 40 ff. (1993).

Seong-hee Lee, "Installment Land Contracts in Purchaser Bankruptcy", 29 Emory Bankruptcy Developments Journal, 425 ff. (2013).

Juliet M. Moringiello, "A Mortgage by any other Name: A Plea for the Uniform Treatment of Installment Land Contracts and Mortgages under the Bankruptcy Code", 100 Dickinson Law Review 733 ff. (1996).

Grant S. Nelson, "The Contract for Deed as a Mortgage: The Case for the Restatement Approach", Brigham Young University Law Review 1111 ff. (1998).

Grant S. Nelson and Dale A. Whitman, Real Estate Finance Law, 4th ed., West Group, 2001.

Charles J. Jakobs, Real Estate Principles, 9th ed., Thomson/South-Western, 2003.

Steven L. Schwarcz, "Commercial Trusts as Business Organizations: Unraveling the Mystery", 58 Business Lawyer 559 ff. (2003).

Steven L. Schwarcz, "Collapsing Corporate Structures: Resolving the Tension Between Form and Substance", 60 The Business Lawyer 109 ff. (2004).

Uniform Laws Annotated, Uniform Trust Code (2000) (Refs & Annos).

Paul Wallace, "Simplifying the Muddled Doctrine of Debt Recharacterization", 86 Mississippi Law Journal 183 ff. (2017).

Dale A. Whitman and Drew Milner, "Foreclosing on Nothing: The Curious Problem of the Deed of Trust Foreclosure without Entitlement to Enforce the Note", 66 Arkasans Law Review 21 ff. (2013).

Joseph William Singer, Introduction to Property, Aspen Law and Business, 2001.

Jinsu Yune, "The Decision of the Korean Supreme Court on the Contingent Fee Agreement in Criminal Cases: General Clauses, Judicial Activism, and Prospective Overruling", 16 Journal of Korean

Law, 163 ff. (2016).

Michel Grimaldi et Reinhard Dammann, "La fiducie sur ordonnances", Recueil Dalloz 2009, p. 670 ff.

Francis Lefebvre, La fiducie, mode d'emploi, 2e éd., Edition Francis Lefebvre, 2009.

Dennis Azara, "Die neue BGH-Rechtsprechung zur Abtretung von Gesellschafterdarlehensforderungen und ihre praktischen Auswirkungen", DStR 2013.

Keller, Insolvenzrecht, Vahlen, 2006.

제 3 장
부당이득반환청구권의 도산절차상 지위*

이 동 진**

Ⅰ. 서 론

법률상 원인 없이 다른 사람의 손실로 이득을 얻은 사람은 그 이득을 반환하여야 한다(민법 제741조). 이를 부당이득이라고 한다. 주로 법적 원인 없이 급여(給與)를 하였거나 다른 사람에게 할당된 이익을 침해한 경우에 인정된다.

그런데 그중 많은 경우 물권적 청구권(가령 민법 제213조)의 요건도 충족된다. 다수의 학설은 두 청구권이 경합하거나 물권적 청구권이 우선한다면서, 물권적 청구권이 있어야 도산절차에서 반환청구가 보장된다는 점을 그 근거로 내세운다.[1] 이는 회생·파산재단에 대한 청구권은 물권적 청구권인지 채권적 청구권인지에 따라

* 이 논문은 2018. 10. 15. 대법원에서 열린 제401회 민사실무연구회에서 발표된 글을 수정한 것으로, 이후 법조 통권 제732호(2018. 12)에 게재되었다. 민사실무연구회에서 토론자로서 유익한 논평을 해준 김상윤, 양진수 두 분 재판연구관을 비롯한 참석자들과 이 논문의 초고에 대하여 유익한 논평을 해주신 익명의 심사위원들에게 감사드린다. 논문의 개선에 도움이 되었다.

** 서울대학교 법학전문대학원 교수.

1) 가령 정태윤, "점유의 부당이득", 민사법학 제38호(2007), 624면; Reuter/Martinek, Ungerechtigter Bereicherung, 1983, S. 669.

그 지위가 크게 달라지는데, 부당이득반환청구권은 그중 우선적 지위가 없는 채권적 청구권에 속함을 전제한다. 또한 물권적 청구권이 인정되는 경우에는 그러한 우선적 지위는 가급적 존중되어야 하고 경합 등으로 배제되어서는 안 된다는 암묵적 판단도 보여준다.

그런데 일견 자명해 보이는 이러한 결과는 또 다른 많은 경우 부당이득반환청구권이 '잃어버린 물권적 청구권'에 갈음하여, 즉 그 계속(Rechtsfortwirkung)으로 인정된다는 점에서 의문을 불러일으킨다.[2] 물권적 청구권이 부당이득반환청구권으로 대체 또는 계속되는 경우 권리자의 지위는 환취권으로 100% 실현할 수 있는 지위에서, 경우에 따라서는 변제율이 5%에도 미치지 못하는, 회생·파산채권으로 급전직하(急轉直下)한다. '계속' 내지 '대체'에도 불구하고 청구권의 성질이 바뀌었다 하여 이러한 차이가 생기는 것을 어떻게 정당화할 수 있는가?

이 글은 이러한 의문에서 출발한다. 이를 해결하기 위하여 그다지 논의되지 아니하였던 채무자 회생 및 파산에 관한 법률(이하 '회생파산법'이라 한다)상[3] 부당이득반환청구권의 지위에 관한 판례·통설을 재구성한 다음, 다른 나라의 경우와 비교하여 본다. 그리고 민법과 도산법의 원칙에 비추어 어떠한 해결이 타당한지, 그러한 해결에 이르기 위한 입법론 및 해석론적 대안(代案)으로는 어떠한 것이 있는지 검토한다.

---

2) 양창수, 일반부당이득법의 연구 (서울대학교 법학박사학위논문), 1987, 160면.
3) 법제처에서 정한 공식약칭은 '채무자회생법'이지만, 이 법의 규율 내용에 비추어 볼 때 약칭에 회생만 나오고 파산이 나오지 않는 것은 부적절하므로 본문과 같이 별도의 약칭을 사용하기로 한다.

Ⅱ. 판례·통설

1. 침해 및 비용부당이득

(1) 물권적 청구권

회생·파산절차의 효력은 '채무자에게 속한' 재산에 한하여 미침이 원칙이다. 채무자나 (회생)관리인·파산관재인이 채무자에게 속하지 아니한 재산을 점유하는 등 그러한 재산이 회생·파산재단에 속하는 듯한 외관을 띠거나, 나아가 회생·파산재단을 위하여 부당하게 금전화될 위험이 있는 경우, 본래의 권리자로서 이를 배제할 수 있어야 함은 당연하다.

회생파산법 제70조, 제407조는 '회생절차개시/파산선고는 채무자에게 속하지 아니하는 재산을 채무자로부터 환취하는 권리에 영향을 미치지 아니한다.'고 규정하여 이러한 경우 권리자가 반환청구권을 회생·파산절차와 관계없이 행사할 수 있음을 분명히 한다. 이러한 반환청구권에 물권적 반환청구권(vindicatio, 민법 제213조)과 그에 준하는 권리, 즉 권리의 절대적 귀속에 터 잡은 청구권이 포함된다는 데는 이론(異論)이 없다.[4]

(2) 무권리자의 처분행위와 침해부당이득

환취의 대상인 목적물을 채무자나 (회생)관리인·파산관재인이 어떠한 사정으로 유효하게 처분하였다면 본래의 권리자는 물권적 청구권을 잃고 그 대신 처분대가(處分代價) 상당의 부당이득반환청구권을 취득한다.[5] 이때 부당이득반환청구권은 채권적 청구권이다.

---

4) 김주학, 기업도산법 제2판, 2012, 312-313면; 노영보, 도산법 강의, 2018, 138면 이하, 275-276면; 전병서, 도산법 제3판, 2016, 281-282면.

5) 가령 대법원 1992. 9. 8. 선고 92다15550 판결. 독일민법 제816조 제1문은 이를 명문으로 정한다. 상세한 논의는 곽윤직 편집대표 민법주해[XVII], 2005, 249면 이

그러나 회생파산법 제73조, 제410조는 대체적 환취권이라는 표제하에[6] '① 채무자가 회생절차개시/파산선고 전에 환취권의 목적인 재산을 양도한 때에는 환취권자는 반대급부의 이행청구권의 이전을 청구할 수 있다. 관리인/파산관재인이 환취권의 목적인 재산을 양도한 때에도 또한 같다. ② 제1항의 경우 관리인/파산관재인이 반대급부의 이행을 받은 때에는 환취권자는 관리인/파산관재인이 반대급부로 받은 재산의 반환을 청구할 수 있다.'고 정한다. 채무자나 (회생)관리인·파산관재인이 아직 처분대가를 수령하지 아니하였거나, 회생·파산절차개시 후 수령하였고 그 재산이 재단 내에 현존(現存)하는 경우, 그 재산에 대한 침해부당이득반환청구권은 회생·파산절차의 영향을 받지 아니한 채 우선하여 행사할 수 있는 것이다. 도산법적 대위(insolvenzrechtliche Surrogation)의 한 예이다.

다만 금전 등 특정성 없는 재산에는 대체적 환취권이 미치지 아니한다. 금전 등을 절차개시 후 수령하였다면 절차개시 후 생긴 부당이득반환청구권이므로 공익·재단채권이 될 수 있다(회생파산법 제179조 제1항 제6호, 제473조 제5호). 그러나 채무자가 금전 등을 절차개시 전에 이미 수령하였다면 그로 인한 침해부당이득반환청구권은 단순한 회생·파산채권에 그친다.[7]

(3) 타인 권리의 무단이용, 첨부, 기타 비용지출과 침해 및 비용부당이득

타인의 소유권, 지식재산권 등을 무단이용하여 침해부당이득반환의무를 지거나, 첨부로 소유권을 상실한 사람에 대하여 소유권을 취득한 사람이 침해 또는 비용부당이득반환의무를 지거나(민법

하(양창수 집필부분).

6) 같은 내용의 구 회사정리법 제66조의 표제는 '배상적(賠償的) 환취권', 파산법 제83조의 표제는 '대상적(代償的) 환취권'이었다.

7) 김주학(주 4), 319-320면; 노영보(주 4), 280면; 전병서(주 4), 295면.

제261조), 기타 비용상환을 구할 수 있는 경우 부당이득반환청구권은 채권적 청구권으로, 그 원인이 절차개시 전에 발생한 이상, 회생·파산채권이 된다.

다만 부당이득반환청구권자가 마침 목적물을 점유하고 있어 그에 대하여 유치권(민법 제320조)을 가지고 있는 경우 그는 회생담보권·별제권(別除權)자로서(회생파산법 제141조 제1항, 제411조) 회생·파산채권자보다 우선하여 변제받을 수 있다. 집행절차상 유치권자의 사실상 우선변제권이[8] 파산 및 특히 회생절차에서는 법적 우선변제권으로 고양되는 셈이다.

2. 급여부당이득

(1) 일방급여

이제 급여부당이득의 경우를 본다.

먼저, 소유권 기타 권리를 이전하기 위한 행위를 하였는데, 그 원인행위가 불성립, 무효 또는 취소, 해제된 경우, 이른바 물권행위의 유인성(有因性)을 인정하고 해제의 효과에 관하여 직접효과설을 취하는 판례·다수설에[9] 따르면 권리이전 자체가 이루어지지 아니하고 급여자는 환취권을 행사할 수 있다. 어떠한 사정으로 환취권을 더는 행사할 수 없게 된 경우의 규율은 위 1. (2), (3)과 같다. 다만 민법 제107조, 제108조, 제109조 각 제2항, 제110조 제3항과 같이 선의의 제3자 보호규정이 있거나 제548조 제1항 단서처럼 일반적 제3자 보호규정이 있는 경우에는 다를 수 있다. 판례는 파산관재인이 민법 제108조 제2항의 제3자에 해당하고 회생·파산채권자 중 1인이라도 선의면 위 규정의 의미에서 선의라고 보아야 하

---

8) 이동진, "「물권적 유치권」의 정당성과 그 한계", 민사법학 제49-1호(2010), 53-54면.

9) 대법원 1977. 5. 24. 선고 75다1394 판결 등. 또한 곽윤직·김재형, 물권법 제8판, 2014, 66-67면.

며,[10] 이는 제110조 제3항[11] 및 이사회 결의 없는 보증채무의 부담에 관하여도[12] 그러하다고 한다. 이 논리를 연장하면 채무자에게 권리를 이전하는 행위를 하였는데 이후 회생·파산절차가 개시되고 제3자 보호규정이 적용되는 경우 (회생)관리인·파산관재인이 그 급여 목적물을 금전화하지 아니하여 재단 내에 그 원물이 현존할 때에도 환취권이 부정된다는 결론에 이를 수 있다. 실제 학설도 그렇게 보고 있다.[13] 학설은 그 결과 부당이득반환청구권을 어떻게 다루어야 하는지에 대하여 직접 설명하지는 아니하나, 아마도 회생·파산채권이 된다는 취지일 것이다. 제3자 보호규정은, 본래는 제3취득자 보호를 위하여, 물권적 청산을 채권적 청산으로 바꾼다. 그런데 (회생)관리인·파산관재인도 이 규정의 의미에서 제3자라고 본다면, 회생·파산절차에서는 무인(無因)적 구성을 채택한 것처럼 부당이득반환청구권을 회생·파산채권으로 만드는 효과가 생기는 것이다.

다음, 급여의 대상이 금전이나 이른바 장부(帳簿)금전(Buchgeld), 가령 계좌이체에 의한 지급인 경우는 어떠한가. 통설은 금전은—물건으로 거래되는 경우 이외에는—'점유가 곧 소유'라고 본다. 따라서 그 교부원인에 흠이 있다 하더라도 회생·파산채권인 부당이득반환청구권이 인정될 뿐이다.[14] 장부금전도 같다. 판례는 착오로

10) 대법원 2003. 6. 24. 선고 2002다48214 판결; 2005. 7. 22. 선고 2005다4383 판결; 2006. 11. 10. 선고 2004다10299 판결. 비판으로 권영준, "통정허위표시로 인한 법률관계에 있어서 파산관재인의 제3자성", 법조 통권 제608호(2007), 44면 이하; 윤진수, "차명대출을 둘러싼 법률문제", 민사재판의 제문제 제15권, 2006 = 민법논고 II, 2008, 37면 이하.

11) 대법원 2010. 4. 29. 선고 2009다96083 판결. 차명대출에서 허위표시와 사기 주장을 한 사안이다.

12) 대법원 2014. 8. 20. 선고 2014다206563 판결.

13) 김주학(주 4), 203-205면; 노영보(주 4), 276면.

14) 곽윤직·김재형(주 9), 162면; 김증한·김학동, 물권법 제9판, 1997, 131면.

엉뚱한 사람의 계좌에 돈을 이체한 경우 지시자는 수령자에 대하여 부당이득반환청구권을 가질 뿐이고, 수령자의 채권자가 그 계좌를 압류하였다 하더라도 이체를 지시한 사람이 제3자이의의 소(민사집행법 제48조)를 제기할 수 없다고 하는데,[15] 같은 취지로 이해된다.

(2) 쌍방급여

쌍무계약이 불성립, 무효이거나 취소, 해제되어 쌍방이 급여를 반환하여야 하는 경우는 쌍방의 급여반환이 — 불성립, 무효이거나 취소, 해제된 쌍무계약의 견련관계를 급여청산에 연장하여 — 동시이행관계에 걸리는바,[16] 회생 · 파산절차상 동시이행관계를 어떻게 다룰 것인지 문제 된다. 아직까지 판례 · 학설상 별 논의가 없는데, 다음과 같은 이유에서 회생 · 파산절차에서도 동시이행관계가 관철된다고 봄이 옳다.

회생파산법 제119조 제1항 본문, 제335조 제1항은 '쌍무계약에 관하여 채무자와 그 상대방이 모두 회생절차개시/파산선고 당시에 아직 그 이행을 완료하지 아니한 때에는 관리인/파산관재인은 계약을 해제 또는 해지하거나 채무자의 채무를 이행하고 상대방의 채무이행을 청구할 수 있다.'고 정한다. 이러한 규율에 대하여 판례 · 통설은, 계약의 효력을 그대로 승인하면 재단에 불리할 수도 있으므로 관리인/파산관재인에게 해제 · 해지권을 부여하는 한편, 해제 · 해지하지 아니하는 경우 도산절차개시로 일방의 급여청구권은 회생 · 파산채권이 되어 일부만 변제받고 타방의 반대급여청구

---

15) 대법원 2007. 11. 29. 선고 2007다51239 판결 및 그 원심판결인 서울중앙지방법원 2007. 6. 29. 선고 2007나1196 판결 참조.

16) 계약해제에 관하여는 명문의 규정이 있다. 민법 제549조, 제536조. 무효와 취소에 관하여는 대법원 1993. 5. 14. 선고 92다45025 판결(착오); 1996. 6. 14. 선고 95다54693 판결(토지거래허가제 위반); 2013. 9. 12. 선고 2010다95185 판결(부동산 실권리자명의 등기에 관한 법률 위반) 등 참조.

권은 재단에 속하여 전부 이행을 구할 수 있게 되어 불공평하므로 상대방의 채권도 재단/공익채권으로 하였다고 설명한다.17) 이러한 설명은 도산절차개시로 일응 쌍무관계에서 동시이행의 항변권이 배제됨을 전제하여야 비로소 이해될 수 있다.

그러나 이러한 견해는 일방 도산만으로 동시이행의 항변이 배제되는 근거가 무엇인지, 만일 재단에의 유·불리가 기준이라면 일방만 미이행인 쌍무계약을 제외하는 까닭이 무엇인지 설명하지 못한다. 도산법은 실체법상 법률관계를 가급적 그대로 승인하여야 한다. 그 결과 일방의 도산으로 그의 타방에 대한 채권은 재단에 속하고, 그 이전에 발생한 타방의 계약상 채권은 회생·파산채권이 되지만, 도산한 일방이 재단에 속하는 채권을 행사하면 동시이행의 항변의 대항은 여전히 피할 수 없다. 이때 (회생)관리인·파산관재인으로서는 동시이행의 항변의 복멸과 타방에 대한 채권의 행사를 모두 포기하고 회생·파산채권으로 변제하는 것을 선택할 수 있고, 회생·파산채권자인 상대방은 동시이행의 항변의 복멸을 강제할 수 없으므로 이를 막을 수 없다. 그러나 위 채권을 '금전화하는 한 방법'으로 타방에 대한 채무를 변제하고18) 자기 채권을 전부 실현하는 것 또한 (회생)관리인·파산관재인의 재단 관리처분권에 속한다. 그 결과 이행거절과 이행 중 선택할 수 있게 되는 것이다. 미국과 근래 독일의 유력설이 이렇게 이해한다.19)

---

17) 대법원 2013. 9. 26. 선고 2013다16305 판결; 2014. 9. 24. 선고 2013다204140, 204157 판결; 노영보(주 4), 211면; 전병서(주 4), 120-121면.

18) 그러므로 미이행쌍무계약에서 (회생)관리인·파산관재인이 이행을 선택한 경우 반대급여채권을 공익·재단채권으로 한 회생파산법 제179조 제1항 제7호, 제473조 제7호는 이러한 전부 이행이 가능함을 명확히 한 규정이라고 할 수 있다. Mossler, Bereicherung aus Leistung und Gegenleistung. Der nichtige gegenseitige Vertrag und die Insolvenz, 2006, S. 13.

19) Jackson, The Logic and Limits of Bankruptcy Law, 1986, pp. 105 ff. 이에 관한 독일에서의 학설대립은 Marotzke, Die gegenseitigen Verträge im neuen

물론 위 규정은 계약의 해제, 해지를 정하고 있으므로 불성립, 무효, 취소, 해제로 인한 쌍무적 반환관계에 직접 적용되지는 아니한다. 그러나 도산절차 밖에서 인정된 동시이행의 항변권은 도산절차에서도 인정되어야 한다는 위 논의의 전제는 위 규정의 적용 여부와 관계없이 쌍방의 급여반환에도 연장되어야 한다. 그러므로 일방의 반환청구권이 환취나 대체적 환취의 대상인 경우는 물론, 회생 · 파산채권에 불과한 때에도 도산한 타방의 (회생)관리인 · 파산관재인은 반대급여 전부를 이행하고 동시이행의 항변권을 복멸시켜야 재단에 속하는 반환청구권도 실현할 수 있다. 다만, 일방의 반환청구권이 회생 · 파산채권인 때에는 — 마치 그 급여 목적물이 채무자의 다른 채권자에 의하여 압류되어[20] 그 이행이 불가능한 경우와 같이[21] — 변제율을 넘는 반환은 거절하고 재단에 속하는

Insolvenzrecht, 3. Aufl., 2001, S. 10 ff., 일본에서의 학설대립은 中田裕康, "契約法から見た双方未履行双務契約 — 損害賠償を伴う解除權", 能見善久=樋口範雄=大塚直=中山信弘=沖野眞已=岡孝=本山敦 編集 野村豊弘先生古稀記念 民法の未來, 2014, 143頁 以下 각 참조. 그러나 위 설명과 절차개시 후 (회생)관리인 · 파산관재인이 미이행쌍무계약의 이행을 구한 이후의 계약관계를 그 전의 계약관계와 단절시키는 것은 별개의 문제이다. (독일연방대법원이 행한) 이러한 단절은 장래채권양도 및 상계와 관련하여 파산절차개시 전의 법률관계의 영향을 차단하기 위함으로 독자적인 도산법(정책)적 근거가 있다. 최준규, "장래채권 양도담보의 도산절차상 효력", 사법 제32호(2015), 245면 이하; 동, "장래채권을 둘러싼 도산법상 쟁점에 관한 고찰 — 상계와 부인권 문제를 중심으로", 사법 제40호(2017), 239면 이하 참조.

20) 회생 · 파산절차의 개시가 모든 채권자를 위한 채무자의 총 재산의 압류와 같은 효력을 가진다는 설명으로 대구고등법원 2002. 7. 19. 선고 2001나8807 판결; 양창수, "2003년 민사판례 관견", 민사재판의 제문제 제13권, 2004, 17-18면; 윤남근, "파산관재인: 그 법률상 지위와 권한을 중심으로", 재판자료 제82집, 1999, 192면. 그러나 이러한 설명은 다분히 비유적인 것임에 주의하여야 한다. 이러한 설명에 대한 비판으로는 윤진수(주 10), 43-44면 및 그곳에 인용되어있는 이진만의 발언 참조.

21) 특정이행(specific performance)이 예외적으로만 허용되어 상대방(채무자)이 계약을 이행하지 아니하면 이행거절(anticipatory repudiation)로 (해제 및) 손해배상청구권을 취득할 뿐인 영미법에서는 이러한 설명이 필요하지 아니하다. Jackson

반대급여반환청구권의 실현도 포기하는 것이 가능한 반면,[22] 환취나 대체적 환취의 대상인 때에는 도산절차의 영향을 받지 아니하여 위와 같은 반환거절이 허용되지 아니한다는 차이가 있다.[23]

Ⅲ. 비교법적 고찰

1. 침해 및 비용부당이득

파산(도산)절차는 어느 나라에서나 채무자에게 속하는 권리만을 대상으로 한다. 채무자에게 속하지 아니하는 권리가 채무자·관리인의 점유하에 있다면 권리자는 그 반환을 구할 수 있다.[24] 그 대상이 어떠한 사정으로 제3자에게 유효하게 처분된 경우에도 같다. 뒤의 경우 미국·영국에서는, 일정한 요건하에, 특정된(identified) 처분대가에 대하여 형평법(equity)상 의제신탁(constructive trust)으로 우선적 내지 물권적 지위(priority or proprietary interest)를 주장할 수 있고,[25] 독일, 스위스, 오스트리아, 프랑스에서도 특정된 대체물이 현

(주 19), p. 105 f. 참조.

22) (회생)관리인·파산관재인은 관리처분권이 있으므로 이 — 비유적인 의미의 — 압류를 풀고 이행을 할 수 있고, 그것이 이행선택권이다. 이때에는 미이행쌍무계약에 관한 회생파산법 제119조 제1항 본문, 제335조 제1항 등을 유추함이 옳다. Häsemeyer, “Insolvenzrechtlicher Rückabwicklungsschutz nach unbekannter Störung des Leistungsaustauchs - BGH, KTS 2002, S. 327, und BGH, KTS 2002, S. 553”, KTS 2002, 603, 608; Marotzke(주 19), S. 145 ff.

23) (회생)관리인·파산관재인은 환취권 행사에 대하여 채무자가 가지는 모든 항변으로 대항할 수 있다. 노영보(주 4), 281면. 이러한 항변에서 동시이행의 항변권이 제외되어야 한다고 볼 근거는 없다.

24) Behr, Wertverfolgung. Rechtverleichende Überlegungen zur Abgrenzung kollidierender Gläubigerinteressen, 1984, S. 197 ff.; Laycock, Modern American Remedies. Cases and Materials, Concise 4th ed, 2012, p. 562.

25) In re Marriage of Allen, 724 P.2d 651, 658 (Colo. 1986). Dobbs, Law of Remedies. Damages-Equity-Restitution, 2nd ed., Volume 1, 1993, pp. 601 ff.; Kull, “Restitution in Bankruptcy: Reclamation and Constructive Trust”, 72 Am.

존하는 한 대체적 환취권(Ersatzaussonderungsrecht, revendication du prix)으로 우선하여 반환받을 수 있다.[26]

문제는 금전 등 특정성이 없는 대체물을 수령하였고, 그것이 다른 재산과 혼화되었거나 다른 재산으로 대체되었거나 다른 재산의 가치 유치·증가에 쓰였다면 어떻게 되는가 하는 점이다. 미국과 영국에서는, 일정한 요건하에, 의제신탁의 특수한 형태로서 형평법상 우선특권(equitable lien)을 인정하여 우선변제를 허용한다.[27] 반면 독일, 오스트리아, 스위스, 프랑스에서는 여기에 적용할 대체적 환취권 기타 도산법적 대위 규정이 없고, 명문 규정 없는 일반적 물상대위의 법리는 부정되어야 한다는 점 등을 들어, 단순한 파산채권으로 만족하여야 한다는 것이 판례·통설이다.[28] 다만 이에 대하여 이러한 결과는 참을 수 없는 부정의라며 일반적 또는 제한

Bankr. L. J. 265 (1998); Goode, "Proprietary Restitutionary Claims", Restitution. Past, Present and Future. Essays in Honour of Gareth Jones, 1998, pp. 63 ff.; Tabb, Law of Bankruptcy, 4th ed., 2016, pp. 781 ff.; Finch, Corporate Insolvency Law: Perspectives and Principles, 2002, pp. 472 ff.

26) Behr(主 24), S. 344 ff.(다만, 영국법의 상태는 분명하지 아니하다고 하는데, 이 점은 지금까지도 분명하지 아니한 상태에 있는 듯하다); Spickerhoff, Aus- und Absonderung in der Insolvenz nach deutschem und französischem Recht, 2005, S. 65 ff.(다만 프랑스법상 환취에는 강력한 절차적 제한이 있다); Häsemeyer, Insolvenzrecht, 3. Aufl., 2003, 265 ff.; Jacquemont, Vabres et Mastrulla, Droit des entreprises en difficulté, 10e éd., 2017, pp. 387 ff.

27) Dobbs(主 25), pp. 601 ff.; Ferriel and Janger, Understanding Bankruptcy, 3rd ed., 2013, p. 38; Behr(主 24), S. 406 f. 판례 중에는 이러한 사안에서 의제신탁을 인정하면서 채무자의 악의를 근거 중 하나로 드는 것이 있다. In re Mesa, 232 B.R. 508 (Bankr. S.D. Fla. 1999). 그러나 Andrew Kull이 주도한 원상회복 및 부당이득법 리스테이트먼트 제3판[Restatement (Third) of Restitution and Unjust Enrichment] 제56조는 이를 요구하지 아니한다. 각 주 판례를 포함한 상세한 분석으로, Pryor, "Third Time's the Charm; The Coming Impact of the Restatement (Third) Restitution and Unjust Enrichment in Bankruptcy", 40 Pepp. L. Rev. 843, 893 f. (2013).

28) Behr(主 24), S. 405 f.

된 범위의 우선권을 부여하는 견해도 주장되고 있다.[29)]

첨부가 일어나는 경우에는 어느 나라에서나 어느 한쪽이 단일물을 단독소유하고, 다른 한쪽은 구상권을 취득하는 것이 보통이고, 공유관계가 되는 것은 예외적이다.[30)] 우리와 달리, 다수의 나라에서 소유권을 상실한 사람에게 부당이득반환청구권 대신 부착된 부분의 수거(收去)를 구하는 것도 허용하고 있는데(Wegnahmerecht), 이 권리 또한 오늘날에는 채권적 청구권으로 이해된다.[31)] 그러나 몇몇 나라에서는 제한적이나마 첨부로 소유권을 상실한 사람이 첨부로 인하여 생긴 단일물 위에 구상권을 위한 담보물권을 취득한다고 규정하거나 그러한 가능성을 부여한다. 가령 미국과 영국은 우선권을 인정하고,[32)] 프랑스법도 제한된 범위에서 건축업자 등의 우선특권을 인정하며, 스위스법도 건설수급인에게 목적물에 대하여 법정저당권을 부여하는 것이다.[33)]

2. 급여부당이득

미국, 영국, 스위스, 오스트리아, 프랑스에서는 원인행위(의무부담행위)가 유효하게 성립하지 아니한 이상 물권변동도 무효가 된다

---

29) Gerhardt, Die systematische Einordnung der Gläubigeranfechtung, 1969, S. 267 f.; Kaehler, Bereicherungsrecht und Vindikation. Allgemeine Prinzipien der Restitution, 1972, S. 304 ff. 이러한 주장은 이미 Wilburg, "Gläubigerordnung und Wertverfolgung", JBl 1949, 29(筆者 未見)에서 제기된 것이고, 입법론으로는, 결국 채택되지는 아니하였으나, 독일민법 제2초안 심의과정에서 제안된 바도 있다. Protokolle Band II, S. 722 ff. 아래 주 71도 참조.

30) Behr(주 24), S. 201 ff.

31) Behr(주 24), S. 252 f.

32) Borden (U.K.) Ltd. v. Scottish Timber Products Ltd. [1979] 3 W.L.R. 672, 674 (Buckley L.J.); Smith v. Township of Au Gres, 150 F. 257 (1906); Baisch v. Publisher's Typographic Service Inc., 175 A.2d 485 (1961); Behr(주 24), S. 253 f.

33) 이동진(주 8), 61면 이하; Schumacher, Das Bauhandwerkerpfandrecht. Systematische Darstellung der Praxis, 2. Aufl., 1982, S. 16 ff.

(有因性). 그러므로 권리이전을 목적으로 하는 급여가 이루어졌으나 그 원인행위가 불성립 또는 무효이거나 취소된 경우 권리는 급여자에게 남고, 급여자는 물권적 청구권을 가지며, 환취권을 행사할 수 있다. 그러나 스위스와 오스트리아에서 해제는 채권적 효력만을 가진다고 이해되고 있으므로, 원인행위가 해제로 효력을 잃은 경우에는 환취권은 부정되고, 일반 파산채권으로 권리를 행사할 수 있을 뿐이다. 미국도 같다.[34] 나아가 일반적으로 물권행위의 무인성(無因性)을 인정하고 계약해제의 효과도 채권적으로 구성하는 독일에서는, 물권행위 자체에 흠이 있는 예외적인 경우가 아닌 한, 원인행위의 불성립, 무효, 취소, 해제에도 불구하고 급여자는 급여부당이득반환청구권에 터 잡아 파산채권자로 권리를 행사할 수 있을 뿐이다.[35]

대부분의 나라에서는 — 금전이 물건이 아닌 지급수단으로 쓰인 경우에도 — 선의취득을 포함한 동산 물권변동의 법리를 적용한다. 그러나 그 금전이 다른 금전과 섞여 특정성을 잃으면 혼화가 일어난다는 데도 이론(異論)이 없다. 그 결과 급여의 대상이 금전지급인 경우, 분리 보관하여 물권적 반환청구권-환취권이 인정되는 예외적인 상황을 제외하면, 원인행위가 불성립, 무효이거나 취소, 해제되어도 부당이득반환청구권만 인정된다.[36] 이는 회생·파산채권에 해당한다. 미국법상으로는 그 금전 급여로 다른 대체물을 취득한 경우 그 대체물에 추급(tracing)하여 형평법상 우선특권을 취득할 수 있기는 하나,[37] 그 또한 금전과 대체물 사이의 관련

---

34) Pryor(주 27), pp. 884 ff. and 893 f.

35) Stadler, Gestaltungsfreiheit und Verkehrsschutz durch Abstraktion. Eine rechtsvergleichende Studie zur abstrakten und kausalen Gestaltung rechtsgeschäftlicher Zuwendungen anhand des deutschen, schweitzerischen, österreichischen, französischen und US-amerikanischen Recht, 1996, S. 427 ff.

36) Stadler(주 35), S. 392.

37) Ferriel and Janger(주 27), p. 38; Stadler(주 35), S. 393 ff.

성이 인정되어야 하고 추급대상이 특정될 수 있어야 한다.

반면 계좌이체에 의한 장부금전의 취득에 대하여는 거의 모든 나라에서 원인행위로부터의 독립성(무인성)을 인정한다. 은행 사이의 지급결제의 종국성(終局性)을 확보하여 결제시스템의 위험을 줄이기 위함이다.[38] 그 결과 처분행위 일반이 유인인지 무인인지와 관계없이 언제나 부당이득반환청구권만 인정된다. 가령 착오로 원인관계가 없는 사람의 계좌에 자금을 이체하였다면, 지급은행과 수취은행은 면책되고, 이체 지시인이 수취인을 상대로 부당이득반환청구를 할 수 있을 뿐이다. 이러한 부당이득반환청구권은 대부분의 나라에서 파산채권에 불과하다. 그러나 장부금전에는 어떻든 특정성이 있으므로 미국과 영국에서는 의제신탁의 법리를 통하여 우선권이 인정될 수 있다.[39] 독일에서는 판례가 수취인에게 입금

---

38) 김상중, "송금인의 수취인 착오로 이루어진 계좌이체에 따른 반환관계", 고려법학 제55호(2009), 237-239면; 최준규, "금전의 이동(移動)과 물권적 청구권 — 가치소유권 및 의제신탁으로부터의 시사 —", 법조 통권 제638호(2009), 126-130면.

39) 미국법에 대하여는 In re Berry, 147 F. 208, 211 (2d Cir. 1906). Duggan, "Proprietary Remedies in Insolvency: A Comparison of the Restatement (Third) of Restitution & Unjust Enrichment with English and Commonwealth Law", 68 Wash. & Lee L. Rev. 1229, 1234 ff. (2011). 또한 Restatement (Third) of Restitution and Unjust Enrichment § 60 comment c, illustrations 1 and 13. 다만 영국과 영연방에서는 추가적인 제한이 있을 수 있다. 리딩케이스(leading case)인 Chase Manhattan Bank NA v. Israel British Bank (London) Ltd., [1981] Ch. 105는 의제신탁을 인정하였으나, (착오송금과는 무관한) Westdeutsche Landesbank Girozentrale v. Islington London Borough Council, [1996] A.C. 669, 689에서 Browne-Wilkinson 경이 착오사실에 대한 악의를 요구하였어야 했다며 위 판결을 비판하였기 때문이다. 이는 의제신탁이 형평법상의 제도로서 양심에 반하는 수령 등을 제재하는 데 근거한다는 논리로 연결된다[착오송금에 의제신탁을 요구하는 데 악의가 필요한 것은 아니나, 이러한 사고 자체는 미국에도 존재하고, 그러한 사고와 의제신탁의 요건 사이의 미묘한 균열도 의식되고 있다. 가령 Beatty v. Guggenheim Exploration Co., 122 N.E. 378, 388 (N.Y. 1919, Cardozo J)]. 뒤의 쟁점에 관하여 상세한 것은, Calnan, "Proprietary Claims for Mistaken Payments", Rose (Eds.) Restitution and Insolvency, 2000, pp. 168 ff.; Duggan, pp. 1238 ff.

기장 거절권을 부여하여 부분적, 간접적으로 소급적 원상회복의 길을 열어주고 있고,[40] 나아가 학설로는 가치(價値)에 대한 물권적 반환청구권(Wertvindikation)을 인정하는 방법으로 우선권을 부여하려는 시도도 행해지고 있다.[41]

쌍무계약이 불성립, 무효이거나 취소되어 쌍방급여가 반환되어야 하는 경우 독일 판례는 쌍방급여의 차액 상당의 단일한 부당이득반환청구권만을 인정한다[이른바 차액설(Saldotheorie)]. 원물반환이 가능하다면 원물반환과 가액반환이 동시이행관계에 있으나, 그때에도 그 실질은 차액 상당의 단일한 부당이득반환청구권이다. 그러므로 도산절차에서도 기능적 견련관계와 대가성을 유지할 수 있다.[42] 미국법도 같다.[43] 반면 물권변동에 관하여 유인론을 취하는 스위스, 오스트리아, 프랑스에서는 쌍방 부당이득반환청구권의 대립이나 특히 물권적 반환청구권과 부당이득반환청구권의 대립이 생길 수 있다. 이때의 처리에 관하여는 별다른 논의가 없는데, 논리적으로는 가령 매수인이 파산한 경우에는 매도인은 환취권을 행사하고 매매대금을 재단에 전액 반환하여 쌍방 모두 전부 청산이 이루어지는 반면, 매도인이 파산한 경우에는 매도인은 매매 목적물을 전부 반환받지만 매수인은 매매대금 상당의 회생·파산채권을 취득하는 데 그치고 양자 사이의 동시이행의 항변권도 부정되어 쌍방청산에 불균형이 생길 가능성이 있다.[44]

---

40) 간단한 소개로는 김상중(주 38), 248면 이하.

41) 간단한 소개로는 최준규(주 38), 123면 이하.

42) 그러나 BGH NJW 2005, 884는 차액설이 도산절차에도 적용된다면서도, 도산절차에서도 유지되는 유치권이나 도산법상 상계가 가능하지 아니한 사안에서 파산채권을 재단채권화하는 수단이 되어서는 안 된다면서 차액설의 적용을 제한하였다. 이 판결에 대한 상세한 분석과 비판으로, Mossler(주 18), S. 46 ff.

43) Stadler(주 35), S. 326 ff.

44) Mossler(주 18), S. 29는 이때 파산한 채무자에 대한 채권은 회생·파산채권이 되고, 채무자의 반대채권은 (회생)관리인·파산관재인이 (재단에 속하는 재산으로

Ⅳ. 비판과 재구성

1. 부당이득의 우선적 지위와 채권자평등의 원칙

(1) 법적 성질에 따른 처리와 실질적 이익형량 사이의 긴장

우리를 포함한 대부분의 나라에서 부당이득반환청구의 도산절차상 지위는 청구권의 법적 성질에 달려 있다. 물권행위에 관하여 유인적(有因的) 구성을 취하는가 무인적(無因的) 구성을 취하는가, 유연한 소유권 개념과 형평법(equity)적 구제를 활용하여 부당이득반환청구권에 물권적 지위를 부여할 여지가 있는가, 쌍무계약의 불성립, 무효, 취소, 해제에서 동시이행을 인정하는가에 따라 우선적 지위와 평등배당이 갈린다. 도산법은 원칙적으로 실체법상의 권리를 승인하고 실현하여야 한다는 점에서[45] 일응 수긍할 만한 출발점이다.

그러나 다른 한편으로는 적어도 개별적으로 부당이득반환청구권에 회생·파산채권으로서의 지위만을 부여하는 것이 결과적으로 만족스럽지 않다는 인식 내지 이해도, 산발(散發)적이기는 하나, 여러 곳에서 간취할 수 있다. 가령 독일민법에서는 무인적 물권행위에 대하여 유인적 구성이 낫다는 입법론적 비판이 계속되고 있고, 그 논거로 ① 기교적·의제적인 점, ② 선의자 내지 거래보호제도가 완비된 현 상황에서는 불필요하거나 과도한 점 이외에, ③ 강제집행이나 양수인 파산의 경우 부당하게 양수인 및 그 채권자를 양도인의 비용으로 우대하는 것이 되는 점이 꼽힌다.[46] 이른바 착오

서) 제한 없이 행사할 수 있다는 것이 이(二)부당이득설(Zweikondiktionentheorie)의 논리적 귀결이라고 한다.

45) Jackson(주 19), pp. 7 ff.

46) 이미 Heck, Das abstrakte dingliche Rechtsgeschäft, 1937. 간결한 요약과 문헌지시는 Stadler(주 35), S. 76 ff.(그 자신은 무인적 구성에 찬성하나, 다른 이유에서

송금의 경우, 물권적 가치반환청구권(Wertvindikation), 수취인의 입금기장 거절권 등 여러 법적구성을 통하여 지시인의 돈으로 수취인 내지 그 채권자가 이익을 얻는 것을 막으려는 시도가 계속되고 있다. 나아가 판례가 은행이 수취인에 대하여 갖고 있던 반대채권으로 상계하는 것은 권리남용이라고 하는 것도,[47] 착오송금에서 지시인이 다른 채권자보다 우선적인 지위를 갖지 아니하는 것이 실질적으로 정당하지는 아니하다는 평가를 전제한다고 볼 수 있다. 일반적으로 「(상계적상에 있는) 은행 > 다른 채권자」이고, 한편 제3자이의의 소를 부정하는 한 「다른 채권자 = 지시자(부당이득반환청구권자)」이므로, 「은행 > 지시자(부당이득반환청구권자)」가 되어야 하는데, 상계를 부정하는 것은 오히려 「은행 ≤ 지시자(부당이득반환청구권자)」임을 시사하기 때문이다. 첨부 등에서 일정한 경우 법정담보물권이 부여되는 것도 이때 구상권(부당이득반환청구권)이 우선적 지위를 누려야 한다는 인식에 터 잡고 있다.

(2) 채권자평등의 원칙과 부당이득

이에 대하여는 위와 같은 결과를 피하기 위하여 부당이득반환청구권에 우선적 지위를 부여한다면 채권자평등의 원칙(pari passu principle)에 반한다는 비판이 있다. 이러한 주장이 타당하다면 (민)법적 구성을 통하여 물권적 청구권을 확장하려는 시도도 부당하고, 오히려 이를 축소하여야 할 것이다.[48] 그러나 그렇게 볼 수는 없다.

이다).

47) 대법원 2010. 5. 27. 선고 2007다66088 판결. 이 문제에 대한 각국의 판례의 태도는 오영준, "송금의뢰인의 착오송금시 수취은행의 수취인에 대한 상계의 가부 — 대상판결: 2010. 5. 27. 선고 2007다66088 판결 —", BFL 제46호(2010), 82면 이하 참조.

48) 가령 가치반환청구권(Wertvindikation)을 인정하면 제3자, 특히 다른 채권자들에 대한 관계에서 원소유자에게 우선적 지위를 인정하게 되어 선의의 채권자들을 부당하게 차별하고 강제집행법과 파산법의 원칙을 별다른 이유 없이 무너뜨리는 것이라는 곽윤직 편집대표 민법주해[V], 1992, 228-229면(양창수 집필부분)의 설명

채권자평등의 원칙의 정당성 내지 근거는 다음과 같이 설명된다. 첫째, 채권자들이 미리 우선순위에 관하여 교섭하였다고 가정(hypothetical bargain)한다면, 무담보채권자들은 채무자의 무자력위험은 인수하되, 채무자의 자산을 먼저 압류·금전화하려는 경쟁(race to assets)으로 자원을 낭비할 우선주의보다는 평등배당을 선호하고, 무자력위험도 평등하게 배분될 것을 원하였을 것이다. 무담보채권자들이 실제 그러한 교섭을 할 수는 없으므로 법이 그러한 결과를 보장하여야 효율성이 달성된다.[49] 둘째, 무담보채권자들은 채무자의 자산이 채무변제에 부족한 경우 한 채권자의 만족이 다른 채권자의 만족가능성에 영향을 주는 관계에 놓이므로, 서로를 배려하여 무자력으로 인한 손실을 공평하게 분담할 책임이 있다.[50]

그런데 이러한 논변은 계약 또는 불법행위채권이 아닌 부당이득반환청구권에 적용되기 어렵다. 부당이득반환청구권은 법정채권이므로 그 권리자가 상대방의 무자력위험을 인수하였다고 할 수 없고, 원칙적으로 채무자가 얻은 이득만을 대상으로 하므로[51] 채무자의 책임재산 중에 이미 그의 몫이 있어, 그것을 반환하여도 다른 채권자들에게 영향을 주지 아니하기 때문이다.[52] 오히려 부당

참조.

49) Jackson, "Bankruptcy, Non-bankruptcy Entitlements, and the Creditors' Bargain", 91 Yale L. J. 857 (1982); LoPucki, "The Unsecured Creditor's Bargain", 80 Vir. L. Rev. 1887 (1994); J. Bauer, Ungleichbehandlung der Gläubiger im geltenden Insolvenzrecht. Zugleich zur Dogmatik gesetzlich geschaffener Gläubigerprivilegien am Beispiel des § 32 DepotG, § 13c UStG und des Entwurfs der (vorigen) Bundesregierung eines Gesetzes zum Pfändungsschutz der Altersvorsorge und zur Anpassung des Rechts der Insolvenzanfechtung vom 10. August 2005, 2006, S. 69 f.

50) Häsemeyer(주 26), S. 37 ff.; J. Bauer(주 49), S. 71 f.

51) Eismann, Der Bereicherungsanspruch im Insolvenzverfahren, 2005, S. 153 ff.

52) 같은 법정채권이라도 불법행위책임은 피해자, 즉 채권자가 실제 입은 손해를 대상으로 하고 가해자, 즉 채무자의 재산과는 무관하다. 가해자의 재산이 영(零; 0)

이득을 반환의무자의 책임재산으로 하여 반환의무자의 채권자들과 나누게 하는 것이, 양도인 및 그 채권자의 '비용으로(auf Kosten)' '법적 원인 없이(rechtsgrundlos) 부당하게(durch nichts gerechtfertigten Weise)' 양수인 및 그 채권자를 우대하는 것으로, — 도산절차를 통한 — 부당이득이라고 할 수 있다.[53] 가령 B가 적극재산은 20이고 채권자 G1, G2에 대하여 각 40씩의 채무를 부담하고 있어 무자력이었는데, A의 20 상당의 재산이 B의 강박으로 B에게 증여되었거나, B에게 착오로 송금되었거나, B의 재산에 혼화 또는 부합되고,

---

이어도 책임의 성부와 그 범위에 영향이 없다. 무담보채권자로서 그는 얼마가 되었든 집행 당시 채무자의 책임재산을 전제로 만족을 얻을 수 있을 뿐이고, 그의 몫은, 계약상 무담보채권자와 마찬가지로, 총 채권액에 대한 책임재산의 비율에 의하여 정해진다. 반면 현존이득으로 제한된 부당이득책임은 잘못 들어온 권리 내지 이익을 반환하는, 즉 토해내야 하는 경우로서, 채무자의 재산에 이득이 현존하는지가 책임의 성부와 그 범위에 영향을 준다. 채권자 재산의 관점에서 계약 등 재산증가적(vermögensaufstockende) 권리와 불법행위, 부당이득 등 재산보호적(vermögensschützende) 권리가 구별되는 것처럼, 채무자 책임재산의 관점에서는 부당이득 등 재산반환적 의무와 계약, 불법행위 등 재산감소적 의무가 구별될 수 있다. Finch and Worthington, "The Pari Passu Principle and Ranking Restitutionary Rights", Rose (Eds.) Restitution and Insolvency, 2000, pp. 1 ff. 같은 취지로, Worthington, Equity, 2nd ed., 2006, pp. 190 ff.도 도산법적 관점에서 부당이득반환청구권과 계약상 청구권 및 불법행위를 원인으로 하는 손해배상청구권의 구별을 주장한다.

53) Stadler(주 35), S. 76(무인적 구성에 대한 비판을, 다분히 의식적으로, 부당이득에 관한 독일 민법 제812조 제1항의 요건에 빗대어 전개하고 있다). 그밖에 미국의 의제신탁의 법리나 프랑스, 스위스의 법정우선권이 '부당이득'을 방지하기 위한 제도라고 설명되고 있고, 독일 신도산법 제51조 제2호가 채권적 유치권을 별제권으로 하는 것도 '부당이득법적 정서(整序)기능'이라고 설명된다. 이동진(주 8), 75면; Dobbs(주 25), pp. 601 f.; Ferriel and Janger(주 27), p. 38; Hoffmann, Prioritätsgrundsatz und Gläubigergleichbehandlung, 2016, S. 315 ff.; Schumacher(주 33), S. 13 ff. 부당이득반환청구권 일반의 우선적 지위를 주장하는 것으로, Finch and Worthington(주 52), pp. 10 ff.; Pryor(주 27), pp. 893 f.; Worthington(주 52), pp. 190 ff. 미국과 영국에서는 — 반드시 지배적이라고는 할 수 없다 하더라도 — 이러한 주장을 심심치 않게 볼 수 있다. 앞서 본 바와 같이 미국 원상회복 및 부당이득법 리스테이트먼트 제3판도 이러한 입장이다.

그 결과 위 20 상당의 재산이 G1, G2, A 공동의 책임재산이 된다면, G1, G2는 A의 12의 비용으로 6씩 이득하게 되는데, 이러한 재산이전을 정당화할 만한 법적 원인이 없는 것이다. 각국이 이러한 문제가 제기되는 여러 맥락에서 해석이나 입법에 의하여 이러한 결과를 막으려고 하는 것도 전적으로 같은 사상, 즉 이러한 채무자 또는 그의 채권자에의 재산이전이 그 자체 '부당이득(unjust enrichment)'이라는 생각에서 비롯한다.

2. 민법적 해결의 한계와 도산법적 해결의 필요성

(1) 민법적 해결의 한계

부당이득반환청구권에 우선적 지위를 부여하는 가장 일반적인 방법은 소유권, 담보물권 등 물권으로 구성하는 것이다. 그러나 그러한 해결에는 한계가 있다. 물권행위를 유인으로 할지 무인으로 할지는 거래의 안전과 거래의 자유로운 형성의 필요성을 고려하여 정하여진다. 어음·수표행위나 장부금전의 계좌이체가 무인적으로 구성되는 이유가 여기에 있다. 도산법적 고려는 부차적이며, 도산법적 문제를 해결하기 위하여 이들을 유인적으로 구성하는 것은 합목적적이지 아니하다.[54] 또 첨부에서 가급적 공유를 피하고 단독소유를 인정하는 것은 물권귀속을 단순하게 하기 위함이다. 이를 공동소유로 전환한다면 그 목적을 달성할 수 없다. 각각의 법리에는 부당이득반환청구권의 도산법적 지위 이외에 그 나름의 규율목적이 있어, 도산법적 지위만을 고려하여 법적 구성을 변경한다면 고유한 규율목적을 해할 수 있는 것이다. 부당이득반환청구권을 담보하기 위하여 우선특권을 부여하거나 물상대위를 확대하는 것도 마찬가지이다. 실제 이러한 가능성을 넓게 인정하는 미국의 예

---

54) 이른바 입금기장 거절권이 적절한 해결이 될 수 없는 이유이다. 오영준(주 47), 99면 이하.

가 보여주듯, 그 또한 어떠한 형태로든 특정성과 추급가능성을 전제한다. 개개의 물건의 사용수익 및 처분권을 내용으로 하는 물권은 목적물의 특정성을 요한다. 특정성이 없는 순수한 가치에 대하여는 이러한 방식의 보호가 불가능하다.[55] 같은 이유에서 이른바 가치에 대한 물권적 반환청구권(Wertvindikation) 이론 또한 받아들일 수 없다. 가치표상으로 쓰이는 금전에 동산물권법을 그대로 적용하는 것 또한 특정하여 위탁한 금전이 아닌 한 우연히 특정성이 유지된 경우를 차별 취급하는 셈이 되어 제한적 설득력을 가질 뿐이다.

(2) 도산법적 해결의 필요성

물권 기타 재산권에는 책임재산으로서의 기능이 따르게 마련이다. 다른 사람의 소유는 다른 사람의 책임재산이고 나의 책임재산이 아님을 뜻한다. 그리하여 회생파산법은 물권적 청구권과 채권적 청구권을 구별한다.[56] 채무자나 (회생)관리인 · 파산관재인이 근거 없이 제3자의 재산을 금전화하는 것은 막아야 하므로, 그 재산은 회생 · 파산절차에서 제외(환취)된다. 여기에 채권자평등의 원칙이 적용될 여지는 없다. 반면 채권(적 청구권)은 목적물을 직접 지배하지 아니한다. 그 목적물은 채권자의 책임재산이 아닌 채무자의 책임재산에 속하고, 환취가 아닌 채권자평등의 원칙의 적용대상이 된다.

그런데 이러한 이해는 하나의 권리에 사용수익, 처분 및 책임재산으로서의 기능이 결합된 원칙적인 경우를 전제하고 있다. 그것이 원칙이기는 하나 늘 그러한 것은 아니다.[57] 가령 양도담보권

55) 곽윤직 · 김재형(주 9), 12-13면.

56) 이러한 관점에서 본래 제3자이의의 소와 환취권에는 물권적 청구권의 변형으로서의 성격이 있다.

57) Paulus, "Sind und Formen der Gläubigeranfechtung", AcP 155 (1956), 277, 300

자는 소유자이지만 회생·파산절차에서는 회생담보권·별제권자에 불과하고(회생파산법 제141조 제1항 본문, 제411조), 오히려 양도담보권자가 파산한 때에는 양도담보설정자가 환취권을 행사한다.[58] 위탁매매인이 위탁자로부터 받은 물건 또는 유가증권이나 위탁매매로 취득한 물건, 유가증권 또는 채권은 위탁자와 위탁매매인 또는 위탁매매인의 채권자 사이에서는 위탁자의 소유 또는 채권으로 보므로(상법 제103조) 위탁매매인이 파산한 경우에는 위탁자가 환취권을 행사할 수 있다.[59] 채권자취소권과 부인권에서도 처분은 유효하나 책임재산에서의 이탈은 부정되고,[60] 상속의 한정승인이나 재산분리에서도 권리귀속과 책임재산으로서의 기능이 분리된다.[61] 물권적 권리인가 채권적 권리인가, 즉 그 대상이 절대적으로 누구에게 귀속하는가 하는 점은, 그 권리의 도산절차에서 일반적인 우

[재산개념의 책임법적 요소와 처분법적 요소(haftungsrechtlichen und verfügungsrechtlichen Komponente des Vermögensbegriffes)를 구분하면서, 채권자취소는 전자에만 관계한다고 주장한다]; Henckel, "Grenzen der Vermögenshaftung" JuS 1985, 836; Häsemeyer(주 26), S. 19.

58) 대법원 2004. 4. 28. 선고 2003다61542 판결; 전병서(주 4), 287-288면.

59) 대법원 2008. 5. 29. 선고 2005다6297 판결. Häsemeyer(주 26), S. 263. 이 규정은 책임귀속(Haftungszuornung)에 한하여 위탁자의 재산으로 함으로써 그의 환취권을 근거 지우는 규정이다. 이를 점유개정 등으로 물권 자체가 전면적으로 위탁자에게 귀속시키는 것으로 구성하고, 부동산에서는 그러한 구성이 불가능하여 적용할 수 없다고 하는 것[노영보(주 4), 277-278면]은 이 규정의 의미를 오해하고 '위탁자와 위탁매매인 또는 그 채권자 사이에서는'이라는 이 규정의 한정을 무시하는 셈이 된다. 비교법적으로도 미국, 영국, 독일, 오스트리아, 스위스에서는 소유권이 수탁자에게 귀속할 때에도 위탁자의 환취권을 인정한다. 그러나 프랑스에서는 그러하지 아니하다. Assfalg, Die Behandlung von Treugut im Konkurs des Treuhänders, 1960; Behr(주 24), S. 130 ff.

60) 이른바 책임설은 물론, 판례·통설인 상대적 무효설(가령 대법원 2005. 12. 22. 선고 2003다55059 판결)도 금전채권자의 책임재산으로 파악하는 이외에는 수령자나 전득자의 소유를 인정하므로 결국 그러한 취지이다. 회생파산법 제26조는 이를 위하여 따로 부인의 등기를 하게 한다.

61) 민법 제1028조, 제1051조, 제1052조 참조.

선적 지위 또는 책임재산 중 특정 일부에 대한 우선적 지위 유무를 가리는 하나의 적절한 출발점이기는 하나, 그 종착점은 아니다.[62)]

책임재산의 할당과 배분은 궁극적으로 집행의 문제이고, 그것이 완전하게 발현되는 것은 포괄집행으로서 개개의 재산과 물권관계가 고려될 필요가 없는 도산절차이다.[63)] 민법적 해결은 도산절차는 물론 개별집행절차와 개별적 거래행위 모두에 적용된다. 그 주된 무대는 일반적 거래이고, 개별집행절차가 재판에 의하여 강제된 거래의 성격을 띠는 한도에서 개별집행절차에 영향을 미칠 뿐이다. 특정성이 불가결한 이유이다. 그것은 채무자의 무자력을 염두에 두고 구성되지 아니하며, 오히려 무자력일 때의 처리가 다른 경우, 특히 개별적 거래행위의 처리로부터 부수적으로 도출되곤 한다. 무자력일 때 권리의 우선순위는 도산법 고유의 문제이다. 그 해결도 도산절차, 도산법에서 이루어져야 한다.

3. 해석론과 입법론

(1) 해석론: 회생계획상 형평에 따른 차등과 신탁관계의 인정

물론 현행 회생파산법이 부당이득반환청구권의 우선적 지위를 배려하지 아니하였다는 점은 부정할 수 없다. 그러나 회생절차에서는 현행 회생파산법상으로도 위 요건을 갖춘 부당이득반환청구권을 다른 회생채권보다 우선하여 변제하는 것이 '공정하고 형평에

---

62) Eismann(주 51), S. 21 ff.

63) 담보권자가 회생·파산절차에서 별제권이 되어 가치는 보호되지만 그 목적물에 대한 지배는 제한되는 것(가령 파산관재인은 피담보채무를 변제하고 별제권의 목적물을 환수하거나 최고 없이 경매하여 이를 금전화할 수 있고, 담보권부 임의매각 또는 담보권을 소멸시키는 조건의 임의매각도 할 수 있다, 회생파산법 제492조 참조. 회생담보권의 경우 아예 회생절차 밖에서 담보권을 행사할 수 없는 제한을 받는다. 단지 그 청산가치가 보장될 뿐이다. 회생파산법 제141조, 제131조, 제243조 참조)도 이러한 포괄집행절차와 이른바 가치권(價値權)으로서 담보권의 특성에서 비롯한다.

맞'다고 봄으로써 거의 같은 결과에 이를 수 있으리라고 생각된다(회생파산법 제243조 제1항 제2호 전단). 이미 판례는 회생계획에서 특수관계인의 회생채권을 후순위로 취급하는 것[특수관계인의 열후화(equitable subordination)]을 허용해왔고,[64] 회생파산법 제218조 제1항 제4호는 명문으로 '그 밖에 동일한 종류의 권리를 가진 자 사이에 차등을 두어도 형평을 해하지 아니하는 때'를 평등의 원칙의 예외로 들고 있으며, 같은 제2호는 그러한 예로 채권이 소액인 회생채권자 등을 우대하는 것도 허용한다. 부당이득반환청구권자의 우대가 소액 회생채권자의 우대보다 정당화하기는 더 쉽다.

반면 파산절차에는 회생절차에서와 같은 권리조정이 없다. 현행 회생파산법의 해석상 생각해볼 수 있는 해결방안은 부당이득반환청구의 대상이 되는 경우 신탁관계를 인정하는 것이다. 착오송금에서 수취인이 그 예금을 임의로 인출, 소비하면 횡령죄가 된다.[65] 이는 계약관계가 없는 지시인과 수취인 사이에 '타인의 재물을 보관하는 관계'가 성립함을 전제한다. 즉, 예금이 물권법 내지 처분법적으로 수취인에게 귀속함은 물론이나, 어떠한 의미에서는 여전히 '다른 사람'의 재물이라는 것이다. 이러한 사고는 사법(私法)적으로는 일종의 (의제)신탁(constructive trust)으로 구성해볼 수 있다. 주지하는 바와 같이 신탁관계에서 신탁자는 그 수탁자가 파산하였을 때 환취권을 행사할 수 있다(회생파산법 제407조). 그 결과 부당이득반환청구권에 터 잡은 환취도 허용된다는 생각을 해볼 수 있다.[66]

---

64) 대법원 2004. 6. 18.자 2001그132 결정; 이제정, "도산절차에서 형평에 기한 채권의 열후화 법리", 법조 통권 제628호(2009), 25면 이하. 또한 회생파산법 제218조 제2항.

65) 대법원 2005. 10. 28. 선고 2005도5975 판결; 2010. 12. 9. 선고 2010도891 판결.

66) 대체로 같은 취지로 박준, "예금계약", BFL 제85호(2017), 76-77면. 독일에서 이러한 주장으로, Assfalg(주 59), S. 150 ff.; Stadler(주 35), S. 453 ff.

다만 이러한 구성은 특정성 등 신탁관계를 인정할 만한 추가적인 제한하에 놓인다는 점에서 일반적으로 활용될 수 없고 문제된 사안의 일부를 포섭할 뿐이라는 한계가 있다.[67] 특정성이 없는 금전 내지 가치에 대하여는 수탁자인 수취인의 우선변제의무로 구성하는 수밖에 없는데, 현행법상 상대적 효력만 있는 우선변제의무를 파산절차에서 강제할 방법을 찾기가 어렵다. 궁극적인 해결은 입법을 기다리는 수밖에 없는 것이다.

(2) 입법론: 대체적 환취권과 공익·재단채권의 확대

입법론적으로 가장 먼저 떠올릴만한 대안은 대체적 환취권의 확대이다. 물권적 청구권이 존재하였는데 그 뒤 대상(對象)의 처분으로 이를 상실한 경우, 대체적 환취권은 그로 인한 부당이득반환청구권을 위하여 대체물에 환취권을 연장한다. 처분이 절차개시 전에 이루어진 경우에도 수령 전이면 같다. 이때 대체물 청구권의 양도를 대상으로 하는 부당이득반환청구권이 그 자체 도산절차개시 전 채권적 청구권임에는 의문이 없다. 그러므로 이 규정은 도산절차 내에서 책임재산과 관련하여 작동하는 채권자평등의 원칙의 예외, 그중에서도 특히 부당이득반환청구권에 제한적으로 우선적 지위를 부여하는 예외이다. 즉, 대체적 환취권은 이미 물권적 청구권과 채권적 청구권의 이분법을 깨뜨리고 있는 것이다. 다만, 깨뜨리는 기준, 그 경계선이 합리적이지 아니할 뿐이다.

그렇다면 어떻게 확대되어야 하는가. 회생파산법은 무단처분이 회생·파산절차개시 후에 이루어졌든 전에 이루어졌든, 반대급여를 수령한 경우에도 그것이 회생·파산절차개시 후이면 대체적 환취를 허용하면서도 반대급여를 절차개시 전에 수령한 경우에는 이를 부정한다. 이러한 구분에는 합리적 근거가 없다. 절차개시 전

67) 같은 취지의 지적으로, Eismann(주 51), S. 100 f.

수령한 경우에도 확장되어야 할 것이다.[68] 나아가 무권리자의 양도에 국한하거나, 침해부당이득에 국한하여 특권을 부여하는 것도 합리적 근거가 없다. 부당이득반환청구권 일반으로 확장함이 타당하다.[69] 결국 부당이득반환청구권은, 채권적 청구권에 불과하다 하더라도, 원물반환이 가능한 경우에는 환취권 또는 대체적 환취권으로 보호되어야 한다. 이렇게 함으로써 한편으로는 권리귀속 및 그에 따른 처분법적 효과는 유지하면서 부당이득반환청구권자의 우선적 지위와 물건 내지 권리객체 자체를 반환받을 권리자의 이익을 책임법적으로 보호할 수 있다.

그러나 환취는 (회생)관리인·파산관재인이 아닌 권리자가 회생·파산재단에서 특정 재산을 제외시키는 것이므로, 제외대상인 재산이 미리 특정되어 있어야 한다. 대체적 환취권도 마찬가지이다. 학설상 회생파산법 제73조, 제410조의 문언에도 없는 특정 재산의 현존이 요구되는 까닭이 여기에 있다. 부당이득반환의 대상이 특정성이 없거나 잃은 경우 환취권이나 대체적 환취권을 부여할 수 없다. 특정성 없는 금전채권이 그 대표적인 예이다. 이때에는 전체 재단에서 우선하여 변제받아야 한다. 매수인이 파산한 경우에는 환취권을 행사할 수 있는데 매도인이 파산한 경우에는 회생·파산채권이 되는 데 그친다면 부당한 결과가 된다는 점은 이미

---

68) 같은 취지의 독일 구 파산법 제46조에 대하여 이러한 목적론적 확장 및 초법률적 해석을 주장하는 것으로, Gerhardt, "Der Surrogationsgedanke im Konkursrecht-dargestellt an der Ersatzaussonderung", KTS 1990, S. 10 f. 또한 Costede/Kaehler, "Haftungszuweisung und Haftungszugriff Dritten gegenüber", ZZP 84 (1971), S. 414 f.; Kaehler(주 29), S. 304. 그러나 이는 비교적 명백한 문언으로 인하여 판례상 받아들여지지 아니하다가[Eismann(주 51), S. 103] 신 도산법 제48조 제2항에서 입법적으로 수용되었다.

69) 양도와 기타 사유, 침해부당이득과 급여부당이득을 구별할 근거가 없다는 점에 대하여는 Hoffmann(주 53), S. 280 ff.(다만 그는 그로부터 대체적 환취권의 폐지가 필요하다는 결론을 끌어낸다). 침해부당이득 일반에 (대체적) 환취권을 유추하여야 한다는 견해로, Gerhardt(주 29), S. 267 f.

여러 차례 지적되어온 바이다.[70] 그러므로 이를 공익·재단채권으로 함이 타당하다. 이미 회생파산법 제179조 제1항 제6호, 제473조 제5호는 절차개시 후에 발생한 부당이득반환청구권은 공익·재단채권이라고 규정하고 있다. 그러나 뒤에 보는 바와 같이 적절한 요건과 범위 제한을 부가하는 한 절차개시 전 발생한 부당이득반환청구권이라 하여 달리 볼 까닭이 없다.

(3) 실질적 판단기준의 구체화

다만 해석론 및 입법론과 관련하여서는, 부당이득반환청구권에 우선적 지위를 인정하는 근거로부터 약간의 제한이 도출된다는 점에 주의하여야 한다.

첫째, 부당이득반환청구권자가 채무자의 무자력위험을 인수하였다고 볼 수 있는 경우에는 회생·파산채권자의 지위만을 부여하여야 한다. 특히 계약해제와 채무자의 자력·신용에 대한 착오가 문제된다. 먼저 계약해제의 경우 계약을 기초하는 자기결정 자체는 유효하다. 계약해제가 역사적으로 해제약관에서 발전하였다는 점이 이를 잘 보여준다. 여기에서는 무자력위험의 인수가 유효하게 존속한다고 보아야 한다. 독일민법 제2초안 심의과정에서 제2위원회도 독일 구 파산법 제36조 제1문에 "파산자가 법적 원인 없이 수령한 대상을 반환하여야 하는 경우, 반환청구권자는 절차 개시 당시 대상이 파산재단에 있는 한 반환을 구할 수 있다."는 규정을 추가하고, 그러한 반환청구권에 환취권을 부여하는 안을 검토하면서, 같은 조 제2문으로 해제에 이를 적용하는 것을 배제한 바 있는데,[71] 이를

---

70) 금전급여와 그 본질상 무인적일 수밖에 없는 노무급여에 관한 논의를 포함하여 가령, U. Huber, "Savigny und das sachenrechtliche Abstraktionsprinzip", Heldrich/Prölss/Koller (hrsg) Festschrift für Claus-Wilhelm Canaris 70. Geburtstag, Band 1, 2007, S. 479 f.

71) Protokolle Band II, S. 722 ff. 이 점에서 학설이 (회생)관리인·파산관재인을 민법 제107조 제2항 등과 제548조 제1항 단서의 제3자로 보는 것은 일반적으로는

참고할 수도 있을 것이다. 다음 권리자가 선이행을 하거나 대차거래를 하는 등 채무자에게 신용을 제공하였는데, 바로 그 채무자의 자력·신용에 대한 착오를 이유로 취소(민법 제109조 제1항)하는 경우에도 무자력위험의 인수가 있다. 착오는 기본적으로 착오자의 과실이고 무담보채권자들이 자신의 신용위험인수가 잘못되었다는 점을 이유로 우선권을 주장한다면 도산절차가 무의미해지므로 이러한 주장은 제한할 필요가 있다. 이때에도 우선적 만족은 부적절하고 평등변제가 옳다.[72)]

둘째, 부당이득반환청구권에 우선적 지위가 부여되는 것은 ① 채무자의 책임재산에 ② 현존하는 이익으로 제한되어야 한다. 환취권 및 대체적 환취권은 모두 회생·파산재단에 현존하는 권리나 그 대체물만 파악한다. 그렇기에 우선적 지위를 부여하여도 다른 채권자들의 만족에게 영향을 미치지 아니하는 것이다. 그러나 부당이득반환청구권은 종종 받은 이익 전부는 물론, 이자, 손해배상

물권행위에 관한 유인적 구성을 합리적 이유 없이 사실상 도산절차에서는 무인적 구성으로 전환하는 셈이 된다는 점에서 문제이지만, 해제에 대한 결과는 정당하다고 할 수 있다. 다른 한편 이는 해제의 효력에 관하여 직접효과설-물권적효과설이 그 구성은 별론, 결과는 부당할 수 있음을 보여주는 것이기도 하다. 물권적 효과는 거래의 안전과 관련하여서는 이미 제548조 제1항 단서가 완전한 보호를 제공하고 있고, 도산절차에서는 무력화되고 있거나 무력화함이 타당하기 때문이다. 이에 관하여는 또한 Eismann(주 51), S. 75 f. 참조. 앞서 본 바와 같이 미국 원상회복 및 부당이득법 리스테이트먼트 제3판도 해제에 대하여는 채권자평등의 원칙에 의하게 한다. Pryor(주 27), pp. 884 ff. and 893 f. 이와 관련하여 미국법상 rescission이 계약(불이행을 원인으로 하는) 해제와 (원시적 흠을 이유로 하는) 취소의 두 의미로 쓰인다는 점에 주의. 채권자평등의 원칙의 적용을 받는 것은 전자뿐이다.

72) 이러한 점에서는 채무자의 자력·신용에 대한 착오를 이유로, 특히 이미 신용을 제공한 뒤에, 취소권을 인정하는 것 자체에 신중하여야 한다. Bollenberger, Irrtum über die Zahlungsunfähigkeit - Aussonderung durch Anfechtung, 1995; Eismann(주 51), S. 72 ff. (회생)관리인·파산관재인을 민법 제109조 제2항의 제3자로 보는 학설도 같은 결론에 이르나, 그 논거는 전혀 다르다. 또한, Finch and Worthington(주 52), pp. 8 ff.

까지 포괄한다(민법 제748조). 수익자가 선의여서 '현존이익'으로 책임이 제한될 때조차도 현존이익의 판단은 이득소멸이 이득자에게 귀속될 수 있는지 여부라는 규범적 요소를 따져야 하므로 사실상 현존하는 대상 내지 이익을 넘을 수 있다. 우선적 지위는 다른 채권자를 해하지 아니하는 한에서만 가능하므로 이때에는 회생·파산재단 내에 사실상 현존하는 이익의 범위에서만 우선적 지위를 인정하고 나머지는 단순한 회생·파산채권이 되어야 한다. 첨부에서 구상권 및 비용상환청구권에 대하여 우선특권, 유치권 및 별제권을 인정하는 것도 부당이득방지와 함께 가치증가(價值增加; l'idée de plus valeur; Werterhöhung)로 설명된다.[73] 이는 본래는 제도의 근거에 관한 설명이지만 그 범위도 규정한다고 봄이 상당하다. 또한 현존이익은 채무자의 책임재산과 관련된 것이어야 한다. 부당이득은 채무자의 책임재산 밖에서 생길 수도 있다. 가령 타인의 물건을 무단으로 제3자에게 임대하면 차임 상당의, 책임재산에 속하는, 재산상 이익이 생기나, 무단으로 자신이 이용하면 그 이익은 사용수익 자체로 책임재산에 유입되지 아니한다. 사용수익이 회생·파산재단에 속하지 아니하는데 부당이득반환청구권자가 그 가액 상당의 채권으로 우선적 만족을 얻는 것은 결국 다른 채권자들의 책임재산을 빼앗는 결과가 된다.[74] 이를 허용할 수는 없는 것이다.

73) 이동진(주 8), 75면; Dobbs(주 27), pp. 601 f.; Hoffmann(주 53), S. 316 f.; Schumacher(주 33), S. 13 ff.

74) Eismann(주 51), S. 163 ff. 참조.

V. 결 론

현행 회생파산법상 부당이득반환청구권의 지위는 대체적 환취권이나 절차개시 후 부당이득반환청구권이 비로소 발생한 경우 등 몇몇 예외적인 경우를 제외하면 회생·파산채권에 그친다. 이는 부당이득반환청구권의 법적 성질, 즉 채권적 청구권으로서의 성질로부터 도출된 결론이다. 비교법적으로도 도산절차상 부당이득반환청구권은 기본적으로 회생·파산채권이고, 그러한 결론은 부당이득반환청구권의 채권적 청구권으로서의 성질의 귀결이다.

그러나 다른 한편 비교법적으로는 개별적으로는 부당이득반환청구권에 일정한 물권적 우선권을 부여하는 경우가 제법 보이고, 우리나라에서도 민법상 물권적 지위나 도산법상 대체적 환취권 등을 통하여 우선적 지위가 부여되는 경우가 일부 존재한다. 좀 더 중요한 것은 이들 개별적인 제도의 근거(rationale)가 결국 부당이득반환청구권에 우선적 지위를 부여하지 아니하면 그로 인하여 다른 일반채권자들이 부당한 이득을 얻게 된다는 점으로 요약되는데, 그러한 근거가 위 제도가 존재하는 경우를 넘어 부당이득 일반에 타당하다는 사실이다. 그리하여 다른 나라에서는 부당이득반환청구권에 일반적 우선권을 인정하여야 한다는 주장도 이미 오래전부터, 그리고 오늘날에 이르기까지 꾸준히 제기되어 왔다.

부당이득반환청구권의 법적 성질론은 책임법적 귀속과는 별개인 처분법적 귀속에 관한 것으로, 도산절차상 지위를 결정하지 못한다. 현존이득의 범위 내의 부당이득반환청구권은 채무자의 재산에 유입된 자기 재산을 돌려받을 권리에 불과하다. 이때 채무자의 재산 중 다른 일반 채권자의 몫은 없으며, 현존이익은 오히려 부당이득반환청구권자의 것이라고 보아야 한다. 이 한도에서 부당이득반환청구권은 물권적 청구권 내지 환취권과 같다. 급여 목적물에 특정성이 없다는 점은 처분법적으로는 의미 있을지 몰라도 책임법적으로는 전혀 중요하지 아니하다. 이 점에서 채무자의 재산을 돌려받는 것이 아니라 그때그때 존재하는 책임재산으로부터 비로소 급여를 조달받아야 하는, 그리하여 채무자의 일반 책임재산을 대상으로 할 수밖에 없는 계약상 채권이나 불법행위를 원인으로 하는 손해배상청구권과는 상황이 다르다. 부당이득반환청구권에 도산절차상 우선권을 부여함이 타당하다. 해석론적으로는 회생계획을 수립함에 있어 형평에 부합하는 차등의 하나로, 그리고 특정성이 유지되는 한 환취권을 근거 지우는 신탁관계로 이를 고려하고, 입법론적으로는 대체적 환취권 및 재산·공익채권을 확대하여야 할 것이다.

⊠ 참 고 문 헌

1. 국내문헌

권영준, "통정허위표시로 인한 법률관계에 있어서 파산관재인의 제3자성", 법조 통권 제608호(2007).

곽윤직 · 김재형, 물권법 제8판, 2014.

김상중, "송금인의 수취인 착오로 이루어진 계좌이체에 따른 반환관계", 고려법학 제55호(2009).

김주학, 기업도산법 제2판, 2012.

김증한 · 김학동, 물권법 제9판, 1997.

노영보, 도산법 강의, 2018.

박 준, "예금계약", BFL 제85호(2017).

양창수, "2003년 민사판례 관견", 민사재판의 제문제 제13권, 2004.

_____, 일반부당이득법의 연구 (서울대학교 법학박사학위논문), 1987.

윤남근, "파산관재인: 그 법률상 지위와 권한을 중심으로", 재판자료 제82집, 1999.

윤진수, "차명대출을 둘러싼 법률문제", 민사재판의 제문제 제15권, 2006 = 민법논고 II, 2008.

이동진, "「물권적 유치권」의 정당성과 그 한계", 민사법학 제49-1호(2010).

이제정, "도산절차에서 형평에 기한 채권의 열후화 법리", 법조 통권 제628호(2009).

전병서, 도산법 제3판, 2016.

정태윤, "점유의 부당이득", 민사법학 제38호(2007).

최준규, "금전의 이동(移動)과 물권적 청구권 — 가치 소유권 및 의제신탁으로부터의 시사 —", 법조 통권 제638호(2009).

_____, "장래채권을 둘러싼 도산법상 쟁점에 관한 고찰 — 상계와 부인권

문제를 중심으로", 사법 제40호(2017).

_____, "장래채권 양도담보의 도산절차상 효력", 사법 제32호(2015).

2. 외국문헌

Assfalg, Die Behandlung von Treugut im Konkurs des Treuhänders, 1960.

J. Bauer, Ungleichbehandlung der Gläubiger im geltenden Insolvenzrecht. Zugleich zur Dogmatik gesetzlich geschaffener Gläubigerprivilegien am Beispiel des § 32 DepotG, § 13c UStG und des Entwurfs der (vorigen) Bundesregierung eines Gesetzes zum Pfändungsschutz der Altersvorsorge und zur Anpassung des Rechts der Insolvenzanfechtung vom 10. August 2005, 2006.

Behr, Wertverfolgung. Rechtverleichende Überlegungen zur Abgrenzung kollidierender Gläubigerinteressen, 1984.

Bollenberger, Irrtum über die Zahlungsunfähigkeit - Aussonderung durch Anfechtung, 1995.

Calnan, "Proprietary Claims for Mistaken Payments", Rose (Eds.) Restitution and Insolvency, 2000.

Costede/Kaehler, "Haftungszuweisung und Haftungszugriff Dritten gegenüber", ZZP 84 (1971), 395.

Dobbs, Law of Remedies. Damages-Equity-Restitution, 2nd ed., Volume 1, 1993.

Duggan, "Proprietary Remedies in Insolvency: A Comparison of the Restatement (Third) of Restitution & Unjust Enrichment with English and Commonwealth Law", 68 Wash. & Lee L. Rev. 1229 (2011).

Eismann, Der Bereicherungsanspruch im Insolvenzverfahren, 2005.

Ferriel and Janger, Understanding Bankruptcy, 3rd ed., 2013.

Finch, Corporate Insolvency Law: Perspectives and Principles, 2002.

Finch and Worthington, "The Pari Passu Principle and Ranking Restitutionary Rights", Rose (Eds.) Restitution and Insolvency, 2000.

Gerhardt, "Der Surrogationsgedanke im Konkursrecht - dargestellt an der Ersatzaussonderung", KTS 1990, 1.

________, Die systematische Einordnung der Gläubigeranfechtung, 1969.

Goode, "Proprietary Restitutionary Claims", Restitution. Past, Present and Future. Essays in Honour of Gareth Jones, 1998.

Häsemeyer, Insolvenzrecht, 3. Aufl., 2003.

_________, "Insolvenzrechtlicher Rückabwicklungsschutz nach unbekannter Störung des Leistungsaustauchs - BGH, KTS 2002, S. 327, und BGH, KTS 2002, S. 553", KTS 2002, 603.

Henckel, "Grenzen der Vermögenshaftung", JuS 1985, 836.

Hoffmann, Prioritätsgrundsatz und Gläubigergleichbehandlung, 2016.

U. Huber, "Savigny und das sachenrechtliche Abstraktionsprinzip", Heldrich/Prölss/Koller (hrsg) Festschrift für Claus-Wilhelm Canaris 70. Geburtstag, Band 1, 2007.

Jackson, "Bankruptcy, Non-bankruptcy Entitlements, and the Creditors' Bargain", 91 Yale L. J. 857 (1982).

_______, The Logic and Limits of Bankruptcy Law, 1986.

Jacquemont, Vabres et Mastrulla, Droit des entreprises en difficulté, 10e éd., 2017.

Kaehler, Bereicherungsrecht und Vindikation. Allgemeine Prinzipien der Restitution, 1972.

Kull, "Restitution in Bankruptcy: Reclamation and Constructive Trust", 72 Am. Bankr. L. J. 265 (1998).

Laycock, Modern American Remedies. Cases and Materials, Concise 4th ed, 2012.

LoPucki, "The Unsecured Creditor's Bargain", 80 Vir. L. Rev. 1887 (1994).

Marotzke, Die gegenseitigen Verträge im neuen Insolvenzrecht, 3. Aufl.,

2001.

Mossler, Bereicherung aus Leistung und Gegenleistung. Der nichtige gegenseitige Vertrag und die Insolvenz, 2006.

Pryor, "Third Time's the Charm; The Coming Impact of the Restatement (Third) Restitution and Unjust Enrichment in Bankruptcy", 40 Pepp. L. Rev. 843 (2013).

Reuter/Martinek, Ungerechtigter Bereicherung, 1983.

Schumacher, Das Bauhandwerkerpfandrecht. Systematische Darstellung der Praxis, 2. Aufl., 1982.

Spickerhoff, Aus- und Absonderung in der Insolvenz nach deutschem und französischem Recht, 2005.

Stadler, Gestaltungsfreiheit und Verkehrsschutz durch Abstraktion. Eine rechtsvergleichende Studie zur abstrakten und kausalen Gestaltung rechtsgeschäftlicher Zuwendungen anhand des deutschen, schweitzerischen, österreichischen, französischen und US-amerikanischen Recht, 1996.

Tabb, Law of Bankruptcy, 4th ed., 2016.

Worthington, Equity, 2nd ed., 2006.

中田裕康, "契約法から見た双方未履行双務契約 — 損害賠償を伴う解除權", 能見善久=樋口範雄=大塚直=中山信弘=沖野眞已=岡孝=本山敦 編集 野村豊弘先生古稀記念 民法の未來, 2014.

제4장

다수당사자 사이에서의 부인권 행사

— 지급지시 및 제3자의 변제 사례를 중심으로 — * **

최 준 규***

Ⅰ. 들어가며

채권자 C가 채무자 B에게 채권을 갖고 있고, 제3자 A가 이에 관하여 C에게 출연(出捐, Zuwendung)[1)]하는 상황을 생각해 보자. 다

* 이 논문은 서울대학교 법학발전재단 출연 법학연구소 기금의 2017년도 학술연구비 지원(공동연구)을 받았음.

** 이 글은 2018. 2. 21. "민법과 도산법"을 주제로 한 서울대학교 법학연구소 공동연구 학술대회 및 2018. 4. 30. 도산법연구회 월례회에서 발표한 글을 수정·보완한 것이다. 법학연구소 학술대회 당시 토론자로 참석하여 논문내용에 관하여 귀중한 지적을 해 주신 서울대학교 김형석 교수님, 도산법연구회에서의 발표를 허락해 주시고 발표 당일 논문내용 개선에 관하여 예리한 조언을 해 주신 이진만 서울고등법원 부장판사님, 임치용 김앤장 법률사무소 변호사님, 성균관대학교 김성용 교수님께 감사드린다. 또한 비판적이고 건설적인 조언을 해 주신 익명의 심사위원들께도 감사드린다. 이 글은 서울대학교 법학 제59권 제2호(2018)에 게재된 것이다.

*** 서울대학교 법학전문대학원 조교수.

1) C의 B에 대한 채권은 금전채권일 수도 있고, 특정물 또는 종류물 채권일 수도 있다. 이에 따라 제3자 A는 C에게 금전, 금전 아닌 동산, 부동산 등을 출연할 수 있다. 이 글에서는 A가 C에게 금전이나 금전 아닌 동산을 출연하는 경우를 주로 살펴보고, 부동산을 출연하는 상황도 일부 검토한다.

음 세 가지 상황이 있을 수 있다.

첫째, A가 B의 지급지시[2]에 따라 C에게 출연하거나(A는 B에 대한 자기채무 변제명목으로 출연할 수도 있고, C에게 출연한 후 B에 대하여 구상권을 취득할 수도 있다), 제3자 변제의 방식으로 C에게 출연한 경우[3]

둘째, A가 B의 채무를 위해 C에게 담보(인적담보 또는 물적담보)를 제공한 경우

셋째, A와 B 사이에 C를 수익자로 한 제3자를 위한 계약[4]이 체결되고, 이에 따라 A가 낙약자로서 C에게 출연한 경우

이 글에서는 위 첫 번째 상황(지급지시 및 제3자의 변제 사안)과 관련하여 ① A에 대하여 도산절차가 개시된 경우, ② B에 대하여 도산절차가 개시된 경우, ③ A, B 모두에 대하여 도산절차가 개시된 경우 부인권 행사 문제를 살펴본다. 검토할 쟁점은 ① **누구에 대하여 무엇을 대상으로 부인권을 행사할 수 있는지**, ② **채무자 회생 및 파산에 관한 법률**(이하 '채무자회생법'이라 한다)**상 어떠한 종류의 부**

---

2) 지급지시 상황과 관련하여 이 글에서 검토한 결론은, A가 B의 C에 대한 채무를 '이행인수'한 상황에도 대체로 적용할 수 있을 것이다.

3) B의 지급지시가 유효한데 B의 C에 대한 채무가 부존재하는 것으로 밝혀진 경우, C는 B에 대하여 부당이득반환의무를 부담한다(대법원 2007. 11. 29. 선고 2007다51239 판결 참조). 이에 반해 A가 제3자 변제의 방식으로 B의 채무를 변제한 경우 B의 채무가 부존재한다는 사실이 밝혀졌다면, C는 A에 대하여 부당이득반환의무를 부담한다(대법원 1990. 6. 8. 선고 89다카20481 판결). 즉 전자의 경우 B의 C에 대한 급여가 있는 것이고, 후자의 경우 A의 C에 대한 급여가 있는 것이다. 이에 관해서는 우선 김형석, "지급지시 · 급부관계 · 부당이득", 서울대학교 법학 47-3(2006), 308-309; 김형석, "제3자의 변제 · 구상 · 부당이득", 서울대학교 법학 46-1(2005), 364-368 참조.

4) A가 B의 C에 대한 채무를 병존적으로 인수한 경우 세 당사자들의 이익상황은, 제3자를 위한 계약의 이익상황과 비슷하다.

인권을 행사할 수 있는지, ③ 문제된 행위가 채무자의 일반채권자를 해하는 행위인지 판단하는 기준은 무엇인지, ④ 부인권 행사의 효과는 어떻게 되는지(강조는 필자, 이하 같음)이다.

종래 이 문제에 관하여 우리법상 논의가 별로 없었다. 그러나 위 쟁점들은 이론적 측면뿐만 아니라 현실적 측면에서도 검토의 가치가 있다고 사료된다. 법이론적으로 이 문제는 민법상 "삼각관계에서의 부당이득" 쟁점과 관련이 있다. 세 당사자 사이에 급여부당이득[5)]의 연쇄가 존재하는 경우 판례[6)]는 이른바 "계약법의 우위"를 근거로, 계약당사자가 아닌 자에 대한 부당이득반환청구를 부정한다. 그렇다면 다수당사자 간 부인권 행사가 문제된 경우에도 부인권 행사 및 이에 따른 원상회복은 계약당사자 사이에서 이루어져야 하는가? 급여관계가 존재하지 않는 당사자 사이에서는 부인권 행사 및 원상회복이 불가능한가? 가령, 위 사안에서 B에 대하여 도산절차가 개시된 경우 관리인은 A에 대해서는 부인권을 행사할 수 없는가? A가 B의 지급지시에 따라 B의 채무에 대한 변제명목으로 해당 금원을 B에 대한 채권자인 C에게 지급한 경우 A와 C 사이에는 부인의 대상으로 삼을만한 행위가 없는가? 이 글에서는 삼각관계에서의 부당이득법리와 비교하면서 이러한 문제들을 검토

---

5) 강학상 급부(給付)부당이득이라고 표현하는 경우가 많다. 가령 金亨培, 事務管理 · 不當利得(박영사, 2003), 82 이하. 그러나 우리 민법은 독일 민법의 Leistung에 대응하는 표현으로 "급부"라는 단어를 전혀 사용하지 않고 있는데, 이는 의용 민법상 용어인 "급부"를 우리 어감에 맞게 바꾸려는 입법자의 의도적 선택으로 보인다. 民法注解7/宋德洙 65-67(급부라는 용어 대신 "이행행위"라는 표현이 적절하다고 주장한다). 한편 민법 746조(불법원인급여)는 Leistung에 대응하는 표현으로 "급여(給與)"라는 단어를 사용하고 있다. 또한 민법 466조(대물변제), 478조(부족변제의 충당), 479조(비용, 이자, 원본에 대한 변제충당의 순서), 560조(정기증여와 사망으로 인한 실효)도 급부 대신 급여라는 단어를 사용한다. 이러한 사정을 고려해 이 글에서는 급여부당이득이라는 표현을 사용한다.

6) 대법원 2003. 12. 26. 선고 2001다46730 판결(지급지시 사례), 대법원 2005. 7. 22. 선고 2005다7566, 7573 판결(제3자를 위한 계약 사례) 등.

한다.

거래현실에서 계좌이체 등의 비(非)현금거래는 매우 빈번히 일어난다. 이 경우 어떠한 요건하에 누구를 상대로 부인권을 행사할 수 있는지, 무엇을 부인의 대상으로 삼을 수 있는지, 부인권 행사의 효과는 무엇인지 등은 법현실의 측면에서도 중요한 문제로서 아직 충분히 해명되지 않았다.[7] 이 글에서는 계좌이체 상황도 염두에 두고 부인권 행사 문제를 살펴본다.

이러한 논점에 관하여 일본에서는 약간의 선행 연구[8]가 존재하고, 독일의 경우 비교적 풍부한 논의[9]가 이루어지고 있다. 이 글

---

7) '제3자를 위한 계약'에서 부인권 행사의 법률관계를 검토하는 작업도, 상속대용수단으로 보험이나 신탁에 대한 관심이 높아지는 오늘날 중요한 의미를 갖는다. 생명보험계약이나 신탁계약을 체결하고 제3자를 수익자로 지정하는 방법으로 보험계약자나 신탁자의 재산이 이전된 경우, 보험계약자나 신탁자의 일반채권자가 누구에 대하여 무엇을 대상으로 채권자취소권이나 부인권을 행사할 수 있는지, 채권자취소권이나 부인권 행사의 효과는 어떻게 되는지도 검토의 필요가 있다. 이 쟁점은 별도의 글에서 살펴본다.

8) 지급지시나 제3자의 변제 상황을 정면으로 다룬 논의는 찾지 못하였다. 다만, 부인권 행사 상대방이 도산한 경우의 법률관계에 관해서는 条解破産法 2版(2016), 1130-1131; 条解会社更生法(中)(2001), 161-162; 三山裕三, "再生(または破産)会社に対する否認権の行使", NBL 870(2007), 38 참조. 이 글의 주제와 직접 관련은 없지만, 제3자를 위한 계약(보험계약) 관련 논의로는 藤田友敬, "保険金受取人の法的地位(2)", 法学協会雑誌 109-6(1992), 1076 이하; 岡山忠広, "保険契約の保険金変更と詐害行為取消権 · 否認権の行使", 判例タイムズ1267(2008), 30 참조.

9) 단행본으로는 Florian Bartels, *Insolvenzanfechtung und Leistungen Dritter* (2015); Annika Röttger, *Die insolvenzanfechtungsrechtliche Rückabwicklung von Anweisungsleistungen* (2013); Charlotte Kreuzberg, *Die Insolvenzfestigkeit von Drittsicherheiten* (2013); Andrea Neyses, *Die Insolvenzanfechtung in Mehrpersonenverhältnissen* (2012); Markus Würdiger, *Insolvenzanfechtung im bargeldlosen Zahlungsverkehr* (2012); Ann-Kathrin Burchard, *Die Insolvenzanfechtung im Dreieck* (2009); Benedikt van Bömmel, *Insolvenzanfechtung von upstream guarantees im GmbH Konzern* (2009) 참조. 주석서 중 비교적 상세한 것으로 *Kübler/Prütting/Bork InsO* (2017)/Brinkman Anhang zu §145; *Uhlenbruck InsO* 14Aufl. (2015)/Ede · Hirte §129 Rn.263-334

에서는 외국의 선행 연구를 참고하여, 우리 법제도와 법현실에 부합하는 해석론을 고민해 본다. 글의 순서는 다음과 같다. 우선 개별 문제 상황 분석에 앞서 공통된 기본 쟁점(단축된 급여의 법률관계 등)을 살펴본다(Ⅱ). 이어서 채무자에 대하여 도산절차가 개시된 경우(Ⅲ. 1), 제3자에 대하여 도산절차가 개시된 경우(Ⅲ. 2), 채무자와 제3자에 대하여 모두 도산절차가 개시된 경우(Ⅲ. 3) 부인권 행사의 요건 및 효과를 검토한다. 끝으로 채권자취소권 행사가 문제되는 경우 지금까지 검토한 쟁점들에 대한 판단이 달라질 수 있는지 간략히 살펴본다(Ⅳ).[10)]

Ⅱ. 단축된 급여의 법률관계와 간접적 급여의 법률관계

제3자(A)가 채무자(B)의 지시를 받고 채무자(B)에 대한 자기채무 변제 명목으로 채무자(B)에 대한 채권자(C)에게 출연한 경우, A→B→C 순으로 채무변제가 이루어지고 두 채무의 변제가 동시에 이루어진다(이른바 '단축된 급여'). 이 글에서 살펴볼 문제 상황 중에는 단축된 급여가 이루어졌다고 평가할 수 있는 경우가 많다. 각 상황별 법률관계 분석에 들어가기에 앞서 아래에서는, 단축된 급여의 법률관계 일반에 관하여 살펴보고, '부당이득법상 급여 개념'이나 '동산물권변동의 법리'가 부인상대방 결정에 영향을 미치는지 검토한다. 또한 '간접적 급여'의 법률관계도 함께 검토한다.

참조.

10) 지시사례에서는 지시인(지시를 하는 자, Anweisende), 피지시인(지시를 받는 자, Angewiesene), 지시수령인(지시인의 지시에 따라 피지시인으로부터 급여를 받는 자, Anweisungsempfänger)이라는 용어가 쓰인다[양창수, 독일민법전(2015) 중 독일민법 783조 이하의 번역 참조]. 이 글에서는 제3자 변제 상황도 함께 살펴보는 점을 고려해 편의상, 채무자(B), 제3자(A), 채권자(C)라는 말을 일률적으로 사용한다. 여기서 채무자는 지시인에, 제3자는 피지시인에, 채권자는 지시수령인에 각 대응하는 말이다.

1. 급여 개념이 부인상대방 결정에 미치는 영향

결론부터 말하면 부당이득법상 급여 개념은 부인상대방 결정에 일정 부분 영향을 미칠 수 있다고 사료된다. 다음 두 가지 상황을 살펴본다.

가. 급여의 연쇄 상황

급여의 연쇄(Leistungskette)는 A가 B에게 출연을 하고, 해당 목적물을 다시 B가 C에게 출연한 상황을 말한다. 이 경우 A의 관리인은 수익자인 B를 상대로 부인권을 행사해야 하고, C는 전득자로서 부인권 행사의 상대방이 될 수 있다. **단축된 급여가 이루어진 경우 급여의 연쇄가 있다고 평가할 수 있는 경우가 많다**. 가령 A가 B의 지시를 받고 B에 대한 자기채무 변제 명목으로 B에 대한 채권자 C에게 출연을 한 경우, A → B → C 순으로 채무변제가 이루어지고, 두 채무의 변제가 동시에 이루어진 것이다. 따라서 A의 관리인은 C를 전득자로 보아 부인권을 행사할 여지가 있다[11)12)](다만 C를 전

---

11) 참고로 대법원 1997. 12. 26. 선고 96다44860 판결은 A→B→C 순으로 특정부동산에 대한 매매계약 등이 순차로 체결되고, 부동산 등기는 B의 지시에 따라 A로부터 C에게로 직접 이전된 경우, A와 B 사이의 원인계약이 사기를 이유로 취소되거나 해제되더라도 C는 (선의의) 제3자로서 보호된다고 한다. 이 결론은, C의 신뢰보호국면에서 "**순차적으로 소유권 이전을 받은 경우**"와 "**지급지시를 통해 직접 소유권을 이전받은 경우**"를 차별취급할 이유가 없다는 점에서 정당화할 수 있다. 同旨 제철웅, "補償關係 또는 對價關係에서의 흠결이 이미 경료된 중간생략등기에 미치는 영향", 저스티스 33-1(2000), 144-146; 정태윤, "계약이 무효이거나 취소 또는 해제된 경우에 보호받는 제3자의 범위에 관한 대법원판례의 정합성 여부", 법학논집 20-4(2016), 155-159. 금전이나 금전 아닌 동산의 경우에도 비슷한 말을 할 수 있다고 생각한다. 금전 아닌 동산의 경우에는 부동산의 경우와 달리 "**지급지시를 통해 직접 소유권을 이전받은 경우**"라는 상황을 상정하기 어렵고 중간자가 동산 소유권을 통과취득한다는 점(본문 Ⅱ. 2. 참조)도 고려해야 한다.

12) 전득자에 대한 부인권 규정의 직접적용은 불가능하고 유추적용은 가능하다는 견해로는 Röttger(주 9), 202-208.

득자로 보기 위해서는 **C가 위와 같이 단축된 급여가 이루어지는 사정을 알고 있어야 한다.** C가 이러한 사정을 모르고 단지 B에 대한 채권의 만족을 얻는다고 생각하였다면,[13)]— C는 A를 B의 이행보조자로 생각했을 뿐 A가 B에 대한 채무를 변제한다는 사정을 몰랐을 수 있다 — A에 대한 관계에서 C를 전득자로 보기 어렵다).

그렇다면 위와 같은 단축된 급여 사안에서 A의 관리인이 C를 '수익자'로 보아 부인권을 행사할 수는 없는가? A-C 사이에 급여관계가 존재하지 않는다고 해서 A-C 사이에 부인대상 행위가 없다는 결론이 자동적으로 도출되지는 않는다. 부인권 행사대상인 채무자의 '행위'(채무자회생법 제100조 제1항 및 제391조)가 채무자의 채무이행행위에 국한된다고 볼 근거는 없기 때문이다.[14)] 다만, 이 경우 C를 전득자로 보고 부인권을 행사하는 경우(채무자회생법 제110조 등)와의 균형을 고려해, C에 대한 부인권 행사 여부를 판단함이 타당하다고 사료된다. 이를 고려하지 않고 C에 대한 부인권 행사를 허용하면, A의 관리인 입장에서는 단축된 급여를 하였다는 우연한 사정으로 인해, B뿐만 아니라 C를 통해서도 책임재산을 회복할 수 있는 망외의 이득을 얻기 때문이다. 이 문제에 관해서는 본문 Ⅲ. 2. 가. (2)에서 자세히 살펴본다.

나. 간접적 급여 상황

B가 C에 대한 채무 변제 명목으로 금전을 A에게 증여하면서 A에게 해당 금전을 C에게 지급하도록 지시하였고, A가 B의 지시에 따라 C에게 그 금전을 지급한 상황[15)]을 생각해 보자(A와 B 사이에

---

13) A로부터 금전(현금 또는 장부상 금전)을 지급받아 B에 대한 채권의 만족을 얻는 C입장에서, A와 B 사이의 법률관계는 알고 싶은 사항도 아니고, 알아야 할 사항도 아니며, 쉽게 알기도 어려운 사항이다.

14) 본문 Ⅲ. 2. 나. (2) 참조.

15) B가 자신의 자금을 A가 B를 위해 자유롭게 처분할 수 있도록 허락하였고, A가

신탁계약이 성립하지 않았다고 가정한다). 해당 자금을 특정할 수 있고 그 특정자금(또는 변형물)이 시간적 간격을 두고 순차로 이동한 경우라면, 이는 급여의 연쇄가 있는 것이지만, 단축된 급여 상황은 아니다. C의 입장에서는 A로부터 직접 돈을 받았지만, 이를 B의 채무이행행위라고 인식할 수 있었고[16] 실제로 B의 지시에 따라 A의 출연이 이루어진 이상, B의 C에 대한 (간접적) 급여가 있다고 평가할 수 있다.[17] 따라서 B의 관리인은 해당 급여(B의 변제행위)를 대상으로 C에 대하여 부인권을 행사할 수 있다.[18][19]

문제는 B와 C 사이에 부인대상 행위인 급여가 존재한다고 인정되는 경우, B의 관리인이 A를 수익자로 보아 금전의 증여를 부인의 대상으로 삼고 C에 대해서 '전득자'로서 부인권을 행사하는 것이 가능한지 여부이다. C에게 직접 변제하지 않고 A를 활용하였

그에 따라 B의 채권자에 대한 변제 명목으로 이 자금을 사용한 경우도 이익상황은 비슷하다.

16) 간접급여가 인정되려면 급여수령자의 인식가능성이 필요하다는 것이 독일의 통설이다. *Münchener InsO* 3Aufl. (2013)/Kayser §129 Rn.68 등.

17) B가 A에게 변제자금을 미리 마련해주지 않고 A가 자신의 돈으로 변제하더라도, 또는 A가 B로부터 받은 변제자금을 자신을 위해 소비하고 다른 돈으로 C에게 변제하더라도, B의 C에 대한 급여가 인정됨은 물론이다. 다만, 이 경우 B의 입장에서 C를 전득자로 보기는 어렵다.

18) BGHZ 174, 228도 같은 취지이다.

19) 그러나 본문의 사안에서, 채무자(B)가 제3자(A)에게 한 증여만 부인대상이고 제3자의 출연은 제3자의 관리인이 부인의 대상으로 삼아야 하며(고의부인 또는 무상행위 부인이 문제된다), 채무자의 관리인은 채권자를 전득자로 보고 부인권을 행사할 수 있을 뿐이라는 반론으로는 Bartels(주 9), 676. 그러나 이와 같이 보면 ① 제3자가 다른 금전을 출연하여 채권자를 전득자로 볼 수 없는 경우나, ② 채권자에게 '전득자에 대한 부인권 행사요건'이 갖추어지지 않은 경우, 채무자의 관리인은 제3자에 대해 부인권을 행사할 수밖에 없고, 만약 제3자가 자력이 부족하면 실질적으로 원상회복을 받지 못한다. 채권자에 대한 편파변제요건이 갖추어졌음에도 불구하고 채권자로부터 원상회복을 받지 못하는 것은 부당하다고 사료된다. Godehard Kayser, "Von mittelbaren Zuwendungen, Leistungsketten und Empfangsberechtigten", *Sanierung, Insolvenz, Berufsrecht der Rechtsanwälte und Notare* (2010), 226-228 참조.

다는 이유만으로 B의 관리인에게 책임재산 확충의 방법 및 가능성을 넓혀주는 것은 부당하지 않을까?[20] 따라서 필자는, A가 아직 금원을 보유하고 있는 경우에는 A를 수익자로 보아 무상행위 부인을 주장할 수 있지만,[21] A가 이미 C에게 출연한 이상 B의 관리인은 A를 수익자로 한 무상행위 부인은 더 이상 주장할 수 없고, C에 대한 위기부인만 주장할 수 있다고 생각한다. 따라서 이 경우 C를 전득자로 보고 부인권을 행사할 수 없다.[22][23]

2. 중간자가 소유권을 통과취득하는지 여부: 제3자가 금전 아닌 동산을 출연한 경우

A는 B에게 X동산을 인도할 계약상 의무가 있고 B는 C에게 X동산을 인도할 의무가 있는데, A가 B의 지시에 따라 자신이 소유하고 있는 X동산을 C에게 인도한 상황을 생각해 보자. 이 상황에서 X동산의 점유 이전 및 소유권 이전은 어떻게 이루어지는가? 학설은 대체로 다음과 같이 설명한다.

---

20) 이러한 생각은 본문 Ⅲ. 2. 가. (2)에서 보듯이 단축된 급여의 경우 C에 대한 부인권 행사 요건을 판단할 때에도 적용될 수 있다.

21) A가 B의 이행보조자가 아닌 이상, A가 B로부터 금전을 증여받았다는 결론 자체를 부정하기는 어려울 것이다. A가 B의 이행보조자인 경우 B→A→C로의 급여의 연쇄가 처음부터 존재하지 않으므로, 본문에서 다루는 문제상황에 해당하지 않는다.

22) 독일의 학설도 대체로 간접급여와 급여의 연쇄를 구별한다. 즉 간접급여 상황에서 A는 단지 지급대행기관의 역할을 할 뿐이므로, A를 수익자·C를 전득자로 하는 부인권 행사를 부정한다. 다만 A가 지급받은 금원을 C에게 지급하지 않고 계속 보유하고 있다면 A에 대한 무상행위 부인이 가능하다고 본다. *Münchener InsO* 3Aufl. (2013)/Kayser §129 Rn.49; *Uhlenbruck InsO* 14Aufl. (2015)/Ede · Hirte §134 Rn.58, 60; *BeckOK InsO* 7ed. (2017)/Raupach §129 Rn.73, 74 및 §134 Rn.12; *K. Schmidt InsO* 19Aufl. (2016)/Karsten Schmidt §129 Rn.41; *Kübler/Prütting/Bork InsO* (2017)/Brinkman Anh. §145 Rn.7; Kayser(주 19), 222-224, 230.

23) 참고로 B가 C를 수익자로 하여 A에게 금전을 신탁한 경우에는 채무자회생법 제113조의2, 제406조의2에 의해 B의 관리인은 A, C에게 부인권을 행사할 수 있다.

"... 이는 A가 B에게, B가 C에게 각각 인도한 것이다. B는 A로부터 인도를 받는 자로서 A의 지배양상에 영향을 미칠 수 있는 힘을 가지고 있고, C에게 인도하는 자로서 C에게 지배를 창출하여 주는 힘을 가지고 있는데, 이에 기초하여 인도주체로서의 자격을 인정하는 것이다. 그리고 그러한 힘에 의한 교부가 이루어짐으로써 B는 순간적으로나마 물건에 대한 점유를 취득한 것이다."[24]

"...B는 순간이기는 해도 물건에 대한 소유권을 취득한다. 즉 그 예에서는 소유권이 A로부터 C 앞으로 직접 이전하는 것[이른바 직접취득(Direkterwerb)]이 아니라, A로부터 B로, 다시 B로부터 C로 이전한다[이른바 통과취득(Durchgangserwerb)]."[25][26]

즉 B의 지시에 따른 점유 이전은 두 개의 현실인도(A→B, B→C)가 결합된 것이다. 현실인도의 내용을 구체적으로 설명하면 다음과 같다. 첫 번째 현실인도(A→B)의 경우, 채무자(B)가 채권자(C)에게 물건을 받으라고 지시하고 제3자(A)가 채무자의 지시에 따라 채권자에게 제3자 소유 동산을 인도함으로써, 채무자와 제3자 사이에 현실인도가 이루어진다. 여기서 채권자는 채무자의 점유보조자도

24) 양창수 · 권영준, 권리의 변동과 구제 3판(박영사, 2017), 137. 民法注解9/李仁宰 217-219도 같은 취지이다.

25) 양창수 · 권영준(주 24), 137. 民法注解9/李仁宰 217-219도 같은 취지이다. 한편 정태윤, "독일에서의 지시취득", 법학논집 18-3(2014), 49-50은 ① 통과취득설이 거래당사자의 의사 및 거래실정에 부합하고, ② 통과취득설을 취해야 A-B 사이의 원인관계가 무효, 취소, 해제 되더라도 선의의 C가 보호될 가능성이 있으며, ③ 통과취득설을 취해야 지급지시를 통해 '금전'이 이동한 경우 부당이득반환에 관한 우리 판례 입장(급여관계 내에서의 부당이득반환)과 정합성이 유지된다는 점을 들어, 통과취득설을 지지한다.

26) 통과취득 이론구성에 관해서는 정병호, "Celsus의 通過取得理論", 법사학연구 22(2000), 85 이하도 참조. 통과취득설은 독일의 통설이기도 하다. *Münchener BGB* 7Aufl. (2017)/Oechsler §929 Rn.71.

아니고 점유매개자도 아니다. 즉 채무자는 물건을 직접점유하거나 간접점유하고 있지 않다. 두 번째 현실인도(B→C)의 경우, 소유자인 채무자는 제3자(채무자의 점유보조자도 점유매개자도 아니다. 즉 채무자는 물건을 직접점유하거나 간접점유하고 있지 않다)에게 지시하여 채권자에게 채무자 소유 동산을 인도하도록 함으로써 채무자와 채권자 사이에 현실인도가 이루어진 것이다. 동산 소유권은 A로부터 — 법률적 1초 동안 B를 거쳐 — C에게 이전된다. 이 경우 물권적 합의는 A와 B 사이에, B와 C 사이에 각각 존재하며, A와 C 사이에는 물권적 합의가 존재한다고 볼 수 없다.

그러나 이러한 통설에 반대하면서 직접취득설을 지지하는 견해도 있다.[27][28] 이 견해는 중간자 B가 해당 동산을 전혀 점유한 바

---

27) 최윤석, "지시취득과 연쇄행위에서의 동산소유권취득", 민사법학 72(2015), 200-205.

28) 직접취득설을 지지하는 독일의 학설로는 ① Werner Flume, "Der Eigentumserwerb bei Leistungen im Dreiecksverhältnis", *Studien zur Lehre von der ungerechtfertigten Bereicherung* (2003), 200 이하. ② Wolfgang Ernst, *Eigenbesitz und Mobiliarerwerb* (1992), 89-91[중간자 B가 법률적 1초간 점유를 취득하지만 소유권은 통과취득하지 않고, C가 직접취득한다. B의 소유권 취득 요건과 C의 소유권 취득 요건이 '동시'에 충족되는 경우 C만 소유권을 취득한다고 보아야 하기 때문이다. 이렇게 보더라도 C가 소유권을 취득하지 않거나 C의 소유권 취득이 무효가 되는 경우 — 통과취득설과 마찬가지로 — B가 소유권을 취득한다는 결론이 도출된다. 그러나 필자의 관견(管見)으로는 **점유의 순간취득은 인정하면서 소유권의 순간취득은 부정하는 논리구성은 어색하다**고 사료된다]. ③ Bartels(주 9), 378-383[A는 동산을 C에게 인도하면서 **관계되는 자(an den, den es angeht)에게 소유권을 이전하겠다는 물권적 합의의 청약을 명시적으로 한 것**이고, C가 이에 대하여 승낙하거나 B가 A에게 지시하는 과정에서 미리 승낙을 함으로써 A→C로 또는 A→B로 동산물권변동이 이루어진다. 그러나 필자의 생각으로는 **C가 A로부터 동산을 넘겨받았다고 해서 A와의 물권적 합의를 승낙하였다고 보는 것**이 타당한지 의문이 있다. 더구나 위와 같이 **A와 C 사이의 물권적 합의를 별도로 관념하면, 이 물권적 합의와 B-C 간 채권계약 사이의 관계를 어떻게 설정할 것인가**라는 어려운 문제가 제기된다. 둘 사이에 유인(有因)성을 인정하는 것이 일견 B, C의 합리적 의사에 부합하는 것으로 사료된다. 그러나 유인성을 인정하면 B-C 간 채권계약이 무효인 경우 동산소유권이 — B가 아니라 — A에게 복귀하는데 이 결론이 타당한지

없음에도 불구하고 통과취득을 인정하는 것은, 민법상 점유개념을 포기하는 것이라고 비판한다. 이 견해는 Flume의 견해[29]를 참조하여 다음과 같이 법률관계를 구성한다. A와 B, B와 C 사이에 물권적 합의는 있지만 B는 점유를 취득하지 못하므로 A로부터 소유권을 취득하지 못한다. B가 소유권을 취득하지 못하므로 B의 C에 대한 처분은 무권리자의 처분이다. 그러나 무권리자의 처분에 대하여 소유자 A의 동의가 있고(A와 B 사이의 매매계약 시 또는 A가 B의 지시에 따라 동산을 C에게 교부할 때에, 소유자 A의 사전 또는 사후 동의가 있다고 해석할 수 있다), A가 동산을 C에게 인도함으로써 결과적으로 C는 A로부터 동산소유권을 취득하게 된다. 직접취득설을 취하더라도 B-C 사이의 원인관계가 무효이거나 취소된 경우, 해당 동산의 소유권은 A가 아니라 B에게 복귀한다. B-C 사이의 원인관계가 무효가 된 경우 C는 B의 지시에 따라 동산을 점유하고 있다고 볼 수 있으므로, A로부터 B에게로 동산의 현실인도가 있었다고 볼 수 있기 때문이다. 이에 따라 B는 A로부터 소유권을 취득한다.

직접취득설과 통과취득설 중 무엇이 타당한지는 쉽사리 결론짓기 어려운 문제이다. 필자는 법률효과라는 '결과적' 측면 또는 '기능적' 측면에서 두 학설의 우열을 가리긴 어렵다고 생각한다. 통과취득설을 취하면 A-B 사이의 원인관계가 무효·취소·해제되더라도 선의의 C가 보호될 가능성이 있으며, 이러한 결론은 A, B, C 사이의 합리적 기대에 부합한다. 그런데 이 경우 직접취득설을 취하더라도 선의인 C의 신뢰를 보호하는 법리구성이 불가능하다고 할 수는 없다.[30] B-C 사이의 원인관계가 무효이거나 취소된 경우,

---

에 대한 의문이 없지 않다. 또한 A는 C에게 사실행위인 인도를 할 뿐이고, 별도로 의사표시를 하지 않는다는 비판으로는 Flume(주 28), 203].

29) Flume(주 28), 203-206.

30) B를 거치지 않고 A에서 C로 '부동산' 소유권이 이전된 후 A-B 사이의 원인관계에 흠이 있는 경우 C의 신뢰를 보호하는 결론을 취한 판례로는 각주 11)에서 언급한

통과취득설을 취하면 해당 동산의 소유권은 A가 아니라 B에게 복귀한다. A입장에서 자신과 무관한 원인관계로 인해 소유권을 회복하고 이를 다시 B에게 이전할 의무를 지는 것은 타당하지 않으므로, 이러한 결론은 수긍할 수 있다. 그런데 직접취득설을 취하더라도 동일한 결론을 도출할 여지가 있다.[31)]

그러나 법률효과를 도출하기까지의 '논리구성의 일관성 또는 간결성' 측면에서는 통과취득설이 우월하다고 사료된다. 법률효과의 측면에서 두 학설 사이에 큰 차이가 없다면, 굳이 직접취득설을 취해 어려운 길로 돌아갈 이유가 없다. ① A의 입장에서 B와 C사이에 매매계약이 존재하는지 임치계약이 존재하는지는, 쉽게 알 수 없는 사정이다. 직접취득설에 따르면, 매매계약이 존재하는 경우 소유권이 A에서 C로 직접 이전하고, 임치계약이 존재하면 소유권

대법원 1997. 12. 26. 선고 96다44860 판결 참조. 이러한 판례법리와 마찬가지로, A에서 C로 직접 '동산' 소유권이 이전한 경우에도, A-B 사이의 원인관계에 흠이 있다면 C의 신뢰를 보호할 여지가 있다. 무권리자 B의 처분에 대한 A의 사전 또는 사후 동의가 효력이 없는 경우에도, C는 선의취득제도에 의해 보호될 여지가 있다고 사료된다. 그런데 Johannes Hager, "Streckengeschäft und redlicher Erwerb", *ZIP* 1993, 1446, 1447-1448은 **무권리자 B의 처분에 대한 A의 동의가 무효인 경우 이러한 흠이 B와 C 사이의 계약관계에도 영향을 미치므로**, C는 선의취득을 통해 보호받을 수 없다고 주장한다(B와 C 사이의 원인관계상 흠은 선의취득제도에 의해 치유되지 않는다). 그러나 A의 동의가 무효라고 해서 B와 C 사이의 채권계약이 무효라고 단정할 수 있는지 의문이다.

31) 참고로 제철웅(주 11), 150-156은 B를 거치지 않고 A에서 C로 '부동산' 소유권이 직접 이전된 후 B-C 사이의 원인관계에 흠이 있는 경우, 부동산 소유권이 A에게 복귀하지 않고, C가 여전히 소유권자이며 B는 C에게 부당이득반환청구권으로서 부동산 소유권이전청구권을 갖는다고 주장한다. 이 주장은 위 상황과 A→B, B→C 순서로 부동산 소유권이 이전된 경우를 차별취급하는 것은 타당하지 않다는 생각에 기초한다. 즉, B를 거치지 않고 A에서 C로 '부동산' 소유권이 이전된 후 A-B 사이의 원인관계에 흠이 있는 경우 C의 신뢰를 보호하는 결론을 취한 대법원 1997. 12. 26. 선고 96다44860 판결의 논리와 일맥상통한다. 물권행위의 무인(無因)성을 전제로 한 독일법상 논의이긴 하지만 Flume(주 28), 204도 비슷한 취지이다.

은 A에서 B로 이전한다. 따라서 직접취득설하에서 A는 B와의 원인계약 체결 시부터 B의 지시에 따라 동산을 인도할 때까지 사이에, 선택적 관계에 있는 두 개의 의사표시[(1) 무권리자인 B의 처분행위에 동의하는 의사표시와 (2) 동산소유권을 B에게 이전하는 의사표시]를 해야 한다. 이러한 의사표시 해석은 지나치게 의제적이다.[32] ② B-C 사이의 원인관계가 무효가 되면, C는 B의 지시에 따라 동산을 점유하고 있다고 볼 수 있으므로, A에서 B로 동산의 현실인도가 있는 것이라는 직접취득설의 논리구성도 의문이다. C가 여전히 소유의 의사로 해당 동산을 직접점유하고 있고 B가 C의 점유에 현실적으로 어떠한 영향을 미칠 수 없음에도 불구하고, B-C 사이의 원인관계가 무효라는 이유만으로 돌연 A로부터 B에게로 현실인도가 이루어진 것이라고 볼 수 있을까? A→C로 현실인도가 이루어졌다는 최초의 결론은, B-C 사이의 원인관계가 무효라고 하더라도 계속 유지되어야 수미일관한 것 아닌가? ③ 통과취득을 인정한다고 해서 민법상 점유개념을 '파괴'하는 것인지도 의문이다. 매수인의 지시에 따른 현실인도(매수인이 매도인으로 하여금 자신이 거래하는 제3자 — 매수인의 점유보조자나 점유매개자가 아닌 자 — 의 창고에 직접 동산을 입고하게 한 경우)와 매도인의 지시에 따른 현실인도(매도인이 제3자 — 매도인의 점유보조자나 점유매개자가 아닌 자 — 의 창고에 보관하고 있는 자신의 동산을 매수인에게 교부하도록 제3자에게 지시하여 매수인이 그 동산을 직접 교부받은 경우)가 가능하다면,[33] 두 현

---

32) Hager(주 30), 1447도 참조.

33) 거래 현실상 매수인(또는 매도인)의 지시에 따른 현실인도는 매우 드물고, 대부분의 제3자는 매수인(또는 매도인)의 점유보조자나 점유매개자라는 지적이 있다. Bartels(주 9), 367-368. 그러나 지시에 따른 현실인도를 법현실에서 쉽게 찾아볼 수 없다고 해서, 지시에 따라 현실인도가 이루어질 수 있다는 점 자체를 부정할 수는 없다. 지시에 따른 현실인도라는 법형상(Rechtsfigur)을 인정한다면, 단축된 급여관계의 경우 지시에 따른 현실인도가 결합하여 이루어진다고 보는 것이 자연스러운 결론이다.

실인도가 결합된 형태로 중간자 B가 법률적 1초 동안 동산의 점유 및 소유권을 취득하는 것을 부정할 이유가 없다. 결합형태의 경우 점유의 관념화 정도가 더 심해지긴 하지만 이는 어디까지나 정도의 차이일 뿐이다.[34] 통과취득설을 따를 경우 복수의 현실인도의 구체적 내용을 설명하는 것이 의제적이고, 중간자가 여러 명 있는 경우 그 설명[35]이 더욱 의제적일 수밖에 없지만, 직접취득설을 따르더라도 중간자가 여러 명 있는 경우에는 그 설명이 간단치 않다.[36]

통과취득설을 취한다면 중간자 B의 관리인이 C에 대하여 부인권을 행사한 경우, C가 A로부터 받은 동산은 B에게 원상회복되어야 한다는 결론으로 연결된다. 또한 통과취득설을 취한다면, A의 관리인이 C를 전득자로 보고 부인권을 행사하는 것이 가능해진다.[37]

---

34) 제철웅, "善意取得制度의 해석론상 문제점과 그 개선방향", 민사법학 16(1998), 109-110은 통과취득설을 긍정하면서, 동산물권변동에서 인도의 주된 기능은 "당사자 사이의 물권변동의사의 진지성을 확인"하는 데 있지, "물권변동의 공시"에 있는 것은 아니라고 한다.

35) 이에 관해서는 우선 Michael Martinek, "Traditionsprinzip und Geheißerwerb", *AcP* 188(1988), 619-621 참조.

36) 직접취득설에 따른 복잡하고 의제적인 설명의 한 예로는, 소유권유보부 매매가 연속된 경우에 관한 Bartels(주 9), 382의 설명 참조.

37) 직접취득설을 취할 경우 — 논리필연적으로 불가능한 것은 아니지만 — 동산 자체가 B에게 원상회복되어야 한다는 결론이 자연스럽게 도출되지는 않는다. 또한 직접취득설을 취할 경우 A의 관리인이 C를 '전득자'로 삼아 부인권을 행사하는 것은 쉽지 않다. C는 A와의 물권적 합의의 상대방이거나, A가 무권리자인 B의 처분을 승낙함으로써 A로부터 직접 소유권을 취득한 자이기 때문이다.

Ⅲ. 각 문제 상황별 분석

1. 채무자에 대하여 도산절차가 개시된 경우

가. 채무자의 지시에 따라 변제의 일환으로 제3자가 출연한 경우[38] (이하 '지시에 따른 자기채무 변제목적의 출연'이라 한다. Anweisung auf Schuld)

(1) 채권자에 대한 부인권 행사

㈎ 사해행위 판단기준

이 경우 채권자에 대한 채무자의 급여가 있었다. 즉 채무자 스스로 자기채무를 변제한 것과 차이가 없다. 따라서 부인의 대상인 채무자의 행위(=변제행위)가 있다고 평가할 수 있고, 채무자의 관리인은 채권자를 상대로 이 변제행위를 부인할 수 있다(위기부인).[39][40]

---

38) 제3자가 채무자에 대하여 부담하는 채무를 변제하는 명목으로 제3자에게 출연하는 상황을 뜻한다.

39) 수익자(채권자)에게 사해의사가 있다면 고의부인도 가능하다. 채무자의 지급불능에도 불구하고 제3자의 출연이 이루어진다는 점을 채권자가 알았다면, — 채권자가 채무자와 제3자 사이의 내부관계를 아는지 여부와 관계없이 — 고의부인의 주관적 요건은 충족된다. 同旨 Bernd Raebel, "Gläubigergleichbehandlung und Drittzahlungen im Anfechtungsrecht", *KTS* (2015), 285, 305-307.

40) 제3자도 채권자에 대하여 채무를 부담하고 있고, 제3자의 출연으로 제3자가 채무자에 대한 채무뿐만 채권자에 대한 자신의 채무도 면하는 경우가 있다(가령 **제3자가 보증인으로서 채권자에 대해 보증채무를 부담하는 경우**). 이 경우 제3자의 출연을 자기채무 변제로 볼 것인지, 채무자의 채무를 변제한 것으로 볼 것인지는, 출연자인 제3자가 채권자에게 명시적 또는 묵시적으로 누구의 채무를 변제한다고 지정을 하였는지 등을 고려하여 판단해야 한다. 통상의 경우라면 제3자는 자기 채무를 변제하기 위해 출연하였다고 해석함이 합리적이다. 그러나 제3자가 채무자의 자금으로 변제하였다면 이는 채무자의 변제를 단순히 대행한 것으로 해석할 여지가 있다. 이 경우에는 채무자의 채권자에 대한 변제가 있는 것이고 이 변제를 채무자의 관리인이 부인할 수 있다. *Uhlenbruck InsO* 14Aufl. (2015)/Ede · Hirte §129 Rn.327; *条解破産法* 2版 (2016), 1090 참조. 그러나 이 경우는 단축된 급여 사안과 다르므로 Anweisung auf Schuld 사안으로 보기 어렵다고 사료된다.

변제과정에서 채무자 자신의 사실행위가 없다고 해서, 이러한 채무자의 변제를 부인대상에서 제외할 이유는 없다. 채무자의 책임재산인 제3자에 대한 채권이 소멸하는 대신 채권자의 채권이 변제된 것이므로, ① 채무자가 제3자로부터 변제를 받아 그 대금으로 채권자에게 직접 변제한 상황이나 ② 채무자가 채권자에게 채무변제 명목으로 제3자에 대한 채권을 직접 양도한 상황과 — 채무자의 책임재산으로 편파행위가 이루어졌다는 점에서는 — 차이가 없다.

지시에 따른 변제 목적 출연과 채무자가 자기 책임재산으로 편파변제하는 경우 모두 변제행위의 사해성은 — 이를 통해 채무자의 적극재산(채무자의 제3자에 대한 채권)이 감소한다는 측면보다는 — 편파변제 그 자체에서 찾을 수 있다고 사료된다.[41] 참고로 독일 학설 중에는 후자의 경우 변제의 사해성은 편파변제 그 자체에 있지만, 전자의 경우 변제의 사해성은 편파변제를 통해 **채무자의 제3자에 대한 채권이 소멸한다**(적극재산의 감소)**는 점**에 있으므로 양자를 달리 취급해야 한다는 견해가 있다.[42] 이 견해에 따르면 채무자의 제3자에 대한 채권이 압류금지채권이라면(가령, 채무자가 제3자에 대하여 변제기가 도래한 구체적 부양료 채권을 갖고 있고,[43] 제3자가 이 부양료 지급의무를 이행하기 위해 채무자의 지시에 따라 채권자에게 변제한 경우) 이러한 채무자의 변제를 부인대상으로 삼을 수 없다. 채무자가 갖고 있는 압류금지채권은 애초부터 채무자의 책임재산에 포함

41) 비슷한 취지로는 *Kübler/Prütting/Bork InsO* (2017)/Brinkman Anh. §145 Rn.21.

42) Florian Jacoby/Christian Mikolajczak, “Gläubigerbenachteiligung bei Zahlung mittels Bank und sonstiger Dritter”, *ZIP* (2010), 301, 306-307; Bartels(주 9), 648-651.

43) 대법원 2006. 7. 4. 선고 2006므751 판결[“가정법원의 심판에 의하여 구체적인 청구권의 내용과 범위가 확정된 후의 양육비채권 중 이미 이행기에 도달한 후의 양육비채권은 완전한 재산권(손해배상청구권)으로서 친족법상의 신분으로부터 독립하여 처분이 가능하고, 권리자의 의사에 따라 포기, 양도 또는 상계의 자동채권으로 하는 것도 가능하다”] 참조.

되지 않으므로 채무자의 지시에 따라 압류금지채권이 소멸되었더라도 사해성을 인정할 수 없다는 것이다. 그러나 채무자가 제3자에게 압류금지채권을 갖고 있더라도, 일단 제3자가 채무자에게 변제하면 그만큼 일반채권자들을 위한 책임재산은 증가하고[44] 채무자는 이를 자유롭게 처분할 수 있다. 제3자의 출연에 따른 변제를 채무자가 제3자로부터 돈을 받아 이를 채권자에게 지급하는 것과 달리 취급할 이유도 없다. 따라서 지시에 따른 변제목적 출연의 경우에도, **변제행위의 사해성은 행위의 편파성에서 찾는 것이 타당하고**(물론 편파행위 시에도 적극재산이 감소하나, 편파행위의 사해성의 핵심은 책임재산 감소가 아니라 채권자평등원칙의 훼손에 있다), 채무자의 제3자에 대한 채권이 압류금지채권이더라도 채권자에 대한 위기부인권 행사는 가능하다고 사료된다. 비슷한 맥락에서 제3자의 출연 당시 제3자가 채무초과상태여서 채무자의 제3자에 대한 채권의 실질가치가 0에 가까웠더라도, 이러한 사정이 채무자 변제의 사해성에 영향을 미칠 수는 없다고 사료된다.[45]

채권자가 채무자에게 자신의 채무를 이행하면서 그와 동시이행관계에 있는 급여를 제3자로부터 받은 경우에도 채권자에 대한 변제의 사해성을 긍정할 수 있는가? 이 경우 — 채권자와 채무자 사이의 원인계약을 부인의 대상으로 삼을 수 있음은 별론으로 하

44) 다만 민사집행법 제246조 제2항과 같은 제한은 존재한다.

45) 그러나 필자도 **변제의 사해성을 판단함에 있어 채무자와 제3자 사이의 법률관계를 일정 부분 고려할 필요는 있다**고 생각한다. 가령 제3자의 출연에도 불구하고 채무자의 제3자에 대한 채권이 소멸하지 않는다면(ex. 제3자가 채무변제 목적이 아니라 채무자에 대한 증여 목적으로 채권자에게 출연한 경우), 편파변제에 대한 위기부인을 주장할 수 없다. 채무자의 책임재산이 오히려 늘어났기 때문이다. 이 경우 제3자의 출연으로 제3자의 책임재산이 감소하여 채무자의 제3자에 대한 채권의 실현가능성이 낮아졌다는 이유만으로, 채무자의 책임재산(채권의 형태로 존재하는 적극재산)이 감소하였다고 평가하기는 어렵다. *Uhlenbruck InsO* 14Aufl.(2015)/Ede · Hirte §129 Rn.312.

고, — 변제의 사해성을 인정하기는 쉽지 않다. 그 이유로는 ① 거래 전후 채무자의 책임재산의 계수상 변동이 없는 점, ② 책임재산의 형태가 금전에서 다른 것(ex. 부동산, 동산 등)으로 바뀌었는데 그로 인해 책임재산의 '질적' 감소가능성이 증가하였다고 단정하기 어려운 점, ③ 이러한 동시교환거래의 경우 — 거래상대방 스스로 채무자의 신용위험을 부담하는 신용거래의 경우보다 — 거래상대방의 보호필요성이 큰 점, ④ 동시교환거래는 일상적이거나 전형적인 거래인 경우가 많으므로 채무자의 법률행위의 자유를 보호할 필요성이 큰 점 등을 들 수 있다.

㈏ 본지급여 또는 비본지급여

지시에 따른 변제 목적 출연이 이루어져 채무자의 채무가 변제된 경우, 그 **변제행위는 본지급여인가**? **아니면 비본지급여인가**? 일응 다음과 같은 2가지 생각이 가능하다고 사료된다.

첫째, **채무자가 지급지시의 방법으로 채무를 변제할 의무는 없으므로**, 이는 비본지급여이다(이하 '1설').[46] 제3자가 채무자로부터 돈을 전달받아 이행보조자로서 변제하는 것은 채무자가 직접 변제하는 것과 같은 변제방법이지만, 지급지시 방식의 변제는 직접 변제하는 것과 '변제방법'이 같다고 할 수 없다. 지급지시 방식의 변제는 변제 재원(財源)이 제3자의 책임재산에서 나오는 것이기 때문이다. 이에 대하여 현대사회에서 제3자를 개입시킨 채무변제는 일상적으로 일어나는 현상이고, 이러한 방법으로 채무를 변제받은 채권자의 보호필요성이 다른 경우에 비해 떨어진다고 볼 수 없으므로, 제3자의 출연을 통한 변제도 본지급여로 보아야 한다는 반론이 있을 수

46) 1설의 논리에 의하면 채무자가 제3자에게 지시하여 채권자에게 변제하는 것은, 채무자가 채권양도의 방식으로 채권자에 대한 채무를 '대물변제'하는 것과 비슷한 점이 있다. 대물변제는 비본지급여에 해당한다. 전병서, 도산법(법문사, 2016), 254.

있다. 그러나 이러한 방식의 채무변제가 일상적 현상이라고 단정할 수 없다. 아래 Ⅲ. 1. 나.에서 살펴 볼 지시에 따른 타인채무 변제 사안(Anweisung auf Kredit)의 경우 더욱 그 일상성을 인정하기 어렵다. 이는 이른바 '채무 돌려 막기' 사안으로서, 변제수령자인 채권자로서는 채무자의 무자력을 의심할 정황이 뚜렷하고 채권자의 보호필요성은 그만큼 감소한다. 다만 제3자가 은행과 같이 지급대행기관이라면, — 은행이 지급불능 또는 지급정지와 같은 극히 이례적 상황에 빠지지 않는 한 — 본지급여로 봄이 타당하다. 은행과 같은 지급대행기관을 통한 금전의 이동(移動)은 거래현실에서 매우 빈번히 일어나며, 이 경우 채무자는 자신의 지갑에서 돈을 꺼내 채권자에게 변제한 것과 실질적으로 차이가 없기 때문이다.[47)48)]

둘째, **채무자의 급여가 인정되는 이상 제3자는 채무자의 이행보조**

---

47) 同旨 *Kübler/Prütting/Bork InsO* (2017)/Brinkman Anh. §145 Rn.27; Wolfram Henckel, *Anfechtung im Insolvenzrecht* (2008), §131 Rn.15; Neyses(주 9), 87; Michael Huber, "Konkurrierende Anfechtungsanspruche zu Gunsten verschiedener Insolvenzmassen im Dreiecksverhältnis oder; Krieg der Insolvezverwalter", *NZI* (2008), 149, 150. 독일 판례도 같은 취지이다. *BGH ZIP* (1998), 2008; *BGH ZIP* (2005), 992 등.

48) 은행계좌를 계좌명의인의 '지갑'처럼 보는 단순한 직관은 계좌이체를 둘러싼 다양한 법률관계의 해명에 도움을 줄 수 있다. 가령 계좌명의인이 개설한 계좌로 금원이 이체되었다면, 그 이체사실 및 경위를 계좌명의인이 모르더라도 계좌명의인은 일단 해당 금원을 수령하였고 그 금원 상당의 이익을 누리고 있다고 볼 수 있다.
  한편, 채무자가 채권자가 보유하고 있는 여러 계좌 중 특정 계좌로 입금하는 방식으로 채무를 변제하기로 채권자와 합의하였는데, 채권자의 다른 계좌로 금원을 이체한 경우 '변제의 효력'이 있는가라는 문제도 '**계좌이체 거래의 일상성**'에 어느 정도 무게를 두는지에 따라 결론이 달라질 수 있다. 일상성을 강조하는 입장에서는, 일단 변제효는 인정하되 합의와 다른 방식의 변제로 인해 채권자에게 손해가 발생한 경우 채무자에게 채무불이행 또는 불법행위를 원인으로 한 손해배상책임을 부과하는 방식으로 법률관계를 해결할 것이다. 그러나 일상성을 위와 같은 정도로 강조하지 않는 입장이라면, 변제효를 부정하고 대신 채권자에게 채무자에 대한 부당이득반환채무를 인정하는 방식으로 문제를 해결할 것이다. Thomas Dräger, "Überweisung auf ein anderes Konto als vom Gläubiger angegeben", *MDR* 17 (2012), 1009 참조.

자로서 채권자에 대한 채무자의 채무를 변제한 것이므로, — 채무자와 채권자 사이의 관계에서 기한 전 변제 등과 같이 비본지급여로 볼 만한 사정이 존재하지 않는 한 — 이는 본지급여이다(이하 '2설').[49] 채권자 입장에서 제3자가 채무자로부터 돈을 전달받아 채무자의 이행보조자로서 변제를 하는지, 지급지시에 따라 채무자에 대한 채무변제 명목으로 채권자에게 출연하는지는 쉽게 구별하기 어려운 사정이므로, 전자는 본지변제, 후자는 비본지변제로 나누는 것은 타당하지 않다. 1설처럼 보면 변제수령자가 쉽게 알기 어려운 사정을 기준으로 법률효과가 결정되므로, 변제수령자는 망외의 이득이나 손실을 입을 수 있다. 지급지시의 방법으로 채무를 변제하는 것이 일상적이지 않더라도, 채무자가 이행보조자를 사용하여 변제하는 것은 일상적인 변제방법이다. 따라서 ① 채무자가 자기 재원으로 이행보조자를 사용하여 변제하는 것, ② 지급지시에 따라 자기 채무 변제 목적으로 출연하는 것, ③ 지급지시에 따라 타인채무 변제 목적으로 출연하는 것은 모두 본지변제로 보아야 한다.[50]

조심스럽지만 필자는 2설에 기운다. 부인권은 채무자의 일반 채권자들을 보호하기 위해, 채무자와 수익자 사이의 법적 행위의 효력을 부인하는 — 그 행위 자체에는 아무런 흠이 없음에도 불구하고 — 제도이다. 이는 법률행위의 자유와 거래안전을 제한하는

---

49) Röttger(주 9), 127-128; Bartels(주 9), 704-705; Helmut Koziol, "Anweisung und Glaübigeranfechtung im Konkurs des Anweisenden", *Juristische Blätter* (1985), 593; Ronald Wiester/Christopher Kranz, "Grenzen der Schenkungsanfechtung von Drittzahlungen", *NZI* (2012), 541, 542.

50) 한편, 본지변제로 보는 견해 중에는 "채권자로서는 제3자의 출연을 거절할 수 없고 만약 거절하면 채권자지체 책임을 부담하는데, 그럼에도 불구하고 이를 비본지급여로 보면 채권자에게 가혹하다."는 주장이 있다. Röttger(주 9), 128. 그러나 채권자에게 수령거절권한이 인정되는 경우에만 비본지급여를 인정하는 것은 아니므로(채권자는 채무자의 기한 전 변제의 수령을 거절할 권리가 없지만, 채무자의 기한 전 변제는 비본지급여이다), 위 주장은 타당하지 않다고 사료된다.

제도로서 가급적 신중히, 제한적으로 운용되어야 한다. 1설처럼 보면 수익자인 채권자가 쉽게 알기 어려운 사정에 따라 부인가능성이 확대될 수 있다. 수익자의 비난가능성이 높다고 볼 수 없는 경우에까지 부인권 행사 가능성을 확대하는 것은, 법률행위의 자유나 거래안전의 측면에서 바람직하지 않다. 지시에 따른 타인채무 변제 사안에서 변제수령자인 채권자가 그러한 사정을 알았다면 채권자의 비난가능성이 높다고 평가할 수는 있다. 그러나 이는 채권자의 악의 인정여부를 판단할 때 고려하면 족하다. 이 경우에도 변제'방법'은 이행보조자를 통한 변제라는 일상적 방법이 사용된 것이다.[51)]

㈐ 부인권 행사의 효과

부인권 행사의 효과는 어떻게 되는가? 편파변제의 효력을 부정하는 것이므로 채권자는 제3자로부터 받은 원물이나 그에 상응하는 가액을 채무자(관리인)에게 반환해야 한다.[52)] 채권자에게 원물반

---

51) 부인제도는 일반채권자들 전체의 이익을 위해 채무자와 채권자의 사적자치(Privatautonomie)를 제한하는 것이다. 그런데 부인대상으로 문제된 행위가 채무자와 채권자 사이의 계약에 따라 미리 약속된 행위가 아니고, 따라서 그 행위를 채권자가 요구할 권리도 채무자가 이에 따를 의무도 없다면, 이러한 행위에 대해서는 더 강한 제한이 정당화될 수 있다. 이 경우 채무자와 채권자의 사적자치가 제한되는 정도가 더 약하기 때문이다. 채무자가 자신의 의무에 속하지 않는 방법으로 변제를 한 경우 이를 비본지급여로 보아 부인가능성을 확대하는 채무자회생법의 태도는 이러한 측면에서 정당화될 수 있다. 다만 Ludwig Häsemeyer, *Insolvenzrecht* (2007), 574는 위와 같이 보면, 미리 계약서를 통해 채무자의 의무내용 및 의무이행 방법 등을 세밀히 규정해 놓은 주도면밀한 채권자가 유리해질 수 있으므로, 채무자의 주된 급여의무가 법질서에서 전형적으로 어떻게 이행되어야 하는지를 고려할 필요가 있다고 한다. 결국 비본지급여에 해당하는지 판단하는 실질적 기준은 그 행위의 '일상성'에 있는 것이다.

52) 同旨 Koziol(주 49), 591-592; Henckel(주 47), §130 Rn.47(**채권양도사실을 모르는 채무자가 채권양도인에게 변제한 경우 채권양도인이 이를 부당이득으로 채권양수인에게 반환해야 하는 것처럼**, 채권자가 제3자로부터 받은 목적물은 채무자에게 반환되어야 한다) 및 §143 Rn.67; Röttger(주 9), 135-137; Gerhard Hassold, *Zur Leistung im Dreipersonenverhältnis* (1981), 216-219; Thomas Wazlawik, "Dreiecksverhältnis und Doppelinsolvenz – Jeder gegen jeden?", *NZI* (2010),

환의무를 인정해야, 금전 아닌 동산의 이동에서 통과취득설을 취하는 것과 조화를 이룰 수 있다. 제3자가 출연한 동산은 채무자가 법률적 1초간 소유하고 있다가 채권자에게 이전되는 것이므로, 즉 해당 동산이 채무자의 책임재산이었던 적이 있으므로, 부인권 행사에 따라 발생하는 원상회복의무는 이러한 상태로의 회복에 초점을 맞추어야 한다.

독일의 학설 중에는, — 금전이 이동한 경우를 주로 염두에 두고 — **채권자는, 채무자가 제3자에 대해 갖고 있던 채권액 상당의 가액반환의무를 부담**한다는 견해가 있다.[53] 그 근거로는 — 학자마다 차이가 있기는 하지만 — ① 변제의 사해성을 채권자의 제3자에 대한 채권이 소멸했다는 점에서 찾아야 한다는 점, ② 해당 금전은 한 순간도 채무자의 책임재산이었던 적이 없기 때문에('직접취득설'과 비슷한 사고방식!) 받은 급여 자체의 원상회복은 타당하지 않다는 점 등이 제시된다. 그러나 ①과 같은 생각이 타당하지 않음은 앞서 지적하였다. 또한, 지급지시를 통해 A에서 C로 금전이 이동한 경우와 B가 A로부터 금전을 지급받아 그 금전으로 C에게 변제한 경우를 달리 취급할 이유는 없다고 사료된다.

제3자의 출연으로 채무자의 채권과 채권자의 채권이 동시에 소멸하지만, 채무자의 관리인이 부인의 대상으로 삼는 부분은 채무자와 채권자 사이의 급여관계, 즉 채권자의 채권이 소멸하는 부분에 국한된다. 전자는 채무자와 제3자 사이의 관계에서 문제되는 것이다. 채무자의 관리인이 채권자에 대하여 부인권을 행사한다고 해서, 그로 인해 채무자와 제3자 사이의 법률관계에 변동이 생길

881, 882.

53) Wolfgang Lüke, "Anfechtungsrechtliche Probleme bei Dreiecksverhältnissen am Beispiel der Erfüllung durch Dritte", *ZIP* (2001), 1, 8; *Kübler/Prütting/Bork InsO* (2017)/Brinkman Anh. §145 Rn.31; Bartels(주 9), 714-715; Jacoby/Mikolajczak (주 42), 306.

수 없다. 즉 **부인권이 행사되더라도 채무자의 제3자에 대한 채권이 소멸했다는 사실은 변함이 없다**.

제3자로부터 채권자에게 '부동산'이 이전된 경우는 어떠한가? 이 경우 해당 부동산은 채무자의 책임재산이었던 적이 없고,[54] 이를 채무자에게 복귀시키는 것은 **사해행위가 있기 전보다 채무자를 유리한 상태로 만드는 것**이다(채무자는 소유권이전등기청구권을 갖고 있었을 뿐이고 부동산을 소유한 적이 없다). 이러한 비판을 피하기 위한 방법 중 하나는, 부동산 소유권이 제3자에게 회복되고 제3자는 채무자에 대하여 여전히 소유권이전등기의무를 부담하는 상황을 만드는 것이다. 그러나 — 제3자에 대한 부인권 행사가 가능한 경우는 별론으로 하고 — 채권자에 대해서만 부인권을 행사한 상황에서, 채무자의 제3자에 대한 채권이 부활한다는 결론을 도출하기는 어렵다. 이 경우에는 **가액반환 방식의 원상회복청구를 허용함이 타당**하다고 생각한다. 여기서 가액은 사해행위가 없었더라면 채무자의 책임재산에 포함될 수 있었던 재산 — 즉 채무자의 제3자에 대한 소유권이전등기청구권 — 의 가액이 될 것이다.

원상회복의무를 이행한 채권자는 채무자에 대한 채권을 회복한다(채무자회생법 제109조 제1항, 제399조). 원상회복의무를 수령함으로 인해 채무자가 이중의 이득을 얻었다면 채권자가 채무자에 대하여 반대급여 상환청구권을 행사할 여지도 있다(채무자회생법 제108조 제3항, 제398조). 채권이 회복된 경우 만약 제3자도 채권자에

---

54) 그러나 원상회복의 대상 및 범위를 결정함에 있어, 해당 목적물이 사해행위 전에 채무자의 책임재산에 포함된 적이 있었는지 여부가 **결정적 고려사항인지**에 대해서는 검토의 여지가 있다[각주 113)도 참조]. 가령, 채무자가 보험계약자로서 보험료를 지급하여 수익자가 보험금을 지급받은 경우, 보험금은 채무자의 책임재산에 포함되었던 적이 없으므로 채무자의 관리인은 수익자에게 부인권을 행사하여 보험금의 반환을 청구할 여지가 없다고 보아야 하는지 논란이 있을 수 있다. 이 문제에 대해서는 별도의 글에서 검토하기로 한다.

대하여 급여할 의무를 부담하고 있었던 사안이라면, 제3자는 여전히 그 의무를 부담한다.[55)]

(2) 제3자에 대한 부인권 행사

지시사례에서 채무자의 관리인은 채권자에 대하여 부인권을 행사하는 것이 보통일 것이다. 그런데 채무자의 관리인이 제3자에 대하여 부인권을 행사할 수 있는가? 채무자의 제3자에 대한 급여행위가 존재하지 않으므로[56)] 위기부인권 행사는 어렵다. 그러나 고의부인은 가능하다고 사료된다.[57)] 아래에서는 제3자에 대한 고의부인의 요건과 효과를 검토한다.

㈎ 사해행위 판단기준

채권자에 대하여 부인권 행사가 가능하다고 해서 제3자에 대한 부인권 행사가 당연히 배제된다고 할 수 없다. 제3자가 채권자에게 출연함으로써 채무자는 제3자에 대한 채권을 상실하지만, 채권자에 대한 채무가 면제되는 이익을 얻었다. 그런데 채무자가 자력이 없는 상황에서 이러한 변제가 이루어졌다면, **제3자는 채무자의 편파변제에 가담하는 방법으로 채무자의 사해행위에 기여한 것**이다. 제3자가 편파변제라는 사정을 알면서 채무자의 지급지시에 따른 경우, 제3자는 자신의 행위로 인해 채권자평등원칙이 훼손된 것에 대한 책임을 부담해야 한다. 이러한 사정을 아는 제3자는 채무자의 지급지시에 응하지 말아야 하고, 만약 채무자가 변제수령을 거절하

---

55) 서울중앙지방법원 파산부 실무연구회, 법인파산실무 4판(박영사, 2014), 419(상대방의 채권이 부활하면 종전의 물적·인적담보도 부활한다).

56) 제3자와 매매계약을 체결한 매도인인 채무자가 제3자에게 매매목적물을 인도하면서 매매대금은 채권자에게 지급하라고 지시한 경우에는, 매매목적물 인도에 관하여 제3자를 상대로 위기부인권을 주장할 여지가 있다. *Uhlenbruck InsO* 14Aufl. (2015)/Ede · Hirte §129 Rn.297.

57) 反對 Lüke(주 53), 8-9(지시에 따른 급여가 이루어진 경우 채권자에 대한 부인권 행사만 가능하다).

면 공탁을 함으로써 자기채무를 면할 수 있다.[58] 편파행위가 고의부인의 대상이 될 수 있다면,[59] **채무자 이외의 제3자가 채무자의 편파행위에 가담한 행위**도 고의부인의 대상이 될 수 있어야 한다. 이러한 사정을 고려할 때, 채무자의 관리인은 **제3자에게 고의부인권을 행사**할 수 있다고 사료된다. 여기서 부인의 대상이 되는 행위는 **지급지시 및 이에 따른 제3자의 출연행위**이다.[60] 제3자의 출연행위는 채무자의 행위가 아니지만, 채무자의 지급지시에 기초해 이루어진 것으로서 채무자의 행위와 동일시해도 무방하다고 사료된다.[61] 채무자의 위기시기 전에 채무자가 지급지시를 하였고, 채무자가 이를 철회하지 않고 있다가 — 채무자는 자신의 지급지시를 자유롭게 철회할 수 있는 것이 통상이다 — 위 지급지시에 기초해 위기시기 이후 제3자가 출연을 하였다면, 제3자에 대하여 고의부인권 행사가 가능하다. 채무자와 채권자 사이에서 부인권 행사가 가능하지 않더라도, 채무자와 제3자 사이에서 고의부인은 가능할 수 있다.[62]

제3자의 악의(문제된 행위가 파산채권자를 해한다는 사실을 아는 것. 채무자회생법 제100조 제1항 제1호, 제391조 제1호)**는 어떠한 요건이 충족되어야 인정되는가**? 제3자는 자신의 출연으로 '채무자에 대한' 법률관계에서 자신의 채무가 소멸할 뿐이고 편파변제와 직접적 관련이 있는 이익을 얻은 바는 없으므로,[63][64] 제3자가 단순 악의라고

---

58) Koziol(주 49), 589-590 참조.

59) 대법원 2016. 1. 14. 선고 2014다18131 판결 등.

60) 한편 Koziol(주 49), 590, 593은 제3자에 대한 수권을 고의부인의 대상으로 본다.

61) 참고로 판례는 "부인의 대상은 원칙적으로 채무자의 행위라고 할 것이나, 다만 채무자의 행위가 없었다고 하더라도 예외적으로 채무자와의 통모 등 특별한 사정이 있어서 채권자 또는 제3자의 행위를 채무자의 행위와 동일시할 수 있는 사유가 있는 경우에는 예외적으로 채권자 또는 제3자의 행위도 부인의 대상으로 할 수 있다."고 본다. 대법원 2011. 10. 13. 선고 2011다56637, 56644 판결 등.

62) *Kübler/Prütting/Bork* InsO (2017)/Brinkman Anh. §145 Rn.40; *BGH ZIP* (2013), 371.

63) 채무자의 채권자에 대한 채무가 부존재하는 것으로 밝혀지더라도, 제3자의 채무

해서 — 즉 자신의 출연을 통해 지급불능 상태에 빠진 채무자의 특정채권자에게 편파변제가 이루어진다는 사정을 알았다고 해서 — 제3자에 대한 고의부인을 인정하는 것은 가혹하다고 생각할 여지도 있다. 그러나 제3자가 채무자 행위의 사해성을 인식하였다는 점 이외에 추가로 주관적 구성요건을 요구할 법적 근거는 없다. 제3자가 지급지시를 이행함으로써 채무면제이익을 얻은 것 자체는 부정할 수 없으므로, 객관적 구성요건의 측면에서 이러한 제3자가 고의부인의 상대방인 '수익자'에 해당함은 분명하다. 따라서 **채무자가 자신에 대하여 도산절차가 개시되는 경우 적용되는 채권자평등원칙을 회피하기 위해 특정채권자에게 변제한다는 사정을 제3자가 알고 채무자의 지급지시에 응한 경우**,[65] 이러한 제3자는 원칙적으로 보호할 수 없다고 사료된다.[66]

다만, 이러한 일반적 법리를 모든 유형의 제3자에게 무차별적

자에 대한 채무가 소멸한다는 결론에는 변함이 없다. 즉 제3자가 얻은 채무소멸이익은 채무자－채권자 사이의 법률관계와 직접 관련이 없다.

64) 가령 제3자가 채권자에 대한 연대보증인으로서, 제3자가 **채무자의 주채무이행 명목으로 출연을 하여** — 다만 이런 경우는 현실적으로 드물 것이다. 제3자는 통상 자신의 연대보증채무 변제 명목으로 출연을 할 것이기 때문이다. — 제3자 자신의 연대보증채무도 면하는 경우라면, 채무자의 관리인이 제3자에 대하여 고의부인을 주장할 수 있다는 데 이론이 있기 어렵다. 이 경우 제3자는 편파변제와 직접 관련이 있는 자로서, 자신의 출연을 통해 '채권자'에 대한 자신의 연대보증채무가 면제되는 이익을 얻었기 때문이다. *Uhlenbruck InsO* 14Aufl. (2015)/Ede · Hirte §129 Rn.303 참조.

65) 판례는 편파행위도 고의부인의 대상이 될 수 있다고 하면서, 그 요건 중 하나로 "도산절차가 개시되는 경우에 적용되는 채권자평등의 원칙을 회피하기 위하여 특정채권자에게만 변제 혹은 담보를 제공한다는 채무자의 인식"을 들고 있다(대법원 2005. 11. 10. 선고 2003다271 판결; 대법원 2006. 6. 15. 선고 2004다46519 판결). 제3자가 채무자의 지급불능 사실을 알면서 채무자의 지급지시에 응했다면 제3자의 악의는 인정될 여지가 많다.

66) 채무자의 채권자에 대한 채무가 부존재하는 등의 이유로 채무자의 변제 자체가 효력이 없는 경우에는, 비록 제3자가 자기 채무 소멸의 이익을 얻었더라도 제3자에 대한 고의부인이 허용될 수 없음은 물론이다.

으로 적용할 수 있는지에 대해서는 검토의 여지가 있다. 제3자가 은행과 같은 지급대행기관인 경우, 채무자의 지급불능을 알면서 — 제3자가 채무자의 주거래 은행으로서 채무자의 신용상태·자산 및 부채 현황·사업현황 등을 지속적으로 감독(monitoring)해 왔다면, 제3자인 은행의 악의는 인정될 가능성이 높다 — 그의 지급지시에 따랐다고 해서 은행의 비난가능성을 인정하기는 어렵다.[67] 은행을 통한 계좌이체 거래는 현실에서 빈번히, 기계적으로 일어난다. 은행의 단순 악의만으로 계좌이체 거래의 효력을 부인할 수 있다면 비현금 거래의 안정성에 큰 위협이 될 것이다. 채권자 입장에서 은행은 채무자의 부탁을 받고 채무변제업무를 대행한 사자(使者)에 불과하다고 생각하는 것이 보통이다. 채무자가 자기 집에 있는 금고에서 돈을 꺼내 변제하는 것과 큰 차이가 없는 것이다. 이 경우 채무자의 책임재산 확충은 채무자－채권자 사이에서 이루어지는 것이 바람직하다. 은행에 대한 고의부인을 인정하면 채무자의 관리인 입장에서 책임재산을 회복할 수 있는 가능성이 늘어난 것인데, 관리인 입장에서 이는 망외의 이득일 수 있다. 따라서 제3자가 은행과 같은 지급대행기관인 경우에는,[68] 사해성에 대한 인식에 덧붙여 채무자와 통모를 하는 등, 제3자의 비난가능성이 큰 경우에 한해 제3자에 대한 고의부인권 행사를 인정함이 타당하다고 사료된다.[69][70]

---

67) 同旨 Hans Gerhard Ganter, “Anfechtungsrisiken der Bank im Verkehr mit ihrem von der Insolvenz bedrohten Kunden”, *NZI* (2010), 835(계좌이체의 경우 채무자의 지급지시와 제3자의 지시이행으로 사해성이 발생하는 것이 아니라 **제3자가 채무자 명의 계좌에 출금기장을 함으로써 비로소 사해성이 발생하고, 제3자의 출금기장은 채무자의 행위가 아니므로** 은행에 대한 고의부인은 허용될 수 없다고 한다. 흥미로운 주장이나 지나치게 기교적이라고 사료된다).

68) 참고로 *BGH ZIP* (2013), 1127은 보험중개인(Versicherungsmakler)은 이러한 단순 지급대행기관이 아니라고 본다.

69) 同旨 Reinhard Bork, “Grundtendenzen des Insolvenzanfechtungsrechts”, *ZIP*

(나) 부인권 행사의 효과

부인권 행사의 효과는 어떻게 되는가? '채무자와 제3자 사이'에서 부인권 행사 및 원상회복이 문제되므로, '채무자와 채권자 사이'의 편파변제의 효력을 부정할 수는 없다. 즉 채무자는 채권자에 대한 채무를 이행한 것이다(부인권 행사의 상대적 효력). 채무자의 지급지시 및 그에 따른 제3자 출연의 효력이 부인되면, 제3자의 채무자에 대한 변제의 효력이 소멸된다. 따라서 제3자는 채무자에게 (다시) 채무를 이행해야 한다. 채무의 내용이 원물반환의무인데 이를 이행할 수 없다면 제3자는 가액반환의무를 부담한다. 결과적으로 제3자는 이중변제의 위험을 부담한다. 제3자의 비난가능성을 고려할 때 이러한 결론이 제3자에게 부당하게 불리한 것은 아니다.[71] 제3자의 '채무자'에 대한 변제의 효력이 부인되어 제3자가 채무자에게 여전히 채무를 부담하면서, 채무자의 채권자에 대한 채무는 소멸되었다고 보면, 결과적으로 **채무자는 이중의 이득을 얻을 수 있다**. 이러한 이득은 어떠한 요건하에 제3자에게 반환되어야 하는가?

생각할 수 있는 방법 중 하나는, 제3자에게 채무자회생법 제108조 제3항, 제398조가 규정한 반대급여 상환청구권을 인정하는 것이다.[72] 채무자회생법상 부인상대방의 반대급여 상환청구권은

(2008), 1041, 1049. 참고로 독일의 판례와 학설은 이 경우 채무자와의 묵시적 공모, 제3자의 독자적 이익추구 등 추가 요건이 필요하다고 본다. *Kübler/Prütting/Bork InsO* (2017)/Brinkman Anh. §145 Rn.40; *BGH ZIP* (2012), 1038. 이러한 결론이 은행보호라는 관점에서 정당화된다는 견해로는 Würdinger(주 9), 150 이하.

70) 은행이 아닌 일반 사인(私人)이 제3자방 급여를 할 의무를 채무자에 대하여 부담하고 있는 경우에도 마찬가지 결론이 도출될 수 있는가? 조심스럽지만 동일한 결론이 도출되기 어렵다고 사료된다. 비록 제3자방 급여를 할 의무를 그대로 이행한 것이더라도, — 마치 본지변제가 부인의 대상이 되는 것처럼 — 일반 사인의 비난가능성은 여전히 존재하기 때문이다. 자신의 출연이 편파변제에 해당한다는 사실을 아는 일반 사인은, 채무자의 지급지시를 거부하고 공탁을 해야 하지 않을까?

71) BGHZ 174, 314 참조.

72) 제3자가 채무자에게 채무자가 얻은 채무소멸의 이익 상당을 반대급여로 반환청

사해행위로 인한 적극재산 감소의 대가로 채무자가 얻은 반대급여를 부인상대방에게 회복시키기 위한 제도이다(ex. 쌍무계약 관계에서 두 계약당사자가 이행한 급여가 원상회복되는 경우). 그러나 제3자에게 이 권리를 인정하는 것은 다음 두 가지 이유로 인해 주저된다. ① 제3자에 대한 부인권 행사가 문제되는 이유는, 채무자의 지급지시 및 그에 따른 제3자의 출연으로 채무자의 책임재산이 감소했다는 점에 있다기보다, **편파변제로 채권자평등원칙이 훼손되었다는 점**에 있다. 그런데 부인상대방의 반대급여 상환청구권 규정은 이러한 이익상황에 부합하는 조항이 아니다. 편파변제가 부인되어 원상회복이 이루어지는 경우 법률관계는 채무자회생법 제109조 제1항, 제399조가 규율하고 있다. ② 제3자에게 반대급여 상환청구권을 인정하면 제3자는 채무자에게 여전히 채무를 부담하면서, 다른 한편 채무자에게 재단(공익)채권으로서 반대급여 상환청구권을 행사할 가능성이 있다. 이러한 결론을 허용하면 **제3자에 대한 고의부인을 인정할 실익이 사라진다**.

그러므로 이 경우에는, 채무자의 행위가 부인된 경우 상대방이 그가 받은 급부를 반환하거나 그 가액을 상환한 때에는 상대방의 채권은 원상으로 회복된다는 **채무자회생법 제109조 제1항, 제399조를 유추**함이 타당하다고 사료된다. 따라서 제3자의 부당이득반환채권은 제3자가 원상회복의무를 이행한 후에 비로소 발생하고, 그 채권의 법적 성질은 재단채권(공익채권)이 아니라 파산(회생)채권이

구할 수 있다는 견해로는 Koziol(주 49), 590-591. 한편 Henckel(주 47), §144 Rn.8는, 제3자의 채무자에 대한 **채무이행 행위 자체의 사해성**이 인정되어 고의부인의 대상이 됨으로 인해, 제3자가 다시 채무를 이행해야 하는 통상적 상황이라면, 제3자는 채무자에 대하여 반대급여 상환청구권을 행사할 수 있다고 한다. 그런데 본문의 상황은 제3자의 '채무자'에 대한 채무이행의 사해성이 문제된다기보다, 제3자의 출연으로 인해 '채무자의 채무소멸'의 사해성이 문제된다고 봄이 적절하다.

다.[73)74)]

제3자가 원상회복의무를 이행한 뒤 채권자에게 부당이득반환을 청구할 수 있는가? 부정함이 타당하다고 사료된다.[75)] 부인권 행사의 상대효를 고려할 때 채권자가 자기 채권 만족의 대가로 받은 이익이 제3자에 대한 관계에서 '부당한' 이익이라고 보기 어렵기 때문이다. 채권자의 선의가 인정되어 채권자에 대한 위기부인이 가능하지 않은 상황이라면, 채권자에게 부당이득반환의무를 지우는 것은 그 결론만 놓고 보더라도 부당하다고 사료된다.[76)]

---

73) 결론에 있어 필자와 비슷하게, 제3자는 파산(회생)채권자로서 채무자에게 부당이득반환청구를 할 수 있다는 견해로는 Burchard(주 9), 91-92; Röttger(주 9), 160-162(다만, — 채권자에 대하여 부인권을 행사하지 않는 한 — 채무자가 얻은 이익은 자신의 채무소멸 이익이 아니라 제3자로부터 간접적으로 받은 급여상당액이라고 한다).

74) 한편, 제3자가 **채권자에 대하여** 채무자로부터 받은 급여를, "부인상대방의 반대급여 반환청구권"을 근거로 반환청구할 수 있고, 채권자가 제3자에게 원상회복을 하면 채권자의 채무자에 대한 채권이 부활한다는 견해로는 Bartels(주 9), 727-728. 그러나 채권자에 대한 부인권 행사가 가능하지 않은 상황이라면, 채권자가 변제받은 것을 반환하는 것은 그 결론만 놓고 보더라도 부당하다고 사료된다.

75) 결과적으로 同旨 Bartels(주 9), 728-729; *Kübler/Prütting/Bork InsO* (2017)/Brinkman Anh. §145 Rn.43; Röttger(주 9), 160; Burchard(주 9), 91.

76) 그러나 채권자에 대한 부당이득반환청구를 긍정하는 견해로는 Lüke(주 53), 6(지급지시가 부인되었으므로, 채무자와 제3자 사이에 급여관계가 존재한다는 점을 들어 제3자의 채권자에 대한 부당이득반환청구를 부정할 수 없다. 즉 이 경우에는 급여관계의 우위 법리가 적용되지 않는다); Reinhard Bork, "Der Kontokorrentkredit: Pfändbarkeit und Insolvenzanfechtung", *Festschrift für Gero Fischer* (2008), 37, 47; Bork(주 69), 1049(다만 이 경우 채권자가 부당이득반환의무를 부담하는 것은 결론적으로 바람직하지 않다. 따라서 제3자인 은행에 대한 고의부인권 행사는 가급적 부정해야 한다). 이러한 견해들은 지급지시 자체가 부존재하는 경우 제3자가 채권자에 대하여 직접 부당이득반환청구를 할 수 있다는 법리[우선 김형석(주 3의 앞문헌) 310 이하 참조]를 연상시킨다. 그러나 부인권 행사의 '상대효'를 고려할 때, 지급지시에 대해 부인권을 행사한 경우와 지급지시가 부존재하거나 무효인 경우를 동일하게 보기는 어렵다고 사료된다.

(3) 채권자 및 제3자 모두에 대하여 부인권 행사가 가능한 경우

채무자의 관리인이 채권자에 대한 위기부인 및 제3자에 대한 고의부인을 모두 주장할 수 있는 경우도 있다.[77] 이 경우 채권자와 제3자의 원상회복의무는 부진정연대 관계에 있다고 봄이 타당하다.[78] 제3자는 원물반환의무를 부담하고 채권자는 가액반환의무를 부담하더라도 두 의무는 부진정연대 관계에 있을 수 있다. 채권자와 제3자 사이의 내부 부담부분 비율은 어떠한가? 채무자의 무자력 위험은 원칙적으로 채권자가 부담함이 타당하므로 채권자 : 제3자 = 100 : 0으로 봄이 타당하다고 사료된다.[79] 이렇게 보면 먼저 원상회복의무를 이행한 제3자는 채권자의 무자력 위험을 부담한다. 제3자가 자신의 계약당사자가 아닌 채권자의 무자력위험을 부담하는 것이 타당한가에 대하여 의문이 있을 수 있지만, 제3자는 고의부인의 상대방으로서 채권자와 함께 부진정연대채무자로서 원상회복의무를 부담하므로, 제3자가 위와 같은 위험을 부담하는 것이 부당하다고 보이지는 않는다.

이에 대하여 다음과 같은 반론이 있을 수 있다. ① 채무자의

---

77) 두 부인권은 구성요건의 측면에서 서로를 배척하지 않는다. 즉 병존할 수 있다. Röttger(주 9), 153.

78) 참고로 독일 판례는 연대채무로 본다. BGHZ 174, 314.

79) Würdinger(주 9), 149-150(제3자는 채권자에게 전액 구상할 수 있다. 다만 전액 구상하면 제3자는 자신의 파산채권을 채권자에게 양도해야 한다). 그러나 다른 특별한 사정이 없는 한 1/2로 보아야 한다는 견해로는 *Kübler/Prütting/Bork InsO* (2017)/Brinkman Anh. §145 Rn.44.

참고로 제3자가 채무자로부터 금전을 수탁받은 경우, 고의부인의 상대방인 제3자는 채권자에게 전액 구상할 수 있다고 보는 판례로는 *BGH ZIP* (2012), 1038 (전액 구상하면 채권자의 채무자에 대한 채권이 부활한다). 이 경우 제3자가 채무자로부터 금전을 수탁받아 채권자에게 출연한 경우이므로, 제3자와 채권자 사이의 내부부담비율은 0 : 100으로 보는 것이 더욱 타당하다. 채무자로부터 나온 금전을 채권자가 취득하였고, 제3자는 해당 금전의 이동과정에서 사실상 도관(conduit) 역할을 한 것에 불과하기 때문이다.

관리인이 제3자에게 부인권을 행사하면 채무자의 제3자에 대한 채권은 다시 회복된다. ② 따라서 채무자의 책임재산은 사해행위가 있기 전의 상태로 회복된 것이므로, 채무자의 관리인은 채권자에 대하여 더 이상 위기부인권을 주장할 수 없다. ③ 따라서 채권자의 원상회복의무와 제3자의 원상회복의무는 (부진정)연대 관계에 있지 않다.[80] 그러나 위 ②명제는 타당하지 않다고 사료된다. ②명제는 제3자의 출연으로 인한 변제의 사해성이 채무자의 적극재산(제3자에 대한 채권)의 감소에 있다는 생각과 연결된다. 이 생각이 타당하지 않음은 앞서 지적하였다. 제3자에 대한 채권이 회복되었다고 해서 채무자의 책임재산이 사해행위 전의 상태로 회복되었다고 볼 수 없다. 채권자에 대한 부인권 행사의 경우나 제3자에 대한 부인권 행사의 경우 모두, 채무자 행위가 사해행위인 이유는 그것이 "**채권자에 대한 편파변제**"이기 때문이다. 따라서 채권자에게 출연된 금전, 금전 아닌 동산, 부동산 또는 그것들의 가액이 채무자에게 회복되어야 비로소 부인권 행사 취지에 따른 원상회복이 이루어진 것이다. 그러므로 제3자와 채권자가 동시에 원상회복의무를 부담하는 것은 — 수익자와 전득자가 동시에 원상회복의무를 부담하는 것이 가능한 것[81]과 마찬가지로 — 가능하다.

---

80) Bartels(주 9), 734-735.

81) 두 책임은 부진정연대 관계에 있다. 대법원 2001. 9. 4. 선고 2000다66416 판결 참조.

나. 채무자에 대하여 채무를 부담하지 않는 상황에서 채무자의 지시에 따라 제3자가 출연한 경우(이하 '지시에 따른 타인채무 변제 목적 출연'이라 한다. Anweisung auf Kredit)[82]

(1) 사해행위 판단기준

(가) '채권자의 단순 교체' 논거

지시에 따른 타인채무 변제 목적 출연 사안에서, 채무자의 채권자에 대한 채무는 소멸하고 제3자는 채무자에 대하여 구상권을 취득한다. 이 경우에도 채무자의 채권자에 대한 급여는 있는 것이다. 그렇다면 위 가.에서 살펴 본 지시에 따른 자기채무 변제 목적의 출연 사안(Anweisung auf Schuld)과 마찬가지로 채무자의 관리인은 채권자를 상대로 변제행위에 대하여 부인권을 행사할 수 있는가? 종래 이 문제에 관하여 우리 학설상 별다른 논의는 없었다. 그러나 이와 유사한 문제 상황 — 채무자가 차입금으로 특정 채권자에 대한 채무를 변제한 경우 이에 대하여 부인권을 행사할 수 있는지 여부 — 에 관하여 논의가 있다. 논의의 편의상 이 문제를 먼저 검토한다. 이에 관하여 판례는 다음과 같이 판시한다.

> "채무자가 변제 등 채무를 소멸시키기 위한 자금을 마련하기 위하여 제3자로부터 자금을 차입하는 경우, 제3자와 채무자가 차입금을 특정 채무를 소멸시키기 위하여 사용하기로 약정하고, 실제 그와 같은 약정에 따라 특정 채무에 대한 변제 등이 이루어졌으며, 차입과 변제 등이 이루어진 시기와 경위, 방법 등 제반 사정에 비추어 실질적으로 특정 채무의 변제 등이 당해 차입금에 의하여 이루어진 것이라고 볼 수 있고, 이자, 변제기, 담보제공 여부 등 차입금의 차입 조건이나 차입금을 제공하는 제3자와 채무자의 관계 등에 비추어 차입

---

82) 출연대상이 금전인 경우를 전제로 논의를 진행한다.

이전과 비교할 때 변제 등 채무 소멸이 이루어진 이후에 채무자 재산이 감소되지 아니한 등의 사정이 인정된다면, 해당 변제 등 채무 소멸행위는 전체적으로 보아 회생채권자 등을 해하지 아니하여 부인의 대상이 되지 아니하는 특별한 사정이 존재한다고 할 수 있다." (대법원 2011. 5. 13. 선고 2009다75291 판결)

판례의 핵심논거는 금전 차입과 그 차입금을 통한 변제가 서로 밀접히 연결된 상태에서 시기적으로도 멀지 않은 사이에 이루어졌다면, **채권자의 교체가 있을 뿐**이므로 특정 채권자에 대한 변제는 사해행위가 아니라는 것이다.[83] 차입금을 통한 변제의 경우 해

83) 학설도 대체로 이에 찬동한다. 전병서(주 46), 252; 임채웅, "일본 신파산법의 사해행위와 편파행위의 부인에 관한 연구", 민사소송 10-1(2006), 370-371. 이러한 판례와 학설의 태도는 일본의 다수설, 판례의 영향을 받은 것으로 추측된다. 최고재판소 1993(平成 5). 1. 25. 판결(民集47.1.344)["**차입금을 피상고인에 대한 특정채무의 변제에 충당하기로 약정하였고, 그 약정을 하지 않으면 차입은 불가능하였으며, 대주와 피상고인의 입회 하에 차입 후 그 장소에서 바로 차입금에 의한 변제를 하였으므로, 위 약정에 위반해 차입금을 다른 용도로 유용하거나 차입금이 다른 채권자에 의해 압류되어 위 약정을 이행할 수 없게 될 가능성도 전혀 없었으므로**, 이러한 차입금은 ...(중략)... **파산채권자의 공동담보가 된다면 파산자에게 귀속될 수 없었던 재산**이라고 보아야 한다. 따라서 파산자가 이러한 차입금에 의한 변제가 예정되어있던 특정채무를 변제하여도 파산채권자의 공동담보의 감소를 가져오지 않고, 파산채권자를 해하지 않는다고 해석해야 한다"(고의부인이 문제된 사안)]. 일본 학설도 대체로 이 판례를 지지한다. 다만 변제자가 채무자에게 변제를 강요한 경우에는 사해성이 인정될 수 있다고 한다. 伊藤眞, 破産法·民事再生法 3版(2014), 525-526 (차입과 변제가 밀착되어 있을 것, 차입당시 수익자에 대한 변제를 위해 차입한다는 점임 명확할 것, 차입금이 다른 채권자를 위한 공동담보가 될 여지가 없을 것, 차입에 따른 신채무의 내용이 이율 등의 점에 있어 구채무보다 무겁지 않을 것 등을 사해성을 면할 요건으로 들고 있다); 倒産法概説 2版 補訂版(2015)/沖野真巳 295; 条解破産法 2版(2016), 1090-1091; 新注釈 民事再生法 上 2版(2010)/中西正 731.

참고로 미국 판례는 ① 신채권자의 의사(신채권자가 구채권자를 대신에 재융자 — refinancing — 를 해줄 의사였는지, 채무자에게 통상적인 대출을 해 줄 의사였는지)와 ② 대출금의 이동 과정에 채무자의 지배권이 미쳤는지 여부에 따라 사해성을 판단한다. David Gray Carlson/William H. Widen, "The Earmarking

당 차입금(또는 차입금지급 채권)이 채무자의 책임재산에 일정 기간 머무르기 때문에, 편파변제의 전형적 문제 상황과 큰 차이가 없다. 그럼에도 불구하고 변제의 사해성을 부정한다면, 제3자가 채무자의 지시에 따라 직접 채권자에 대한 채무를 변제한 경우처럼 제3자의 변제자금이 한 순간도 채무자의 책임재산에 머무르지 않은 상황에서는 더더욱 그 변제의 사해성을 인정하기 어렵다. 이러한 생각이 타당한가?

㈏ 차입금에 의한 변제의 사해성

채무자가 변제를 위해 제3자로부터 자금을 차입하면, 그 차입금은 채무자의 책임재산이 된다. 채무자에 대한 다른 일반채권자들이 해당 차입금을 책임재산으로 파악하여 강제집행을 하는 것이 현실적으로 어렵거나 불가능할지라도, 채무자의 위기시기에는 그 차입금은 모든 일반채권자들의 채권만족을 위해 공평하게 분배되어야 한다. 이러한 차입금을 특정채권자에 대한 채무변제에 사용하는 것은 통상의 편파변제 상황과 다를 바 없다. 차입금을 특정채권변제를 위해 사용하기로 채무자와 제3자가 미리 합의를 하였더라도, 그 합의를 근거로 해당 차입금이 다른 일반채권자들을 위한 책임재산에 벗어난다고 할 수 없다. 제3자는 채권자에 대한 변제자금 명목으로 채무자에게 돈을 빌려준 것이고, 만약 그 변제자금이 다른 용도로 사용될 것이었다면 처음부터 돈을 빌려주지 않았을 것이라는 항변도 타당하지 않다.[84] 제3자가 그러한 기대를 하고 돈을 빌려주었더라도 그 변제자금의 보관에 관하여 신탁계약

Defense to Voidable Preference Liability: A Reconceptualization", 73 *Am. Bank. L.J.* 591, 595-599 (1999) 참조.

84) 참고로 독일의 판례는 해당 변제 목적이 아니었으면 제3자로부터 차입이 이루어지지 않았을 것이라는 사정을 들어 변제의 사해성을 부정할 수는 없다고 한다. **가정적 판단으로 사해성을 배제할 수는 없다**는 것이다. *BGH ZIP* (2008), 747 참조.

을 체결하는 등 별도 조치를 취하지 않았다면,[85] 제3자는 해당 변제자금이 채무자의 책임재산에 산입되는 것을 감수해야 한다. 제3자의 사실적 기대를 강조하여 편파변제가 아니라는 입장은, 강제집행제도나 담보제도의 존립근거를 흔드는 것이다.[86]

차입금으로 채무자의 책임재산이 **증가된 부분**에 대해서는, 다른 일반채권자들이 채권자평등원칙을 근거로 평등변제를 주장할 수 없는가? 신규자금을 투입한 채권자가 그 채권에 관하여 채무자로부터 담보를 설정받는 경우 사해성이 부정될 수 있다. 담보를 제공받은 채권자는 자신이 새로 빌려준 자금으로 채무자의 책임재산이 늘어난 부분에 관하여 우선변제권을 얻은 것이고, 이 증가분에 대해서까지 채권자평등원칙을 강조하면 다른 일반채권자들은 망외의 이득을 얻을 수 있기 때문이다. 그러나 이러한 담보제공행위의 사해성이 부정되려면 채무자가 자금을 융통하여 사업을 계속 추진하는 것이 채무 변제력을 갖게 되는 최선의 방법이라는 사정 등이 인정되어야 한다.[87] 위 사정이 인정되지 않는 한 신규채권자에 대한 담보제공은 부인의 대상이 된다. 그렇다면 차입금에 의한 변제가 채무자의 변제력을 회복시킬 수 있는 사정이 인정되지 않는 한, 그 변제행위의 사해성은 인정되어야 한다.

변제를 전후로 채무자의 책임재산에 변동이 없다는 것이 편파변제의 사해성을 부정하는 근거가 될 수는 없다. 편파변제를 부인의 대상으로 삼는 '주된 이유'는 위기시기에 특정채권자만 자기채

---

85) 제3자와 채무자가 해당 차입금의 보관에 관하여 신탁계약을 체결하였다고 해석할 수 있다면, 이는 채무자가 채무초과 상태에서 특정 수익자를 위해 자기 책임재산 중 일부에 관하여 사해신탁을 설정한 것이므로, 수탁자나 수익자에 대하여 채권자취소 및 원상회복이 가능할 여지가 있다(신탁법 8조).

86) 제3자와 채무자의 합의만으로 압류가 금지되는 재산을 만들 수 없고, 채권양도금지특약이 있더라도 그 사실에 대한 선·악의와 무관하게 해당 채권에 대한 강제집행은 가능하다(대법원 1976. 10. 29. 선고 76다1623 판결).

87) 대법원 2001. 5. 8. 선고 2000다50015 판결 등(채권자취소권이 문제된 사안).

권의 만족을 얻는 것이 채권자평등원칙에 어긋나기 때문이지, 편파변제를 통해 채무자의 책임재산이 감소하기 때문이 아니다. 판례에 따르더라도 자금차입과 변제 사이에 밀접한 관련이 없다면, 그 변제를 전후로 채무자의 책임재산에 변동이 없는 경우에도 편파변제에 대하여 위기부인권을 행사할 수 있다.

판례가 언급한 요건을 갖춘 경우, 제3자가 채권자로부터 액면가에 그 채권을 매수한 경우와 실질적으로 차이가 없으므로, 채권자에 대한 변제를 부인의 대상으로 삼는 것이 타당하지 않다는 반론도 예상된다. 그러나 채권양도의 경우 채무자의 책임재산에 변동가능성조차 없는 반면, 차입금에 의한 변제의 경우 채무자의 책임재산에 변동이 있다. 또한 채무자와 대출계약을 체결한 제3자는 그 계약을 통해 채무자의 책임재산이 변동된다는 점을 충분히 예상할 수 있다. 따라서 두 상황은 같게 취급할 수 없다. 채권자에게 도움을 주고 싶은 제3자로서는 채권자로부터 직접 채권을 양도받거나, 채권자에게 직접 대출이나 증여를 해주어야 한다. 그렇게 하지 않고 제3자가 채무자와의 대출계약이라는 형태로 채권자에게 도움을 주기로 하였다면, **그러한 법형식을 선택함으로 인해 발생하는 위험** — 제3자가 애초에 의도하였던 목적이 달성되지 못할 위험 — **은 제3자가 부담해야 한다**. 도산재단 보호를 위해 때로는 법형식이 경제적 실질보다 중요할 수 있다.

경우에 따라서는 차입금을 통한 변제가 채무자 입장에서 자신의 자력회복을 위한 합리적 또는 불가피한 선택일 수 있다. 신규차입금 채무의 이자율이 더 낮거나,[88][89] 기존 채권자에 대한 채무

88) 신규 차입금의 이자율이 종전 차입금의 그것보다 더 높거나 낮다는 사정은, 변제의 사해성을 판단하는 기준이 될 수 없다는 비판이 있다. 이자율을 고려하는 견해는 재산감소행위의 부인과 편파행위의 부인을 혼동했다는 것이다. 이 비판에 따르면, 차입과 변제가 밀착해서 이루어졌지만 신규 차입금의 이자율이 더 높은 경우 **신규채권자에게 그 차액에 대하여 고의부인을 주장할 수 있을 뿐이고, 기존채권**

변제가 채무자의 회생에 필수적인 물품을 공급받기 위해 불가피한 경우[90] 등에는 특정 채권자에 대한 변제를 부인할 수 없다고 보아야 한다. 거래관행이나 사회통념상 제3자의 자금으로 채권자에게 변제하는 것의 합리성이 인정될 여지도 있다. 그러나 이는 어디까지나 예외이다. 즉 원칙적으로 차입금에 의한 변제도 편파변제로서 부인의 대상으로 보되, 예외적으로 '상당성'이 인정되는 경우 부인의 대상에서 제외해야 한다.[91][92]

자에게 부인권을 행사하여 변제받은 것 전액의 반환을 청구할 수는 없다. 新注釈民事再生法 上 2版 (2010)/中西正 731. 일리있는 지적이다. 다만 기존채권자가 이와 같은 사정을 알면서 편파변제를 받았다면, 기존채권자에게 고의부인을 주장하여 그 차액에 대해서 — 기존채권자가 변제받은 액수의 범위 내에서 — 반환을 받을 수 있을 것이다. 또한 이러한 사정들이 **'사해성' 판단 국면에서 고려될 수는 없지만, 행위의 '상당성'이 있는지 판단하는 국면에서는 고려될 수 있다**고 사료된다.

89) 제3자가 채무자에게 변제자금을 '증여'한 경우라면 편파변제의 상당성은 부정될 것이다.

90) 판례는, "채무초과 상태에서 사업의 계속에 필요한 물품을 공급받기 위한 방법으로 기존 물품대금채무 및 장래 발생할 물품대금채무를 담보하기 위하여 근저당권을 설정하여 준 경우, 근저당권의 피담보채무에 기존 채무를 포함시켰다 하더라도 기존 채무를 위한 담보설정과 물품을 계속 공급받기 위한 담보설정이 불가피하게 동일한 목적하에 하나의 행위로 이루어졌고, 당시의 제반 사정하에서는 그것이 사업의 계속을 통한 회사의 갱생이라는 목적을 위한 담보제공행위로서 합리적인 범위를 넘은 것이 아니라"면 기존 채무를 위한 담보설정행위 역시 사해행위에 해당하지 않는다고 본다. 대법원 2002. 3. 29. 선고 2000다25842 판결.

91) 판례는, "파산법상 부인의 대상이 되는 행위가 파산채권자에게 유해하다고 하더라도 **행위 당시의 개별적 · 구체적 사정에 따라서는 당해 행위가 사회적으로 필요하고 상당하였다거나 불가피하였다고 인정되어 일반 파산채권자가 파산재단의 감소나 불공평을 감수하여야 한다고 볼 수 있는 경우**가 있을 수 있고, 그와 같은 예외적인 경우에는 채권자평등, 채무자의 보호와 파산이해관계의 조정이라는 파산법의 지도이념이나 정의관념에 비추어 파산법 제64조 소정의 부인권 행사의 대상이 될 수 없다고 보아야 할 것이며, 여기에서 그 **행위의 상당성 여부는 행위 당시의 파산자의 재산 및 영업 상태, 행위의 목적 · 의도와 동기 등 파산자의 주관적 상태를 고려함은 물론, 변제행위에 있어서는 변제자금의 원천, 파산자와 채권자와의 관계, 채권자가 파산자와 통모하거나 동인에게 변제를 강요하는 등의 영향력을 행사하였는지 여부 등을 기준**으로 하여 신의칙과 공평의 이념에 비추어 구체적으로 판단하여야

결론적으로 필자는 — 위 판례가 든 요건보다 더 엄격한 요건 하에 예외적으로만 — 차입금에 의한 변제가 부인의 대상에서 제외될 수 있다고 생각한다.[93)]

(다) **지시에 따른 타인채무 변제 목적 출연의 경우**

지시에 따른 타인채무 변제 목적 출연의 경우 제3자의 변제자금은 채무자의 책임재산에 머물렀던 적이 없다. 그렇다면 이 경우야 말로 채무자의 책임재산에 영향을 미치지 않는다는 점에서 제3자가 채권자로부터 채권을 양도받은 경우와 비슷하므로, 편파변제의 사해성은 인정될 수 없는가? 일견 사해성을 부정함이 타당한 것

한다고 할 것이고, 그와 같은 **부당성의 요건을 흠결하였다는 사정에 대한 주장 · 입증책임은 상대방인 수익자에게** 있다."라고 한다. 대법원 2002. 8. 23. 선고 2001다78898 판결 등.

92) 비슷한 취지의 견해로 注解 破産法 改訂第2版(1994)/宗田親彦 350.

93) 채무자의 위기시기에 A가 신규로 자금을 빌려 주면서 그에 대한 대가로 담보권을 설정받지 않고 대신, 기존 채권자 B에게 A의 신규 자금 투입으로 증가한 채무자의 책임재산에 대하여 담보권을 설정해 준 경우 담보권설정행위는 부인대상이 되는가? 이 경우에도 편파담보제공으로서 원칙적으로 사해성을 긍정함이 타당하다고 사료된다. 同旨 佐藤彰一, "行為規律としての否認", 倒産法大系(2001), 70 이하[신규 대여자가 자신이 대여해준 신규 자금(채무자의 예금채권 형태로 존재한다)에 대한 질권을 포기하고, 그 대신 신규 자금에 대하여 기존 채권자가 질권을 취득한 경우 후행 담보권 설정행위가 부인의 대상이 된다].

이에 대하여 필자는 **'증가된 책임재산'이 특정가능하고 그 부분에 한해 우선변제권이 설정되었으며, 담보권의 포기와 취득 사이에 밀접한 관련이 있다면** 부인의 대상이 될 수 없다는 견해를 피력한 바 있다. 최준규, "물적담보 제공행위의 사해성 판단기준", 법학논총 33-4(2016), 269. 이는 차입금에 의한 변제의 사해성에 관한 판례 입장에 찬성하는 전제에서 도출된 결론이다. 또한 채권자가 채무자에게 신(新)가치를 공여하면서 그와 동시에 채무자로부터 받은 급여를 부인의 대상에서 제외하는 "**동시교환행위**" 법리[contemporaneous exchange for new value. 미국연방도산법 547(c)(1), 독일도산법 142조 참조]를 차입금에 의한 변제 사안에 **확대적용**한 것이기도 하다. 이러한 (확대)적용에 찬성하는 견해도 있지만 [Carlson/Widen(주 83) 참조], 이는 어디까지나 예외적인 법리이므로 확대적용에는 신중해야 한다고 사료된다. 따라서 위 견해는 변경하기로 한다. 다만, 새로운 담보권 취득의 **상당성**이 인정되면 사해성이 부정될 수 있다.

처럼 생각되기도 한다.[94] 채무자의 책임재산에 어떠한 변동도 없이 채권자 교체만 이루어졌기 때문이다.[95][96][97]

94) 차입금에 의한 변제의 사해성에 관한 우리 판례의 입장에 따르면, 이 경우에는 사해성이 부정될 가능성이 크다.

95) 독일 판례도 同旨이다. *BGH ZIP* (2008), 2182; *BGH ZIP* (2012), 1468; *BGH NZI* (2016), 262 등. 판례에 찬성하는 견해로는 Henckel(주 47), §130 Rn.59; *Münchener InsO* 3Aufl. (2013)/Kayser §129 Rn.144; *BeckOK InsO* 7Ed. (2017)/Raupach §129 Rn.70. 다만 독일 판례(BGHZ 182, 317)는 **geduldete Kontoüberziehung**(은행과의 사전 약정 없이 계좌명의인에게 부여된 신용한도를 초과하여 은행이 제공하는 신용을 뜻한다. 신용을 제공할지 여부는 원칙적으로 은행의 재량에 달려 있다)**의 사안에서는 예외적으로**, 이 사안이 지시에 따른 타인채무 변제 목적 출연(Anweisung auf Kredit)에 해당함에도 불구하고 **편파변제의 사해성을 인정하였다**. 이 판례는 이후 학계의 많은 논의를 촉발시켰다. 위 판례의 논리를 **지시에 따른 타인채무 변제 목적 출연 사안 일반에 확대적용할 수 있는지**에 관하여 독일에서는 많은 논란이 있다.

① geduldete Kontoüberziehung은 은행을 통해 이루어지는 비현금거래로서, 채무자 명의 계좌라는 '채무자의 영역'에서 발생한다는 특수한 사정이 있으므로 판례의 입장이 타당하지만, 그 밖의 일반적인 지시에 따른 타인채무 변제 목적 출연 상황(Anweisung auf Kreidt)에서는 사해성을 인정할 수 없다는 취지로는 Hans Gerhard Ganter, "Gläubigerbenachteiligung durch Drittzahlugen", *NZI* (2011), 475, 476.

② 그러나 '채무자의 영역'은 불명확한 개념이고, geduldete Kontouberziehung 사안과 그 밖의 상황 사이에 특별히 구별되는 지점도 없다는 지적으로는 Niklas Lütcke, "Die Anfechtbarkeit von Drittzahlungen — Erweiterung der Anfechtungsmöglichkeiten?", *NZI* (2011), 702, 705. 한편, 이러한 계좌이체 거래의 사해성은 그로 인해 채무자의 채무가 증가한다는 점에 있다는 견해로는 Christian Mikolajczak, *Die Zwangsvollstreckung in ein Girokonto* (2015), 344-359(이 견해는 지시에 따른 자기채무 변제 목적의 출연 사안에서 사해성을, 채무자의 책임재산 감소에서 찾는 생각과 연결된다).

96) 이러한 입장에 따르더라도 이미 소멸시효가 완성된 채권을 변제한 경우에는 그 변제행위를 부인할 수 있을 것이다. 새롭게 발생한 구상의무가 종전 채무보다 더 중한 의무인 경우, 변제의 사해성을 인정할 수 있는가? 변제를 받은 채권자가 그와 같은 사정을 알고 있었다면 고의부인이 가능할 여지가 있다. 그러나 이러한 사정이 존재한다고 해서 위기부인이 가능하게 된다고 말할 수는 없다.

97) 제3자가 구상권을 자동채권으로 채무자의 제3자에 대한 채권을 수동채권으로 한 상계를 주장하는 경우, 그 상계는 허용되지 않을 가능성이 크다(채무자회생법 145조 3, 4호, 422조 3, 4호). 제3자가 채무자의 위기상황(지급의 정지, 회생절차

그러나 필자는 이 경우에도 지시에 따른 자기채무 변제 목적의 출연(Anweisung auf Schuld) 상황과 마찬가지로, 편파변제의 사해성을 긍정함이 타당하지 않을까 싶다.[98)99)] 그 이유는 다음과 같다.

첫째, **소비대차계약이 체결되고 제3자가 그 의무이행 차원에서 제3자에게 출연한 상황과 달리 취급할 합리적 이유가 없다**. 즉, 은행이 B에게 돈을 빌려주기로 하고 B의 부탁으로 그 돈을 C에게 직접 준 경우(Anweisung auf Schuld)하고, 은행이 B의 부탁으로 C에게 돈을 지급하면서 B에 대하여 구상권을 취득한 경우(Anweisung auf Kredit)를 구별할 합리적 이유가 없다. 소비대차계약에 따라 채무자가 제3자에게 대출금 지급을 요구할 채권을 갖고 있다면, 이 채권은 채무자의 책임재산에 포함된다. 이 경우 제3자가 채무자의 지시에 따라 채권자에게 대출금을 지급하였다면, 이는 지시에 따른 변제 목적 출

개시의 신청, 파산의 신청)을 모르더라도, 또 위와 같은 위기상황이 있기 전이더라도, 무자력인 채무자의 부탁을 받아 채무자가 무자력이라는 사정을 알면서 상계적상 상태를 만들었다면, 제3자에 대하여 고의부인권을 행사하여 결과적으로 제3자의 상계권 행사를 불허할 수 있다고 사료된다.

98) 결론에 있어 같은 취지로는 *Kübler/Prütting/Bork InsO* (2017)/Brinkman Anh. §145 Rn.25; Burchard(주 9), 32; Röttger(주 9), 121; Bartels(주 9), 669-672; Christoph Thole, "Gläubigerbenachteiligung bei Zahlung aus geduldeter Kontoüberziehung", *NZI* (2009), 800; Ludwig Häsemeyer, "Die Deckung einer Insolvenzforderung mittels geduldeter Kontenüberziehung benachteiligt die Insolvenzgläubiger!", *KTS* (2007), 423; Bernd Raebel, "Folgenbeseitigung von Gläubigerbenachteiligungen", *Sanierung, Insolvenz, Berufsrecht der Rechtsanwälte und Notare* (2010), 344; Joachim Heitsch, "Überlegungen zur Beweislast bei der Insolvenzanfechtung — Auswirkungen der BGH-Urt. v. 6.10.2009 und 17.3.2011 auf die Darlegung der Gläubigerbenachteiligung bei intransparenten Zahlungen unklarer Herkunft", *ZinsO* (2011), 1533.

99) 한편, ① 지급지시가 없었더라도 제3자가 출연한 금액을 채무자가 제3자로부터 자유롭게 대출받아 채권자에게 변제할 수 있었던 상황에서는 사해성을 긍정하고, ② 제3자가 채무자의 채권자에 대한 채무 변제를 위해 채무자에게 대출을 할 생각이었고 채무자에 대한 추가대출이 예정되어 있지 않은 상황에서는 사해성을 부정하는 견해도 있다. Koziol(주 49), 596. Carlson/Widen(주 83), 622-623도 비슷한 취지이다. 그러나 과연 두 경우를 구별할 수 있는가?

연(Anweisung auf Schuld)으로서 채권자에 대한 편파변제는 부인의 대상이 된다.[100] 채무자가 제3자에게 부탁하여 제3자가 채권자에게 출연하고 그에 따라 제3자가 구상권을 취득한 사안도 경우에 따라서는, **제3자가 채무자의 부탁을 이행하는 순간 채무자와 제3자 사이에 소비대차계약이 성립하고 그 즉시 제3자는 소비대차계약상 자신의 채무자에 대한 의무를 이행하였다**고 재구성할 여지가 있다.[101][102] 설령 소비대차계약의 성립을 인정하기 어렵더라도 **제3자가 채무자의 부탁을 이행하는 순간에는 적어도 채무자의 제3자에 대한 채권 — 제3자에게 출연을 요구할 수 있는 권리로서 일반채권자들의 압류가 가능한 권리 — 이 존재한다**고 볼 여지가 있다.[103] 거래관행 등에 비추어 제3자가 채무자의 부탁에 따라 변제자금을 마련할 개연성이 높은 상황이라면, 제3자가 승낙을 하기 전에도 채무자의 제3자에 대한 "장래채권"이 존재한다고 볼 수 있다. 이러한 장래채권은 아직 발생하지 않았지만 재산적 가치가 있는 권리로서 채무자의 책임재산에 포함될 수 있다. 그러므로 편파변제의 사해성 인정국면에서 제3자가 채무를 변제한 사안과 제3자가 구상권을 취득한 사안을, 전혀 다르게 취급하는 것은 타당하지 않다.

둘째, **채무자의 제3자에 대한 채권이 존재한 적이 없다는 사정이 편파성을 부정하는 논거가 될 수는 없다**. 위와 같이 — 법률적 1초(!)

---

100) 同旨 BGHZ 170, 276 Rn.12 참조.

101) geduldete Kontoüberziehung의 경우 이러한 구성이 가능할 여지가 있다. *BGH ZIP* (2007), 435 Rn.15 참조.

102) *Uhlenbruck InsO* 14Aufl. (2015)/Ede · Hirte §129 Rn.276.

103) geduldete Kontoüberziehung의 경우 압류가능한 채무자의 제3자에 대한 채권이 존재하였다고 보는 견해로는 Gerhard Kreft, "Fragen aus Anlass des Urteils des Bundesgerichtshofs vom 6. Oktober 2009 - IX ZR 191/05", *Sanierung, Insolvenz, Berufsrecht der Rechtsanwälte und Notare* (2010), 255-256. 그러나 이러한 채권은 법률적 1초 동안에도 압류가능한 책임재산에 속하지 않는다는 반대견해로는 *BGH ZIP* (1985), 339; Claus-Wilhelm Canaris, *Bankvertragsrecht* (1988), Rn.190.

사이에 — 소비대차계약의 성립과 소비대차계약상 의무이행이 한꺼번에 이루어졌다는 의제적 구성을 굳이 하지 않더라도 편파변제의 사해성을 인정하는 것은 가능하다. 부인제도는 채무자의 책임재산을 확충하기 위해 존재한다. 따라서 부인의 대상이 되는 사해행위(편파행위를 포함하는 광의의 사해행위)는 어떠한 식으로든 채무자의 책임재산에 영향을 줄 수 있는 행위여야 한다. 따라서 압류금지재산처럼 애초부터 채무자의 일반채권자들이 책임재산으로 파악할 수 없는 채무자의 재산에 관하여, 그 재산의 귀속이나 가치에 변동을 가져오는 채무자의 법적 행위가 있더라도, 이는 부인의 대상으로 삼을 수 없는 것이 원칙이다. 그러나 이 생각이 항상 타당한 것은 아니다. 판례는 유류분반환청구권에 관하여, 유류분권자에게 그 권리행사의 확정적 의사가 있다고 인정되는 경우가 아니라면 채권자대위권의 목적이 될 수 없다고 한다.[104] 채권자대위의 대상이 될 수 없다면 유류분권자의 채권자가 유류분반환청구권을 압류하는 것도 원칙적으로 허용될 수 없을 것이다. 그렇다면 유류분권자가 압류가 허용되지 않는 유류분반환청구권을 특정채권자에게 대물변제조로 양도하는 것은 사해행위가 아닌가? 필자는 사해행위에 해당할 수 있다고 생각한다.[105] 유류분권자가 유류분반환청구권을

---

104) 대법원 2010. 5. 27. 선고 2009다93992 판결.

105) 비슷한 취지의 독일 판례로는 BGHZ 123, 183. 독일법상 유류분반환청구권은 계약을 통해 승인되거나 소송계속 중인 경우에만 압류가능하다(독일 민사소송법 852조 1항). 판례는 유류분반환청구권이 압류가능한 채권이 되기 전에도 **유류분권자의 채권자들은 정지조건부 유류분반환청구권을 압류할 수 있는 점**(위 규정은 유류분권자의 의사결정의 자유를 보장하기 위한 것이므로 **유류분권자의 의사결정 자유를 침해하지 않는 압류는 가능하다**)을 근거로 사해행위 취소를 긍정한다. 압류 당시 유류분반환청구권은 이미 존재하는 채권이다. 그러나 당장 압류 및 환가가 가능한 채권은 아니고 장래에 그러한 채권이 될 수도 있다. 장래채권에 대하여 압류가 가능하다면, 이처럼 장래에 압류 및 환가가 가능하게 될 유류분반환채권에 대해서도 지금 시점에서 압류가 가능하다고 봄이 타당하다(다만 환가는 계약을 통해 승인되거나 소송계속 중인 경우에만 가능할 것이다). 독일의 통설도

양도할 때까지 권리행사의 확정적 의사를 표시하지 않았다면, 유류분반환청구권은 유류분권자의 일반채권자들이 강제집행할 수 있는 책임재산이 아니다. 하지만 그렇다고 해서 무자력인 유류분권자가 유류분반환청구권을 대물변제 명목으로 양도하는 행위를 방치하는 것은 타당하지 않다. 유류분권자 자신이 유류분반환청구권을 행사하는 대신 양수인에게 그 기회를 부여하고 유류분권자의 책임재산을 증가시킬 기회를 포기하였다면, 유류분권은 일반채권자가 아닌 양수인의 채무변제 이익을 위해 활용된 것이다. 유류분권 행사 여부에 대한 판단은 전적으로 유류분권자에게 맡기는 것이 타당할 수 있다. 그러나 채무초과 상태에 있는 유류분권자에게 유류분권을 양수인(특정채권자)의 이익을 위해 사용할 권한까지 부여하는 것은 타당하지 않다. 유류분권자의 의사결정의 자유, 유증이나 생전증여를 한 피상속인의 의사 존중, 일반채권자들의 책임재산 확보에 대한 기대, 유류분권 양수인의 보호필요성 등을 형량해 볼 때, 유류분권 양도에 대하여 일반채권자들에게 적절한 제어수단을 부여함이 공평하다고 사료된다. 즉 **장차 책임재산에 포함될 수 있는 권리를 처분하여 책임재산을 증가시키지 않는 행위도, 채무자의 법률행위의 자유와 일반채권자들의 보호가치를 형량하여 후자가 더 우월하다고 판단되면, 사해행위가 될 수 있다.**[106)][107)][108)] 채무자의 부탁으로 제3자

이러한 판례에 찬성한다. Christoph Scheuing, *Der Pflichtteilsanspruch in Zwangsvollstreckung und Insolvenz* (2017), 70-71, 123-134 참조(판례의 결론에는 찬성하나, '압류가 가능하다'는 명제가 그 결론을 뒷받침하는 결정적 논거는 아니라고 지적한다. 설령 실정법상 이러한 압류가 가능하지 않더라도 사해성이 인정될 수 있다는 취지이다).

106) Georg Bitter, "Insolvenzanfechtung bei Weggabe unpfändbarer Gegenstände – Ansatz für einen normativen Begriff der Gläubigerbenachteiligung", *Festschrift K. Schmidt* (2009), 123; Sandra Emmert/Eckehard Ludwig, "Gezielte Bevorzugung einzelner Gläubiger durch freiwillige Leistungen des Schuldners aus unpfändbaren Mitteln - scheitert die Insolvenzanfechtung an der Gläubigerbenachteiligung?", *ZinsO* (2014), 2424; Thole(주 98), 800 참조.

가 채권자에게 출연한 경우, 채무자는 제3자로부터 변제자금을 받거나 제3자에 대한 채권을 취득하여 자신의 적극재산을 증가시킬 수 있는 가능성을 포기하였다. 변제자금을 마련할 것인지, 마련한다면 누구로부터 어떠한 방법으로 마련할 것인지는 전적으로 채무자가 결정할 사항이다. 그러나 마련된 변제자금을 어떠한 방식으로 어느 채권자를 위해 사용할 것인지에 대해서까지 위기시기의 채무자에게 재량을 부여할 수는 없다.[109] 그럼에도 불구하고 채무자가 제3자로 하여금 특정채권자에게 직접 출연하도록 지시하였다면, 이는 위기상황에 놓인 채무자에게 허용된 법률행위 자유의 한계를 넘어선 것이다.[110] 만약 제3자 입장에서 채무자에게 직접 변

---

107) 민사집행법(제195조, 제246조)이나 채무자회생법(제383조)상 압류금지재산이나 면제재산을 채무자가 도산절차 개시 전에 유효하게 처분한 경우(유효한 처분이 가능한지, 어떠한 요건하에 가능한지에 관해서는 각 재산별로 개별적으로 검토해야 한다)에도, 항상 부인의 대상이 될 수 없는 것은 아니라고 생각한다(가령 **특정채권자를 위해 보장성 보험의 해약환급금 채권에 질권을 설정해 준 경우**).

참고로 면제재산(exempt property)의 양도가 부인의 대상이 되는지에 관한 미국의 논의는 **미국연방도산법 조항의 문언 및 체계**와 관련이 있다. 미연방도산법 §541(a)(1)은 도산절차 개시 당시 '채무자의 모든 재산'이 도산재산이라고 규정하고 있고, 우리 채무자회생법 제383조 제1항처럼 압류할 수 없는 재산은 파산재단에 속하지 않는다는 규정을 두고 있지 않다. 또한 채무자는 — 주법에 따라 평시 민사집행절차에서 압류금지재산이 존재하는 것과 별도로 — 도산절차에서 일정 범위 내에서 면제재산을 선택할 수 있다[미연방도산법 §522(b)]. 다수의 연방법원 판례는 위 법률문언을 근거로, **채무자가 선택권을 행사하기 전까지는 해당 재산은 도산재단에 속하므로** 이를 도산절차 개시 전에 양도하는 것은 부인의 대상이 된다는 입장이다(**"no harm, still foul"**). 그러나 소수의 연방법원 판례는, 결과적으로 일반채권자들의 책임재산이 감소한 것이 아니므로 부인의 대상이 아니라는 입장이다(**"no harm, no foul"**). Alyssa Pompei, "No Harm, Still Foul: Unharmed Creditors and Avoidance of a Debtor's Pre-Petition Transfer of Exemptible Property", *89 St. John's L. Rev.* 967 (2015) 참조(미국 논의에서는 행위의 상당성을 별도로 검토하지 않는 것으로 보인다).

108) 사해행위에 해당하더라도, 행위의 상당성이 인정되어 결과적으로 부인의 대상에서 제외될 수 있음은 물론이다.

109) Thole(주 98), 801.

110) Häsemeyer(주 98), 427.

제자금을 교부하는 것을 원치 않고 특정채권자에게 직접 출연하기를 원했다면, 즉 제3자 스스로 특정채권자에게 이익을 주기를 원했다면,[111] 그런 사정을 아는 채무자로서는 그건 제3자가 알아서 해결하라고 말했어야 한다. 채무자가 굳이 이러한 제3자의 희망에 보조를 맞추어 제3자에게 지급지시를 하였다면, 이에 따른 채무자의 변제는 채권자평등원칙에 반하는 것이다.

셋째, 편파변제의 부인을 인정하여 채권자로부터 변제자금을 원상회복 받더라도 일반채권자들이 망외의 이득을 얻었다고 볼 수 없다. 장래 책임재산이 될 가능성이 있는 권리까지 고려하여 부인권을 행사할 수 있다면, 비록 변제자금 또는 그에 상당하는 재산적 가치가 — 일반채권자들이 압류가능한 형태로 — 채무자의 책임재산에 머무른 적이 없더라도, 책임재산에 머무를 가능성이 있었다는 점을 고려해 이에 대하여 원상회복을 명할 수 있다. 채무자가 제3자에게 부탁하여 채권자에게 증여하고 제3자가 채무자에게 구상권을 취득한 경우, 채무자의 관리인이 채권자에 대한 증여에 관하여 무상행위 부인을 주장할 수 있다는 점에 이론이 없을 것으로 사료된다. 이 경우 제3자가 출연한 증여물이 그 전에 채무자의 책임재산에 머물렀던 적이 없더라도, 채권자는 증여물을 원상회복해야 한다.

넷째, 편파변제의 사해성을 원칙적으로 인정하여 제3자가 채권자의 채권을 양도받은 경우와 결론이 달라지더라도, 거래당사자들의 합리적 기대에 반한다고 볼 수 없다. ① 채무자와 채권자 사이의 법률관계를 전혀 알지 못한 상태에서 채무자의 부탁에 따라 출연한 제3자의 입장에서는, 채무자의 지시로 인해 채권자만 우대를 받고 자신은 상대적으로 불리한 지위에 놓이는 상황이 공평하다고

111) 특정채권자의 채권가치는 채무자의 무자력으로 인해 액면가에 미치지 못할 것인데, 그럼에도 불구하고 제3자가 채권자에게 액면가의 금원을 출연하고 그 채권을 — 변제자 대위를 통해 — 취득하였다면, 이는 실질적으로 제3자가 채권자에게 그 채권의 액면가와 실질가치의 차액만큼을 증여한 것과 마찬가지이다.

할 수 없다. 또한 채권자는 도산절차에서 평등변제를 받을 권리를 여전히 보유하고 있으므로, 편파변제의 사해성을 폭넓게 인정한다고 해서 채권자의 신뢰에 반한다고 보기 어렵다. ② 제3자가 특정채권자를 우대해 준다는 생각을 갖고 채무자의 부탁에 따라 출연을 한 경우에도, 제3자는 채무자의 지시에 따른 **자신의 출연이 채권자의 관점에서 '채무자의 급여'로 취급된다는 점**112)을 고려해야 한다. 즉 ⓐ 특정채권자가 다른 일반채권자에 앞서 '채무자'로부터 자기채권의 만족을 얻는다는 점, ⓑ 채무자와 채권자 사이의 급여관계

---

112) 참고로 Wolfgang Marotzke, "Die insolvenzrechtliche Anfechtbarkeit von Zahlungen aus einem im Soll geführten Konto", *ZinsO* (2007), 897은 **급여부당이득에서 수익자가 반환할 이득이 급여자의 손해로부터 발생하였는지 여부가 실질적으로 문제되지 않는 것처럼, 편파행위의 부인이 문제되는 국면에서도 채무자의 재산으로부터 수익자가 이득을 얻었는지 여부는 중요하지 않다**고 주장한다. 매우 흥미로운 주장이나, 부인권 행사에 따른 원상회복의 법률관계 중에는 부당이득법의 관점에서 설명할 수 없는 부분도 일부 있으므로, 이러한 비유가 결론의 정당성을 뒷받침하는 결정적 논거가 될 수 있는지에 대해서는 검토의 여지가 있다.

급여부당이득의 경우 급여자의 손해 요건에 관해서는 대법원 2010. 3. 11. 선고 2009다98706 판결도 참조["계약상 채무의 이행으로 당사자가 상대방에게 급부를 행하였는데 그 계약이 무효이거나 취소되는 등으로 효력을 가지지 못하는 경우에 당사자들은 각기 상대방에 대하여 계약이 없었던 상태의 회복으로 자신이 행한 급부의 반환을 청구할 수 있다. 계약의 효력불발생에서의 이러한 원상회복의무를 법적으로 뒷받침하는 것이 민법 제741조 이하에서 정하는 부당이득법이 수행하는 핵심적인 기능의 하나이다. 이 경우의 부당이득반환의무에서는, 예를 들면 소유권 등의 권리에 기하여 소유자 기타의 사람에게 배타적으로 귀속되어야 하는 이익이 제3자에게 귀속됨으로써 그 권리가 객관적으로 침해당하였으나 그 이익취득자에게 이익의 보유를 법적으로 정당화하는 권원이 없어서 권리자가 그에 대하여 그 취득한 이익을 부당이득으로 반환청구하는 경우에 상대방이 얻는 이익의 구체적인 내용을 따져서 과연 부당이득반환의 대상이 될 만한 것인지를 살펴보아야 하는 것(대법원 2009. 11. 26. 선고 2009다35903 판결도 참조. 종전의 재판례가 부당이득반환청구소송에서 피고에게 '실질적인 이득'이 있어야 한다고 설시하는 것은 대체로 이러한 사건 맥락에서이다)과는 달리, **상대방이 얻은 계약상 급부는 다른 특별한 사정이 없는 한 당연히 부당이득으로 반환되어야 한다. 다시 말하면 이 경우의 부당이득반환의무에서 민법 제741조가 정하는 '이익' 또는 '그로 인한 손해'의 요건은 계약상 급부의 실행이라는 하나의 사실에 해소되는 것이다**"].

에 흠이 있더라도 자신의 채무자에 대한 구상권은 여전히 존재한다는 점을 고려해야 한다. 위 두 가지 법률효과의 측면에서 지시에 따른 타인채무 변제 목적 출연 상황은, 제3자가 채권자로부터 채권을 양도받은 경우와 큰 차이가 있다(채무자와 채권자 사이의 급여관계에 흠이 생긴 경우 채권양수인인 제3자는 채무자에게 행사할 채권이 없을 수 있다). 따라서 제3자를 마치 채권양수인처럼 취급하지 않더라도 그것이 제3자의 합리적 기대에 반한다고 말할 수 없다. 더 나아가 제3자가 자발적으로 채권을 양수받은 것이 아니라 채무자의 지시에 따라 채권을 양수받았다면, 이러한 채권양도는 편파변제에 대한 부인권 행사를 회피하기 위한 목적에서 채무자의 의사관여하에 이루어진 것으로서, **채무자의 지시에 따른 제3자의 출연과 실질적으로 동일하다고 취급하여, 부인의 대상이 될 여지가 있다**고 사료된다.[113] 채무자의 행위가 개입하였다는 사정은 변제자원이 모든 일반채권자들을 위해 사용될 가능성을 채무자가 미리 차단하였다는 뜻이므로, 편파행위 여부를 판단함에 있어 중요한 고려요소가 될 수 있다.

다섯째, 이 경우 편파변제의 사해성을 부정하면 채권자는 채무자로 하여금 변제를 강요·압박할 유인을 갖게 된다. 채무자는 제3자로부터 돈을 빌리는 방법을 취하지 않고 제3자에게 출연을 지시하는 선택함으로써, 편파변제 부인의 위험에서 손쉽게 벗어나게 된다. 원칙적으로는 편파변제의 사해성을 부정하되, 채권자가 채무자에게 변제를 강요한 경우에는 편파변제의 사해성을 긍정하자는 입론도 물론 가능하다. 그러나 어느 한도까지를 채권자의 정당한 권리행사로 보고, 어느 한도를 넘어야 변제를 강요·압박하였다고 볼

113) **채무자의 부탁을 받고 위기시기에 구채권자와 보증계약을 체결하고 그에 따라 보증계약상 의무를 이행한 경우**에도 비슷한 맥락에서 편파변제로서 부인의 대상이 될 수 있다고 사료된다. 그러나 위기시기 전에 이미 보증계약을 체결한 상태에서 위기시기에 보증계약상 의무를 이행하였다면 편파변제를 문제삼을 수 없을 것이다. 결과에 있어 같은 취지로는 Carlson/Widen(주 83), 605.

것인지는 그 판단이 쉽지 않다.

다만, 차입금에 의한 변제에서 본 것처럼 예외적으로 편파변제의 '상당성'이 인정되는 경우(ex. 채무자의 변제자력 확보를 위해 편파변제가 이루어진 경우, 구상권의 이자, 지연손해금이 기존채무의 그것보다 낮은 경우, 제3자가 구상권을 포기하고 채권자에게 출연한 경우 등)에는 부인의 대상이 될 수 없다.

(2) 그 밖의 부인권 행사요건

사해성이 인정될 경우 비본지급여 여부, 제3자에 대한 부인권 행사의 요건 등은, 지시에 따른 자기채무 변제 목적의 출연(Anweisung auf Schuld) 상황과 마찬가지 논의(본문 Ⅲ. 1. 가)가 적용될 수 있다.[114)]

(3) 부인권의 행사효과

① 채무자의 관리인이 채권자에 대해 (위기)부인권을 행사하여 채권자가 원상회복의무를 이행하는지 여부와 상관없이,[115)] 제3자

---

114) 제3자의 구상권을 확보해주기 위해 채무자가 담보를 설정해주었다면 이에 대한 위기 부인도 가능할 것이다. 편파변제의 상당성이 인정되더라도, 담보제공행위가 당연히 부인의 대상에서 제외되는 것은 물론 아니다.

115) **원상회복의 대상은 채권자가 받은 이익**인가? 아니면 **채무자가 입은 손실**(제3자가 행사할 수 있는 구상권의 실질가치)인가? 후자처럼 보는 견해로는 *Kübler/Prütting/Bork InsO* (2017)/Brinkman Anh. §145 Rn.31; Jacoby/Mikolajczak(주 42), 306 참조. 이러한 생각은 편파변제의 사해성이 편파변제 그 자체에 있는 것이 아니라, 채무자의 소극재산이 증가했다는 점에 있다는 생각과 일맥상통한다. 그러나 편파변제의 사해성은 편파행위 자체에서 찾는 것이 타당하다고 사료된다. 더구나 후자와 같이 보면 지급지시를 통해 편파변제를 받은 채권자는 채무자로부터 직접 편파변제를 받은 채권자보다 우대를 받는데, 그러한 우대에 합리적 근거가 있는지 의문이다. 제3자가 채무자의 지급지시에 응하였다면, 결과적으로 해당 출연금 상당의 이익이 채무자의 책임재산으로 귀속될 가능성은 매우 높았다고 평가할 수 있다(즉 제3자가 채무자에 대하여 금전소비대차 계약상 대출금 지급 채무를 부담했던 상황과 큰 차이가 없다). 따라서 제3자의 출연금은 채무자의 책임재산으로 회복시키는 것이 타당하다고 사료된다. 이 경우 해당 금전이 채무자의 책임재산에 한 번도 속했던 적이 없다고 해서, 그 금전이 채무자의 책임

는 채무자에게 구상권을 행사할 수 있다. 부인권 행사의 효력은 채무자와 채권자 사이에만 미치므로, 제3자와의 관계에서는 채무자의 채권자에 대한 채무가 변제된 것이기 때문이다. 제3자의 구상권은 파산(회생)채권이다. ② 제3자에 대한 (고의)부인권을 행사한 경우 제3자는 더 이상 채무자에게 구상권을 행사할 수 없고, 채무자는 자신이 얻은 채무소멸이익을 제3자에게 부당이득으로 반환해야 한다. 제3자의 부당이득반환채권은 파산(회생)채권이다.[116] ③ 채권자와 제3자 모두에 대하여 부인권을 행사할 수 있는 경우 두 원상회복의무는 부진정연대관계에 있다. 채권자와 제3자 사이의 내부부담부분은 어떠한가? 앞서 언급한 것처럼 채무자의 무자력 위험은 채권자가 부담하는 것이 원칙이므로, 채권자 : 제3자 = 100 : 0으로 봄이 타당하다고 사료된다.

다. 제3자가 '제3자 변제'의 방식으로 채권자에게 출연한 경우

이 경우 — 채무자의 위임에 따라 제3자 변제가 이루어지는 경우를 제외하고는 — **채권자에 대한 채무자의 급여가 있다고 볼 수 없다**. 이 점에서 지시에 따른 타인채무 변제 목적 출연의 경우와 다르다. 다만 제3자가 제3자 변제의 방식으로 채권자에게 출연한 경우에도 채무자의 채무는 소멸하고, 제3자는 채무자에 대하여 구상권을 행사할 수 있다.[117][118] 채무자의 관리인은 채권자를 상대로

재산으로 회복되면 안된다고 말하기 어렵다.

116) 결론에서 비슷한 취지로는 Bartels(주 9), 732.

117) 구상의 법적 근거는 다양할 수 있다. 제3자와 채무자 사이에 위임계약이 체결되어 있으면 제3자는 채무자에 대하여 비용상환청구권을 행사할 수 있다(민법 제688조). 제3자와 채무자 사이에 계약관계가 존재하지 않으면 제3자는 사무관리에 따른 필요비 상환청구권을 행사할 여지가 있다(민법 제739조 제1항). 사무관리의 요건이 충족되지 않는다면 제3자는 채무자에게 부당이득반환청구권을 행사할 여지가 있다(구상부당이득).

118) 제3자가 채무자에 대하여 채무를 부담하는 상황에서, 채무자의 채무를 제3자 변제하는 상황도 생각할 수 있다. 이 경우 제3자의 구상권과 채무자의 채권 사이의

(위기)부인권을 행사하여 제3자 변제의 효력을 부인할 수 있는가? 원칙적으로 채무자의 행위만을 부인의 대상으로 삼는 현행 채무자회생법의 구조상, 이러한 부인권 행사는 가능하지 않다. 판례는 채무자의 행위가 없더라도 채무자와의 통모 등 특별한 사정이 있어서 제3자의 행위를 채무자의 행위와 동일시할 수 있는 사유가 있는 경우에는 제3자의 행위도 부인의 대상이 될 수 있다고 보지만,[119] 타인채무 변제의사에 따른 변제지정을 독자적으로 행하는 제3자의 변제를[120] 채무자의 행위와 동일시할 수 있는지 의문이다. 나아가 위기부인의 대상이 꼭 채무자의 행위일 필요는 없다고 보더라도,[121][122] 이 경우 채권자의 단순 교체가 있었을 뿐이고, 채무

상계가 문제될 것이다.

119) 대법원 2011. 10. 13. 선고 2011다56637, 56644 판결 등.

120) 김형석(주 3의 뒤 문헌), 342-343.

121) 고의부인과 달리 위기부인의 경우 채무자의 행위의 존재를 반드시 요구할 필요는 없다고 사료된다. 위기부인제도의 목적은 채무자의 책임재산이 특정채권자에게 유리하게 사용되는 것을 막는 데 있기 때문이다. 채무자의 책임재산이 특정채권자에게 유리하게 사용되는 "효과"를 가져오는 행위라면, 그 효과가 누구의 행위로 인해 발생한 것인지를 불문하고 위기부인의 대상이 될 수 있어야 한다[참고로 독일도산법은 고의부인의 대상을 "채무자가 한 법적행위"라고 규정한 반면(133조), 위기부인의 대상은 "도산채권자에게 담보나 채권만족을 제공하거나 또는 가능하게 하는 행위"라고 규정하여 **행위주체를 특정하지 않고 있다**(130, 131조)]. 다만, 이러한 입장을 취하더라도, 본문과 같은 사안에서는 부인권 행사가 가능하지 않다는 것이 필자의 생각이다.

122) 伊藤眞(주 83), 509는 채무자의 채무소멸이라는 '법률효과' 측면에서 채무자의 부탁을 받은 제3자의 출연과 차이가 없다면, 제3자의 변제에 대해서도 위기부인권 행사를 허용함이 타당하다고 본다. 참고로 최고재판소 1990(平成 2). 7. 19. 판결(民集44.5.837)은 지방공무원공제조합의 조합원의 급여지급기관이 급여를 지급하면서 관련 법령에 의해 그 조합원의 급여에서 대부금(조합원의 조합에 대한 채무)에 상당하는 금액을 공제하고, 해당 금액은 조합원 대신 조합에 지급한 경우, 이는 **조합에 대한 조합원의 채무의 변제를 대행한 것**이므로 부인의 대상이 된다고 보았다. 이 사안은 채무자의 지시는 없었지만 **법령상 제3자에게 제3자 변제의 의무가 부과된 경우**이다. 그렇다면 이 경우 채무자의 급여가 있었다고 평가할 여지가 있고(위 판례가, 제3자는 채무자의 "채무의 변제를 대행하였다"고 표현한 것은 이러한 취지로 해석할 여지가 있지 않을까?), 채무자의 급여가 존재하지 않는 제3자의 변제

자의 책임재산에 실질적으로 아무런 변화가 없으며, 변화가능성 조차도 없었다. 제3자는 채무자와의 기존 법률관계와 별도로 채권자에게 독자적으로 변제를 한 것이며, 채권자는 제3자의 변제에 외견상 아무런 관여를 한 바가 없다. 따라서 이 사안은 **채권자가 자신의 채무자에 대한 채권을 제3자에게 양도한 경우와 다를 바 없고, 이 점에서도 지시에 따른 타인채무 변제 목적 출연의 경우와 차이가 있다**. 따라서 채무자의 관리인이 채권자에 대하여 부인권을 행사할 수는 없다고 사료된다.[123)][124)] 그러나 채무자가 제3자를 위해 담보를 제공해주는 등 단순히 채권자가 교체되는 정도를 넘어 새로운 채권자(구상권자)인 제3자의 채권확보 가능성이 증가한 경우라면 부인권 행사가 가능하다. 이 경우 제3자에 대한 위기부인권 행사도 가능하고, 채권자가 악의인 경우 채권자에 대한 고의부인권 행사도 가능할 것이다.[125)]

사안과 차이가 있다고 사료된다. 宗田親彦, "否認と破産者の行為", 破産法研究(1995), 10은 위 판례에서 급여지급기관은 조합원의 '광의의 이행보조자'라고 본다.

한편 서울중앙지방법원 파산부 실무연구회, 법인파산실무 4판(2014), 387은 제3자의 변제도 채무자의 행위와 동일시할 수 있다면, 부인할 수 있다고 한다. 그런데 이 서술이 어떠한 상황을 전제로 한 것인지(채무자의 급여가 인정되는 않는 상황을 말하는 것인지, 채무자의 급여가 인정되는 상황을 말하는 것인지, 두 상황 모두를 포함하는 것인지) 분명하지 않다. 또한 "채무자의 행위와 동일시할 수 있다는 사정"이 무엇을 의미하는지도 명확하지 않다. ① 위 伊藤眞의 견해와 같이 법률효과 측면에서 채무자 자신의 급여가 인정되는 경우와 차이가 없으므로 제3자의 변제도 일반적으로 부인할 수 있다는 취지인지, ② "채무자와의 통모 등 특별한 사정이 있어서 채권자 또는 제3자의 행위를 채무자의 행위와 동일시 할 수 있는 경우"(대법원 2002. 7. 9. 선고 2001다46761 판결 등)에 한해 부인할 수 있다는 뜻인지 불명확하다. 필자는 ①의 입장에는 동의하기 어렵고, 제3자의 변제 상황에서 ②와 같은 요건이 충족되기는 어렵다고 생각한다.

123) *Kübler/Prütting/Bork InsO* (2017)/Brinkman Anh. §145 Rn.25; *Uhlenbruck InsO* 14Aufl. (2015)/Ede · Hirte §129 Rn.330.

124) 이 경우에도 채무자는 제3자에 대한 구상의무를 부담하므로 제3자 변제의 사해성이 인정된다는 반론으로는 Bartels(주 9), 710; Jacoby/Mikolajczak(주 42), 307.

125) *Kübler/Prütting/Bork InsO* (2017)/Brinkman Anh. §145 Rn.26.

이 경우 채무자의 행위가 없었으므로 제3자에 대하여 고의부인을 할 수도 없다.

2. 제3자에 대하여 도산절차가 개시된 경우

가. 지시에 따른 자기채무 변제 목적의 출연(Anweisung auf Schuld)

(1) 채무자에 대한 부인권 행사

제3자는 채무자에 대하여 부담하는 채무를 변제한 것이므로, 2자간 관계에서 변제가 이루어진 경우와 달리 취급할 내용이 없다. 즉 본지급여나 비본지급여의 위기부인, 고의부인, 무상행위 부인(가령 제3자가 채무자와 증여계약을 체결하고 그에 따른 의무를 이행한 경우)[126][127]이 문제된다.

제3자가 채권자에게 출연했다는 사정만으로 채무자에 대한 급여가 비본지급여가 될 수는 없다고 사료된다. 채무자가 직접 채권자에게 변제하는 것과 채권자의 지시에 따라 제3자에 출연하는 방식으로 변제하는 것 사이에, 변제'방법'의 차이가 있다고 평가하기는 어렵다. 두 경우 모두 채무자는 자신의 의무에 속한 방법으로 변제를 한 것이다. 다만, 채권자에게 출연하는 것이 채무자에게 직접 변제하는 것보다 어렵거나 더 비용이 드는 예외적인 경우에는, — 이러한 상황에서는 두 변제방법이 동일하다고 평가하기 어렵고, 채권자에게 출연하는 것은 거래통념상 '이례적'이라

126) 제3자와 채무자 사이에 원인계약은 없지만 제3자가 채무자에게 무상출연을 하였다고 평가할 수 있는 경우에도, 물론 무상행위 부인이 가능하다. 가령 **A가 B의 C(은행)에 대한 채무를 변제하기 위해 B의 부탁을 받고 C(은행)에 개설된 마이너스 통장계좌로 입금을 한 경우**, A는 B에게 무상출연을 한 것이다. 따라서 A의 관리인은 B에게 무상행위 부인권을 행사할 수 있다.

127) 제3자가 채무자에 대한 관계에서 무상출연을 한 것으로 평가할 수 있더라도, 그로 인해 결과적으로 제3자의 '채권자'에 대한 채무가 소멸하는 상황이라면, 출연자인 제3자의 관점에서 이를 무상행위로 평가하기 어렵다. 따라서 채무자에 대한 무상행위 부인은 가능하지 않을 것이다. *BGH ZIP* (1980), 21 참조.

고 평가할 수 있다. — 채무자에 대한 급여는 비본지급여가 될 수 있다.[128)]

부인권 행사효과는 어떠한가? 채무자는 제3자가 채권자에게 급여한 목적물 가액상당(가액산정 기준시점은 제3자에 대한 도산절차 개시 당시)[129)]을 반환해야 한다는 견해와 채무자가 얻은 채무소멸 이익 상당액[130)]을 반환해야 한다는 견해를 상정할 수 있다. 견해대립의 실익이 있는지 의문은 있지만, 채무자가 문제된 행위로 얻은 이익을 초과하여 반환의무를 부담할 수는 없으므로 일단 후자를 한도로 하되, 제3자가 채무자에게 직접 급여한 경우와 결론이 달라지는 것은 불합리하므로 전자를 기준으로 함이 타당하지 않을까 사료된다. 원상회복의무를 이행한 채무자는 제3자에 대한 채권을 회복한다(채무자회생법 제109조 제1항, 제399조).

(2) 채권자에 대한 부인권 행사

채권자는 제3자에 대하여 채권을 갖고 있지 않으므로, 제3자의 관리인이 채권자에 대하여 위기부인을 주장할 수는 없다.[131)] 따라서 아래에서는 고의부인과 무상행위 부인의 가부를 검토한다.

㈎ 고의부인

제3자의 채권자에 대한 출연의 사해성은 제3자가 자신의 채무를 편파변제하였다는 점에 있다. 채권자가 이러한 사정을 알면서 제3자의 출연을 수령하였다면 그는 제3자의 편파변제에 가담한 것이고, 제3자의 일반채권자들과의 관계에서 채권자평등원칙을 훼손

---

128) *Kübler/Prütting/Bork InsO* (2017)/Brinkman Anh. §145 Rn.49; Wazlawik(주 52), 884.

129) Bartels(주 9), 566; Burchard(주 9), 112; Röttger(주 9), 166.

130) *Kübler/Prütting/Bork InsO* (2017)/Brinkman Anh. §145 Rn.51; *Münchener InsO* 3Aufl. (2013)/Kirchhof §143 Rn.50a.

131) Wolfram Henckel, "Anfechtung der Tilgung fremder Schuld", *ZIP* (2004), 1671-1672.

한 것이다.[132] 따라서 채권자가 이러한 사실을 알면서 변제를 수령하였다면 채권자에 대하여 고의부인권을 행사할 수 있다[채무자에 대한 도산절차가 개시된 상황에서 제3자에 대하여 고의부인권을 행사하는 경우와 문제상황이 비슷하다. 본문 Ⅲ. 1. (가) (2) 참조].[133][134] 제3자의 출연이 채무자에 대한 관계에서 비본지급여에 해당하는지 여부와, 채권자가 제3자의 사해의사를 알았는지 여부는 서로 관련이 없다. 전자는 채무자와 채권자 사이에서 변제가 비본지급여인지 여부에 따라 결정되는 것이고, 후자는 채권자가 제3자와 채무자 사이의 법률관계에 관하여 인식을 하고 있었는지에 따라 결정되는 것이기 때문이다. 채무자와 채권자 사이에서 고의부인 요건이 충족되었다고 하여 제3자의 채권자에 대한 고의부인이 더 쉽게 인정되는 것도 아니다.[135] 전자의 경우 수익자인 채권자의 악의의 대상은 '채무자'와 관련된 사정인 반면, 후자의 경우에는 인식의 대상이 '제3자'와 관련된 사정이기 때문이다.

이에 대해서 채권자는 채무자에 대하여 채권을 가지고 있고 채무자의 변제를 수령할 권리가 있으므로, 단순 악의의 채권자에게 원상회복의무를 부담시키는 것은 부당하고, 제3자와의 통모 등이 인정되어야 고의부인이 가능하다는 반론이 있을 수 있다.[136] 그러나 제3자의 무자력 및 제3자의 편파변제라는 사정을 알고 있는 채

---

132) *Kübler/Prütting/Bork InsO* (2017)/Brinkman Anh. §145 Rn.57. 이에 대해서 Henckel(주 131), 1673은 제3자는 자기채무 소멸이나 구상권 취득이라는 이익을 얻기 때문에, 이러한 이익의 가치가 없는 경우에만 사해성을 인정할 수 있다고 한다. 물론 그러한 경우에도 사해성을 인정할 수 있을 것이나, 편파변제의 경우에도 사해성은 인정된다고 사료된다.

133) 同旨 *Kübler/Prütting/Bork InsO* (2017)/Brinkman Anh. §145 Rn.57.

134) 채무자에 대한 위기부인이 가능하다고 해서 채권자에 대한 고의부인이 부정되는 것은 아니다. *BGH ZIP* (2013), 81.

135) Bartels(주 9), 591; Röttger(주 9), 171.

136) Burchard(주 9), 118.

권자를 보호할 필요성은 크지 않다고 사료된다. 제3자에게 원상회복을 하더라도 채권자는 채무자로부터 변제를 받을 수 있다.

문제는 **제3자의 관리인이 채무자의 선의 등을 이유로 채무자에 대하여 위기부인권을 행사할 수 없는 경우에도, 채권자에 대한 고의부인권 행사가 가능한지** 여부이다. 결론부터 말하면 필자는 이 경우 악의 채권자에 대해서도 부인권 행사를 허용할 수 없다고 생각한다.[137] 그 이유는 다음과 같다. 제3자가 금전이나 금전 아닌 동산을 출연한 경우, 고의부인권 행사 대상에 해당하는 채권자는 전득자로 볼 수도 있다(통과취득설). 수익자가 선의이고, 전득자가 악의인 경우 전득자에 대한 부인권 행사가 허용될 수 없다면, 채권자를 수익자로 보아 고의부인권을 행사하는 경우에도 동일한 결론이 관철되는 것이 균형이 맞다. 이 경우 고의부인이 가능하다면, 제3자가 채무자에게 직접 급여를 하지 않고 채권자에 대한 출연의 방식으로 자기채무를 변제하였다는 우연한 사정으로 인해, 제3자의 관리인이 책임재산을 회복할 방법 및 가능성이 증가한다. 이는 망외의 이득이라고 사료된다.[138] 흠이 있는 거래에서도 엄폐물 법칙이 적용되어 선의의 제3자로부터 권리를 취득한 악의의 전득자가 보호될 수 있다면,[139] 제3자나 채무자의 행위 자체에는 흠이 없는 부인권 행사 국면에서는 더욱 악의의 전득자가 보호되어야 한다.[140][141]

137) 反對 Bartels(주 9), 581-582(부인 대상 법적 행위에 해당하면 부인할 수 있는 것이지, 각 당사자들 내부의 원인관계를 고려해 부인권 행사를 제한할 근거가 없다); *Kübler/Prütting/Bork InsO* (2017)/Brinkman Anh. §145 Rn.58.

138) Röttger(주 9), 198.

139) 池元林, 民法講義 15판(홍문사, 2017), 229.

140) Röttger(주 9), 197-208은 급여관계의 우위법리를 적용하여 채권자는 채무자의 재산으로부터 이익을 얻은 것이고, 제3자의 재산으로부터 이익을 얻은 바가 없으므로 채권자를 수익자로 한 부인권 행사는 불가능하고, 전득자에 대한 부인규정을 유추하여 채권자에 대한 부인권 행사가 가능하다고 본다. 이 견해는 결론적으로 필자의 생각과 비슷하다.

141) 그러나 **제3자가 부동산을 출연한 경우** 채권자를 전득자로 볼 수 없다. 부동산 소

고의부인이 인정되는 경우 원상회복의 방법 및 범위는 어떻게 되는가? 제3자의 책임재산은 편파변제가 있기 전의 상태로 회복되어야 한다. 따라서 제3자가 채권자에게 금전을 출연한 경우 채권자는 받은 가액 상당을 제3자에게 반환해야 한다. 금전 아닌 동산이나 부동산을 출연한 경우 채권자는 원물반환의무를 부담하는가? 아니면 채무자가 제3자에 대하여 갖고 있던 채권의 가치에 상응하는 가액반환의무를 부담하는가? **채권자에 대한 고의부인권 행사는 채권자를 전득자로 보아 부인권을 행사하는 경우와 달리 취급할 이유가 없다**는 점에서, 원물반환의무를 인정함이 타당하다고 사료된다.[142)]

채권자가 제3자에게 원상회복의무를 이행하면 채권자와 채무자 사이의 법률관계는 어떻게 되는가? 채무자는 부인권 행사의 상대방이 아니지만, 채권자가 원상회복의무를 이행함으로써 채권자의 채무자에 대한 채권은 부활한다고 봄이 타당하다(채무자회생법 제109조 제1항, 제399조 유추).[143)] 채권자가 일방적으로 손실을 입는 것은 공평하지 않기 때문이다. 필자는 채무자에 대한 부인권 행사요건이 갖추어진 경우에만 채권자에 대한 부인권 행사가 가능하다고 보므로, 위와 같이 채무자가 채권자에 대하여 다시 변제를 해야 하는 상황이 되더라도, 채무자에게 부당하다고 말할 수 없다. 채권자가 원상회복의무를 이행하였다면, 제3자는 채무자에 대한 채무

유권은 A와 C 사이의 물권적 합의에 따라 A에서 C로 바로 이전하였기 때문이다. 이 경우 A는 C에 대하여 위기부인을 주장할 수 있다. 또한 B가 선의여서 B에 대하여 위기부인을 주장할 수 없더라도, C에 대해서는 위기부인을 주장할 수 있다. A와 C 사이에는 별도의 물권적 합의가 존재하고 그에 따라 부동산이 출연된 것이기 때문이다. C는 — A와 B 사이의 원인관계와 무관하게 — A로부터 편파변제를 받은 것에 따른 책임을 부담해야 한다. C는 A를 거래상대방으로 선택하였기 때문이다.

142) 비슷한 취지로는 Bartels(주 9), 591; Neyes(주 9), 218 참고.

143) 비슷한 취지로는 *BGH NJW-RR* (2013), 163; Bartels(주 9), 631-633; *Kübler/Prütting/Bork InsO* (2017)/Jacoby §144 Rn.10-11.

소멸이익을 채무자에 대한 관계에서 부당이득하고 있다고 평가할 수 있다. 이 채권은 채무자가 제3자에 대해 갖는 파산(회생)채권으로 볼 수 있다.[144)]

채권자가 원상회복의무를 이행한 경우 채권자가 채무자에 대하여 반대급여의 반환을 청구할 수 있는가? 이 경우 채권자와 채무자 사이의 법률관계는 전득자에 대한 부인권 행사의 경우와 마찬가지로 취급함이 타당하다고 사료된다. 전득자는 채무자회생법 제108조 제3항, 제398조의 상대방에 해당하지 않으므로, 결과적으로 채권자는 채무자에 대하여 부당이득반환이나 민법상 담보책임 등을 청구할 수 있을 뿐이라고 해석함이 상당하다.[145)146)] **채무자회생법상 위 조항들은 부인권 행사 결과 '도산재단'이 부당한 이득을 얻은 상황을 전제로 한 규정이므로, 전득자가 수익자**(수익자에 대하여 도산절차가 개시된 것은 아니다)**에게 반대급여의 반환을 청구하는 근거로는 부적합하다.** 더구나 부당이득반환이나 담보책임을 통해 채권자와 채무자 사이의 법률관계를 조정할 수 있으므로 굳이 위 조항을 유추할 필요성도 높지 않다.

(나) 무상행위 부인

제3자의 채권자에 대한 출연을 무상행위로 볼 수 있는가? **출연자인 제3자의 관점에서 채무자에 대한 채무변제 명목으로 출연을 한 것이기 때문에 원칙적으로 무상행위로 볼 수 없다**고 사료된다.[147)148)] 출

---

144) 채무자회생법 제109조 제1항, 제399조를 유추하여 같은 결론에 도달하는 것도 가능하다고 사료된다. Bartels(주 9), 633; Röttger(주 9), 225-226 참조.

145) 条解破産法 2版 (2016), 1141 참조.

146) 비슷한 취지로는 Bartels(주 9), 628.

147) 同旨 Christoph Thole, *Gläubigerschutz durch Insolvenzrecht* (2010), 472-473; Hanns Prütting, "Insolvenzanfechtung wegen Unentgeltlichkeit bei Erfüllungshandlungen", *KTS* (2005), 253, 258-259; Wazlawik(주 52). 그런데 독일 판례는 출연 당시 **채무자의 무자력으로 인해 채권자의 채권의 실질가치가 액면가에 미치지 못함에도 불구하고 제3자로부터 출연을 받았다면** 채권자에 대한 무상

연자인 제3자의 관점에서 무상성이 인정되지 않는다면 그 출연은 원칙적으로 무상행위 부인의 대상이 아니기 때문이다.[149] 이 경우 제3자의 관리인은 채무자에게 위기부인권을 행사하는 방식으로 책임재산을 회복하는 것이 원칙이고, 채권자에 대한 부인권 행사는 — 고의부인이 인정되는 경우나 채권자를 전득자로 보고 부인권을 행사하는 경우를 제외하고는 — 원칙적으로 허용될 수 없다.

한편 제3자의 채무자에 대한 채무가 소멸시효가 완성된 경우처럼 채무자의 채권이 실질적 가치가 없음에도 불구하고 제3자가 이를 변제한 경우, 제3자가 채무자와의 증여계약에 따른 의무이행 차원에서 채권자에게 출연한 경우 등에는 제3자의 출연을 무상행위로 볼 여지가 있다. 또한 제3자가 채무자에 대하여 부담하는 소비대차계약상 대출금 지급의무를 이행하는 차원에서 채권자에게 출연한 경우에도, 채무자가 무자력이어서 차용금을 변제할 가능성이 희박하다면 제3자는 일방적으로 재산적 희생을 한 것이다. 그런데 이 경우 제3자의 '채권자'에 대한 무상행위 부인을 긍정하면, 제3자는 자신의 계약상대방인 채무자에게 직접 급여하지 않고 채권자에게 출연하는 방식으로 채무자에 대한 의무를 이행하였다는 이유로 인해, 부인권 행사를 통한 책임재산 회복의 방법 및 가능성이

행위 부인을 인정하고, **제3자가 채무자에 대하여 채무변제 명목으로 출연하였는지 여부를 무상성 판단시 고려하지 않는다**. 다만, 채무자의 위기부인권이 제3자의 무상행위 부인권보다 앞선다고 본다. BGHZ 141, 96; BGHZ 162, 276; *BGH ZIP* (2006), 957 Rn.14; BGHZ 174, 228 Rn.11; *BGH ZIP* (2008), 125.

148) 채무자가 제3자에게 변제자금을 출연하면서 제3자로 하여금 그 자금으로 채권자에게 대신 변제하도록 부탁한 경우에도, 제3자의 채권자에 대한 출연을 무상행위로 볼 수 없다. 제3자는 그 출연으로 채무자에 대한 의무를 이행한 것이기 때문이다. 즉 출연자 입장에서 적극재산 감소도 있었지만 채무소멸이라는 소극재산 감소도 있었다.

149) 타인채무의 연대보증 및 물상보증을 무상행위로 보는 판례의 입장(대법원 1999. 3. 26. 선고 97다20755 판결 등)도, 기본적으로 '**출연자의 시각**'을 기준으로 무상성을 판단하는 것이다.

늘어난다. 이는 제3자의 관리인 입장에서 망외의 이득이다. 따라서 이 경우에도 '채권자'에 대한 무상행위 부인은 원칙적으로 허용하지 않는 것이 타당하다.

다만, 위와 같은 사안에서 제3자의 관리인은 '채무자'에 대한 무상행위 부인이 가능하다.[150] 따라서 채권자를 전득자로 한 부인권 행사요건이 갖추어지면 채권자에 대해서도 부인권을 행사할 수 있다. 이 경우 **채권자를 전득자로 한 부인권 행사뿐만 아니라 채권자를 수익자로 한 무상행위 부인도 굳이 금지할 이유는 없다**고 사료된다. 가령, 제3자의 출연으로 채권자가 채무자로부터 증여를 받았다고 평가할 수 있는 경우, 제3자의 관리인은 채권자를 전득자로 보아 부인권을 행사할 수도 있고(채무자회생법 제110조 제1항 제3호, 제403조 제1항 제3호), 채권자를 수익자로 보고 무상행위 부인을 주장할 수도 있다고 사료된다.[151] 두 부인권의 행사요건은 실질적으로 같다.

(3) 채무자 및 채권자 모두에 대하여 부인권 행사가 가능한 경우

채무자, 채권자 모두에 대하여 부인권 행사가 가능한 경우의 법률관계는 제3자의 관리인이 수익자 및 전득자에 대하여 부인권을 행사하는 경우와 다를 바가 없다. 수익자와 전득자의 각 원상회복의무는 부진정연대관계에 있다. 수익자와 전득자의 내부부담부분 비율은 어떠한가? 채무자(제3자)의 무자력 위험은 채무자의 거래상대방인 수익자(채무자)가 부담함이 타당하므로, 원칙적으로 수

150) 소비대차계약상 대주는 차주의 재산상태가 악화되어 대주의 반환청구권이 위험하게 되는 경우, 신의칙에 근거해 청약이나 승낙의 철회권, 이행거절권을 갖는다. 民法注解15/金滉植 5-6. 그럼에도 불구하고 대주가 차주에게 만연히 금원을 대여해주었다면 이는 무상행위로 평가할 여지가 있다. 무상행위로 평가함에 있어 이러한 상황에 대한 대주의 인식이 필요한 것은 아니다.

151) 채권자를 수익자로 보고 무상행위 부인권을 행사하는 것만 허용하는 견해로는 Röttger(주 9), 185-190.

익자(채무자) : 전득자(채권자) = 100 : 0으로 봄이 타당하다고 사료된다.

나. 지시에 따른 타인채무 변제 목적 출연(Anweisung auf Kredit)[152]

(1) 채무자에 대한 부인권 행사

제3자가 채무자에 대하여 구상권을 갖고 있지 않다면 무상행위 부인을 통해, 채무자가 얻은 채무소멸이익의 반환을 구할 수 있다. 제3자가 채무자에 대한 구상권을 포기한 경우에는 그 포기행위에 대하여 부인권을 행사할 수 있을 것이다.

구상권이 발생하여 이를 수동채권으로 채무자가 상계를 주장하는 경우, 채무자회생법상 상계금지 규정에 따라 그 상계가 제한될 수 있다(채무자회생법 제144조 제1호, 제2호, 제422조 제1호, 제2호). 채무자가 제3자의 위기상황(지급의 정지, 회생절차 개시의 신청, 파산의 신청)을 모르더라도, 또 위와 같은 위기상황이 있기 전이더라도, 제3자의 무자력 사실을 알면서 제3자에게 채무변제를 부탁하여 상계적상 상태를 만들었다면, 이러한 부탁에 대하여 고의부인권을 행사하여 결과적으로 채무자의 상계권 행사를 불허할 수 있다고 사료된다.

(2) 채권자에 대한 부인권 행사[153]: 무상행위 부인의 가부

제3자가 자기 재산으로 채무자의 채권자에 대한 채무를 대신 변제하고 채무자에 대하여 구상권을 취득한 경우, 제3자의 책임재산은 금전에서 구상권으로 바뀐다. 이 구상권의 실질가치는 채무자의 자력에 좌우된다. 담보나 상계 등을 통해 구상권이 확보되는

---

152) 출연 대상이 금전인 경우를 전제로 논의를 진행한다.

153) 채권자의 악의가 인정된다면 고의부인도 주장할 수 있다. 채무초과 상태에서 타인채무를 대위변제한 경우 채권자에 대한 고의부인 가능성을 긍정한 판례로는 대법원 2011. 5. 13. 선고 2009다75291 판결 참조.

경우가 아닌 한 제3자로서는 자신이 출연한 액수만큼을 실질적으로 확보할 수 없는 경우가 많다.[154] 그렇다면 이 경우[155] 제3자의 채권자에 대한 출연을 무상행위로 보아 무상행위 부인권을 행사할 수 있는가?[156] 크게 세 가지 견해가 가능하다고 사료된다. 첫 번째는 **출연 당시 채권자의 채무자에 대한 채권의 실질가치**, 즉 채무자의 자력 유무에 따라 무상성을 판단하는 견해(이하 '1설')이다.[157][158]

---

154) 제3자의 출연이 사해성이 있는지 여부(적극재산이 감소하여 채무초과 상태에 이르거나 채무초과 상태가 심화되었는지 여부)는 원칙적으로 **출연 당시를 기준으로** 판단해야 한다. 그렇다면 제3자의 출연으로 제3자의 책임재산이 금전에서 구상권으로 바뀌었는데 출연 당시 구상의무자의 자력이 충분한 경우, 제3자의 출연은 사해성이 없는 것인가? 그렇게 단정할 수는 없다고 생각한다. 제3자는 금전을 출연하는 대신 구상권을 취득함으로써 책임재산의 '**질적감소 가능성**'을 야기하였기 때문이다. 따라서 나중에 비로소 구상의무자가 무자력이 되어 결과적으로 제3자가 구상권을 통해 만족을 얻을 수 없는 상황이 된 경우에도, 제3자의 출연은 사해성이 인정될 수 있다. 이에 관한 논의는 우선 최준규(주 93), 275 참조.

155) 구상권의 가치가 있다면 무상행위 부인은 인정될 수 없다고 사료된다. 同旨 RGZ 50, 134; *Kübler/Prütting/Bork InsO* (2017)/Bork §134 Rn.60.

156) 이 경우 채무자의 채권자에 대한 급여가 있는 것이고, 제3자의 채권자에 대한 급여가 있었다고 볼 수 없다. 그러나 채권자에 대한 제3자의 급여가 인정되지 않는다고 해서, 부인대상이 되는 채권자에 대한 제3자의 행위가 없다고 단정할 수는 없다.

157) 독일 판례의 입장이다. BGHZ 41, 298(이 판례는 구상권이 가치가 있다면 무상행위가 아니라고 보았다. 그런데 이후 판례들은 대체로 무상성 판단시 제3자와 채무자 사이의 원인관계를 고려하지 않는다); BGHZ 162, 276(제3자가 채무자의 채권자에 대한 채무를 이행인수한 경우에도 무상행위이다); *BGH ZInsO* (2013), 549; BGHZ 174, 228, 240(채권의 실질가치에 따라 무상행위를 판단한다면, 채무자가 무자력인 경우 제3자의 출연 '**전부**'를 무상행위로 보아야 한다. 즉 채무자의 무자력 비율에 따라 감소된 채권의 실질가치를 제외한 제3자의 출연 부분만 무상행위로 보는 것이 아니다); *BGH ZIP* (2006), 957(무상성 판단에 있어, 채무자의 자력 상태라는 객관적 사실이 중요하지 그에 대한 채권자의 인식은 요구되지 않는다); *BGH ZIP* (2009), 2303; *BGH ZIP* (2010), 1402. 판례에 찬성하는 견해로는 *Münchener InsO* 3.Aufl. (2013)/Kayser §134 Rn.31b; *Kübler/Prütting/Bork InsO* (2017)/Bork 134 Rn.61.

158) 이러한 입장에 따르면 **A가 B의 C(은행)에 대한 채무를 변제하기 위해 B의 부탁을 받고 C(은행)에 개설된 B 명의의 마이너스 통장계좌로 입금을 한 경우**, C가 변제를 받을 당시 B가 무자력이었다면, A의 관리인은 C에게 무상행위 부인권을 행사할

이 견해에 따르면, 채무자가 자력이 없다면 채권자는 제3자로부터 출연을 받음으로써 무상으로 이득을 얻었다고 평가할 수 있지만, 채무자가 자력이 있다면 채권자가 무상으로 이득을 얻었다고 평가하기 어렵다.[159] 두 번째는 **채무자가 채권자로부터 무상출연을 받았다고 평가할 수 있는 경우에 한해** 채권자에 대한 무상행위 부인을 긍정하는 견해(이하 '2설')이다.[160] 세 번째는 **오로지 출연자**(제3자)**의 관점만을 고려하여 출연자 입장에서 무상출연인 이상 채권자에 대하여 무상행위 부인을 할 수 있다**는 견해(이하 '3설')이다. 이 견해는, 문제되

수 있게 된다. 다만, A가 B 명의의 마이너스 계좌로 금원을 이체한다는 생각만 가지고 있었다면, 이를 'C'에 대한 출연으로 보기 어렵다. 이 경우 A는 B에게 출연하였다고 봄이 타당하기 때문이다. 그러나 **A가 자신의 지급을 종국적으로 C에 귀속시키려는 생각을 갖고 있었고, C 입장에서 이러한 A의 의사가 인식가능하다면** A가 C에게 출연하였다고 볼 수 있다(*BGH ZinsO* (2015), 1609)(이 경우 B는 해당 금원의 중간전달자에 불과하게 된다. 이른바 '간접 출연'의 문제. 본문 Ⅱ. 1. 나. 부분도 참조).

159) 1설에 따르면 채권자가 제3자로부터 출연을 받으면서 그와 동시이행 관계에 있는 채무자에 대한 의무를 이행하였다면, 제3자의 출연을 무상행위로 보기 어렵다. 그러나 채권자가 채무자에게 선(先)이행을 한 뒤 채무자의 자력이 부족한 상황에서 제3자로부터 출연을 받았다면, 제3자의 출연은 무상행위 부인의 대상이 될 수 있다. **채권자로서는 선이행을 하여 스스로를 무자력 위험에 노출시켰기 때문이다**. *Kübler/Prütting/Bork InsO* (2017)/Bork §134 Rn.63. 그러나 채권자는 선이행을 통해 **'채무자'의 무자력 위험에 자신을 노출시킨 것인지, '제3자'의 무자력 위험에 자신을 노출시킨 것이 아니다**. *Kübler/Prütting/Bork InsO* (2017)/Brinkman Anh. §145 Rn.62. 따라서 채권자의 선이행을 이유로 제3자의 관리인이 채권자에 대하여 무상행위 부인을 주장하는 것이 정당화될 수 있는지 의문이다.

160) 독일의 다수설은 — 세부 쟁점에서는 학설 간 다소 차이가 있지만 — 채권자의 신뢰보호를 위해 위 독일 판례의 입장에 반대하고, 채무자와 채권자 사이의 원인관계를 고려하여 무상행위 여부를 판단해야 한다는 입장이다. Henckel(주 131), 1674; Prütting(주 147), 257; Bartels(주 9), 605-610; *Kübler/Prütting/Bork InsO* (2017)/Brinkman Anh. §145 Rn.65; Häsemeyer(주 51), 598-599; Arne Wittig, "Die Bedeutung der Schenkungsanfechtung(§134 InsO) für das Kreditgeschäft", *NZI* (2005), 606, 608; Christoph Thole, "Grundfragen und aktuelle Problemstellungen der Anfechtung unentgeltlicher Leistungen", *KTS* (2011), 219, 232; van Bömmel(주 9), 113; Wazlawik(주 52), 885; Neyses(주 9), 351; Röttger(주 9), 188-189.

는 출연이 출연자 입장에서는 무상행위이지만, 출연을 받는 사람 입장에서는 무상행위가 아닌 경우(ex. 타인채무의 보증이나 물상보증) 우리 판례가 오로지 출연자의 입장에서 무상행위를 긍정하므로(대법원 1999. 3. 26. 선고 97다20755 판결 등), 제3자가 — 제3자와 채권자 사이에 급여관계가 존재하지 않는 상태에서 — 채권자에게 출연한 경우에도 마찬가지로 무상행위 부인을 긍정해야 한다고 본다.

1, 2, 3설 중 어느 견해가 타당한가? 이 쟁점도 쉽사리 결론을 내리기 주저되는 난제(難題)라 사료된다.

1설을 지지하는 측에서는 다음과 같은 근거제시가 가능할 것이다. ① 제3자의 채권자에 대한 급여를 인정할 수 없더라도 채권자에 대하여 무상행위 부인을 인정하는 데 지장이 없다. 부당이득법상 급여가 존재해야만 부인의 대상인 법적행위가 존재하는 것은 아니다.[161] ② 채무자의 지시에 따라 제3자로부터 출연을 받은 채권자는 그가 원래 책임재산으로 파악하지 않았던 제3자의 재산으로부터 변제를 받는 '망외의 이득'을 누렸다. 제3자가 제3자의 변제방식으로 채무자의 채무를 변제한 경우에도 채권자가 망외의 이득을 얻은 것은 마찬가지이다. 따라서 급여수령자인 채권자의 신뢰보호를 강조할 필요가 없다. **채권자는 제3자의 출연이 없었더라면 채무자로부터 받았을 이익만 누리는 것이 공평하다.** 그 이상의 이익을 제3자의 출연으로부터 누린다면, 이는 제3자의 관리인에 대한 관계에서 정당하지 않다.

한편 2설을 지지하는 측에서는 다음과 같은 근거제시가 가능할 것이다. ① **제3자는 채무자가 자력이 없어 자신에 대한 구상의무를 이행하지 못할 위험을 감수하고, 채권자에게 출연한 것**이다. 따라서 채

161) *Kübler/Prütting/Bork InsO* (2017)/Brinkman Anh. §145 Rn.59; Prutting(주 147), 255; *Heidelberger InsO* 8Aufl. (2016)/Thole §134 Rn.6; *Münchener InsO* 3Aufl. (2013)/Kayser §134 Rn.5; BGHZ 41, 298; BGHZ 121, 179.

무자에 대한 구상권 행사 이외에 채권자에 대한 무상행위 부인까지 허용하는 것은 제3자에게 망외의 이득을 주는 것이다. 제3자가 무자력인 채무자에게 소비대차계약상 대출금지급의무 이행 차원에서 돈을 빌려준 경우[162]와, 제3자가 채무자의 부탁으로 채권자에게 출연한 뒤 채무자에 대하여 구상권이 취득한 경우의 법률효과를 전혀 다르게 취급하는 것은 타당하지 않다. ② 급여수령자 입장에서 채무자와 제3자 사이의 원인관계를 알기 어렵다. 채무자로부터 직접 받았다면 무상행위가 아닌데, 채권자로부터 받았다고 해서 무상행위 부인의 위험을 지우는 것은 채권자의 급여수령에 대한 신뢰를 지나치게 침해하는 것이다.

3설을 지지하는 측에서는 다음과 같은 근거제시가 가능하다. ① 타인채무 보증의 경우에는 오로지 출연자의 시각만 고려하여 무상행위 부인을 쉽게 인정하는데, 제3자와 채권자 사이에 아무런 급여관계 없이 제3자가 출연한 경우에는 무상행위 부인을 인정하지 않는다면, 균형이 맞지 않는다. 위와 같이 보면 제3자로서는 채권자와 보증계약을 체결하지 않고, 채무자의 부탁을 받아 타인채무를 변제함으로써 손쉽게 부인의 위험에서 벗어나게 된다. ② 채권자 입장에서 자신의 변제가 제3자의 재원으로 이루어진 것임을 알았다면 채권자의 변제수령에 대한 신뢰를 보호할 필요성은 낮다.

조심스럽지만 필자는 2설에 기운다. 채무자회생법상 무상행위 부인 규정은 행위 당시 채무자가 무자력 상태에 있을 것을 요건으로 하지도 않고, 채무자나 수익자의 악의도 요건으로 하지 않는 '강력한' 책임재산 확보 수단이다.[163] 따라서 무상행위 부인을 폭넓

162) 이 경우 제3자의 관리인은 채권자를 전득자로 한 부인권 행사요건이 갖추어진 경우에 한해, 채권자에 대하여 부인권을 행사할 수 있다. 본문 Ⅲ. 2. 가. (2) ② 참조.

163) 다만 입법론으로는 무상행위에 대하여 위와 같은 방식의 규제가 바람직한지 의문이다. 현행 무상행위 부인 규정에 따르면 위기시기 전 6월 이내 기간 동안 이

게 인정하면 거래안전에 장애가 될 수 있고, 채무자나 수익자의 법률행위의 자유를 지나치게 침해할 수 있다. 따라서 출연자의 시각뿐만 아니라 급여수령자의 시각도 고려하여 무상행위 여부를 판단하는 것이 균형이 맞다.[164] 채권자가 제3자로부터 변제를 받을 권리는 없지만, 그렇다고 해서 선의의 채권자에게 채무자가 아닌 '제3자'의 무자력 위험까지 부담시키는 것은 지나치다. 채권자 입장에서는 제3자가 자기 재원으로 변제하는지, 단순히 채무자의 사자(使者)로서 변제하는지 알기 어려우므로 3설처럼 일률적으로 무상행위 부인을 긍정하는 것은 채권자에게 가혹하다. 또한 2설과 같이 보더라도 **채권자가 제3자가 단순히 사자(使者)가 아니고 제3자 자신의 재원으로 변제한다는 사정을 알았다면, 제3자의 출연은 고의부인의 대상이 될 수 있고, 이 경우 채권자의 악의를 가급적 너그럽게 인정함으로써 법률관계를 공평하게 해결**할 수 있다. 더구나 채권자가 제3자로부터 급여를 수령할 당시 채무자의 자력이 없었더라도 채권자의 채권 가치가 0이라고 단정할 수 없다. 그럼에도 불구하고 1설처럼 해

루어진 채무자의 무상행위는 **그 행위 당시 채무자가 무자력이 아니었더라도 부인의 대상이 된다(과도 규제! over-inclusive regulation)**. 이는 채무자의 법률행위의 자유에 대한 지나친 간섭이다. 이에 반해 위기시기로부터 6월을 초과한 과거에 이루어진 채무자의 무상행위는 **그 행위 당시 채무자가 무자력이었더라도 수익자가 선의인 이상 부인의 대상에서 제외된다(과소 규제! under-inclusive regulation)**. 그러나 무상행위 당시 채무자가 무자력이라면 무상행위 시점이나 수익자의 선의 여부를 불문하고, 부인의 대상으로 삼는 것이 바람직하다. 무자력인 채무자의 법률행위의 자유를 이러한 경우까지 보호할 필요성은 없고, 이 경우 수익자의 신뢰를 보호할 필요성도 크지 않기 때문이다. 이러한 측면에서 채무자가 무자력인 상태에서 무상행위가 이루어진 경우 수익자의 악의를 의제하는 형태의 무상행위 부인규정[미국연방파산법 §548(a)(1)(B) 참조]이 보다 바람직하다고 사료된다.

164) 필자는 이러한 맥락에서 — 현행 무상행위 부인제도를 전제로 — 타인채무의 보증이나 물상보증의 무상행위 여부를 판단할 때, 급여수령자인 채권자의 시각을 전혀 고려하지 않는 현재 판례의 태도(대법원 1999. 3. 26. 선고 97다20755 판결; 대법원 2008. 11. 27. 선고 2006다50444 판결 등)에는 재고의 여지가 있다고 사료된다. 최준규(주 93), 277-283.

당 출연액 전부를 무상행위로 판단하는 것이 타당한지는 의문이다.[165] 채권의 실질가치를 고려해 무상행위 범위를 판단하는 것은 지나치게 번잡하다. 또한 채무자와 채권자가 계속적 계약관계에 있는 경우, 채무자가 무자력이더라도 제3자의 출연이 지속적으로 이루어지는 상황이라면, 채권자가 불안의 항변권(민법 제536조 제2항)을 근거로 채무자에 대한 선이행의무 이행을 거절하기 어렵다. 즉 채권자는 계속적 계약에 따른 자신의 의무를 지속적으로 이행해야 한다. 그럼에도 불구하고 채권자가 제3자의 무자력으로 인한 무상행위 부인의 위험까지 감수해야 한다면, 이는 채권자에게 지나치게 가혹하다.[166]

채권자에 대한 무상행위 부인이 가능하다면, 채권자는 자신이 받은 급여 자체 또는 그 가액을 제3자의 관리인에게 반환해야 한다. 채권자로부터 원상회복을 받으면 제3자는 더 이상 채무자에게 구상권을 행사할 수 없다.

다. 제3자가 '제3자 변제'의 방식으로 채권자에게 출연한 경우

이 경우 채무자, 채권자에 대한 부인권 행사의 요건 및 효과는, 지시에 따른 타인채무 변제 목적 출연 상황과 관련하여 살펴본 내용(본문 Ⅲ. 2. 나. 참조)이 마찬가지로 적용될 수 있을 것이다.

3. 채무자, 제3자 모두에 대하여 도산절차가 개시된 경우

가. 지시에 따른 자기채무 변제 목적의 출연(Anweisung auf Schuld)

채무자의 관리인은 채권자에 대하여 위기부인을 주장할 수 있고, 제3자에 대하여 고의부인을 주장할 여지도 있다(Ⅳ. 1. 참조).

---

165) 同旨 Hanno Wilk, "Die Schenkungsanfechtung gemäß §134 InsO bei Tilgung oder Besicherung fremder Verbindlichkeiten", *NZI* (2008), 407, 410.

166) 同旨 Nikals Lütcke, "Schenkungsanfechtung im Drei-Personen-Verhältnis-auch in einem fortgesetzten Dauerschuldverhältnis?", *ZIP* (2014), 1769.

제3자의 관리인은 채무자에 대하여 위기부인을 주장할 수 있고, 채권자에 대하여 부인권을 주장할 여지도 있다(Ⅳ. 2. 참조). 이러한 부인권들 사이의 관계는 어떠한가? 경우를 나누어 살펴본다.

(1) 제3자의 관리인이 채무자에 대하여 위기부인권을, 채무자의 관리인이 채권자에 대하여 위기부인권을 각 주장할 수 있는 경우

㈎ 금전 아닌 동산이 이전된 경우

(ⅰ) 채무자의 관리인이 먼저 원물을 반환받은 경우

채무자에 대하여 먼저 도산절차가 개시되고, 채무자의 관리인이 채권자에 대하여 부인권을 행사하여 원물을 반환받았다고 가정하자. 그 후 제3자에 대하여 도산절차가 개시된 경우, 제3자의 관리인은 채무자의 관리인에 대하여 부인권을 행사하여 위 원물을 반환받을 수 있는가? 다소 돌아가는 것 같지만 문제상황을 명확히 하기 위해, 이 쟁점과 관련이 있는 다른 쟁점을 먼저 살펴본다. 아래에서 우선 검토할 내용은 "**부인권 행사 상대방에 대하여 도산절차가 개시된 경우, 원상회복의 대상인 원물에 관하여 환취권을 주장할 수 있는가?**"이다.

부인권을 행사하면 부인 대상 행위는 무효가 되어 그 목적물은 채무자의 책임재산으로 소급하여 복귀한다. 다만 이러한 물권적 효력은 관리인과 수익자 사이에서만 존재한다(물권적·상대적 무효설).[167] 물권적·상대적 무효설에 따르면 그 원물에 담보권 등기나 압류등기를 마친 제3자(수익자에 대한 채권자)가 존재하는 경우, 부인권을 행사한 관리인이 담보등기나 압류등기의 효력을 당연히 부정할 수는 없다. 이 경우 담보권자뿐만 아니라 **압류채권자도 '전득자'로 볼 수 있다**고 사료된다.[168] 집행행위도 부인의 대상이 되는데

167) 통설 및 판례의 입장이다. 전병서(주 46), 274; 서울중앙지방법원 파산부 실무연구회, 법인파산실무 4판(2014), 415; 대법원 2005. 12. 22. 선고 2003다55059 판결.

168) 条解破産法 2版 (2016), 1130, 1153도 같은 취지이다. 사해행위 취소 국면에서 수익자의 고유채권자가 압류한 경우 전득자로 취급하는 견해로는 이우재, "사해

(채무자회생법 제104조, 제395조), 압류채권자를 전득자로 보아 부인권을 행사하는 것이 불가능할 이유는 없다. 따라서 채무자의 관리인은 전득자에 대하여 부인권을 행사하고, 담보권등기 말소청구·압류채권자에 대하여 주등기 말소에 대한 승낙의 의사를 구하는 청구·제3자 이의의 소 등의 방법으로 원물을 온전히 반환받을 수 있다. 이에 대하여 압류채권자는 전득자로 볼 수 없고, 그의 선·악의와 상관없이 채무자의 일반채권자들이 우선한다는 반론이 제기될 수 있다. 그러나 무권리자로부터 이해관계를 맺은 선의의 압류채권자도 보호될 수 있는데(압류채권자는 민법 제108조 제2항의 제3자에 해당하고,[169] 계약해제 전 계약의 목적물을 압류한 채권자는 민법 제548조 제1항 단서의 제3자에 해당하며,[170] 계약해제 후 해제에 따른 말소등기 전에 계약목적 부동산을 압류한 선의의 채권자는 민법 제548조 제1항의 제3자에 해당한다[171]), 권리자로부터 이해관계를 맺은 선의의 압류채권자는 보호될 수 없다는 결론은 균형이 맞지 않는다.

그런데 판례는 "사해행위취소권은 사해행위로 이루어진 채무자의 재산처분행위를 취소하고 사해행위에 의해 일탈된 채무자의

행위취소의 효력과 배당절차에서의 취급", 재판자료 117(2009), 454; 金昌熙, "사해행위취소판결의 효력이 미치는 범위", 법조 679(2013), 70-72. 미국법 해석론으로서, 관리인이나 압류채권자가 미국통일사해행위법전 §8(b)(1)(ⅱ)이나 연방도산법 §550(b)의 수익자 또는 전득자("transferee")에 해당한다는 견해로는 "Fraudulent Conveyance Law as a Property Right", 9 *Cardozo L. Rev.* 843, 864-865 (1987)(그러나 결론적으로 수익자의 채권자들이 채무자의 채권자들보다 우선하는 것은, 수익자의 채권자들 입장에서 '망외의 이득'으로서 부당하다고 주장한다). 이에 반해 수익자의 압류채권자나 파산관재인을 전득자로 볼 수 없다는 견해로는 上原敏夫, "否認(詐害行為取消)の効果と受益者の債権者", 民事訴訟法理論の新たな構築(2001), 458-459(파산관재인은 채무자의 포괄승계인에 가깝고, 수익자의 일반채권자인 압류채권자들은 수익자의 재산상태 변동을 그대로 수인해야 할 지위에 있다고 본다).

169) 양창수·김재형, 민법1 계약법 (2011), 656-657.

170) 대법원 2000. 1. 14. 선고 99다40937 판결.

171) 대법원 2000. 4. 21. 선고 2000다584 판결.

책임재산을 수익자 또는 전득자로부터 채무자에게 복귀시키기 위한 것이므로 환취권의 기초가 될 수 있다. 수익자 또는 전득자에 대하여 회생절차가 개시된 경우 채무자의 채권자가 사해행위의 취소와 함께 회생채무자로부터 사해행위의 목적인 재산 그 자체의 반환을 청구하는 것은 환취권의 행사에 해당하여 회생절차 개시의 영향을 받지 아니한다."라고 본다.[172] 이 판례는 ① 관리인의 제3자성을 부정하거나, ② 수익자의 일반채권자인 압류채권자보다 사해행위 취소채권자가 항상 우선한다는 입장을 취할 때에만 비로소 이해될 수 있다. 그러나 이러한 근거에 대해서는 의문이 있다. 수익자의 일반채권자인 압류채권자를 전득자로 취급하는 것이 바람직하다는 점에 대해서는 앞서 언급하였다. 또한 부인권 행사 국면에서 수익자의 압류채권자를 전득자로 보아 압류채권자의 신뢰를 보호한다면, **파산관재인의 제3자성을 인정**하는 판례의 입장을 고려할 때,[173] 수익자에게 도산절차가 개시된 경우 채무자의 관리인이 부인 대상 원물에 대하여 환취권을 주장하는 것은 쉽지 않을 것이다.[174][175] 파산관

172) 대법원 2014. 9. 4. 선고 2014다36771 판결.

173) 대법원 2003. 6. 24. 선고 2002다48214 판결 등(허위표시의 경우); 대법원 2010. 4. 29. 선고 2009다96083 판결(사기의 경우). **관리인의 제3자성**은 인정할 수 있는가? 이 쟁점을 명시적으로 판단한 대법원 판례는 확인되지 않는다. 다만 각주 172의 판례는 관리인이 사해행위취소의 소에서 선의의 전득자에 해당한다고 볼 수 없다고 하였다. 하급심 판례 중에는 파산관재인과 달리 관리인은 제3자성을 인정할 수 없다는 취지의 것도 있다. 서울고등법원 2012. 5. 11. 선고 2011나80267 판결(회생절차는 채무자의 이익을 도모하는 측면이 크고, 회생절차개시신청도 대부분 채무자에 의해 이루어는 점 등을 근거로 든다). 학설도 대립한다. 제3자성을 긍정하는 견해로는 전병서(주 46), 456; 서울중앙지방법원 파산부 실무연구회, 법인파산실무 4판(2014), 366(다만 선·악의 판단기준은 관리인 자신이라고 본다). 부정하는 견해로는 윤남근, "일반환취권과 관리인·파산관재인의 제3자적 지위", 회생과 파산1(2012), 17. 관리인과 파산관재인의 법적 지위, 제3자성 판단기준 등을 달리 보는 것이 과연 타당한지는 검토의 여지가 있다고 사료된다.

174) 同旨 条解破産法 2版 (2016), 1130-1131.

175) 참고로 부인권 행사의 효과에 관하여 물권적·상대적 효력설을 취하지 않고, 채

재인의 제3자성과 관리인의 제3자성을 달리 볼 합리적 이유가 있는지 의문이기 때문이다. 이러한 생각은 부동산 매매계약이 해제된 후 매수인에 대하여 도산절차가 개시된 경우 매도인이 매수인의 관리인에 대하여 환취권을 주장할 수 없다는 생각[176]과도 연결된다.

원물을 환취할 수 없어 가액반환청구권을 주장한다면 이는 재단(공익)채권인가, 파산(회생)채권인가?[177] 환취권을 행사할 수 없는데 재단(공익)채권으로 보는 것은 수미일관하지 않다고 사료된다. 가액반환청구권은 수익자에 대한 도산절차가 개시됨으로써 발생하였지만, 그 발생원인은 이전부터 존재하였던 것이므로 파산(회생)

권설에 따르는 독일의 판례 · 통설은, **관리인의 포괄승계인으로서의 지위를 강조하여 이 경우 환취권 행사를 긍정**한다. BGHZ 156, 350; Henckel(주 47), §143 Rn.77-86; *Münchener InsO* 3.Aufl. (2013)/Ganter §47 Rn.346.

채권자취소권의 경우에도 판례 · 통설은 취소채권자가 수익자의 일반채권자(압류채권자)보다 우선한다고 본다. RGZ 30, 391; RGZ 40, 371; *BGH NJW* (1990), 990; *Münchener AnfG* (2012)/Kirchhof §13 Rn.5. 이러한 결론이 '채권설'과 부합하지는 않지만, 두 당사자들의 이해관계를 형량해볼 때 취소채권자가 수익자의 일반채권보다 우선함이 타당하다고 보는 것이다. 反對 Häsemeyer(주 51), 609 (부인권 행사의 효과는 책임법적 무효에 불과하다는 점에 주목하는 견해이다. 부인의 목적물은 부인상대방의 재산으로 전환되었고, 책임법적 무효가 채권자평등주의의 예외를 정당화해주지 않는다고 한다. 또한, **부인 상대방에 대한 채권자의 개별집행에 대해 부인권자가 제3자이의의 소를 제기할 수도 없다**고 한다).

독일의 경우 ① 파산관재인 등의 제3자성을 인정하지 않고, ② 수익자의 일반채권자인 압류채권자를 '전득자'로 보지 않으며, ③ 채무자의 일반채권자가 수익자의 일반채권자보다 우선한다고 본다. 이러한 점에서 우리법의 논의상황과는 차이가 있다.

176) 비슷한 취지로는 伊藤眞(주 83), 335-336(파산관재인의 경우), 867-869(민사재생절차상 재생채무자의 경우); 伊藤眞, 会社更生法(2012), 257-258(회사갱생절차에서 관재인의 경우).

177) 원물을 환취할 수 있는 상황에서 원물반환이 불가능하게 되었다면, 제3자의 관리인이 갖는 가액반환채권은 "부당이득으로 인하여 회생(파산)절차개시 이후 채무자에 대하여 생긴 청구권"(채무자회생법 제179조 제1항 제6호, 제473조 제5호)에 해당하여 재단(공익)채권으로 봄이 타당하다.

채권으로 봄이 타당하다. 수익자에 대한 도산절차가 개시되기 전에 이미 채무자의 관리인이 부인권을 행사하였다면 관리인의 원상회복청구권은 — 원물반환청구권의 형태로 — 이미 발생하였다.[178] 수익자에 대한 도산절차가 개시된 후 채무자의 관리인이 부인권을 행사하였더라도, 부인 대상 법적 행위는 수익자에 대한 도산절차 개시 전에 이루어졌으므로 가액반환청구권의 발생원인은 도산절차 개시 전부터 존재하는 것이다.

그런데 수익자에 대한 도산절차가 개시된 이후 채무자의 관리인이 부인권을 행사한 경우, 가액반환채권의 법적성질을 재단(공익)채권처럼 보는 일본의 학설[179]이 있다. 이 견해는 부인 대상 행위가 있다는 것만으로 가액반환청구권의 성립에 필요한 사실 대부분이 구비된 것은 아니고, 관리인이 부인의 의사표시를 한 때 비로소 가액반환청구권의 발생이 확실해진다는 점을 근거로 든다. 그러나 관리인은 도산재단의 확보 등을 위해 선량한 관리자의 주의로써 직무를 수행해야 하므로(채무자회생법 제82조 제1항 참조), 부인 대상 행위가 있었다면 관리인이 부인권을 행사하는 것이 통상일 것이다. 따라서 부인 대상 행위가 있다는 점만으로도 나중에 가액반환청구권이 발생할 가능성은 높다고 평가할 수 있다. 또한 관리인의 부인의 의사표시 시점이 늦어지면 가액반환채권은 재단(공익)채권이 되고, 관리인이 수익자에 대한 도산절차가 개시되기 전에 부인의 의사표시를 빨리 하면 가액반환채권이 파산(회생)채권이 된다는 결론이 타당한지도 의문이다.

---

178) 부인권을 형성권으로 구성할 경우의 논리이다. 부인권을 청구권으로 본다면, 부인권자의 원상회복청구권은 채무자에 대하여 도산절차가 개시된 때 발생하였다고 볼 수 있다.

179) 三山裕三(주 8), 38. 박용석 · 최복기 · 김영근, “기업구조조정 실무에서의 부인 관련 문제점”, BFL 53(2012), 40은 위 일본문헌을 소개하면서 독자적 판단은 유보하고 있다.

이상의 논의는 **'문제된 재산이 수익자의 책임재산에 계속 머물러 있는 상황'**을 전제로 한다. 그런데 이 글에서 살펴 볼 상황은, 문제된 재산이 **수익자**(이 글에서 사용하는 표현으로는 채무자 B)**의 책임재산에 아주 잠깐 — 법률적 1초간 — 머물러 있다가 빠져나갔고, 그 후 수익자의 관리인의 부인권 행사에 따라 다시 수익자에게 원상회복된 경우**이다. 전자의 상황에서 해당 재산에 대하여 제3자의 일반채권자에게 우선권을 인정할 수 없다면, 후자의 상황에서도 제3자의 일반채권자에게 우선권을 인정하기 어려울 것이다. 더구나 후자의 상황에서는 채무자 B에게 동산이 원상회복되었더라도 — 부인권 행사의 상대효를 고려할 때 — 원상회복의 효력이 '제3자의 일반채권자들'에게는 미치지 않는다고 볼 여지도 있다.

결론적으로 채무자의 관리인이 먼저 원물을 반환받은 경우, 제3자의 관리인은 — 부인권 행사를 채무자에 대한 도산절차 개시 전에 하였는지, 후에 하였는지 여부와 상관없이 — 채무자의 관리인에 대하여 환취권을 주장할 수 없고, 부인권 행사에 따른 원상회복으로서 파산(회생)채권인 가액반환청구권을 행사해야 한다. 이와 같은 결론이 도출되는 핵심적 이유 내지 전제는, 파산관재인이나 관리인의 제3자성을 긍정한다는 점 및 부인권 행사의 상대효에 있다.

(ii) 채무자의 관리인이 원물을 반환받지 못한 경우

먼저 제3자에 대하여 도산절차가 개시되었고 채무자에 대하여 도산절차가 개시되지 않았다면, 제3자의 관리인은 — 채권자를 전득자로 보아 부인권을 행사할 수 있는 경우가 아닌 한 — 채무자에 대하여 부인권을 행사하여 가액반환을 청구할 수밖에 없다. 채권자가 원물을 소유하고 있기 때문이다. 이 가액반환채권은 일반적인 금전채권과 다를 바가 없다. 이후 채무자에 대하여 도산절차가 개시되고 채무자의 관리인이 부인권을 행사하지 않고 있는 상황이라면, 제3자의 관리인은 어떠한 권리를 행사할 수 있는가?

설령 부인권 행사 상대방인 채무자가 원물을 소유하고 있더라도 제3자의 관리인이 환취권을 행사할 수 없는 점을 고려할 때, 제3자의 관리인은 종전과 마찬가지로 가액반환채권을 파산(회생)채권으로 행사할 수밖에 없을 것이다.[180] 파산(회생)채권자의 지위에서

180) 만약 파산관재인이나 관리인의 제3자성을 부정하는 등의 이유로 제3자의 관리인이 원물에 대한 환취권을 주장할 수 있다고 가정하면, 본문의 상황은 어떻게 해결될 수 있는가?

독일에서는 이 경우, 제3자의 관리인은 채무자의 관리인이 갖고 있는 **부인권을 환취**할 수 있다는 견해가 있다[*Kübler/Prütting/Bork InsO* (2017)/Brinkman Anh. §145 Rn.71-74; van Bömmel(주 9), 113]. 그러나 법적 근거가 불충분하다는 점에서 이 견해에는 동의하기 어렵다. 환취권은 도산절차 개시 당시 채무자의 책임재산에 속하지 않는 재산을 도산재단에서 제외시키는 권리이다. 환취권자는 환취권의 대상에 관하여 실체법상 권리를 갖고 있어야 한다. 그런데 제3자 또는 제3자의 관리인은 채무자의 관리인이 갖고 있는 부인권에 대하여 어떠한 실체법상 권리도 갖고 있지 않다. 또한 채무자의 관리인이 갖고 있는 부인권은 제3자의 책임재산에 포함되었던 적이 없다. '법률적 1초'라는 개념을 동원하여 제3자의 책임재산에 머물렀다고 구성하거나, 책임재산에 머물 가능성이 높았다고 구성하기도 어렵다. 따라서 부인권을 환취한다는 것은 환취권의 개념과 어울리지 않는다[同旨 Burchard(주 9), 199-200]. 그렇다고 채무자회생법 제73조 제1항이나 제410조 제1항에 따른 대체적 환취권을 인정하기도 어렵다. 채무자의 관리인이 취득한 부인권이 환취권의 목적인 재산(원물)을 양도하여 취득한 "반대급여의 이행청구권"이라고 보기 어렵기 때문이다.

조심스럽지만 제3자의 관리인은 채무자의 관리인에 대한 원상회복청구권을 피보전채권으로 하여, 채무자의 관리인이 갖고 있는 **부인권을 대위행사할 수 있다**고 사료된다. 부인제도의 목적은 도산채무자의 책임재산 확충에 있으므로, 다른 이해관계인이 부인권을 대위행사하여 해당 재산을 자신에게 직접 귀속시키는 것은 원칙적으로 허용될 수 없다. 그러나 사안처럼 부인 대상 목적물이 부인권자가 아닌 제3자에게 최종적으로 귀속되는 것이 타당한 경우에는, 예외적으로 부인권의 대위행사를 긍정할 필요가 있다고 생각한다. 참고로 판례는, "특정채권을 가진 재단채권자가 자기의 채권의 현실적인 이행을 확보하기 위하여 파산재단에 관하여 파산관재인에 속하는 권리를 대위하여 행사하는 경우, 그것이 파산관재인의 직무 수행에 부당한 간섭이 되지 않는 등 파산절차의 원만한 진행에 지장을 초래하지 아니하고, 재단채권 간의 우선순위에 따른 변제 및 동순위 재단채권 간의 평등한 변제 등과 무관하여 다른 재단채권자 등 이해관계인의 이익을 해치지 않는다면", 이러한 **재단채권자의 채권자대위권 행사**는 법률상 허용된다고 본다(대법원 2016. 4. 15. 선고 2013다211803 판결). 비슷한 맥락에서 채무자의 관리인에

는 채무자의 관리인이 갖는 부인권을 대위행사할 수도 없다.[181)]

채권자를 전득자로 하는 부인권 행사 요건이 갖추어져 있다면, 제3자의 관리인은 원물을 소유하고 있는 채권자에 대하여 부인권을 행사하여 원물을 반환받을 수 있다.

㈏ 금전이나 부동산이 이전된 경우

채무자에 대한 도산절차 개시 전에 제3자의 관리인이 채무자에 대하여 부인권을 행사하였고(따라서 이미 제3자의 관리인은 가액반환청구권을 행사할 수 있는 상태에 있다), 그 후 채무자에 대하여 도산절차가 개시된 경우, 제3자의 관리인이 갖는 채무자에 대한 가액반환채권은 파산(회생)채권이다.[182)] 채무자에 대한 도산절차 개시 후에 제3자의 관리인이 부인권을 행사한 경우에도, 제3자의 관리인이 갖

대한 부인권자가 자기채권의 현실적 이행확보를 위해 그 관리인의 부인권을 대위행사하는 경우, 그것이 도산절차의 원만한 진행에 지장을 초래하지 않고 그 도산절차상 채권자 등의 이익을 해친다고 볼 수도 없으므로, 이러한 대위권 행사는 허용해도 무방하다. 물권적 청구권도 채권자대위권의 피보전권리가 될 수 있는 점을 고려할 때(대법원 2007. 5. 10. 선고 2006다82700 판결), 제3자의 관리인이 갖는 원상회복청구권(이 경우에는 재단채권이나 공익채권이 될 것이다)을 피보전권리로 한 채권자대위권도 충분히 가능하다. 채권자대위권 행사의 목적이 특정 피보전권리의 실현에 있으므로, 채무자의 관리인의 무자력은 채권자대위의 요건이 아니다. 부인권의 대위행사를 인정한다면 대체적 환취권 규정을 굳이 유추할 필요는 없을 것이다.

물론 부인권의 대위행사를 인정하는 입장에 대해서는 **부인권 행사의 상대효와 어긋난다**는 비판이 제기될 수 있다. 그러나 해당 동산이 '종국적으로 제3자의 책임재산으로 귀속되는 것이 공평한 경우'에는 **상대효를 일정 부분 포기하는 법리구성이 불가능하지는 않다**[각주 175의 독일 판례와 학설 참조]. 다만 **이러한 법리구성은, ① 파산관재인의 제3자성을 인정하지 않고, ② 압류채권자의 법적 지위를 현행법 및 판례의 입장보다 현저히 약화시키는 등의 '대변환'이 수반될 때에만 비로소 정당성을 얻을 수 있다**. 지금 시점에서 우리 법체계에 이러한 대변환이 굳이 필요한지는 의문이다.

181) 도산재단의 관리처분권은 관리인에게 전속하므로 이러한 대위행사는 허용될 수 없다. 同旨 대법원 2000. 12. 22. 선고 2000다39780 판결; 박성철, "파산법상의 부인권", 재판자료 83(1999), 293; 전병서(주 46), 269.

182) 同旨 BGHZ 155, 199.

는 가액반환채권은 파산(회생)채권으로 봄이 타당하다고 사료된다.[183]

채무자의 관리인이 부인권을 행사하여 이미 채권자로부터 가액반환을 받았다면, 제3자의 관리인이 갖는 가액반환채권은 파산(회생)채권인가, 재단(공익)채권인가? 그 이익이 종국적으로 채무자에게 귀속되는 것이 공평하다는 점을 고려하면, 재단(공익)채권으로 보는 견해도 일리가 있어 보인다.[184] 그러나 파산관재인·관리인의 제3자성을 인정한다면, 부인권 행사 상대방으로부터 '원물'을 환취할 수 없다는 점은 앞서 지적하였다(금전 아닌 동산이 이동한 상황). 따라서 금전이 이전된 경우 가액반환채권을 재단(공익)채권으로 보는 것은 균형이 맞지 않는다. 결국 이 경우에도 원상회복채권은 파산(회생)채권으로 보아야 한다.

동일한 금전의 이동에 관하여, 제3자의 관리인이 채무자의 관리인에 대하여 부인권을 행사할 수 있을 뿐만 아니라, 채무자의 관리인도 채권자에게 부인권을 행사할 수 있는 경우는 어떠한가? 이 경우 제3자의 재산적 희생으로 도산절차 개시 후 채무자가 부당한 이득을 얻었다고 보아(채무자회생법 제179조 제1항 제6호, 제473조 제5호 참조), 제3자의 관리인이 갖는 가액반환채권이 재단(공익)채권이라는 견해가 있다.[185] 그러나 이 경우에도 제3자의 관리인이 갖는 가액반환채권은 파산(회생)채권이라고 보아야 한다.[186] 제3자의 관

---

183) 反對 三山裕三(주 8), 37(파산채권이나 회생채권으로 보면, 원래 채무자의 채권자들이 책임재산으로 파악하지 않은 부분까지 도산재단에 포함시키는 것으로서 채권자들에게 망외의 이득을 주는 것이라고 한다). 그러나 이러한 반대견해에 따르면 제3자의 관리인이 **채무자에 대한 도산절차 개시 전에 부인권을 행사하였는지, 도산절차 개시 후에 부인권을 행사하였는지 여부에 따라** 가액반환채권의 법적 성질이 달라지게 된다. 이러한 결론이 균형이 맞는 것인지 의문이다.

184) *Kübler/Prütting/Bork InsO* (2017)/Brinkman Anh. §145 Rn.76.

185) Burchard(주 9), 200 참조.

186) 채무자의 관리인이 부인권을 행사할 수 있는 상태에 있다는 이유만으로 채무자가 이득을 얻었다고 볼 수 있는지도 의문이다. 同旨 Röttger(주 9), 233.

리인은 채무자의 관리인이 갖는 부인권을 대위행사할 수도 없다.

(2) 채무자의 관리인이 채권자에 대하여 위기부인을 주장할 수 있고, 제3자의 관리인이 채무자 및 채권자에 대하여 각 부인권을 주장할 수 있는 경우

이 경우 채권자는 채무자의 관리인에 대하여도 원상회복의무를 부담하고, 제3자의 관리인에 대하여도 원상회복의무를 부담한다. 채권자에 대한 두 원상회복채권의 관계는 어떻게 보아야 하는가? ① 제3자의 관리인이 채권자에 대하여 갖는 부인권이 채무자의 관리인이 채권자에 대하여 갖는 부인권보다 우선한다는 견해, ② 채권자에 대한 두 원상회복채권의 관계는 연대채권관계에 있고 채무자가 원상회복을 받으면 제3자에 대하여 구상의무를 부담한다는 견해를 상정할 수 있다.

이 경우 **채권자가 받은 이익이 종국적으로 제3자의 책임재산으로 귀속되는 것이 공평하다**는 점에는 이론이 없을 것이다. 문제는 이를 실현할 방법이다. 전자의 견해에 따르면 원상회복의무를 부담하는 채권자 입장에서 누구에게 원상회복의무를 이행해야 하는지 불명확한 상황에 놓일 수 있다. 채무자의 관리인이 부인권을 행사하는데, 아직 제3자에 대해서는 도산절차가 개시되지 않은 상황이라면, 채권자가 장차 제3자의 관리인이 자신에게 부인권을 행사할 가능성이 있다는 점을 들어 채무자의 관리인에 대한 의무이행을 거절할 수 있는지 의문이다. 따라서 채권자는 채무자의 관리인에게 일단 원상회복을 할 수밖에 없다. 이 경우 제3자의 관리인이 나중에 다시 채권자에게 부인권을 행사할 수는 없으므로, 결국 채무자의 관리인에게 부인권을 행사해야 한다. 그런데 이 경우 원상회복청구권은 — 앞서 검토한 것처럼 — 재단(공익)채권으로 보기 어렵다. 결국 ①의 견해는 제3자의 종국적 우선권을 보장하기 어렵고, 누구에 대하여 도산절차가 먼저 개시되는지 또는 두 도산절차의 개시

시점 사이의 간격이 얼마나 큰지 등에 따라 관련 당사자들의 법률관계가 달라질 수 있다. 이러한 결론은 공평하지 않다. 더구나 급여부당이득의 우위가 부인권 행사에 따른 모든 원상회복 법률관계에 자동적으로 관철된다고 보기도 어렵다. 제3자의 채권자에 대한 부당이득반환청구를 허용할 경우 ⓐ 자기 책임하에 체결된 계약에 따른 위험부담을 제3자에게 전가시키는 것이 되어 계약법의 기본원리에 반하는 점, ⓑ 채권자가 채무자에 대하여 가지는 항변권 등을 침해하는 점 등의 문제가 있기 때문에 원칙적으로 급여부당이득의 우위가 인정된다.[187] 그런데 **부인권 행사국면에서는 채무자가 채권자에 대하여 부인권을 행사하여도 채권자가 반대급여 상환과의 동시이행항변을 주장하는 것은 어차피 불가능하므로, 제3자의 채권자에 대한 부인권 행사를 인정한다고 해서 채권자의 항변권이 침해되는 문제는 발생하지 않는다. 채권자가 제3자에게 원상회복을 하더라도 채무자에 대하여 반대급여 상환청구권을 재단채권으로 행사할 수 있도록 허용하면 채권자에 입장에서 특별히 불리할 것이 없다**. 더구나 부당이득반환국면에서도 악의나 무상의 채권자에 대하여도 제3자가 직접 부당이득반환청구를 할 수 없는 것인지에 대하여 비판이 제기되고 있는 실정이다.[188] 그런데 이 글에서 문제되는 상황은 제3자의 관리인이 채권자에 대하여 고의부인 또는 무상행위 부인을 주장하는 경우이다.

위와 같은 사정들을 종합적으로 고려할 때, ②와 같이 보는 것이 타당하다고 사료된다. 이에 따르면 채무자의 관리인이 먼저 원상회복을 받은 경우, 제3자의 관리인은 채무자의 관리인에 대하여 — 부인권의 행사에 따른 원상회복청구권이 아니라 — 연대채권자 내부부담부분 비율에 따라 구상권을 행사할 수 있다. 이 구상권은 채무자의 관리인의 행위로 인해 도산절차 개시 후 발생한 사무관

187) 대법원 2003. 12. 26. 선고 2001다46730 판결 등.

188) 윤진수, "부당이득법의 경제적 분석", 서울대학교 법학 55-3(2014), 107 이하.

리 또는 부당이득반환청구권으로서 재단(공익)채권에 해당한다(채무자회생법 제179조 제1항 제6호, 제473조 제5호 참조). 부인권 행사에 따른 원상회복채권을 회생채권으로 보는데, 위 구상권은 재단(공익)채권으로 보는 것이 모순이라고 할 수는 없다. **제3자의 관리인이 채무자에 대하여만 부인권을 행사할 수 있는 국면에서는 제3자의 관리인은 채무자의 무자력위험을 감수해야 한다. 그러나 제3자의 관리인이 채무자뿐만 아니라 채권자에 대해서도 부인권을 행사할 수 있다면, 제3자의 관리인은 채권자의 자력을 토대로 자신의 책임재산을 확충할 권리가 있다**. 채권자가 채무자의 관리인에게 원상회복함으로써 이러한 기대가 좌절되었다면 이는 채무자에 대한 도산절차가 개시된 이후 '비로소' 발생한 사정으로서, 채무자의 관리인은 부당이득 내지 사무관리에 따른 구상의무를 재단(공익)채권으로 부담해야 한다.

(3) 채무자의 관리인이 제3자에 대하여 고의부인을 주장할 수 있고, 제3자의 관리인이 채무자에 대하여 위기부인을 주장할 수 있는 경우

이론적으로 이러한 상황도 발생할 수 있다. 제3자가 채무자의 편파변제 사실을 알면서 채무자의 지시에 따라 채권자에게 출연하였다면 고의부인의 상대방이 될 수 있지만, 이 경우에도 제3자의 채무자에 대한 채무변제는 편파변제에 해당할 수 있기 때문이다. 이 경우 제3자의 채무자에 대한 채무는 1/2만 부활하고, 채무자는 나머지 1/2의 가액상당을 제3자의 관리인에게 반환함이 타당하다고 사료된다. 부활하는 잔존채권과 원상회복에 따른 가액반환채권은 모두 파산(회생)채권으로 보아야 할 것이다.

나. 지시에 따른 타인채무 변제 목적 출연(Anweisung auf Kredit)

(1) 채무자의 관리인은 채권자에게 부인권을 주장할 수 있고, 제3자의 관리인도 채권자에게 부인권을 주장할 수 있는 경우: 급여관계의 우위?

채무자와 채권자 사이에 증여계약이 체결되고 제3자가 채권자

에게 출연하여 그 증여계약에 따른 채무자의 의무가 소멸한 경우, 채무자의 관리인은 채권자에게 무상행위 부인(또는 위기부인)을 주장할 수 있고, 제3자의 관리인도 채권자에게 무상행위 부인을 주장할 수 있다. 이 경우 급여관계의 우위 법리를 근거로, 계약당사자인 채무자와 채권자 사이의 부인권 행사만 가능하고, 제3자의 관리인은 급여관계에서의 부인권 행사가 가능하지 않은 경우에만 무상행위 부인권을 행사해야 한다고 말할 수 있을까?[189)]

---

189) 필자는, **채무자가 채권자로부터 무상출연을 받았다고 평가할 수 있는 경우에 한해** 제3자의 관리인이 채권자에 대하여 무상행위 부인을 주장할 수 있다고 본다[본문 Ⅲ. 2. (나) (2)]. 따라서 본문에서 언급한 상황 정도를 제외하고는, 급여관계의 우위 법리가 적용될 수 있는지 문제 되는 상황 자체가 발생하기 어렵다. 그런데 **제3자의 출연 당시 채무자가 무자력이라면** 제3자의 관리인이 채권자에 대하여 무상행위 부인을 주장할 수 있다는 입장을 취하면(독일 판례의 입장), 지시에 따른 타인채무 변제 목적 출연 사안의 상당수에서 본문과 같은 쟁점이 문제될 수 있을 것이다. 참고로 독일판례는 제3자의 채권자에 대한 무상행위 부인권과 채무자의 채권자에 대한 위기부인권이 경합하는 사안에서, 위기부인권 행사의 우위를 긍정하고 있다. 그 근거로는, 무상행위 부인 해당 여부가 채무자에 대한 채권자의 채권이 가치가 없다는 점에 달려 있으므로 본지급여의 부인이 우선해야 한다는 점을 든다(BGHZ 174, 228). 위기부인의 우선권을 들어 무상행위 부인을 거절하려는 채권자 측에서 관련된 사항을 주장·증명해야 하고, 부인 대상 행위가 이루어진 시점 등의 이유로 인해 본지급여의 부인이 처음부터 불가능하다면 무상행위 부인이 허용될 수 있다(*BGH NZI* (2009), 891 Rn.13). 또한 판례는 **채무자 측에서 부인권을 행사한 경우에만** 제3자 측의 부인권 행사를 거절할 수 있고, 채무자 측의 부인가능성이 있다는 이유만으로는 제3자 측의 부인권 행사를 거절할 수 없다고 한다(BGHZ 174, 228). 그러나 학설 중에는 **급여관계 우위 법리를 더 강하게 관철**하여 채무자 측의 부인가능성이 있지만 아직 채무자 측에서 부인권을 행사하지 않은 경우에도 제3자 측의 무상행위 부인권 행사를 거절할 수 있다는 견해가 있다. Martin Jungclaus, "Verhältnis von Deckungs- und Schenkungsanfechtung im Drei-Personen-Verhältnis", *NZI* (2008), 535(제3자가 별도로 무상행위 부인권 행사를 할 수 있도록 허용하는 것은 채권자의 신뢰보호 관점에서 타당하지 않고, 채권자가 채무자로부터 직접 급여를 수령한 경우보다 채권자를 불리하게 취급할 이유가 없다는 점을 근거로 든다).

위와 같이 필요 이상으로 번잡한 논란이 발생할 여지를 아예 차단한다는 점에서도, 필자는 제3자의 관리인의 채권자에 대한 무상행위 부인권 행사는 가급적 제한적으로 허용함이 타당하다고 사료된다.

그렇게 보기는 어렵다고 사료된다. ① 급여관계에서의 부인권이 우선한다고 보면 채권자가 자력이 있는 경우 이는 채무자의 일반채권자들의 이익으로 돌아가고, 제3자의 관리인은 채무자에 대하여 파산(회생)채권으로서 구상권을 행사할 수 있을 뿐이다. 위 사안에서 채권자가 받은 이익이 종국적으로 채무자의 책임재산으로 귀속되는 것이 타당한지 의문이다. ② 더구나 우선권을 인정하면, 제3자와 채무자 둘 중 한 명에 대해서는 아직 도산절차가 개시되지 않은 경우의 법률관계가 불명확해진다. 급여관계 부인의 우선성을 인정하면서 사실적으로 먼저 제3자에게 원상회복된 경우에는 제3자의 우선성이 인정되어 무상행위 부인도 가능하다고 하면, 어느 도산절차가 먼저 진행되어 부인권이 행사되었는가라는 사실적·우연적 문제로 인해 제3자와 채무자의 우선순위가 달라질 수 있다.[190] ③ 위 사안에서 제3자의 관리인은 — 채무자가 자력이 있는지 여부와 무관하게 — 채무자회생법상 무상행위 부인 요건을 갖추면 채권자에게 무상행위 부인을 주장할 수 있다. 그런데 채무자가 무자력이 되어 채무자에 대하여 도산절차가 개시되었다고 해서 돌연 제3자의 관리인이 채권자에 대하여 무상행위 부인을 주장할 수 없다고 보는 것이 타당한지도 의문이다.

제3자의 관리인이 제3자의 출연을 부인하더라도 그 효력이 채무자에 미치지는 않으므로 채무자의 채권자에 대한 급여의 효력이 사라진다고 볼 수 없다.[191] 따라서 채무자의 관리인이 채권자에게 본지급여의 부인을 주장하는 것은 가능하다. 채권자가 제3자에게 원상회복을 하지 않는 한 채무자의 관리인도 채권자에게 부인권을 행사하여 원상회복을 청구할 수 있다.

---

190) *Kübler/Prütting/Bork InsO* (2017)/Brinkman Anh. §145 Rn.68a.

191) 그러나 Bork(주 69), 1048은 제3자의 부인권 행사로 인해 채무자의 급여가 없었던 것처럼 볼 수 있다는 취지이다.

결론적으로, 급여관계에서의 부인권이 제3자의 관리인의 무상행위 부인권보다 우선한다고 할 수 없다. 이 경우에도 두 원상회복 청구권은 연대채권으로 구성함이 타당하다.[192] 연대채권자들 사이의 구상채권은 사무관리 또는 부당이득에 의한 것으로서 구상채무자에 대한 도산절차개시 이후 발생한 것이므로 재단(공익)채권이다(채무자회생법 제179조 제1항 제6호, 제473조 제5호).

연대채권자 사이의 내부부담 부분은 어떠한가? **제3자가 채무자에 대하여 부인권을 행사할 수 있는지에 따라 구별하여 판단하는 것**[193]이 타당하다고 사료된다. 제3자가 자기 자금을 출연하여 제3자 변제를 하면서 그 대신 채무자에 대하여 구상권을 취득하였고, 출연 당시를 기준으로 객관적으로 볼 때 제3자가 향후 구상권을 행사하여 채무자로부터 변제를 받는 것을 기대하기 어려운 상황이라면, 제3자의 출연은 채무자에 대한 관계에서 무상행위로 볼 수 있고, 무상행위 부인의 대상이 된다.[194] 이 경우 해당 변제자금은 제3자의 책임재산으로 최종적으로 귀속되는 것이 공평하다. 채권자가 채무자의 관리인에게 원상회복을 하면 채무자의 관리인은 해당액 전부를 제3자의 관리인에게 반환해야 한다. 그러나 제3자의 출연을 채무자에 대한 관계에서 무상행위로 보기 어려운 경우에는, 채무자와 제3자의 부담부분은 다른 특별한 사정이 없는 한 1/2로 봄이 타당하다. 즉 채무자의 관리인이 먼저 원상회복을 받았다면 받은 금액의 1/2에 대하여 제3자의 관리인이 재단(공익)채권으로 반환을 청구할 수 있고, 제3자의 관리인은 나머지 1/2의 구상권에 대해서는 파산(회생)채권으로 채무자의 관리인에게 주장해야 할 것이다. 제3자의 관리인이 먼저 원상회복을 받았다면, 채무자의 관리인

192) 同旨 Bartels(주 9), 754-757.

193) *Kübler/Prütting/Bork InsO* (2017)/Brinkman Anh. §145 Rn.67 참고.

194) 同旨 Bartels(주 9), 607-610; Henckel(주 47), §134 Rn.9.

이 그중 1/2을 재단(공익)채권으로 반환을 청구할 수 있고, 제3자의 관리인은 나머지 1/2의 구상권에 대해서는 파산(회생)채권으로 채무자의 관리인에게 주장해야 할 것이다.

(2) 채무자의 관리인은, 채권자와 제3자에게 각 부인권을 주장할 수 있고, 제3자의 관리인은 채권자에게 무상행위 부인권을 주장할 수 있는 경우

이 경우에는 제3자의 책임재산이 아니라 채무자의 책임재산이 최종적으로 회복되어야 한다. 또한 제3자의 관리인은 채권자에게 부인권을 행사할 수 있으므로, 제3자와 채무자 사이의 내부부담부분 비율은 0 : 100이다. 따라서 채권자가 채무자의 관리인에게 원상회복을 하면 채권자는 제3자에게 구상을 할 수 없고, 채권자가 제3자의 관리인에게 원상회복을 하면 제3자의 관리인은 채무자의 관리인에게 받은 금액 전액을 구상의무로 부담한다.

(3) 채무자의 관리인이 제3자에 대하여 고의부인을 주장할 수 있고, 제3자의 관리인이 채무자에 대하여 무상행위 부인을 주장할 수 있는 경우

제3자가 채무자의 편파변제 사실을 알면서 채무자의 지시에 따라 채권자에게 출연하였다면 고의부인의 상대방이 될 수 있고, 제3자가 채무자에게 증여할 목적으로 채권자에게 출연하였다면 채무자는 무상행위 부인의 상대방이 될 수 있다. 이 경우 제3자의 관리인은 제3자가 출연한 액수의 1/2만을 원상회복으로서 채무자로부터 반환받을 수 있다고 봄이 타당하다. 원상회복에 따른 가액반환채권은 파산(회생)채권으로 보아야 할 것이다.

4. 소결론

지금까지 살펴 본 쟁점들 중 주요 내용을 표로 정리하면 다음과 같다.

〈표 1〉

<table>
<tr><td rowspan="2"></td><td colspan="3">채무자에 대하여 도산절차 개시</td><td colspan="2">제3자에 대하여 도산절차 개시</td><td colspan="2">채무자, 제3자 모두에 대하여 도산절차 개시</td></tr>
<tr><td>사해성 인정여부 및 인정기준</td><td>부인 상대방 및 부인권의 종류</td><td>채권자의 원상회복방법</td><td>채권자에 대한 부인권 행사 요건</td><td>채권자의 원상회복방법</td><td colspan="2">부인권 행사 가부 및 당사자들 사이의 법률관계</td></tr>
<tr><td rowspan="2">지시에 따른 자기채무 변제 목적 출연 (Anweisung auf Schuld)</td><td rowspan="2">○[① 편파변제 자체의 사해성 (채권자에 대한 위기부인),
② 편파변제에의 가담(제3자에 대한 고의부인)]</td><td rowspan="2">◆채권자에 대한 본지급여 위기부인
◆제3자에 대한 고의부인</td><td rowspan="2">받은 급여 자체의 반환이 원칙 (부동산의 경우 가액반환)</td><td rowspan="2">고의부인 및 무상행위 부인: 전득자에 대한 부인권 행사 요건 구비 要(그러나 제3자→채권자로 부동산이 출연된 경우 독자적 위기부인 可)</td><td rowspan="2">받은 급여 자체의 반환</td><td>제3자 → 채무자 & 채무자 → 채권자 각 부인권 행사 가능시 법률관계</td><td>제3자 → 채무자 및 채권자 & 채무자 → 채권자 각 부인권 행사 가능시 법률관계</td></tr>
<tr><td>◆제3자의 관리인은 채무자의 관리인에게 환취권 행사 불가
◆부인권 행사에 따른 원상회복채권은 파산(회생)채권</td><td>◆채권자에 대한 두 원상회복채권은 연대채권 관계
◆연대채권자들의 내부부담부분은 제3자 : 채무자 = 100 : 0
◆제3자의 구상권은 재단(공익)채권</td></tr>
<tr><td rowspan="2">지시에 따른 타인채무 변제 목적 출연 (Anweisung auf Kredit)</td><td rowspan="2">○(다만, 편파변제의 상당성이 인정되면 사해성 부정)</td><td rowspan="2">〃</td><td rowspan="2">〃
(채무자가 부담하는 구상의무의 실질가치만 반환하면 되는 것이 아님)</td><td rowspan="2">무상행위 부인: 채무자가 채권자로부터 무상출연을 받았다고 평가할 수 있는 경우(그렇지 않은 경우에도 고의부인은 가능)</td><td rowspan="2">〃</td><td colspan="2">채무자 → 채권자 & 제3자 → 채권자 각 부인권 행사 가능시 법률관계</td></tr>
<tr><td colspan="2">◆채무자 → 채권자 사이의 급여관계 부인권에 우선권 인정될 수 없음
◆두 원상회복채권은 연대채권 관계
◆연대채권자들의 내부부담부분은 제3자 → 채무자 부인권 행사 가능한 경우 제3자 : 채무자 = 100 : 0, 그렇지 않으면 50 : 50
◆구상권은 재단(공익)채권</td></tr>
<tr><td>제3자의 변제</td><td>원칙적으로 ×
(∵ 채권양도의 경우와 이익상황 유사)</td><td></td><td></td><td>〃</td><td>〃</td><td colspan="2"></td></tr>
</table>

Ⅳ. 채권자취소권 행사가 문제된 경우

지금까지는 제3자의 관리인이나 채무자의 관리인이 '부인권'을 행사하는 경우를 전제로 논의를 전개하였다. 만약 제3자나 채무자에 대하여 도산절차가 개시되지 않은 상태에서, 이들의 채권자가 '채권자취소권'을 행사하는 상황이라면, 앞서 살펴 본 쟁점들에 대한 결론이 달라지는가? 논의의 큰 틀 자체가 변하지는 않는다고 사료된다. 다만 채권자취소권의 경우 ① 본지편파변제의 채권자취소 요건이 부인의 경우보다 엄격한 점,[195] ② 채무자의 행위는 아니지만 채무자의 행위와 동일시할 수 있는 행위도 채권자취소의 대상이 되는지 분명하지 않은 점, ③ 채권자취소권의 경우 무상행위 부인과 같이 무상행위에 대하여 채권자취소권의 요건을 완화하는 별도의 규정을 두고 있지 않은 점, ④ 전득자에 대한 채권자취소권의 행사요건이 부인권의 경우와 다른 점[196] 등을 고려해야 한다.

위 ②와 관련하여, 지시에 따른 자기채무 변제 목적 출연 사안에서 채무자의 채권자들이 채권자에 대해서 채권자취소의 소를 제기할 수 있는지 문제된다. 채무자는 제3자에게 지시를 하였을 뿐이고 채권자에게 행위를 하지는 않았기 때문이다. 그러나 제3자를 채무자의 이행보조자로 볼 여지가 있으므로 이 경우에도 채무자의

---

195) 판례는 수익자가 채무자와 통모할 것을 요구한다. 대법원 2005. 3. 25. 선고 2004다10985, 10992 판결.

196) 판례는 수익자가 선의, 전득자가 악의이더라도 전득자에 대한 채권자취소권 행사가 가능하다는 취지로 짐작된다. 대법원 2012. 8. 17. 선고 2010다87672 판결("채권자가 사해행위 취소로써 전득자를 상대로 채무자와 수익자 사이의 법률행위 취소를 구하는 경우, 전득자의 악의는 전득행위 당시 취소를 구하는 법률행위가 채권자를 해한다는 사실, 즉 사해행위의 객관적 요건을 구비하였다는 것에 대한 인식을 의미하므로, 전득자의 악의 판단에서는 전득자가 전득행위 당시 채무자와 수익자 사이의 법률행위의 사해성을 인식하였는지만이 문제가 될 뿐이고, 수익자가 채무자와 수익자 사이 법률행위의 사해성을 인식하였는지는 원칙적으로 문제가 되지 않는다").

행위(=채무변제행위)는 있는 것이다. 채무자는 제3자에 대하여 지시를 하였고 제3자는 그 지시에 따른 이행을 하였으므로, 채무자의 행위가 연속된 것과 다를 바가 없다. 따라서 제3자에 대하여 채권자취소권을 행사하는 것에도 별 문제가 없다고 사료된다. 또한 제3자의 채권자 C에 대한 출연 자체를 제3자의 채권자들이 채권자취소권의 대상으로 삼는데 별 문제가 없다.

위 ③, ④와 관련하여 지시에 따른 출연 사안에서, 제3자의 채권자들이 채권자 C에 대하여 어떠한 요건하에 채권자취소의 소를 제기할 수 있는지 문제된다. 전득자에 대한 채권자취소권 행사 요건에 관한 판례입장과 균형을 맞추려면, 제3자의 채권자들은 수익자(B)가 악의이더라도 전득자에 해당하는 채권자 C가 악의라면 C에 대하여 채권자취소권을 행사할 수 있다고 보아야 한다. 그러나 수익자가 선의라면 그가 확정적으로 권리를 취득하므로 더 이상 사해행위가 존재할 수 없고, 따라서 악의의 C에 대해 채권자취소권을 행사할 수 없다고 봄이 타당하다.[197] 또한 채권자취소권의 경우 무상전득자에 대하여 특별규정을 두고 있지 않으므로, C가 선의의 무상전득자인 경우 C에 대하여 채권자취소권을 행사할 수 없다고 보는 것이 일견 타당해 보인다. 같은 맥락에서 지시에 따른 타인채무 변제 목적 출연 사안의 경우, C가 B로부터 무상출연을 받았더라도 A의 일반채권자들은 A의 출연행위의 사해성과 C의 악의가 인정되는 경우에만 C에 대하여 채권자취소권을 행사할 수 있을 것이다. 무상행위에 대하여 특별히 채권자취소권 행사 요건을 완화하는 규정이 없기 때문이다. 다만, 이에 대해서는 무상취득자의 신뢰보호 필요성은 높지 않으므로 법형성을 통해 — 부인권 행사의 경우와 마찬가지로 — 이러한 C에 대하여 채권자취소권을 행

---

197) 同旨 池元林, 民法講義 15판(2017), 1152.

사할 수 있다는 반론이 제기될 수 있다(무상취득자의 보호 문제는 민법상 제3자 보호 규정이나, 선의취득의 요건 등에서도 비슷한 형태로 제기된다).

제3자와 채무자가 모두 무자력이어서 제3자의 채권자들과 채무자의 채권자들이 각각 채권자취소권 및 원상회복청구권을 행사할 수 있는 경우, 그 법률관계에 관해서도 별도로 살펴볼 필요가 있다.

채무자의 일반채권자들이 먼저 채권자에 대하여 채권자취소권을 행사하여 원상회복을 받은 경우, 제3자의 일반채권자들은 원상회복된 책임재산에 대하여 어떠한 권리를 주장할 수 있는가? ① 원상회복된 책임재산이 제3자가 출연한 동산이라면 제3자의 일반채권자들은 그 동산에 대하여 채무자의 일반채권자들보다 우선권을 주장할 수 있는가? 제3자가 출연한 동산은 채무자의 책임재산으로 원상회복되었다. 그런데 이 원상회복의 효력은 '채무자'의 일반채권자들에게 미칠 뿐(민법 제407조), '제3자'의 일반채권자들에게 미치지는 않는다. 따라서 제3자의 일반채권자들이 채무자의 일반채권자들을 물리치고, 채권자취소권을 행사하여 위 동산 자체를 원상회복받는 것은 어렵다고 사료된다. 제3자의 일반채권자들은 채무자에 대하여 가액반환 형태의 원상회복청구권을 행사할 수밖에 없고, 이는 원칙적으로 채무자의 일반채권자들과 동순위이다. 다만, 채무자의 책임재산 중 제3자가 출연한 위 동산에 대해서는 제3자의 일반채권자가 먼저 (가)압류를 하였다면 채무자의 일반채권자들보다 우선할 수 있는 것 아닌지 논란이 있을 수 있다.[198] 쉽지 않은 문

198) 본문에서 살펴보는 상황과 달리 **문제된 책임재산이 계속 채무자 B의 책임재산에 머물러 있는 상황**을 전제로, 제3자의 일반채권자들의 가액반환형태의 원상회복청구권이 채무자의 B의 일반채권자들보다 우선한다는 견해로는 이우재(주 168), 466-467(채권자취소권 행사에 의한 가액배상판결은 그 반환범위 내에서는 수익자의 재산취득 자체를 부인하는 효력을 가지는 데 반하여, 수익자의 일반채권자

제이나, 채무자의 일반채권자들과 달리 취급할 이유는 없을 것으로 사료된다. ② 채무자의 일반채권자들이 가액반환형태로 원상회복을 받았다면, 제3자의 일반채권자들은 가액반환형태의 원상회복청구권을 행사할 수 있고, 이 원상회복청구권은 채무자의 일반채권자들의 채권과 동순위로 봄이 타당할 것이다.

제3자의 일반채권자들과 채무자의 일반채권자들이 모두 채권자를 상대로 채권자취소 및 원상회복을 주장할 수 있는 경우에는, 두 원상회복채권 사이에 연대채권 관계를 인정하고, 내부부담 부분은 — 제3자의 일반채권자들이 채무자에 대하여 채권자취소 및 원상회복을 주장할 수 있는 점을 고려해 — 제3자의 일반채권자들에게 우선권을 인정함이 일응 타당해 보인다. 그런데 문제는 **이러한 우선권을 인정하는 실체법상 근거 및 방법**이다. 조심스럽지만 필자의 잠정적 생각은 다음과 같다. ① 채무자에게 원상회복된 책임재산이 특정가능한 경우라면 제3자의 일반채권자들이 채무자의 일반채권자들보다 우선하여 — 채무자의 일반채권자들이 선의로 해당 책임재산에 먼저 (가)압류를 하였는지 여부와 무관하게 — 그 재산을 원상회복 하는 것이 허용되어야 한다. ② 채무자에게 원상회복된 책임재산이 특정 가능한데 그 책임재산이 채무자에게 회복된 상태에서 강제집행이 이루어지는 경우, 제3자의 일반채권자들에게 채

들은 수익자의 재산임을 전제로 배당요구를 하는 자에 불과하다는 점을 근거로 든다). 이 경우에는 문제된 책임재산이 계속 채권자취소권 행사 상대방에게 머물러 있었으므로, 채권자취소권 행사에 따른 원칙적 원상회복방법인 **원물반환 자체가 — 비록 다른 이유로 좌절되긴 하였지만 — 가능하였다.** 따라서 본문의 상황과 달리 전자의 견해가 보다 설득력을 얻을 수 있다. 가액반환청구권에 우선권을 인정하면, 당사자들의 이익상황이 원물반환의 경우와 비슷해지기 때문이다(**원물반환을 위해 집행목적물에 먼저 보전처분을 하면 결과적으로 다른 일반채권자들보다 앞선다는 점에서**). 그러나 이 가액반환청구권이 채무자 B의 다른 책임재산에 대해서도 주장할 수 있는 권리인 점을 고려하면, 위와 같은 우선권 부여는 원상회복채권자에게 과도한 혜택을 주는 측면이 있다. 현행법 해석론으로는 평등배당이 간명하다고 사료된다. 同旨 金昌熙(주 168), 77.

무자의 일반채권자들보다 우선권이 인정되어야 한다[민법 제367조(제3취득자의 비용상환청구권), 민사집행법 제53조 제1항(강제집행비용의 우선권) 유추]. ③ 그러나 채무자에게 원상회복된 책임재산이 특정가능한 경우가 아니라면 제3채무자의 일반채권자들의 구상권 또는 가액반환청구권은 채무자의 일반채권자들의 채권과 동순위로 보아야 한다. 다만 채무자의 책임재산이 증가됨으로 인해 채무자의 일반채권자들이 추가로 배당받은 부분에 대해서는, 제3자의 일반채권자들이 채무자의 일반채권자들에게 부당이득반환을 청구할 수 있다고 보아야 한다.

Ⅴ. 결론에 갈음하여

이 글의 결론 중 주요 부분만 간략히 정리하면 다음과 같다.

1. 지시에 따른 자기채무 변제 목적 출연 사안(Anweisung auf Schuld)에서 채무자(B)에 대하여 도산절차가 개시된 경우, 사해성의 핵심은 B의 C에 대한 편파변제에 있다. 따라서 채무자의 제3자(A)에 대한 채권이 압류금지채권인 경우에도 사해성이 인정될 수 있다. 또한 채권자 C는 원칙적으로 받은 것 자체 또는 그 가액을 B에게 반환해야 한다.
2. 지시에 따른 타인채무 변제 목적 출연 사안(Anweisung auf Kredit)에서 채무자(B)에 대하여 도산절차가 개시된 경우, 원칙적으로 편파변제의 사해성을 긍정해야 한다. 다만 편파변제의 상당성이 인정되는 경우에는 부인권을 행사할 수 없다.
3. 지급지시에 따른 출연 사안에서 채무자(B)에 대하여 도산절차가 개시된 경우, 제3자의 출연(A)에 따른 채권자(C)에 대한 변제는 본지급여로 봄이 타당하다.

4. 제3자(A)가 제3자 변제의 방식으로 채권자(C)에게 출연한 후 채무자(B)에 대하여 도산절차가 개시된 경우, 채무자의 채권이 제3자에게 양도된 경우와 이익상황이 동일하므로, 채무자의 관리인은 원칙적으로 부인권을 행사할 수 없다.
5. 지시에 따른 자기채무 변제 목적 출연 사안(Anweisung auf Schuld)에서 제3자(A)에 대하여 도산절차가 개시된 경우, 채권자(C)에게 고의부인권을 행사할 수 있는지 여부는 전득자에 대한 부인권 행사 요건을 고려해 판단해야 한다.
6. 지시에 따른 타인채무 변제 목적 출연 사안(Anweisung auf Kredit)에서 제3자(A)에 대하여 도산절차가 개시된 경우, 채권자(C)에게 무상행위 부인권을 행사할 수 있으려면, 출연자인 제3자뿐만 아니라 출연을 받은 채권자의 관점에서도 제3자의 출연이 무상행위에 해당해야 한다.
7. 파산관재인의 제3자성을 인정하는 우리법하에서는 부인상대방이 도산한 경우, 부인권자에게 부인 대상에 대한 우선권을 인정하기 어렵다. 따라서 부인권자의 원상회복채권은 파산(회생)채권으로 보아야 한다.

채무자회생법상 부인제도는 그 연원(淵源)이나 체계의 측면에서 독일 도산법의 그것과 비슷한 점이 많다. 그러나 다른 외국(미국, 일본) 도산법 연구에 비해, — 물론 이 조차도 충분하다고 볼 수 없지만 — 독일 도산법에 대한 비교법적 연구는 충분히 이루어지지 못한 것이 아닌가 싶다. 도그마틱의 관점에서 도산법에 대하여 궁구(窮究)하는 작업이 부족한 데에는 이러한 원인도 일정 부분 작용했을 것이다. 이 글에서는 이러한 문제의식하에 우리법상 논의의 공백을 조금이나마 메우려고 시도하였다. 그러나 아직 충분한 논의가 전개되지 않은 상황에서 성급히 결론을 내린 느낌이 없지 않다. 그만큼 이 글에는 오류가 많을 것이다. 또한 우리 법현실로부터 문제의식이 시작되지 못하고 문제 자체를 수입한 측면이 있기 때문에, 이 글에서 다룬 쟁점 중에는 실무상 중요하지 않은 부분도 있을 것이다. 앞으로 더 발전된 논의가 이루어지기를, 그 과정에서 이 글이 작은 기여나마 할 수 있기를 기원하며 글을 마친다.

⊠ 참고문헌

1. 국내문헌

金亨培, 事務管理 · 不當利得(박영사, 2003).

서울중앙지방법원 파산부 실무연구회, 법인파산실무 4판(박영사, 2014).

양창수 · 권영준, 권리의 변동과 구제 제3판(박영사, 2017).

전병서, 도산법(법문사, 2016).

池元林, 民法講義 15판(홍문사, 2017).

편집대표 곽윤직, 民法注解 Ⅶ 물권(4)(박영사, 1992).

편집대표 곽윤직, 民法注解 Ⅸ 채권(2)(박영사, 1995).

편집대표 곽윤직, 民法注解 XV 채권(8)(박영사, 1997).

金昌熙, "사해행위취소판결의 효력이 미치는 범위 — 수익자의 고유채권자에 대한 효력을 중심으로 —", 법조, 제62권 제4호(2013).

김형석, "제3자의 변제 · 구상 · 부당이득", 서울대학교 법학, 제46권 제1호(2005).

______, "지급지시 · 급부관계 · 부당이득", 서울대학교 법학, 제47권 제3호(2006).

박성철, "파산법상의 부인권", 재판자료 제83집(1999).

박용석 · 최복기 · 김영근, "기업구조조정 실무에서의 부인 관련 문제점", BFL 제53호(2012).

윤남근, "일반환취권과 관리인 · 파산관재인의 제3자적 지위", 회생과파산1(사법발전재단, 2012).

윤진수, "부당이득법의 경제적 분석", 서울대학교 법학, 제55권 제3호(2014).

이우재, "사해행위취소의 효력과 배당절차에서의 취급", 재판자료 제117집

(2009).

임채웅, "일본 신파산법의 사해행위와 편파행위의 부인에 관한 연구", 민사소송 제10권 제1호(2006).

정병호, "Celsus의 通過取得理論", 법사학연구 제22호(2000).

정태윤, "계약이 무효이거나 취소 또는 해제된 경우에 보호받는 제3자의 범위에 관한 대법원판례의 정합성 여부", 이화여자대학교 법학논집 제20권 제4호(2016).

______, "독일에서의 지시취득", 이화여자대학교 법학논집 제18권 제3호(2014).

제철웅, "補償關係 또는 對價關係에서의 흠결이 이미 경료된 중간생략등기에 미치는 영향", 저스티스 제33권 제1호(2000).

______, "善意取得制度의 해석론상 문제점과 그 개선방향", 민사법학 제16호(1998).

최윤석, "지시취득과 연쇄행위에서의 동산소유권취득", 민사법학 제72호(2015).

최준규, "물적담보 제공행위의 사해성 판단기준", 법학논총 제33집 제4호(2016).

2. 외국문헌

伊藤眞, 会社更生法(2012).

伊藤眞, 破産法・民事再生法, 3版(2014).

条解破産法 第2版(2016).

条解会社更生法(中)(2001).

倒産法概説 2版 補訂版(2015).

新注釈 民事再生法 上 2版(2010).

注解 破産法 改訂第2版(1994).

三山裕三 , "再生(または破産)会社に対する否認権の行使", NBL 870(2007).

上原敏夫, “否認(詐害行為取消)の效果と受益者の債権者”, 民事訴訟法理論の新たな構築(2001).

佐藤彰一 , “行為規律としての否認”, 倒産法大系(2001).

宗田親彦, “否認と破産者の行為”, 破産法研究(1995).

Carlson, David Gray/Widen, William H., “The Earmarking Defense to Voidable Preference Liability: A Reconceptualization”, *Am. Bank. L.J.*, Vol.73 No.3 (1999).

Karchin, Julie Sirota/Kempner, Juli J., “Fraudulent Conveyance Law as a Property Right”, *Cardozo L. Rev.*, Vol.9 No.2 (1987).

Pompei, Alyssa, “No Harm, Still Foul: Unharmed Creditors and Avoidance of a Debtor's Pre-Petition Transfer of Exemptible Property”, *St. John's L. Rev.* Vol.89 No.2-3 (2015).

BeckOK InsO, 7ed. (2017).

Heidelberger InsO, 8Aufl. (2016).

K. Schmidt InsO, 19Aufl. (2016).

Kübler/Prütting/Bork InsO (2017).

Münchener AnfG (2012).

Münchener BGB, 7Aufl. (2017).

Münchener InsO, 3Aufl. (2013).

Uhlenbruck InsO, 14Aufl. (2015).

Bartels, Florian, *Insolvenzanfechtung und Leistungen Dritter* (2015).

Bitter, Georg, “Insolvenzanfechtung bei Weggabe unpfändbarer Gegenstände – Ansatz für einen normativen Begriff der Gläubigerbenachteiligung”, *Festschrift K. Schmidt* (2009).

Bork, Reinhard, “Der Kontokorrentkredit: Pfändbarkeit und Insolvenzanfechtung”, *Festschrift für Gero Fischer* (2008).

_____________, "Grundtendenzen des Insolvenzanfechtungsrechts", *ZIP* (2008).

Burchard, Ann-Kathrin, *Die Insolvenzanfechtung im Dreieck* (2009).

Canaris, Claus-Wilhelm, *Bankvertragsrecht* (1988).

Emmert, Sandra/Ludwig, Eckehard, "Gezielte Bevorzugung einzelner Gläubiger durch freiwillige Leistungen des Schuldners aus unpfändbaren Mitteln - scheitert die Insolvenzanfechtung an der Gläubigerbenachteiligung?", *ZinsO* (2014).

Ernst, Wolfgang, *Eigenbesitz und Mobiliarerwerb* (1992).

Flume, Werner, "Der Eigentumserwerb bei Leistungen im Dreiecksverhältnis", *Studien zur Lehre von der ungerechtfertigten Bereicherung* (2003).

Ganter, Hans Gerhard, "Anfechtungsrisiken der Bank im Verkehr mit ihrem von der Insolvenz bedrohten Kunden", *NZI* (2010).

___________________, "Gläubigerbenachteiligung durch Drittzahlugen", *NZI* (2011).

Hager, Johannes, "Streckengeschäft und redlicher Erwerb", *ZIP* (1993).

Häsemeyer, Ludwig, "Die Deckung einer Insolvenzforderung mittels geduldeter Kontenüberziehung benachteiligt die Insolvenzgläubiger!", *KTS* (2007).

________________, *Insolvenzrecht* (2007).

Hassold, Gerhard, *Zur Leistung im Dreipersonenverhältnis* (1981).

Heitsch, Joachim, "Überlegungen zur Beweislast bei der Insolvenzanfechtung - Auswirkungen der BGH-Urt. v. 6.10.2009 und 17.3.2011 auf die Darlegung der Gläubigerbenachteiligung bei intransparenten Zahlungen unklarer Herkunft", *ZinsO* (2011).

Henckel, Wolfram, "Anfechtung der Tilgung fremder Schuld", *ZIP* (2004).

________________, *Anfechtung im Insolvenzrecht* (2008).

Huber, Michael, "Konkurrierende Anfechtungsanspruche zu Gunsten verschiedener Insolvenzmassen im Dreiecksverhältnis oder; Krieg der Insolvezverwalter", *NZI* (2008).

Jacoby, Florian/Mikolajczak, Christian, "Gläubigerbenachteiligung bei Zahlung mittels Bank und sonstiger Dritter", *ZIP* (2010).

Jungclaus, Martin, "Verhältnis von Deckungs- und Schenkungsanfechtung im Drei-Personen-Verhältnis", *NZI* (2008).

Kayser, Godehard, "Von mittelbaren Zuwendungen, Leistungsketten und Empfangsberechtigten", *Sanierung, Insolvenz, Berufsrecht der Rechtsanwälte und Notare* (2010).

Koziol, Helmut, "Anweisung und Glaübigeranfechtung im Konkurs des Anweisenden", *Juristische Blätter* (1985).

Kreft, Gerhard, "Fragen aus Anlass des Urteils des Bundesgerichtshofs vom 6. Oktober 2009 - IX ZR 191/05", *Sanierung, Insolvenz, Berufsrecht der Rechtsanwälte und Notare* (2010).

Kreuzberg, Charlotte, *Die Insolvenzfestigkeit von Drittsicherheiten* (2013).

Lüke, Wolfgang, "Anfechtungsrechtliche Probleme bei Dreiecksverhältnissen am Beispiel der Erfüllung durch Dritte", *ZIP* (2001).

Lütcke, Niklas, "Die Anfechtbarkeit von Drittzahlungen - Erweiterung der Anfechtungsmöglichkeiten?", *NZI* (2011).

____________, "Schenkungsanfechtung im Drei-Personen-Verhältnis-auch in einem fortgesetzten Dauerschuldverhältnis?", *ZIP* (2014).

Marotzke, Wolfgang, "Die insolvenzrechtliche Anfechtbarkeit von Zahlungen aus einem im Soll geführten Konto", *ZinsO* (2007).

Mikolajczak, Christian, *Die Zwangsvollstreckung in ein Girokonto* (2015).

Neyses, Andrea, *Die Insolvenzanfechtung in Mehrpersonenverhältnissen* (2012).

Prütting, Hanns, "Insolvenzanfechtung wegen Unentgeltlichkeit bei Erfüllungshandlungen", *KTS* (2005).

Raebel, Bernd, "Folgenbeseitigung von Gläubigerbenachteiligungen",

Sanierung, Insolvenz, Berufsrecht der Rechtsanwälte und Notare (2010).

____________, "Gläubigergleichbehandlung und Drittzahlungen im Anfechtungsrecht", *KTS* (2015).

Röttger, Annika, *Die insolvenzanfechtungsrechtliche Rückabwicklung von Anweisungsleistungen* (2013).

Scheuing, Christoph, *Der Pflichtteilsanspruch in Zwangsvollstreckung und Insolvenz* (2017).

Thole, Christoph, "Gläubigerbenachteiligung bei Zahlung aus geduldeter Kontoüberziehung", *NZI* (2009).

____________, *Gläubigerschutz durch Insolvenzrecht* (2010).

____________, "Grundfragen und aktuelle Problemstellungen der Anfechtung unentgeltlicher Leistungen", *KTS* (2011).

van Bömmel, Benedikt, *Insolvenzanfechtung von upstream guarantees im GmbH Konzern* (2009).

Wazlawik, Thomas, "Dreiecksverhältnis und Doppelinsolvenz – Jeder gegen jeden?", *NZI* (2010).

Wiester, Ronald/Kranz, Christopher, "Grenzen der Schenkungsanfechtung von Drittzahlungen", *NZI* (2012).

Wilk, Hanno, "Die Schenkungsanfechtung gemäß §134 InsO bei Tilgung oder Besicherung fremder Verbindlichkeiten", *NZI* (2008).

Wittig, Arne, "Die Bedeutung der Schenkungsanfechtung (§134 InsO) für das Kreditgeschäft", *NZI* (2005).

Würdiger, Markus, *Insolvenzanfechtung im bargeldlosen Zahlungsverkehr* (2012).

제 5 장

자산금융과 최근의 도산법 쟁점*

한　　민**

Ⅰ. 머리말

자산금융(asset finance)이라 함은 설비투자 등을 목적으로 자산을 확보하려고 하는 자가 그 자산의 취득에 필요한 자금 또는 그 자산 자체를 융통하는 거래이다. 자산금융의 대상이 되는 주요 자산으로는 기계·기구, 철도차량, 선박, 항공기, 부동산 등을 들 수 있다. 자산금융은 금융제공자의 관점에서 "자산에 기초한 금융(asset-based financing)"이라고도 부른다. 자산금융이 해당 자산뿐만 아니라 그 자산에서 창출되는 미래의 현금흐름을 주된 상환재원으로 하는 경우에는 프로젝트금융의 특성도 갖는다.[1)]

---

* 이 논문은 "자산금융의 최근 동향"을 특집주제로 한 BFL 제90호(서울대학교 금융법센터, 2018. 7)에 게재된 한민, "자산금융과 최근의 도산법 쟁점"과 이를 다소 수정한 박준·한민, 금융거래와 법(박영사, 2018), 709-711면, 811-825면, 831-844면의 내용을 수정, 보완한 것이다. 이 글의 초고에 대하여 귀중한 의견을 주신 서울대학교 법학전문대학원 박준 교수님께 감사드린다.

** 이화여자대학교 법학전문대학원 교수

1) 자산금융의 개념을 넓게 동산이나 부동산, 채권 그 밖의 자산으로부터 발생하는 현금흐름이나 자산 그 자체를 기초로 이루어지는 금융수단으로 파악하면서 그 대표적인 유형으로 자산유동화, 프로젝트금융, 항공기금융, 선박금융 등을 드는 견해도 있다. 정순섭, 은행법(지원사, 2017), 482면 참조.

자산금융의 기본적인 유형으로는 ① 채무자가 금융제공자로부터 자산구매에 필요한 자금을 조달하여 해당 자산을 직접 구매하고 그 자산을 담보로 제공하는 방식, ② 대상 자산의 소유권을 금융제공자에게 유보하고 채무자는 이용권을 부여받는 소유권유보 방식과 ③ 특별목적회사(SPC: Special Purpose Company)를 이용하여 ① 및 ②를 혼합한 방식이 있다.

자산금융에서는 해당 자산 및 그로부터 창출되는 현금흐름이 금융채권의 주된 담보가 된다. 위 ①은 자산금융의 가장 기본적인 형태이다. 그 대표적인 예인 부동산 매수금융에서는 전통적으로 근저당권이 이용되고 있으나 매수자금의 규모가 큰 경우 대법원판례에 의하여 위탁자(채무자)로부터의 도산절연성이 인정되고 있는 담보신탁(담보 목적의 신탁)이 많이 이용된다. 예컨대, 대규모 자금이 투입되는 국내 부동산개발사업을 위한 부동산 프로젝트금융(부동산PF)에서는 사업 초기에 시행사가 사업용 토지 매입자금을 대주(금융회사 또는 자산유동화를 위해 설립된 특별목적회사)로부터 차입하면서 대출금채무를 담보하기 위하여 그 토지를 부동산신탁회사에 담보목적으로 신탁하고 대주에게 담보신탁의 우선수익권을 부여하는 방법을 이용한다. 위 ②의 유형으로는 소유권유보부매매와 리스가 있다. 이 유형에서는 대상자산에 대한 소유권이 금융제공자에게 유보됨으로써 대상자산이 실질적으로 담보의 기능을 한다. 위 ③의 유형은 주로 SPC가 자산을 구매하면서 그 자산을 구매자금 대출채권자에게 담보로 제공하고(위 ①의 방식), 이어서 소유자로서 그 자산을 채무자(자산금융의 수혜자)에게 리스해 주는 방식(위 ②의 방식)을 이용한다. 국내에서 자산을 도입하는 금융의 경우에는 주로 위 ① 또는 ②의 방식에 의하고, 외국으로부터 자산을 도입하는 금융(예컨대, 선박금융과 항공기금융)의 경우에는 위 ③의 방식이 많이 이용된다. 위 ③의 방식에서 SPC를 이용하는 이유는, 조세편의국(예컨대, Cayman Islands)이나 편의치적국(便宜置籍國)(파나마, 라이베리아, 마샬제도공화국 등)[2]에 SPC를 설립함으로써 조세·규제상의 혜택을 누릴 수 있고, 차주인 SPC가 소유하는 자산을 자산금융의 수혜자(자산의 이용자)의 신용위험으로부터 격리시키는 이점, 특히 자산의 이용자에 대하여 도산절차가 개시되더라도 차주인 SPC의 자산 소유권이 그 도산절차로부터 절연될 수 있는 이점을 얻을 수 있으며, SPC의 업무를 기본적으로 해당 자산의 소유에 한정함으로써 SPC 자체의 도산위험을 줄이는 효과를 얻을 수 있기 때문이다.

위와 같은 자산금융의 유형과 속성에 비추어 볼 때, 자산금융의 수혜자인 채무자에 대하여 「채무자 회생 및 파산에 관한 법률」(이하 "채무자회생법")에 따른 도산절차가 개시되는 경우 금융제공자의 권리가 어떻게 영향을 받는지의 문제는 금융제공자가 자산금융의 제공 여부나 방식을 결정함에 있어서 기본적으로 고려하여야 할 중요사항 중의 하나가 된다.[3] 이 글에서는 자산금융거래에서

2) 편의치적(Flag of Convenience)은 선박을 소유하는 개인 또는 법인의 국적국 이외의 국가에서 선박을 등록하는 것을 말한다. 편의치적을 하는 이유는 편의치적국에 선박을 등록하게 되면 조세 혜택, 저렴한 등록비용, 행정규제의 완화, 선원고용의 재량 등 여러 가지 이점을 누릴 수 있기 때문이다. 금융채권자의 입장에서는 우리나라처럼 선적국법(편의치적국의 법)이 선박 물권의 준거법이 되는 국가(국제사법 제60조 제1호, 제2호 참조)에서는 선박에 대하여 경매절차가 진행될 경우 법원 경매절차에서 선박저당권보다 앞서는 선박우선특권의 범위가 예측 가능하다는 이점이 있다. 실제 대출계약서에서도 대주가 요구하는 선적국에 선박등록을 유지하도록 규정하는 것이 일반적이다. 박준·한민, 금융거래와 법(박영사, 2018), 723면 참조.

3) 그 외에도 채무자의 신용도 및 자금조달 능력, 해당 거래에 관한 회계 및 조세상의 취급(국제금융인 경우 원리금의 대외지급 시 세금의 원천징수 문제 포함), 대상 자산이 금융제공자에게 반환되는 조건인 경우 자산의 시장가치 하락으로 인한 손실 위험, 자산이나 자산관리의 하자로 인한 제3자의 피해에 대하여 자산의 소유자가 손해배상책임을 질 위험 등도 중요한 고려사항이 된다. 넓은 의미에서 도산절차에 포함시킬 수 있는 기업구조조정촉진법상 관리절차의 개시에 따른 영향

채무자에 대한 도산절차의 개시가 금융제공자의 권리에 미치는 영향과 관련하여 최근 대법원 판례와 법원 실무상 제기되고 있는 중요한 두 가지 법적 쟁점에 관하여 논한다.

첫째, 자산금융의 대상은 항공기, 선박 등 고가의 장비인 경우가 많으므로 금융제공자의 입장에서는 채무자의 도산 시 자산금융의 대상 자산을 반환받거나 그에 대한 담보권을 실행하는 것이 용이할 것인지가 특히 중요한 고려사항이 된다. 이와 관련하여 자산금융 특유의 도산법 쟁점으로서 소유권유보부 방식의 자산금융(위 ② 및 ③의 유형)에 있어서 '도산절차에서 소유권의 담보권으로의 재구성' 문제를 검토한다.[4)]

둘째, 자산금융의 대상 자산에서 창출되는 미래의 현금흐름, 즉 장래채권이 담보로 제공되는 경우에는 채무자에 대한 도산절차의 개시가 장래채권 담보의 효력에 어떠한 영향을 미칠 것인지의 문제가 중요하다. 이 문제는 자산금융뿐만 아니라 장래채권을 담보로 이용하는 일반 기업금융, 프로젝트금융 등과 장래채권을 기초자산(유동화자산)으로 하는 자산유동화에 공통되는 중요한 사항이라고 할 수 있다.

이들 법적 쟁점은 (i) 다양한 채권담보수단과 그 실체적 권리의 효력 보장에 의하여 평시 금융조달의 수월성을 높일 필요성과 (ii) '회생절차 및 파산절차를 통한 채권자 일반의 공정하고 형평에 맞는 채권 회수 및 (회생절차의 경우) 채무자의 효율적인 회생 지원'이라는 도산제도의 목적이 충돌하는 영역에 속하는 것으로서 그 해

도 고려되어야 할 것이다.

4) 위 ①의 유형에 속하는 자산금융 중 부동산매수금융에서 활발히 이용되고 있는 담보신탁의 경우에도 '소유권의 담보권으로의 재구성' 문제가 있으나 대법원 판례는 2001년 이후 일련의 판결들에서 위탁자(채무자)에 대한 회생절차에서 담보신탁의 수탁자의 소유권을 담보권으로 재구성하지는 않고 있다. 이 글에서는 담보신탁에 관하여는 다루지 않는다.

결 과정에서 법적 안정성과 공정·형평성 간에 적절한 균형을 유지하기가 쉽지 아니한 문제이다.

Ⅱ. 도산절차에서 소유권의 담보권으로의 재구성

1. 문제의 소재

채무자회생법 제141조 제1항에 의하면, 회생담보권은 회생채권이나 회생절차 개시 전의 원인으로 생긴 채무자 외의 자에 대한 재산상의 청구권으로서 회생절차 개시 당시 채무자의 재산상에 존재하는 유치권·질권·저당권·양도담보권·가등기담보권·「동산·채권 등의 담보에 관한 법률」에 따른 담보권·전세권 또는 우선특권으로 담보된 범위의 것을 말한다.[5] 양도담보권과 가등기담보권은 1998. 2. 24.자 (구)회사정리법 제123조의 개정에 의하여 추가된 것이다. 그러나 회사정리법 개정 전에도 대법원 1992. 10. 27. 선고 91다42678 판결은 비전형담보인 양도담보권에 관하여 "회사정리절차가 개시된 경우에는… 양도담보권자도 회사정리법 제123조 소정의 정리담보권에 준하여 회사정리절차에서 그 권리를 행사하여야 할 [것]"이라고 함으로써 유추적용에 의하여 양도담보권을 정리담보권(채무자회생법에서는 회생담보권)으로 인정하였다.

최근 대법원 2014. 4. 10. 선고 2013다61190 판결은 "동산의 소유권유보부매매의 경우에, 매도인이 유보한 소유권은 담보권의 실질을 가지고 있으므로 담보 목적의 양도와 마찬가지로 매수인에 대한 회생절차에서 회생담보권으로 취급함이 타당하고, 매도인은 매매목적물인 동산에 대하여 환취권을 행사할 수 없다."라고 함으

5) 다만, 이자 또는 채무불이행으로 인한 손해배상이나 위약금의 청구권에 관하여는 회생절차개시결정 전날까지 생긴 것에 한한다. 채무자회생법상 회생담보권은 담보권 그 자체가 아니라 담보권으로 담보되는 청구권을 의미한다.

로써 그 동안 동산 소유권유보부매매에서 매도인의 권리를 회생담보권((구)회사정리법에서는 정리담보권)으로 취급하여 온 법원 실무의 입장을 지지하였다. 또한, 도산절차의 법원 실무에서는 금융리스계약상 리스제공자에게 리스물건에 대한 소유권이 유보되어 있는 것은 실질적으로 리스채권에 대한 담보적 기능을 하고 있으므로 회생절차에서는 리스제공자에게 환취권을 인정하지 않고 리스채권을 회생담보권이나 이에 준하는 것으로 취급하고 있다.[6] 소유권유보부매매의 매도인이나 금융리스의 리스제공자의 권리는 회생담보권을 정의하는 채무자회생법 제141조 제1항에 명시되어 있지 않다. 소유권유보부매매에서 매도인의 권리나 금융리스에서 리스제공자의 채권을 회생담보권으로 취급하는 것은 (구)회사정리법하에서 양도담보권을 정리담보권으로 취급하였던 것과 마찬가지로 채무자회생법 제141조 제1항의 유추적용에 의한 것이라 할 수 있다.[7]

원래 자산의 소유자는 환취권을 행사하여 그 자산을 도산절차로부터 배제시킬 수 있음이 원칙이다(채무자회생법 제70조, 제407조). 본래 도산절차로부터 배제될 수 있었던 권리가 위의 유추적용을 통한 '실체법적 권리의 도산법적 재구성'에 의하여 도산절차에 구속되게 된 것이다. 실질적으로 동일한 종류의 권리에 대한 평등 취급, 도산절차의 목적을 달성하기 위한 도산재단의 확보, 도산채권자 일반의 이익 보호 등 도산법의 목적에 비추어 볼 때, 소유권유

---

6) 반면에, 운용리스는 통상의 임대차계약의 경우와 마찬가지로 리스이용자에 대한 회생절차 또는 파산절차에서 쌍방 미이행 쌍무계약으로 취급되고, 리스계약이 해지되는 때에는 리스제공자는 리스물건에 대하여 환취권을 갖는다.

7) 외국법에 따라 설정된 담보권(예컨대, pledge)도 그 실질이 채무자회생법에 열거된 담보권과 같다면 회생담보권으로 인정될 수 있다. 이것도 유추적용의 한 예라고 볼 수 있으나, 이 경우에는 도산절차 밖에서 외국법에 따라 인정되는 담보권을 국내 도산절차에서 담보권으로 인정해 주는 것이다. 소유권유보부매매나 금융리스에서의 목적물에 대한 권리와 같이 도산절차 밖에서는 소유권으로 인정되는 권리를 도산절차에서는 담보권으로 재구성하는 것과는 차이가 있다.

보부매매와 금융리스에 대하여 회생담보권에 관한 채무자회생법 제141조 제1항을 유추적용하는 것은 수긍할 수 있다.[8)]

그런데, 도산절차에서 소유권을 담보권으로 재구성하여야 하는 경우와 그렇지 아니한 경우를 구분하는 기준은 명확하지는 않다. 예컨대, 대법원 판례는 이른바 "담보신탁"의 신탁재산은 제3자인 수탁자가 소유하는 것이므로 위탁자의 회생절차에 구속되지 않는다고 함으로써 수탁자의 소유권(또는 채권자의 우선수익권)을 담보권으로 재구성하지 않고 있다.[9)] 이에 대하여는 담보신탁의 실질은 양도담보와 동일시할 수 있으므로 대법원 판례와는 달리 담보신탁의 수익자는 유추에 의하여 채무자회생법 제141조 제1항에 의한 회생담보권자로 인정되어야 한다는 비판이 있다.[10)] 또한, 도산절차 내에서 소유권을 담보권으로 재구성하는 경우에도 이렇게 담보권으로 재구성된 권리가 도산절차 개시 전후의 여러 단계에서 구체적으로 어떻게 취급되어야 하는 것인지에 관하여는 아직 논의가 충분한 것 같지는 않다.

이하에서는 소유권유보부매매의 매도인과 금융리스의 리스제공자가 갖는 소유권을 담보권으로 재구성하고 있는 대법원 판례 및 법원 실무의 내용을 살펴보고 이를 구체적으로 적용하는 과정에서 생길 수 있는 해석상의 의문점에 관하여 논한다.

---

8) 계약상 권리에 대한 도산법적 재구성의 근거 법리에 관한 일본의 논의로는, 伊藤眞, "證券化と倒産法理(上)(下)", 金融法務事情 1657号(金融財政事情研究會, 2002), 6면 이하 및 1658号, 82면 이하; 山本和彦, "倒産手續におくる法律行爲の效果の變容", 民事手續の現代的使命(伊藤眞先生古稀祝賀論文集)(有斐閣, 2015), 1181-1202면.

9) 대법원 2001. 7. 13. 선고 2001다9267 판결 및 대법원 2002. 12. 26. 선고 2002다49484 판결('타익신탁 + 우선수익권 부여'방식), 대법원 2003. 5. 30. 선고 2003다18685 판결('자익신탁 + 신탁부동산상의 근저당권 설정'방식), 대법원 2017. 11. 23. 선고 2015다47327 판결('담보권의 선(先) 설정 + 담보재산의 신탁'방식) 등.

10) 윤진수, "담보신탁의 도산절연론 비판", 비교사법 제25권 제2호(비교사법학회, 2018. 5), 723-742면.

2. 소유권의 담보권으로의 재구성이 문제되는 거래 유형

(1) 소유권유보부매매

㈎ 대법원 판례

대법원 판례에 의하면 소유권유보부매매는 동산 매매계약을 체결하면서 매도인이 대금을 모두 지급받기 전에 목적물을 매수인에게 인도하지만 대금이 모두 지급될 때까지는 목적물의 소유권은 매도인에게 유보되며 대금이 모두 지급된 때에 그 소유권이 매수인에게 이전된다는 특약을 한 것을 말한다. 따라서 그 대금이 모두 지급되지 아니하고 있는 동안에는 비록 매수인이 목적물을 인도받았어도 목적물의 소유권은 위 약정대로 여전히 매도인이 이를 가지고, 대금이 모두 지급됨으로써 그 정지조건이 완성되어 별도의 의사표시 없이 바로 목적물의 소유권이 매수인에게 이전된다.[11] 소유권유보부매매에 의할 경우, 매도인은 매수인에게 매매대금에 관하여 신용을 공여하고 목적물의 소유권을 유보함으로써 대금채권이 담보되는 효과를 얻을 수 있다.

동산 소유권유보부매매의 매도인은 평시에는 목적물에 대하여 완전한 소유권을 가진다. 예컨대, 매매 목적물에 대하여 매수인의 채권자가 강제집행을 할 경우 목적물의 소유자로서 제3자 이의의 소를 제기할 수 있다. 그러나 매수인이 도산절차에 들어가는 경우 목적물에 대한 매도인의 권리는 소유권이 아니라 담보권으로 취급된다. 앞서 본 바와 같이 대법원 2014. 4. 10. 선고 2013다61190 판결은 동산의 소유권유보부매매의 경우에, 매도인이 유보한 소유권은 담보권의 실질을 가지고 있으므로 매수인에 대한 회생절차에서는 이를 담보목적의 양도와 마찬가지로 회생담보권으로 취급하여

11) 대법원 2010. 2. 11. 선고 2009다93671 판결, 대법원 1999. 9. 7. 선고 99다30534 판결, 대법원 1996. 6. 28. 선고 96다14807 판결 등.

야 하고, 매도인은 목적물에 대하여 소유자로서 환취권을 행사할 수 없다고 한다.[12] 도산절차 밖에서는 소유권유보부매매에서 매도인의 소유권이 그대로 인정되고 있으나 도산절차에서는 담보권으로 재구성되고 있는 것이다. 담보권으로의 재구성은 담보권의 행사가 원칙적으로 중지 · 금지되는 회생절차에서 문제된다. 파산절차에서는 매도인의 권리가 파산재단에 속하는 재산에 대한 담보권으로 취급된다고 하더라도 파산절차에 구속되지 않고 별제권을 행사하여 채권을 회수할 수 있으므로(채무자회생법 제411조, 제412조, 제497조, 제498조) 환취권으로 인정되는 것과 실질적인 차이는 없다.

(나) 담보권으로 취급되는 소유권유보부매매의 범위

그런데, 소유권유보부매매의 목적물이 등기 · 등록에 의해 소유권이 이전되는 동산이고 등기 · 등록이 매도인의 명의로 남아 있는 경우에도 매도인의 권리는 회생담보권(또는 별제권)으로 취급될 것인가? 이에 관하여는, 유보된 소유권이 담보권의 실질을 가지고 있다는 점에 주목하여, 등기 · 등록은 형식적인 것이고 실질적인 소유권은 이미 매수인에게 이전되었다고 보아 매도인이 소유권자로 등기 · 등록되어 있다고 하더라도 여전히 회생담보권자로 인정된다고 보는 견해가 있을 수 있다.[13] 그러나 아래에서 보는 바와 같은 이유로 이 견해에 찬성하기는 어렵다.

12) 이 대법원 판결에 찬성하는 견해로는, 정소민, "도산법상 소유권유보부 매매의 매도인의 지위", 민사판례연구[XXXVII](박영사, 2015), 244-254면. 반대하는 견해로는, 양형우, "회생절차에서 소유권유보와 매도인의 지위 — 대상판결: 대법원 2014. 4. 10. 선고 2013다61190 판결 —" 인권과 정의 제447호(대한변호사협회, 2015. 2), 149-151면; 김영주, "미이행쌍무계약에 대한 민법과 채무자회생법의 규율 — 해석론 및 입법론에 대한 비판적 검토를 중심으로 —", 민사법학 제70호(한국민사법학회, 2015. 3), 501-503면 이하.

13) 정석종, "회생절차에서의 선박금융에 대한 취급 — BBCHP를 중심으로 —", 도산법연구 제2권 제2호(도산법연구회, 2011), 22-23면은 등기 · 등록의 대상이 되는 자동차, 선박 등의 금융리스에 관하여 이러한 입장을 취하고 있다.

형사판결이기는 하지만 대법원 2010. 2. 25. 선고 2009도5064 판결은 덤프트럭의 할부매매를 하면서 매수인 명의로 소유권 등록을 하고 매수인, 매도인 및 할부금융사 사이에 대출원리금의 완제시까지 그 소유권이 할부금융사에 유보된다는 취지의 특약을 한 사안에서, 그러한 특약이 있더라도 매수인 명의로 등록된 이상 매수인이 대외적인 소유권자라고 보았다. 이 대법원 판결은 "소유권유보부매매는 동산을 매매함에 있어 매매목적물을 인도하면서 대금완납시까지 소유권을 매도인에게 유보하기로 특약한 것을 말하며, 이러한 내용의 계약은 동산의 매도인이 매매대금을 다 수령할 때까지 그 대금채권에 대한 담보의 효과를 취득·유지하려는 의도에서 비롯된 것이다. 따라서 부동산과 같이 등기에 의하여 소유권이 이전되는 경우에는 등기를 대금완납 시까지 미룸으로써 담보의 기능을 할 수 있기 때문에 굳이 위와 같은 소유권유보부매매의 개념을 원용할 필요성이 없으며, 일단 매도인이 매수인에게 소유권이전등기를 경료하여 준 이상은 특별한 사정이 없는 한 매수인에게 소유권이 귀속되는 것이다. 한편, 자동차, 중기, 건설기계 등은 비록 동산이기는 하나 부동산과 마찬가지로 등록에 의하여 소유권이 이전되고, 등록이 부동산 등기와 마찬가지로 소유권이전의 요건이므로, 역시 소유권유보부매매의 개념을 원용할 필요성이 없는 것이다."라고 판시하였다. 위 판시는 소유권의 이전에 관하여 등기·등록이라는 공시방법을 갖추어야 하는 부동산·동산은 일반 동산에 대해 사용되는 소유권유보부매매의 목적물이 될 수 없다고 본 것으로 이해할 수 있다.[14]

---

14) 같은 취지: 김용담 편, 주석민법 제4판[채권각칙(3)](한국사법행정학회, 2016), 380면(이병준 집필); 지원림, 민법강의(제14판)(홍문사, 2016), 1399면; 임치용, "해운회사의 회생절차 개시와 국제사법의 주요 쟁점 — 회생담보권의 범위, 상계 및 쌍방미이행쌍무계약의 준거법, 국제중재절차, 외국관리인의 지위를 중심으로 —", 국제사법연구 제22권 제2호(한국국제사법학회, 2016. 12), 480-481면.

생각건대, 동산 소유권유보부매매의 매도인의 권리를 매수인의 회생절차에서 회생담보권으로 취급하는 법적 근거는, ① 매도인에게 유보된 소유권이 담보권의 실질을 갖고 있다는 점만은 아니고, ② 매도인의 의무는 목적물 인도에 의하여 이행이 완료된 것이고 매매대금 전액의 지급이라는 정지조건의 성취에 의해 소유권은 자동적으로 매수인에게 이전된다는 점에 있다고 보아야 한다. 위 ②는 동산 소유권유보부매매계약이 채무자회생법 제119조의 쌍방미이행 쌍무계약에 해당되지 않고, 따라서 회생절차에서 매도인의 환취권(소유권)을 부정할 수 있는 근거가 된다. 그러나 매매목적물이 등기·등록을 요하는 동산(선박, 항공기, 자동차, 건설기계 등)으로서 소유권 등기·등록이 매도인의 명의로 남아 있는 경우에는 회생절차의 개시 당시 매수인의 대금지급의무와 매도인의 소유권 등기·등록 이전 의무가 모두 미이행으로서 상호 대등한 대가관계에 있다고 보아야 할 것이므로 소유권유보부매매계약은 쌍방 미이행 쌍무계약에 해당된다. 이 경우 매수인의 회생절차에서 관리인이 매매계약을 이행하기로 선택한 경우에는 매도인의 매매대금채권은 공익채권이 된다(채무자회생법 제119조 제1항, 제179조 제7호). 이행선택 후에 관리인이 대금지급의무를 이행하지 아니하면, 매도인은 계약을 해제하고 환취권을 행사하여 매매목적물의 반환을 청구할 수 있다. 관리인이 계약의 해제를 선택한 경우에도 매도인은 목적물의 반환을 청구할 수 있다(채무자회생법 제121조 제2항). 등기·등록에 의하여 소유권이 공시되는 동산의 매매의 경우에는 경제적 실질이 담보권과 마찬가지로 볼 수 있다는 이유만으로 공시제도의 적용까지 배제하면서 매도인의 소유권을 담보권으로 재구성하는 것은 적절하지 않은 것으로 생각된다.[15)]

15) 임채홍·백창훈, 회사정리법(상)(제2판)(한국사법행정학회, 2002), 366면도 같은 견해. 소유권 등기·등록에 관하여 대항요건주의를 취하고 있는 일본의 경우, 기

(2) 금융리스

(가) 하급심판례 및 법원 실무

리스는 일반적으로 일방 당사자(리스제공자)가 상대방 당사자(리스이용자)에게 일정기간 동안 리스료를 지급받는 대가로 특정 재산을 점유·이용할 수 있는 권리를 제공하는 거래라고 정의할 수 있다.[16] 리스는 외관상 민법상의 임대차계약과 유사하나 자산의 취득자금을 융통하는 성격을 얼마나 가지고 있는가에 따라 (i) 물적 금융으로서 그 실질은 자산 취득대금의 융통인 '금융리스(finance lease)'와 (ii) 임대차계약과 실질적으로 차이가 없는 '운용리스(operating lease)'로 구분할 수 있다. 리스(특히 금융리스)의 개념은 금융규제법, 상법, 기업회계기준과 세법에서 사용되고 있으나 그 개념이 통일되어 있지 않다.[17]

2010년 5월 개정에 의해 신설된 상법 제2편 제12장(금융리스업) 제168조의 2부터 168조의 5까지의 조항은 금융리스 거래를 규율하고 있으나 금융리스의 개념에 관하여는 직접적으로 정의하고 있지 않고 해석에 맡겨 두고 있다. 현재 우리 법원의 실무 및 하급심 판례[18]에 의하면, 금융리스[19]에 있어서는 리스료의 산정과 그 지급

본적으로 동산 소유권유보부매매의 매도인의 권리는 도산절차에서 담보권(갱생담보권 또는 별제권)으로 취급하는 법원 실무가 정착되어 있으나, 등기·등록을 대항요건으로 하는 물건에 대한 소유권유보부매매의 경우(즉, 소유권의 등기·등록이 매도인의 명의로 남아 있는 경우), 학설 및 하급심 판례는 (i) 담보권으로 취급하여야 한다는 견해와 (ii) 담보권으로 취급할 것이 아니라 쌍방 미이행 쌍무계약에 관한 규정이 적용된다고 보는 견해로 나뉘고 있다. 倒産と擔保·保證實務硏究會 編, 倒産と擔保·保證(商事法務, 2014), 566-572면(岩崎通也·權田修一 집필) 참조.

16) 리스제공자가 타인으로부터 리스물건을 대여받아 리스이용자에게 점유·이용하게 하는 거래, 즉 전(轉)리스(sublease)도 리스에 해당된다.

17) 리스의 개념에 관한 상세한 내용은 박준·한민(주2), 711-715면.

18) 서울고등법원 2000. 6. 27. 선고 2000나14622 판결(확정).

19) 여기서의 금융리스는 후술하는 전부상각리스(full payout lease)를 염두에 둔 것으로 보인다.

방법의 결정 과정으로 볼 때, 리스료가 리스물건의 사용대가라고 보기는 어렵고, 리스물건의 인수와 함께 지급하여야 하는 대금을 리스회사와의 계약을 통하여 분할하여 지급하도록 하는 금융계약에 의하여 발생하는 것이라고 보는 것이 타당하다는 이유로 금융리스계약은 채무자회생법상의 쌍방 미이행 쌍무계약에 해당되지 않는 것으로 보고 있다. 나아가, 금융리스계약에서는 리스기간 동안 리스물건의 소유권을 리스회사에 유보시키는 것이 일반적인데, 이는 실질적으로 리스료채권에 대한 담보적 기능을 하고 있으므로 회생절차 내에서는 리스채권을 회생담보권이나 이에 준하는 것으로 취급하고 있다.[20] 파산절차의 경우에는 금융리스채권은 실무상 별제권으로 취급된다.[21] 소유권유보부매매의 경우와 마찬가지로 담보권으로의 재구성은 담보권의 행사가 중지·금지되는 회생절차와의 관계에서 문제된다.

㈏ 담보권으로 취급되는 금융리스의 범위

대법원 판례는 "금융리스는 리스이용자가 선정한 특정 물건을 리스회사가 새로이 취득하거나 대여받아 그 리스물건에 대한 직접적인 유지·관리 책임을 지지 아니하면서 리스이용자에게 일정 기간 사용하게 하고 그 대여기간 중에 지급받는 리스료에 의하여 리스물건에 대한 취득자금과 그 이자, 기타 비용을 회수하는 거래관계로서, 그 본질적 기능은 리스이용자에게 리스물건의 취득 자금에 대한 금융 편의를 제공하는 데에 있다."고 한다.[22] 위 대법원 판례

---

20) 서울중앙지방법원 파산부 실무연구회, 회생사건실무(상)(제4판)(박영사, 2014), 383면, 428-429면. 이러한 법원 실무에 대하여 반대하는 견해로는, 이연갑, "리스계약과 도산절차", 민사판례연구회 편, 민사판례연구[XXVIII](박영사, 2006), 956-975면; 김영주, "도산절차상 양도담보계약상 당사자의 법적 지위", 사법 33호(사법발전재단, 2015. 9), 25-28면.

21) 서울중앙지방법원 파산부 실무연구회, 법인파산실무(제4판)(박영사, 2014), 333면.

22) 대법원 2013. 7. 12. 선고 2013다20571 판결, 대법원 1997. 11. 28. 선고 97다

에서 말하는 전형적인 금융리스는 리스기간 만료 시에 리스물건의 잔존가치가 없는 것으로 보고 리스제공자가 리스물건의 취득원가 등 투하자본 전액을 회수할 수 있도록 리스료 총액이 산정되는 소위 "전부상각리스(full payout lease)"이다. 그런데, 이와 달리 리스기간 중 리스료 지급에 의하여 리스물건 취득원가 등 투하자본의 일부만을 회수할 수 있는 조건의 부분상각리스(partial payout lease)는 회생절차에서 금융리스와 운용리스(또는 임대차) 중 어느 것에 해당될 것인지, 만일 금융리스에 해당될 수 있다면 리스기간 중 어느 정도의 취득원가가 회수되어야 금융리스에 해당될 것인지는 명확하지 않다.

회생절차에서 금융리스와 운용리스(또는 임대차)의 구별은 그 계약 내용의 실질을 검토하여 결정할 문제이다.[23] 이는 금융리스상의 권리를 회생담보권으로 취급하는 경우 구체적으로 담보의 목적물을 어떻게 파악할 것인지의 문제와 관련된다.

법원 실무상 금융리스에 있어서 리스제공자의 권리를 회생담보권으로 보는 이유는 리스기간 동안 리스물건의 소유권이 리스제공자에 유보되고 유보된 소유권이 실질적으로 리스료채권에 대한 담보적 기능을 갖는다는 데에 있다. 이러한 입장은 회생절차에서 리스물건 자체를 담보목적물로 보고 소유권유보부매매의 경우와 유사한 담보권이 설정된 것으로 파악하는 것이라고 할 수 있다.[24]

26098 판결, 대법원 1996. 8. 23. 선고 95다51915 판결, 대법원 1992. 7. 14. 선고 91다25598 판결 등.

23) 서울중앙지방법원 파산부 실무연구회(주 21), 428면.

24) 이연갑(주 20), 965면. 일본의 경우에도 전부상각 방식의 금융리스를 회사갱생절차에서 갱생담보권으로 취급하고 있는데(최고재판소 1995(平成 7). 4. 14. 판결(民集 49권 4호 1063면), 담보권의 목적이 무엇인가에 관하여는 (i) 리스이용자가 갖는 리스물건의 이용권에 대하여 리스제공자 앞으로 담보권(=채권질 또는 양도담보권과 유사한 담보권)을 설정한 것으로 파악하는 소위 "이용권설"과 (ii) 리스물건 자체에 소유권유보부매매와 유사한 담보권이 설정된 것으로 보는 "소유권

부분상각리스의 경우에는 리스기간 중 리스료 지급에 의하여 리스물건의 취득원가 등 투하자금의 일부만 회수되고 리스물건의 반환이 예정되어 있다. 그러나 부분상각리스의 경우에도 리스이용자에게 부여된 리스물건의 염가매입선택권(또는 재리스선택권)으로 인하여 리스물건의 반환 가능성이 낮거나, 반환되는 경우에도 리스제공자에게 경제적으로 의미 있는 가치가 없을 때, 리스물건에 대한 실질적인 소유권이 리스이용자에게 이전된다고 볼 수 있으므로 전부상각리스와 마찬가지로 취급해야 할 것이다. 이러한 관점에서 볼 때, 리스자산의 소유에 따른 위험과 보상의 대부분을 이전하는 리스를 금융리스로, 그렇지 아니한 리스를 운용리스로 분류하고 있는 기업회계기준[25]에 따라 부분상각리스가 금융리스로 분류되는 경

설"로 견해가 나뉘고 있다. 倒産と擔保・保證實務硏究會(주 15), 639-641면(上野保 집필) 참조.

25) 리스회계에 관하여는 한국채택국제회계기준(Korean International Financial Reporting Standards: K-IFRS) 중 기업회계기준서 제1017호와 일반기업회계기준 제13장에서 정하고 있다. 그런데, 2019. 1. 1. 이후에 최초로 시작되는 회계연도부터는 기업회계기준서 제1017호를 대체하여 새로이 마련된 기업회계기준서 제1116호가 적용된다. 이에 따라 K-IFRS가 적용되는 기업의 경우에는 리스회계처리, 특히 리스이용자의 리스회계처리에 중대한 변화가 생기게 되었다. 그러나, 리스제공자의 리스회계처리 기준 및 금융리스와 운용리스의 구분 기준은 실질적으로 변경되지 않았다. 리스회계에 관한 상세한 내용은 김동수・오영진, "리스의 회계와 세무", BFL 제90호(서울대학교 금융법센터, 2018. 7), 56-59면 참조. 기업회계기준서 제1116호에 의하면 다음 중 어느 하나 이상에 해당되면 일반적으로 금융리스로 분류한다(기업회계기준서 제1116호 문단 63). (1) 리스기간 종료시점 이전에 리스자산의 소유권이 리스이용자에게 이전되는 경우, (2) 리스이용자가 선택권을 행사할 수 있는 날의 공정가치보다 충분히 낮을 것으로 예상되는 가격으로 리스자산을 매수할 수 있는 선택권을 가지고 있고, 그 선택권을 행사할 것이 리스약정일 현재 상당히 확실한 경우, (3) 리스자산의 소유권이 이전되지는 않더라도 리스기간이 리스자산의 경제적 내용연수의 상당부분(major part)을 차지하는 경우, (4) 리스약정일 현재 리스료의 현재가치가 적어도 리스자산 공정가치의 대부분에 해당하는 경우, (5) 리스자산이 특수하여 해당 리스이용자만이 주요한 변경 없이 사용할 수 있는 경우. 또한, 개별적으로나 다른 상황의 지표와 결합되어 금융리스로 분류될 수 있는 상황의 지표로 다음과 같은 경우를 들고 있다(기

우, 리스제공자의 권리는 회생절차에서 회생담보권으로 인정될 가능성이 높을 것이다.

한편, 리스물건이 소유권의 이전에 등기·등록을 요하는 동산(선박, 항공기, 건설기계 등)이고 등기·등록이 리스제공자의 명의로 남아 있는 때에도 금융리스채권이 회생담보권으로 취급될 것인가의 문제가 있다. 이에 대하여는, 금융리스채권에 대한 회생담보권적 구성은 리스물건에 대한 리스제공자의 소유권이 형식적인 것이고 실질적인 소유권은 이미 리스이용자에게 이전되었음을 전제로 하는 것이므로 등기·등록의 유무에 따라 이를 달리 필요는 없고, 소유권 등기·등록의 이전이 리스료 지급과 대가적 관계가 있다고 보기도 어렵다는 이유로, 위와 같은 경우에도 마찬가지로 회생담보권으로 취급되어야 한다고 보는 견해가 있다.[26]

그러나 앞서 본 바와 같이 회생절차에서 금융리스채권을 회생담보권으로 취급하는 것은 리스물건 자체를 담보목적물로 하여 소유권유보부매매와 유사한 담보권이 설정된 것으로 보는 것이므로 전부상각 방식(또는 이에 준하는 부분상각 방식)의 금융리스는 도산절차에서 소유권유보부매매와 동일한 내용으로 취급하는 것이 합리적일 것이다. 따라서 이와 같은 유형의 금융리스에서 리스물건이 등기·등록상 리스제공자의 소유로 남아 있는 경우 그 리스계약은 매매목적물에 관한 등기·등록이 매도인에게 남아 있는 소유권유보부매매의 경우와 마찬가지로, 회생담보권이 아니라 쌍방 미이행

업회계기준서 제1116호 문단 64). (1) 리스이용자가 리스를 해지할 수 있는 경우에 리스이용자가 해지에 관련되는 리스제공자의 손실을 부담하는 경우, (2) 잔존자산의 공정가치 변동에서 생기는 손익이 리스이용자에게 귀속되는 경우(예: 리스 종료시점에 매각대가의 대부분에 해당하는 금액이 리스료 환급의 형태로 리스이용자에게 귀속되는 경우), (3) 리스이용자가 시장리스료보다 현저하게 낮은 리스료로 다음 리스기간에 리스를 계속할 능력이 있는 경우.

26) 정석종(주 13), 22-23면.

쌍무계약으로 취급하는 것이 타당하다. 이렇게 해석하는 것이 아래에서 살펴보는 바와 같이 회생절차에서 소유권이전조건부 선체용선계약을 쌍방 미이행 쌍무계약으로 취급하고 있는 현재의 법원 실무와도 합치되는 것이다.

요컨대, 금융리스에서 리스제공자의 권리는 도산절차에서 담보권으로 취급된다고 하는 총론적인 법리만으로는 개별 사안의 해결에 충분하지 않고 리스계약이 도산절차에서 어떻게 취급될 것인지는 법적 불확실성이 있다. 근본적으로는 입법적인 해결이 필요하다. 우리나라의 리스회계 기준와 유사한 조건의 리스거래를 법에서 담보거래로 명시하고 있는 미국의 입법례가 참고가 될 수 있다.[27]

---

27) 미국 통일상법전(Uniform Commercial Code; UCC)상 리스의 분류는 우리 상사법상의 분류와는 차이가 있다. 미국 UCC상 리스(lease)는 "lease"와 "finance lease"로 구분된다(UCC section 2A-103(1) (g), (j)). UCC상의 finance lease는 기본적으로 리스제공자, 리스이용자 및 공급자 삼자 간에 이루어지는 리스를 말하는데(UCC section 2A-103(1)(g)), 이는 우리나라에서 말하는 '금융리스'가 아니라 진정한 리스(true lease)이고, UCC Article 9에 의하여 규율되는 담보거래(secured transaction)는 아니다. UCC section 1-203은 특정 거래가 진정한 리스(finance lease 포함)가 아니라 담보권(security interest)의 설정, 즉 담보거래로 인정되는 기준을 규정하고 있는데, 이 기준은 우리나라의 회계기준상 금융리스 분류기준과 유사하다. 다만, 미국 주 법원의 판례에 의하면, UCC section 1-203의 기준에 의하여 담보권으로 인정되지 않는 경우에도 리스제공자가 리스물건에 관하여 '경제적으로 의미 있는 반환 이익(economically meaningful reversionary interest)'을 갖지 않는 때에는 리스가 아니라 담보권으로 인정될 수 있다. James Brook, *Secured Transactions: Examples and Explanations (6th ed.)* (Wolters Kluwer, 2014), p. 39; James J. White and Robert S. Summers, *Uniform Commercial Code (6th ed.)* (West, 2010), p. 1163 참조. 또한, 미국 UCC상 소유권유보부매매(title-retention contract 또는 conditional sale)에서 매도인이 유보한 소유권은 해당 목적물에 대하여 매수인의 미지급 대금채무를 담보하는 담보권(security interest)으로 인정된다(sections 2-401(1), 9-202). Steven L. Harris, "United States of America", in Marcel Willems (ed.), *Retention of Title in and out of Insolvency* (Global Law and Business, 2015), pp. 354-355 참조. 미국 연방파산절차에서 리스와 소유권유보부매매가 진정한 리스·매매인지 또는 담보거래인지에 관하여는 기본적으로 UCC(즉, UCC를 채택한 해당 주법)가 적용된다. *Ibid.*, p.355; Peter W. Schroth, "Financial Leasing of Equipment in the Law of the United States",

(3) 소유권이전조건부 선체용선

(가) 소유권이전조건부 선체용선을 이용한 선박금융[28)]

소유권이전조건부 선체용선(Bareboat Charter Hire Purchase; 이하, "BBCHP"라고 함)[29)]을 이용한 선박금융[30)]의 기본 거래구조는 〈그림 1〉과 같다.

〈그림 1〉 BBCHP 선박금융의 기본 거래구조[31)]

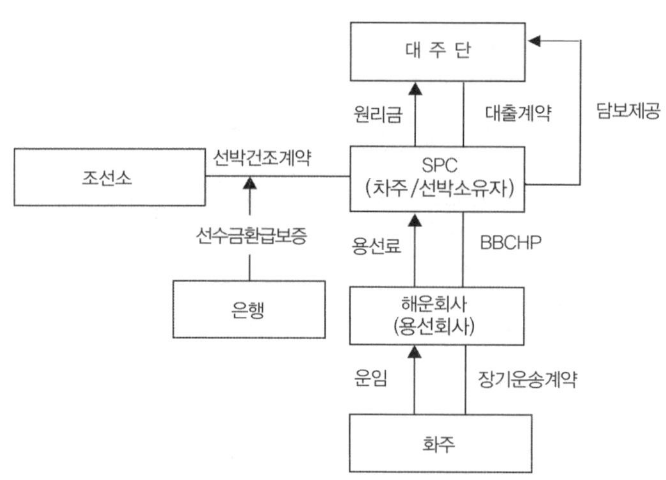

58 *American Journal of Comparative Law* 323 (2010), p. 348 참조. 요컨대, 미국은 일정한 조건의 리스와 소유권유보부매매가 담보거래에 해당된다는 점을 법률에 규정하고 있다.

28) 이 부분은 박준·한민(주 2), 728면, 731-735면에 의존하였다.

29) BBCHP는 "국적취득조건부 나용선"이라고도 하며, 선체용선(Bareboat Charter: BBC)에 소유권이전특약이 부가된 용선계약이다. 선체용선은 선박 자체를 용선회사에게 임대하여 용선회사가 선원의 고용, 유류 공급 등은 자신의 책임하에 선박을 운항하는 선박임대차 거래이다. BBC 및 BBCHP의 준거법은 영국법으로 하는 것이 보통이다.

30) BBCHP를 이용한 선박매수 금융에 관한 상세한 내용은 정우영, "선박 금융의 실무 소개", 석광현·정순섭 편, 국제금융법의 현상과 과제(제1권)(소화, 2009), 268-283면 참조.

31) 박준·한민(주 2), 731면.

파나마 등 편의치적국에 명목상의 자본금으로 설립된 SPC가 대주들로부터 신조선을 구매하는 데에 필요한 자금을 대출받고 그 원리금은 선박의 운항으로 얻는 수익으로부터 상환하는 구조이다. 해운회사는 SPC로부터 BBCHP 방식으로 선박을 용선하여 특정 화주(貨主)와 체결된 장기운송계약(Contract of Affreightment: COA)에 따라 화물을 운송한다. 장기운송계약에 따라 얻는 운임으로부터 BBCHP에 따른 용선료가 지급되고 이로부터 선박금융의 원리금이 상환된다. BBCHP에 따라 용선기간 중에 선박 취득원가 전액이 용선료 지급에 의하여 회수되고 용선기간 만료 시에 선박의 소유권은 용선회사에게 귀속되는 조건이므로 용선회사가 SPC에게 지급할 용선료의 총액은 (i) 선박 취득원가(선박 매수대금 + 제반 취득비용)와 (ii) 미회수 취득원가에 대한 이자상당액으로 구성된다.

용선회사가 SPC에게 정기적으로 분할 지급하는 용선료는 SPC가 대주에게 분할 지급하는 대출원리금과 동일한 금액으로 동일한 지급일에 이른바 'back-to-back 지급'이 되도록 하는 것이 일반적이다.[32] SPC는 선박구매자금 대출채권을 담보하기 위하여 대주들에게 선박에 대한 저당권(mortgage)을 설정해 주고, 해운회사에 대하여 갖는 용선료채권 등 BBCHP상의 채권을 대주들에게 담보로 양도한다.[33]

---

32) 西村總合法律事務所(編), ファイナンス法大全(下)(商事法務, 2003), 431쪽.

33) BBCHP 금융은 대체로 아래와 같이 진행된다(박준 · 한민(주 2), 732면).

(1) 선박을 확보하고자 하는 용선회사(해운회사)는 조선소와 선박건조 · 구매조건에 관하여 협상한다.

(2) 편의치적국에 설립된 SPC가 조선소와 선박건조계약을 체결하고, 용선회사와는 BBCHP를 체결한다. 용선회사는 화주와 장기운송계약을 체결한다.

(3) SPC는 대주단과 신디케이티드 대출계약을 체결한다.

(4) SPC는 조선소 측 은행으로부터 선수금환급보증서를 발급받아 선박인도 전에 제공되어야 할 다른 담보(BBCHP상 채권 및 장기운송계약상 채권의 양도, SPC 출자지분에 대한 담보권 설정 등)와 함께 이를 대주단에게 담보로 제공한다.

(5) SPC는 대주단으로부터 제공받은 대출금으로 선박인도 전에 조선소에 선수

㈏ 소유권의 담보권으로의 재구성 문제

2008년 글로벌 금융위기의 여파로 부실화된 국내 해운회사에 대한 회생사건에서, 국내 해운회사가 해외 편의치적국에 설립된 SPC를 이용하여 위 BBCHP 선박금융에 의하여 도입한 선박과 관련하여, ① 선박금융의 대주들이 차주겸 선박소유자인 SPC로부터 대출채권의 담보로 양도받은 BBCHP상의 채권을 금융리스의 경우와 마찬가지로 회생담보권으로 파악할 것인가, 아니면 ② BBCHP를 쌍방 미이행 쌍무계약으로 파악하여 해운회사의 관리인이 이행을 선택하는 경우 대주들의 용선료채권을 공익채권으로 인정할 것인가가 문제 되었다.[34] 현재 법원의 실무는 법리적 측면과 채무자의 회생가능성 측면 등을 종합적으로 고려하여 BBCHP를 쌍방 미이행 쌍무계약으로 취급하고 있다. 이는 (i) BBCHP의 대상이 되는 선박이 SPC의 명의로 외국에서 소유권 등기가 되어 있다는 점, (ii) 대주들의 SPC에 대한 대출채권을 담보하기 위해 SPC의 선박 소유권에 기하여 대주들 앞으로 외국법을 준거법으로 하는 저당권이 설정되어 있다는 점, (iii) 외국에서의 선박 저당권 실행 가능성 등 국제도산 관련 문제 등을 종합적으로 고려한 결과인 것으로 이해된다.[35][36] 이러한 법원 실무에 대하여는 찬반양론이 있다.

금을 지급한다. 대출금으로 선박대금의 일부만 조달되는 경우에는 그 부족분을 용선회사로부터 용선료의 선급 또는 보증금으로 지급받아 이를 조선소에 선수금으로 지급한다.

(6) 선박인도 시 SPC는 선박대금의 잔금을 대출받아 조선소에 지급하는 동시에 선박을 인도받아 편의치적국(예컨대, 파나마)에서 선박에 대하여 SPC 명의의 소유권 등기와 대주단 앞으로의 선박 저당권 등기를 경료한다. 선박은 조선소로부터 용선회사로 직접 인도된다.

(7) 용선회사는 선박을 운항하여 화주로부터 운임을 받고, 용선료를 SPC에 지급하고 SPC는 대주단에게 대출원리금을 상환한다.

34) 정석종(주 13), 1-2면.

35) 이러한 법원 실무에 관한 상세한 분석은 정석종(주 13), 25-35면.

36) 창원지방법원은 2016. 10. 6. 한진해운(그 당시 회생절차가 개시되어 진행 중이었

찬성하는 견해에서는, BBCHP의 경우 대주와 해운회사 사이에 SPC가 선박의 소유자로서 개입하여 별도의 법인으로 존재한다는 점과 대상 선박이 등기의 대상이라는 점에서 일반적인 금융리스와 차이가 있으므로 BBCHP에 따른 채권은 회생담보권에 해당되지 않는다고 한다. 이 견해는 법원이 BBCHP를 쌍방 미이행 쌍무계약으로 인정하여 관리인에게 그 이행 여부를 선택할 수 있도록 한 것은 타당하다고 본다.[37] 반대하는 견해에서는, BBCHP의 목적물인 선박은 채무자의 영업 지속에 필요한 재산이므로 채무자회생법 제58조에 따라 회생절차 개시에 의하여 강제집행 등이 중지·금지되는 "채무자의 재산"에 해당된다고 해석함으로써 회생절차 개시 후에 그 선박에 대한 강제집행 등이 금지될 수 있도록 하여야 한다는 견해[38]

음)이 BBCHP 방식으로 확보하여 SPC 명의로 파나마에 선박 소유권 등기를 경료한 선박(M/V Hanjin Xiamen)("한진샤먼호")에 대하여 선박우선특권자(=선박연료유 공급자)의 신청에 따라 압류명령 및 경매개시결정을 내렸다. 이에 대하여 한진해운이 이의신청 및 항고를 제기하였으나, 법원은 이를 모두 기각하였다(창원지방법원 2016. 10. 17. 2016타기227 결정; 창원지방법원 2017. 2. 14. 2016라308 결정). 창원지방법원의 항고심은 2916라308 결정에서, (i) BBCHP에서 용선자는 용선기간이 종료된 후에 약정한 용선료 등을 지급하고 선박의 소유권을 취득할 수 있는 '계약상의 권리'를 취득할 뿐이므로, 특별한 사정이 없는 한, SPC에 선박을 편의치적하였다는 사정만으로 용선기간 중에도 용선자가 당해 선박에 대해 소유권을 갖는다 할 수 없고, (ii) 한진샤먼호가 국제선박인 점, SPC의 설립 및 편의치적으로 인하여 한진샤먼호가 누리는 제도상 및 금융상 지위, 선박연료유 공급자와 한진해운 간의 유류공급계약의 내용 및 한진샤먼호의 건조에 자금조달을 한 금융기관 등의 한진샤먼호의 법적 소유관계에 대한 신뢰 등을 고려하면, 한진해운에 대한 회생절차에서 한진샤먼호를 한진해운의 소유로 취급하는 것은 국제거래에서의 채권자 등 제3자의 예측가능성 및 법적 안정성을 크게 해할 우려가 있다는 이유로 한진해운의 항고를 기각하였다. 위 사건에 관한 설명으로는, 김창준, "한진해운의 도산법적 쟁점 — 공익채권, 회생담보권, BBCHP, 책임제한절차를 중심으로 —", 한국해법학회지 제39권 제1호(2017), 한국해법학회, 53-54면 참조.

37) 임치용, "해운회사의 회생절차 개시와 국제사법의 주요 쟁점 — 회생담보권의 범위, 상계 및 쌍방미이행쌍무계약의 준거법, 국제중재절차, 외국관리인의 지위를 중심으로 —", 국제사법연구 제22권 제2호(2016. 12), 한국국제사법학회, 480-481면.

38) 김인현, "한진해운 회생절차에서의 해상법 및 도산법적 쟁점, 상사법연구 제36권

와 BBCHP 방식으로 용선한 선박은 용선주인 회생회사의 영업기반 자체라고 볼 수 있으므로 선박의 보유가 불안정하게 되면 계속기업으로서의 존립이 흔들리고, BBCHP를 금융리스와 달리 취급할 법적 근거를 찾기 어려우므로 BBCHP상의 권리는 회생절차에서 담보권으로 취급해야 한다고 보는 견해가 있다.[39] 생각건대, 다음에서 보는 바와 같은 이유로 법원 실무의 입장이 타당하다고 본다.

BBCHP는 상거래법상의 분류 및 한국채택국제회계기준(K-IFRS)에 따른 리스의 분류기준을 적용하면 금융리스에 속한다. BBCHP와 같이 리스기간 만료 시 리스물건의 소유권이 리스이용자에게 이전되는 것으로 약정한 금융리스(=전부상각리스)를 소유권유보부매매(소유권유보부 연불판매)와 구분하기는 쉽지 않다.[40] 앞서 본 바와 같이 등기·등록을 요하는 동산에 관한 소유권유보부매매계약은 쌍방 미이행 쌍무계약에 해당된다고 보는 것이 타당하다. 소유권 등기를 요하는 선박을 목적물로 하는 BBCHP도 이와 마찬가지로 취급하는 것이 합리적이다. BBCHP상의 권리를 회생담보권으로 취

제2호(한국상사법학회, 2017), 43면.

39) 김창준(주 36), 63-71면.

40) 법인세법상 장기할부조건 판매·양도에 해당하는지 여부를 판단할 때, 국외거래에 있어서 '소유권이전조건부 약정에 의한 자산의 임대'는 자산의 판매·양도에 해당되는 것으로 본다(법인세법시행령 제68조 제4항). 대법원 2009. 1. 30. 선고 2006두18270 판결은, "국적취득조건부 용선계약이라 함은 용선계약의 형식을 취하고는 있으나 실질적으로는 선박의 매매로서 그 선박의 매매대금을 일정기간 동안 분할하여 지급하되 그 기간 동안 매수인이 선박을 사용할 수 있는 것으로서 선박수입의 특수한 형태인바(대법원 1983. 10. 11. 선고 82누328 판결 등 참조), 법인세법 시행령 제68조 제3항[현행 법인세법시행령 제68조 제4항]은... [라]고 규정하고 있으므로, 할부금의 지급방법이 2회 이상으로 분할되어 최종지급기일까지의 기간이 1년 이상인 국적취득조건부 용선계약은 법인세법을 적용함에 있어서 장기할부조건부 매매와 동일하게 취급하여야 할 것이다"라고 하였다. 위 밑줄 친 부분에 인용된 대법원 1983. 10. 11. 선고 82누328 판결은 BBCHP 방식으로 선박을 국내로 도입한 것이 관세법상 수입에 해당되어 관세 부과의 대상이 되는지가 문제된 사건에서 위의 밑줄 친 부분과 같은 내용으로 판시하였다.

급하고 회생계획에 따라 권리변경을 하게 될 경우 SPC는 대주들에게 대출원리금 채무를 이행하지 못하게 되고, 이에 따라 대주들은 대출계약상 기한이익을 상실시키고 편의치적국법이 준거법인 선박저당권을 실행할 수 있게 된다. 외국에서 선박저당권이 실행될 경우 이것을 저지할 수 있다는 보장이 없으므로 BBCHP를 회생담보권으로 인정하는 것은 채무자회사의 회생에 오히려 불리한 영향을 끼칠 수 있다.

우리나라 해운회사들의 선박 확보 방법 중 BBCHP 방식이 차지하는 비중과 해운산업의 특수성·중요성 등을 고려하여 회생 가능한 해운회사에 대한 제도적 지원이 중요하다고 판단되는 경우에는 채무자회생법을 개정하여 채무자의 회생에 긴요한 선박에 관한 BBCHP상의 채권을 회생담보권에 준하여 취급하거나 또는 채무자가 회생 방안을 강구할 수 있도록 합리적인 기간 동안 BBCHP상의 권리행사를 제한하는 방안을 검토해 볼 수 있을 것이다. 다만, 이러한 제도 설계에 있어서는, BBCHP 채권자의 권리에 대한 제한이 강할 경우, 오히려 평상시에 국내 해운회사들이 BBCHP 방식으로 선박매수금융을 조달하기가 더 어려워질 수도 있다는 점도 충분히 고려되어야 할 것이다.[41]

---

41) 미국 연방파산법 제1110조는, 제11장(Chapter 11) 절차의 개시 후에도 일정한 요건을 갖춘 항공기(엔진 등 포함)와 선박의 담보권자, 리스제공자 및 소유권유보부매도인(conditional vendor)에게 원칙적으로 선박·항공기에 대한 환취권을 부여함으로써 자동중지(automatic stay)의 예외를 인정하고 있고, 다만 관리인(trustee)이 법에서 정한 일정 기간 내에 계약의 이행을 선택하면서 기존의 채무불이행을 전부 치유한 때에는, 그 후에 채무불이행이 발생하지 않는 한, 자동중지의 대상이 되어 위의 담보권자 등은 환취권을 행사할 수 없는 것으로 규정하고 있다(동법 section 1110(a)). Schroth(주 27), p. 349 참조. 위 조항의 입법 취지는 항공기·선박의 담보권자, 리스제공자 및 소유권유보부매도인의 환취권 행사를 용이하게 함으로써 항공기·선박에 관한 금융채권자의 권리 보호를 강화하고 이를 통하여 평상시에 항공기금융과 선박금융의 조달을 보다 용이하게 하는 데 있다고 한다. Gregory P. Ripple, "Special Protection in the Air[line Industry]: The Historical

(4) 소유권이전조건부 항공기리스

(가) 항공기 금융리스

〈그림 2〉 항공기 금융리스의 구조[42]

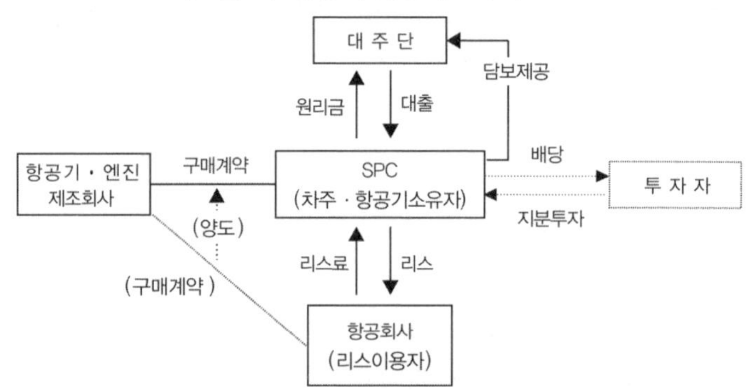

항공기 금융리스는 법인세가 면제되는 조세편의국(예컨대, Cayman Islands)에 설립된 특별목적회사(SPC)를 이용하여 〈그림 2〉와 같이 담보대출과 리스를 연계하는 금융기법을 이용하는 경우가 많다. BBCHP 방식의 선박금융과 거의 같은 구조이다.[43] 대출 외에 SPC

Development of Section 1110 of the Bankruptcy Code", 78 *Notre Dame L. Rev.* 281 (2002), p. 290, pp. 298-299 참조. 회생절차에서 BBCHP를 쌍방 미이행 쌍무계약으로 취급하고 있는 현재의 우리 법원 실무는 기본적으로 선박 소유자의 환취권을 인정하는 것이라는 점에서는 위 미국 연방파산법에 따른 취급과 유사하다.

42) 박준 · 한민(주 2), 745면.

43) 항공기 금융리스는 대체로 다음과 같이 진행된다(박준 · 한민(주 2), 732면).

(1) 항공회사는 항공기를 선정하여 항공기 제작사와 구매계약을 체결하고 선수금(예컨대, 구매대금의 10-15%)을 지급한다.

(2) 대주(또는 지분투자자)는 SPC(차주 겸 리스제공자)를 설립하고 SPC에게 대출(또는 대출 및 지분투자)를 하여 항공기 구매자금을 제공한다.

(3) 항공기 구매계약상 매수인의 지위를 항공회사로부터 SPC로 양도한다.

(4) SPC는 항공기제작사에 구매대금의 잔금을 지급하고, 항공기제작사는 항공기를 리스이용자인 항공회사에게 인도한다.

(5) 항공기의 인도와 동시에 국토교통부의 항공기등록원부에 항공기에 대한

에 대한 지분투자를 받는 방식으로 항공기 구매대금의 일부를 조달할 수도 있다. 대주(또는 대주 및 지분투자자)는 SPC로 하여금 항공기를 소유하게 함으로써 항공기 소유에 따른 위험을 피할 수 있는 이점도 있다. 차주인 SPC는 대출금채권을 담보하기 위하여 대주들에게 항공기에 대한 저당권(mortgage)을 설정해 주고 리스계약상의 채권을 담보로 대주들에게 양도한다. 대주는 SPC 출자지분에 대하여도 담보권을 설정받음으로써 SPC의 채무불이행 시 항공기 저당권을 실행하기보다는 출자지분에 대한 담보권을 실행하여 보다 용이하게 채권을 회수할 수 있는 방법을 열어둔다.[44)]

㈏ 소유권의 담보권으로의 재구성 문제

리스이용자인 항공회사에 대하여 우리나라에서 회생절차가 개시될 경우, 항공기 소유자인 SPC가 소유자로서 환취권을 행사하여 항공기를 반환받을 수 있는지의 문제가 있다. 앞서 본 바와 같이 BBCHP 선박금융에 관한 우리 법원의 실무는 용선회사의 회생절차에서 선박 소유자인 SPC의 BBCHP상 권리를 쌍방 미이행 쌍무계약상의 권리로 파악하고 소유자겸 리스제공자인 SPC에게 환취권을 인정하고 있다. 따라서 선박 BBCHP에 관한 현재의 법원 실무가 소유권이전조건부 항공기리스에도 적용된다면, 리스이용자인 항공회사의 도산절차에서 소유자인 SPC의 환취권이 인정될 수 있을 것

SPC의 소유권, 항공회사의 임차권 및 대주의 저당권을 순차로 등록하고, SPC는 리스계약상의 채권과 항공기보험의 보험금청구권을 대주에 담보로 양도한다.

(6) 리스기간이 개시되고 항공회사는 SPC에 리스료를 지급한다. 전부상각방식의 금융리스의 경우, 항공회사가 SPC에게 지급할 리스료의 총액은 (i) 취득원가(항공기 구매대금 + 제반 취득비용)와 (ii) 미회수 취득원가에 대한 이자 상당액으로 구성된다. 선박 BBCHP 금융과 마찬가지로 항공회사가 SPC에게 정기적으로 분할 지급하는 리스료는 SPC가 대주에게 분할 지급하는 대출원리금과 동일한 금액으로 동일한 지급일에 이른바 'back-to-back 지급'이 되도록 하는 것이 보통이다.

44) Donal Patrick Hanley, *Aircraft Operating Leasing (2nd ed.)* (Wolters Kluer, 2017), p.18.

이다. 하지만, 이 점에 관하여 명시적인 법 규정이 없고 판례도 없기 때문에 법적 불확실성이 완전히 해소되지 않고 있다.

(다) 케이프타운협약에 의한 항공기 담보

케이프타운협약[45]은 항공기장비 등 고가의 장비를 대상으로 하는 국제적인 리스 및 금융 거래를 지원하기 위하여 마련되었다. 일반적인 내용으로 되어 있는 케이프타운협약과 이를 보완하는 항공기의정서[46]가 일체로서 하나의 협약을 구성한다(이하에서는 케이프타운협약과 항공기의정서를 합하여 "협약"이라고 한다).[47]

협약의 핵심적인 내용은 ① 항공기구성물(aircraft object)(일정한 규모 또는 성능 이상의 항공기기체, 엔진 또는 헬리콥터)에 대한 실질법상의 권리로서 "국제적 권리(international interest)"의 창설, ② 국제등록 제도에 의한 국제적 권리의 대항요건 및 우선순위 설정과 ③ 채무자(=담보제공자 · 소유자)의 채무불이행 시 국제적 권리에 기하여 채권자가 갖는 권리 및 구제수단의 마련에 있다. "국제적 권리"는 항공기구성물에 대하여 국제등록부(International Registry)에 등록될 수 있는 권리로서 담보계약(security agreement)에 따른 담보권자의 권리, 소유권유보부매매(title reservation agreement)에 따른 매도인의 권리 및 리스계약(leasing agreement)에 따른 리스제공자의 권리를 말한다[케이프타운협약 Article 2(2), Article 7 및 Article 16]. 협약에 따라

---

45) 케이프타운협약은 2004. 4. 1. 발효된 "이동장비에 대한 국제적 권리에 관한 협약(Convention on International Interests in Mobile Equipment)"을 말한다.

46) 2006. 3. 1. 발효된 "이동장비에 대한 국제적 권리에 관한 협약의 항공장비 특유의 사항에 관한 의정서(Protocol to the Convention on International Interests in Mobile Equipment on Matters Specific to Aircraft Equipment)"를 말한다.

47) 현재 미국 등 71개국 및 1개의 지역경제통합기구(EU)가 케이프타운협약 및 항공기의정서 양자 모두에 가입하고 있으나 우리나라는 아직 가입하지 않았다. 케이프타운협약에 관한 상세한 설명은, 석광현, "항공기에 대한 국제적 담보거래 — 케이프타운협약과 항공기의정서를 중심으로 —", 국제거래법연구 제12집(국제거래법학회, 2004), 163-198면 참조.

항공기구성물에 대하여 등록된 국제적 권리는 그 후 그 구성물에 관하여 등록된 다른 권리 및 미등록 권리에 대하여 우선한다[케이프타운협약 Article 29(1)].[48]

협약은 항공기 담보권, 소유권유보부매매 및 리스에 대하여 미국 연방파산법 제1110조(주 41 참조)와 유사한 내용으로 담보권자, 매도인 및 리스제공자의 환취권을 넓게 인정하고 있다. 우리나라는 아직 협약에 가입하지 않고 있으므로 국내 항공사에 대한 국내 도산절차에서는 채무자회생법이 적용된다.[49] 국내 항공사가 외국의 항공기금융시장에서 보다 수월하게 항공기매수금융을 조달하는 것을 지원할 필요가 있다고 판단되는 경우 우리나라도 협약에 가입하는 방안을 적극적으로 검토할 필요가 있다.

3. 도산절차의 진행과 담보권으로 재구성된 권리의 취급

소유권유보부매매와 금융리스에서 목적물에 대한 소유권이 회생절차에서 담보권으로 재구성된다는 의미는, 회생절차가 개시되면 매도인 또는 리스제공자의 채권은 담보 목적물의 가액 범위 내에서 회생담보권으로 인정되고 담보권의 실행 등 권리 행사가 금지되며 회생계획에 따른 권리변경의 대상이 된다는 것이다. 그런데, 이러한 기본적인 효과 외에는 아래에서 보는 바와 같이 도산절차 개시 전 또는 후에 담보권으로 재구성된 권리가 구체적으로 어떻게 취급되어야 할 것인지에 관하여 명확하지 아니한 점들이 있다.

---

48) 박준 · 한민(주 2), 752면.

49) 케이프타운협약 Article 3(1) 등. 그러나 만일 국내 항공사가 임차한 항공기의 소유자가 리스계약 체결 당시 체약국에 소재하는 법인(예컨대, Cayman Islands에 설립된 법인)이고 금융제공자 앞으로 그 항공기에 대해 설정한 담보권이 케이프타운협약에 따라 국제등록부(International Registry)에 등록된 경우에는, 체약국에서 그 항공기소유자에 대하여 주된 도산절차가 개시되면 케이프타운협약 및 항공기의정서가 적용될 수 있다는 점에 유의할 필요가 있다. 상세한 내용은 박준 · 한민(주 2), 756-757면 참조.

(1) 중지명령 및 포괄적 금지명령의 적용

소유권유보부매매의 매도인과 금융리스의 리스제공자가 갖는 권리가 회생절차의 개시 후에 회생담보권으로 분류된다면, 회생절차의 신청 후 개시 전 단계에서 그 회생담보권(정확히는 회생절차가 개시되면 회생담보권으로 인정될 권리)에 기한 강제집행 등이 채무자회생법 제141조 제1항에 명시된 회생담보권의 경우와 마찬가지로 채무자회생법 제44조에 따른 중지명령과 제45조에 따른 포괄적 금지명령의 대상이 될 수 있는가? 채무자회생법의 문언상으로는 "회생채권 또는 회생담보권에 기한 강제집행, 가압류, 가처분 또는 담보권 실행을 위한 경매절차"가 중지명령과 포괄적 금지명령의 대상으로 되어 있으나(동법 제44조, 제45조), 대법원 판례는 비전형담보인 양도담보권의 사적 실행도 그 대상에 포함된다고 해석하고 있다.[50)]

생각건대, 소유권유보부매매계약이나 금융리스계약의 해제 · 해지 및 목적물의 환취는 실질적으로 담보권의 사적 실행에 해당된다고 볼 수 있으므로 매도인의 권리(해제권 및 목적물반환청구권)와 리스제공자의 권리(해지권 및 목적물반환청구권)는 중지명령과 포괄적 금지명령의 대상이 된다고 해석하는 것이 합리적이다. 그리고, 소유권유보부매매나 금융리스계약이 해제 또는 해지되었다고 하더라도 아직 목적물이 매도인이나 리스제공자에게 반환되지 않았다면 여전히 중지명령 및 포괄적 금지명령의 대상이 된다고 본다.

50) 대법원 2011. 5. 26. 선고 2009다90146 판결[채무자회생법 제141조 제1항은 양도담보권도 회생담보권에 포함되는 것으로 규정하고 있으므로, 회생절차 개시결정의 효력을 규정하고 있는 같은 법 제58조 제2항 제2호의 "회생담보권에 기한 강제집행 등"에는 양도담보권의 실행행위도 포함되고, …(같은 법 제45조 제1항, 제3항에 의한) 포괄적 금지명령에 의하여 금지되거나 중지되는 '회생담보권에 기한 강제집행 등'에는 양도담보권의 실행행위도 포함된다고 해석함이 상당하다고 하였다].

일본의 경우 회사갱생절차에서 금융리스의 취급에 관하여 ① 리스계약의 해지 의사표시만에 의하여 담보권 실행이 종료되는 것으로 보는 견해[51]가 있으나 ② 계약해지 후 리스물건이 반환되어야 담보권 실행이 종료한다는 반대견해[52]도 있다. 위 ①의 견해는 금융리스를 갱생담보권으로 구성함에 있어서 리스제공자에게 리스이용자가 갖는 이용권에 대하여 담보권(=채권질 또는 양도담보권과 유사한 담보권)을 설정한 것으로 파악하는 소위 "이용권설"에 기한 것이다. 위 ①의 견해에 의하면, 중지명령과 포괄적 금지명령은 금융리스계약의 해지 전에만 가능하다. 그러나 앞서 본 바와 같이 금융리스는 리스물건 자체에 소유권유보부매매와 유사한 담보권이 설정된 것으로 보는 것이 타당하고 이에 따르면 위 ①의 견해를 취하기는 어렵다. 또한, 대법원 판례[53]에 의하면 금융리스계약의 중도해지 시 조기반환 이익(=리스물건의 반환 시 리스물건의 교환가치가 본래의 리스기간 만료 시 리스물건의 잔존 교환가치보다 클 경우 그 차액 상당의 이익)은 리스료채권에 충당하는 등으로 청산하여야 한다. 청산하여야 하는 조기반환 이익은 리스물건의 실제 반환 시 리스물건의 교환가치를 기준으로 산정되는 것이므로 위 ①의 견해와 같이 리스물건의 반환 전에 리스계약이 해지된 단계에서 담보권 실행이 종료된 것으로 보기는 어렵다.

(2) 부인권의 적용

㈎ 담보권 실행의 부인

대법원 판례에 의하면, 회생절차 개시 전의 담보권 실행은 채

---

51) 山本和彦, 倒産法制の現代的課題(有斐閣, 2014), 92면; 長島 · 大野 · 常松法律事務所 編, ニュ-ホライズン事業再生と金融(商事法務, 2016), 227면 참조.

52) 全國倒産處理辯護士ネットワク 編, 新注釋民事再生法(제2版)(上), 金融財政事情硏究會, 2011, 154면(三森 仁 집필) 참조.

53) 대법원 2001. 6. 12. 선고 99다1949 판결, 대법원 1999. 9. 3. 선고 98다22260 판결, 대법원 1992. 7. 14. 선고 91다25598 판결 등.

무자회생법 제104조(또는 (구)회사정리법 제81조) 후단[54]에서 말하는 집행행위와 동일한 것으로 보아 동 조항을 유추적용하여 채무자회생법 제100조 제1항 각 호의 '유해성 등의 요건'을 갖추는 경우에 부인할 수 있다.[55][56] 담보권의 실행이 법정 경매절차를 통하여 이루어지는 경우 시간이 많이 걸리므로 담보권의 실행 완료 전에 개별적인 중지명령이나 포괄적 금지명령에 의하여 담보권 실행 자체가 중지 또는 금지될 수 있다. 따라서 담보권 실행 행위의 부인 문제는 담보권 실행이 신속하게 이루어지는 담보권의 사적 실행의 경우에 주로 문제 된다.

채무자 소유의 공제조합 출자증권에 대하여 유질특약부 질권을 설정 받은 채권자가 채무자의 지급정지(또는 회생절차 개시신청) 후 회생절차 개시 전에 회생담보권에 기하여 질권의 사적 실행을 한 사안에서 대법원 2011. 11. 24. 선고 2009다76362 판결은 출자증권(질권의 목적물)은 채무자가 영업을 계속하기 위하여 필요한 주요 자산으로서, 피고(질권자)가 이를 취득함으로써 채무자의 회생에 현저한 지장을 가져올 것임은 쉽게 예상할 수 있으므로, 피고의 이 사건 출자증권 취득행위는 특별한 사정이 없는 한 회생채권자 등

---

54) 채무자회생법 제104조(집행행위의 부인): 부인권은 부인하고자 하는 행위에 관하여 집행력 있는 집행권원이 있는 때 또는 그 행위가 집행행위에 의한 것인 때에도 행사할 수 있다.

55) 대법원 2011. 11. 24. 선고 2009다76362 판결; 대법원 2003. 2. 28. 선고 2000다50275 판결. 대법원 판례에 대하여 반대하는 견해로는, 오영준, "집합채권양도담보와 도산절차의 개시", 사법논집 제43집(법원도서관, 2006), 337면 이하 참조. 대법원 판례에 찬성하는 견해로는, 이진만, "통합도산법상의 부인권 — 부인의 대상을 중심으로 —", 민사판례연구[XXVIII](박영사, 2006), 898-904면 참조.

56) 앞서 본 바와 같이 파산절차의 경우 파산절차 개시 당시 파산재단에 속하는 재산상에 존재하는 설정된 담보권은 별제권이고, 별제권자는 파산절차에 구속되지 않고 담보권을 실행하여 피담보채권을 변제받을 수 있다. 따라서 파산선고 전에 채무자가 별제권자에게 피담보채권을 변제하거나 채권자가 담보권을 실행하여 피담보채권을 회수하는 행위는 부인의 대상이 되지 아니한다.

을 해하는 것이라고 봄이 상당하다."라고 판시하였다. 다만, 이 대법원 판결은 담보목적물이 채무자가 영업을 계속하기 위하여 필요한 자산이 아니어서 채무자의 회생에 지장을 초래한다고 보기 어려운 때에는 담보권의 실행이 회생채권자 등을 해하는 것이 아니라는 이유로 부인되지 아니할 가능성을 열어 두고 있는 것으로 보인다.[57]

㈏ 소유권유보부매매와 금융리스의 해제·해지와 부인권의 적용

소유권유보부매매의 매도인과 금융리스의 리스제공자가 갖는 권리가 회생담보권으로 취급되는 경우, 위 대법원 2011. 11. 24. 선고 2009다76362 판결의 법리를 그대로 적용할 수 있는가? 이에 대하여는 회생절차가 신청된 후에 중지명령이나 포괄적 금지명령의 적용을 받을 수 있는 것은 별론으로 하고, 회생절차가 신청조차 되지 아니한 평시의 법률관계에서는 소유권유보부매매의 매도인과 금융리스의 리스제공자는 목적물에 대하여 소유자로서 완전한 권리를 행사할 수 있다고 보아야 하므로 회생절차의 신청 전에 계약조건에 따라 적법히 계약을 해제 또는 해지하고 목적물을 반환받은 것은 부인의 대상이 되어서는 안 된다는 견해가 있을 수 있다. 그러나, 회생절차 개시 후에 회생담보권으로 취급된다면, 담보권 실행의 부인에 관한 법리도 마찬가지로 적용된다고 보는 것이 논리적이다. 따라서 채무자(소유권유보부매매의 매수인 또는 리스이용자)에 대한 회생절차 개시 전의 위기시기(지급정지 후 또는 회생절차개시신청 후)에 계약의 해제 또는 해지에 이어서 채무자로부터 매도인 또는 리스제공자에게로 목적물의 반환까지 이루어졌다면, 이는 담

57) 대법원 2011. 11. 24. 선고 2009다76362 판결에 대한 평석은, 민정석, "질권 실행 행위가 회생절차상 부인권 행사의 대상이 될 수 있는지 여부 — 대상판결: 대법원 2011. 11. 24. 선고 2009다76362 판결 —", BFL 제54호(서울대학교 금융법센터, 2012. 7), 97면 이하 참조.

보권 실행 행위와 마찬가지로 보아야 할 것이므로 그 목적물이 채무자의 회생에 필요한 것인 때에는 회생절차의 개시 후에 관리인에 의해 부인될 수 있다고 본다.

(3) 도산해지조항의 효력

㈎ 대법원 판결

최초로 도산해지조항의 효력에 관하여 판단한 대법원 2007. 9. 6. 선고 2005다38263 판결의 주요 판시 내용은 다음과 같다.[58)]

> ① 도산해지조항이 (구)회사정리법에서 규정한 부인권의 대상이 되거나 공서양속에 위반된다는 등의 이유로 효력이 부정되어야 할 경우를 제외하고, 도산해지조항으로 인하여 정리절차 개시 후 정리회사에 영향을 미칠 수 있다는 사정[59)]만으로는 그 조항이 무효라고

---

58) 위 대법원 판결은 "도산해지조항"을 "계약의 당사자들 사이에 채무자인 회사의 재산상태가 장래 악화될 때에 대비하여 지급정지, 회사정리절차의 개시신청, 회사정리절차의 개시와 같이 도산에 이르는 과정상의 일정한 사실이 그 회사에 발생하는 것을 당해 계약의 해지권의 발생 원인으로 정하거나 또는 계약의 당연 해지사유로 정하는 특약"이라고 정의한다. 대법원 판결의 사안에서는 합작투자계약의 '해지'가 문제되었으므로 위 정의에는 해제를 언급하고 있지는 아니하나, 여기서는 도산해지조항과 도산해제조항을 일괄하여 "도산해지조항"이라고 한다. 도산해지조항의 개념 및 다양한 용어 사용례에 관하여는 권영준, "도산해지조항의 효력", 비교사법 제25권 2호(한국비교사법학회, 2018. 5), 2-3면; 한민, "미이행쌍무계약에 관한 우리 도산법제의 개선방안", 선진상사법률연구 통권 제53호(법무부, 2011. 1), 61-63면.

59) 이 점과 관련하여 대법원 판결은 이 판시 내용의 앞 부분에서 (i) 구체적인 사정을 도외시한 채 도산해지조항은 어느 경우에나 회사정리절차의 목적과 취지에 반한다고 하여 일률적으로 무효로 보는 것은 계약자유의 원칙을 심각하게 침해하는 결과를 낳을 수 있을 뿐만 아니라 상대방 당사자가 채권자의 입장에서 채무자의 도산으로 초래될 법적 불안정에 대비할 보호가치 있는 정당한 이익을 무시하는 것이 될 수 있고, (ii) 회사정리법상 관리인은 정리절차 개시 당시에 존재하는 회사 재산에 대한 관리처분권을 취득하는 데에 불과하므로 채무자인 회사가 사전에 지급정지 등을 정지조건으로 하여 처분한 재산에 대하여는 처음부터 관리처분권이 미치지 아니한다고 설시하였다.

할 수는 없다("판시 ①").

② 쌍방 미이행 쌍무계약의 경우에는 계약의 이행 또는 해제에 관한 관리인의 선택권을 부여한 (구)회사정리법 제103조의 취지에 비추어 도산해지조항의 효력을 무효로 보아야 한다거나 아니면 적어도 정리절차개시 이후 종료 시까지의 기간 동안에는 도산해지조항의 적용 내지는 그에 따른 해지권의 행사가 제한된다는 등으로 해석할 여지가 있다("판시 ②").

위 대법원 판결이 판시 ②에서 쌍방 미이행 쌍무계약에 포함된 도산해지조항의 효력에 관하여 단정적으로 판단하지 아니한 것은 쌍방 미이행 쌍무계약의 경우에도 도산해지조항의 효력을 부정할 수 없는 경우가 있음을 염두에 둔 것으로 짐작된다. 현재 법원 실무에서는 쌍방 미이행 쌍무계약의 도산해지조항은 채무자회생법상 관리인 또는 파산관재인에게 부여된 쌍방 미이행 쌍무계약의 해제(해지)·이행에 관한 선택권을 잠탈하는 것이라는 이유로 원칙적으로 무효로 보고 있다.[60]

㈏ 소유권유보부매매·금융리스에서 도산해지조항의 효력

소유권유보부매매나 금융리스가 쌍방 미이행 쌍무계약으로 인정되는 경우(예컨대, 앞에서 살펴본 소유권이전조건부 선체용선계약)에는 판시 ②의 취지 및 법원의 실무에 따라 동 계약에 포함된 도산해지조항은 무효로 보아야 할 것이다. 반면에 소유권유보부매매와 금융리스상 채권자의 권리가 담보권으로 재구성되어 회생절차에서 회생담보권으로 취급되는 경우에는, 판시 ②를 적용하기는 어려울 것으로 생각된다.

그런데 소유권유보부매매와 금융리스의 목적물이 채무자의 회

---

60) 서울중앙지방법원 파산부 실무연구회(주 20), 382면.

생에 긴요한 경우에는 도산해지조항에 기하여 회생절차 개시 전에 그 목적물을 채무자의 책임재산으로부터 일탈시켜 채무자의 회생 가능성을 저해하는 것은 도산법의 목적 또는 도산 공서양속에 반한다고 볼 여지가 있다. 그렇게 보지 않더라도, 앞서 살펴본 바와 같이 소유권유보부매매와 금융리스에서 계약의 해제·해지에 이은 목적물의 환취는 실질적으로 담보권 실행로 볼 수 있으므로 회생절차개시 전의 위기시기(회생절차 개시신청 또는 지급정지 후)에 채무자의 회생에 필요한 목적물을 환취하게 되면 채무자에 대한 회생절차개시 후 그러한 권리행사는 부인될 수 있다.

따라서 목적물이 채무자의 회생에 필요한 경우에는, 소유권유보부매매계약과 금융리스계약상의 권리가 쌍방 미이행 쌍무계약상의 권리가 아니라 회생담보권으로 취급되더라도, 도산해지조항 중 적어도 목적물 반환의무를 발생시키는 부분은 위 대법원 판결의 판시 ①에서 말하는 "도산해지조항이 (구)회사정리법(채무자회생법)에서 규정한 부인권의 대상이 되거나 공서양속에 위반된다는 등의 이유로 효력이 부정되어야 할 경우"에 해당될 수 있다고 본다.[61] 반면에, 파산절차의 경우에는 담보권은 별제권으로 인정되어 담보권의 실행이 허용되므로 소유권유보부매매와 금융리스에서의 도산해지조항은 그 효력이 인정되어야 할 것으로 생각된다.[62]

---

61) 서울중앙지방법원 파산부 실무연구회(주 20), 384면도 대체로 같은 취지.

62) 일본 최고재판소의 판례로는, 소유권유보부매매계약에 포함된 도산해제특약(=도산해지조항)은 회사갱생절차의 취지와 목적을 해하는 것이므로 무효라고 한 판결[최고재판소 1982(昭和 57). 3. 30. 판결(民集 36卷 3号, 484면)]과 금융리스계약의 도산해지조항은 민사재생절차의 취지와 목적에 반하는 것이므로 무효라고 한 판결[최고재판소 2008(平成 20). 12. 16. 판결(民集 62卷 10号, 2561면)]이 있다. 이 판결들에 대한 소개로는 권영준(주 58), 20-21면.

Ⅲ. 도산절차의 개시와 장래채권 담보의 효력

1. 문제의 소재

대법원 2013. 3. 28. 선고 2010다63836 판결(이하, "대상판결")[63]

63) 이 사건의 주요 사실관계는 다음과 같다.

(1) 피고는 2006. 8. 28. 원고 은행과의 사이에 여신한도금액을 2억 원으로 하여 여신거래약정을 체결하고, 같은 날 원고 은행으로부터 116,000,000원을 대출받았다.

(2) 피고는 여신거래약정에 따른 대출금채권을 담보하기 위하여 피고가 국민건강보험공단에 대하여 장래에 취득할 요양급여비 및 의료급여비 채권을 원고에게 양도하고 국민건강보험공단에 양도통지를 하였다.

(3) 원고 은행과 피고 간에 2008. 8. 28. 체결된 채권양도담보계약에는 양도채권으로 "채권양도인이 채권양도일 이후 제3채무자로부터 수령할 국민건강보험법에 의한 요양급여비용 및 의료급여법에 의한 의료급여비용", 양도금액으로 "금 일십억 원"으로 각각 기재되어 있었다. 양도채권 발생의 시기와 종기는 따로 정하지 아니하였다.

(4) 채권양도통지서(통지서상의 확정일자: 2008. 8. 28.)에도 양도채권으로 "본 통지서 도달일로부터 발생한 채권으로서, 채권양도인이 국민건강보험공단으로부터 수령할 국민건강보험법에 의한 요양급여비용 및 의료급여법에 의한 의료급여비용", 양도금액으로 "금 일십억 원", 변제방법으로 "귀사의 변제방법으로서 양도된 요양급여비 및 의료급여비는 아래 계좌로 입금하여 주시기 바랍니다."라고 각각 기재되어 있었고, 입금할 계좌로 원고 은행에 개설된 원고 명의 계좌번호가 기재되어 있었다.

(5) 피고는 2008. 11. 7. 회생절차(채무자회생법 제2편의 일반 회생절차) 개시신청을 하였다.

(6) 원고 은행은 2008. 12. 1. 기한이익상실을 이유로 담보권을 실행하여 위 담보로 양도받은 채권 중 기 발생한 17,749,460원을 회수하였고, 그 이후 요양급여비 등 채권은 발생하지 않다가 회생절차 개시 후에 발생하였다.

(7) 서울중앙지방법원은 2008. 12. 12. 피고에 대한 회생절차 개시결정을 내렸고, 회생채무자인 피고 본인을 관리인으로 선임하였다.

(8) 원고 은행이 회생담보권으로 신고한 위 대출금채권(133,733,591원)에 관하여 관리인이 이의를 제기하자, 원고 은행은 2009. 1. 22. 서울중앙지방법원에 조사확정재판을 신청하였으나, 동 법원은 원고의 피고에 대한 회생담보권은 존재하지 않는다고 결정하였고, 이에 원고 은행은 조사확정재판이의의 소를 제기하였다.

은 "장래 발생하는 채권이 담보목적으로 양도된 후 채권양도인에 대하여 회생절차가 개시되었을 경우, 회생절차개시결정으로 채무자의 업무의 수행과 재산의 관리 및 처분 권한은 모두 관리인에게 전속하게 되는데(채무자 회생 및 파산에 관한 법률 제56조 제1항), 관리인은 채무자나 그의 기관 또는 대표자가 아니고 채무자와 그 채권자 등으로 구성되는 이른바 이해관계인 단체의 관리자로서 일종의 공적 수탁자에 해당한다 할 것이므로(대법원 1988. 10. 11. 선고 87다카1559 판결 참조), 회생절차가 개시된 후 발생하는 채권은 채무자가 아닌 관리인의 지위에 기한 행위로 인하여 발생하는 것으로서 채권양도담보의 목적물에 포함되지 아니하고, 이에 따라 그러한 채권에 대해서는 담보권의 효력이 미치지 아니한다."고 판시하였다.

대상판결은 장래에 발생할 집합채권(양도인이 국민건강보험공단에 대하여 장래에 취득할 국민건강보험법에 의한 요양급여비 및 의료급여법에 의한 의료급여비에 관한 채권)에 대한 양도담보의 회생절차상 효력을 다루고 있으나, 일반적으로 장래채권(장래의 집합채권 및 장래의 개별채권)에 대하여 양도담보권이 설정된 후에 양도인인 채무자에 대하여 회생절차가 개시된 경우, 회생절차 개시 이후에 발생하는 채권에 대하여 양도담보의 효력이 미치는지 여부가 문제될 수 있다. 이 쟁점은 장래의 집합채권 또는 개별채권을 담보로 하여 이루어지고 있는 자산금융 등의 다양한 금융거래에 큰 영향을 미칠 수 있는 중요한 사항이다.

도산절차 밖에서의 장래채권 양도의 유효성 문제에 관하여는 그 동안 판례와 학설상의 논의가 어느 정도 축적되어 있으나 도산절차 개시 전에 제공된 장래채권 양도담보가 양도인(채무자)에 대한 도산절차 개시에 의하여 어떻게 영향을 받는지에 관하여는 대상판결을 계기로 본격적인 논의가 촉발되었다. 이 문제에 관한 논의는 도산채권자 공동의 이익을 위하여 도산재단에 귀속되어야 할 재산을 특정 채권자의 이익을 위해 사용해서는 안 된다는 도산제도의 목적에 터잡은 기본명제에서 출발하는 것이다.[64] 도산절차 개시 당시 아직 '장래채권'이었던 채권을 도산절차 개시 후에 도산재단의 비용을 투입하여 발생시키고 이 채권을 도산절차 개시 전에 담보권을 취득한 특정 채권자에게만 귀속시킬 경우 도산재단에는 불합리한 피해가 생기므로 도산절차 개시 후에는 장래채권 담보의 효력을 그대로 인정하기는 어렵다는 것이다. 이와 같이 장래채권 양도의 효력을 제한하는 방법으로는 다양한 접근방법이 있을 수 있고, 실제로 미국, 독일, 일본 등 외국의 법제는 효력 제한의 방법과 정도에 있어서 상당한 차이를 보이고 있다.[65]

대상판결은 회생절차 개시 후에 공적수탁자로서 제3자인 관리인이 발생시킨 채권은 회생절차 개시 전에 설정된 양도담보의 목적물인 채권과는 동일성이 없다는 이유로 장래채권 양도담보의 효력을 제한한 것이다. 이에 대하여 대체로 국내 학설들은 후술하는 바와 같이 장래채권 양도담보의 효력을 제한할 필요성은 인정하고 있으나 대상판결의 법리나 결론에 대하여는 비판적이다. 채무자회생법은 도산절차 개시 시 장래채권 담보의 효력 문제에 관하여 정면으로 규율하는 규정을 두고 있지 아니하므로 이 문제의 해결에는 매우 복잡하고 어려운 관련 쟁점들에 관한 해석을 요하고, 해석론만으로 해결하기 어려운 것도 있다.

이 글에서는 대상판결을 비판하는 최근의 국내 학설들과는 달리 대상판결과의 정합성을 일응 유지하면서 도산절차 개시 시 장래채권 담보의 효력에 관하여 대상판결의 적용 범위를 합리적으로

64) 최준규, "장래채권 양도담보의 도산절차상 효력", 사법 제32호(사법발전재단, 2015), 260면.

65) 미국, 독일, 일본, 영국, 프랑스, 이탈리아 등의 입법례에 관한 상세한 분석으로는 최준규(주 64), 250-259면 참조.

획정할 수 있는 절충적인 해석론을 모색하고, 나아가 대상판결을 개별 사안에 적용할 경우 예상되는 개별 법적 쟁점들에 관하여 논하기로 한다.[66]

2. 학 설

장래채권의 양도담보가 양도인에 대한 회생절차 개시 이후에도 효력이 있는지에 관하여는 아래와 같이 학설이 나뉘고 있다.

(1) 회생절차 개시 이후에 발생한 채권에 대해서도 양도담보의 효력이 미친다는 견해(효력긍정설=제3자 대항요건설)

효력긍정설은 장래채권 양도담보에 관하여 회생절차의 개시 전에 제3자 대항요건을 구비하였다면 회생절차가 개시되더라도 채권양도의 효력을 관리인에게 대항할 수 있으므로 양도담보의 효력은 회생절차개시 후에 발생한 채권에 대하여도 미친다고 본다. 이 견해는 관리인이 채무자의 재산 및 업무에 관한 관리처분권을 갖는다고 하더라도 회생절차 개시 후에 발생한 채권의 권리 주체는 여전히 채무자이므로 관리인의 행위에 의해 발생한 채권임을 이유로 들어 양도담보 목적물에 포함되지 않는다고 본 대상판결은 타당하지 않다고 비판한다.[67] 특히 회생절차가 개시되더라도 채무자의 업무수행권과 재산의 관리처분권이 관리인에게 이전될 뿐, 권리주체는 변동이 없고 따라서 관리인은 원칙적으로 채무자의 지위를

66) 장래채권 담보의 효력 문제와 관련하여서는 장래채권 담보권에 대한 부인 문제가 있고, 집합동산 양도담보가 설정된 경우 (집합동산 양도담보에 기하여 또는 별도의 장래채권 양도담보에 의하여) 그 집합물을 구성하는 동산의 장래 매매대금채권에 대하여 담보의 효력이 미칠 수 있는지의 문제도 있다. 이들 관련 쟁점에 관하여는 이 글에서는 검토하지 않았다.

67) 이연갑, "장래채권 양도담보와 회생담보권의 효력이 미치는 범위 — 대법원 2013. 3. 28. 선고 2010다63836 판결 —", 법조 제695호(법조협회, 2014. 8), 189-192, 201-202면; 박진수, "회생절차개시결정과 집합채권양도담보의 효력이 미치는 범위", 민사판례연구회 편, 민사판례연구[XXXVI](박영사, 2014), 167면, 599-600면.

포괄적으로 승계한 것과 유사한 지위에 선다고 설명한다.[68] 한편, 이 견해에서는 공서양속 위반, 부인 등의 기존 법리에 의하여 부당한 양도담보의 효과를 제한함으로써 도산재단의 보호를 도모할 수 있다고 본다.[69] 이 견해에서도 도산절차 고유의 가치 내지 질서 정립이라는 관점에서 도산절차 개시 후 장래채권 담보의 효력을 제한할 필요가 있다고 하는 방향성 및 입법의 필요성을 지적하고 있다.[70][71]

(2) 회생절차 개시 이후에 발생한 채권에 대해서는 양도담보의 효력이 미치지 않는다는 견해(효력부정설=제65조 적용설)

효력부정설은 대상판결의 결론에는 찬성하나 법리 구성은 달리한다. 이 견해는 대체로 회생절차 개시 후의 권리취득에 관한 채무자회생법 제65조 제1항[72]을 근거로 든다. 이 견해는 독일 도산

---

68) 이연갑(주 67), 189-191면.

69) 박진수(주 67), 600-602면.

70) 이연갑(주 67), 202-203면.

71) 우리나라와 유사한 도산법제를 갖고 있는 일본의 경우, 과거의 주류적 견해는 대상판결과 유사한 입장을 취하였으나 최근의 다수설은 효력긍정설을 취하고 있다. 倒産と擔保 · 保證實務硏究會(주 15), 555-556면(杉本純子 집필) 참조. 도쿄지방재판소의 실무도 효력긍정설을 취하고 있는 것으로 보인다. 東京地裁會社更生實務硏究會 編, 會社更生の實務(新版)(上), 金融財政事情硏究會, 2014, 319면 참조. 이는 장래채권의 제3자 대항력은 대항요건을 갖춘 시점에 생기고 그 후 채권이 발생하더라도 양도인의 특단의 행위를 요함이 없이 그 채권은 당연히 양수인에게 귀속된다고 본다는 취지의 최고재판소 판례[최고재판소 2007(平成 19). 2. 15. 판결(民集 61卷 1号, 243면)]에 근거를 두고 있다. 반면에, 미국에서는 이 문제를 입법적으로 해결하고 있다. 미국 연방파산법은 원칙적으로 도산절차 개시 후에 도산재단(estate) 또는 채무자가 취득한 재산은 도산절차 개시 전에 채무자가 체결한 담보계약으로부터 비롯되는 담보권의 대상이 되지 않는다는 사후취득재산(after-acquired property) 조항[동법 section 552(a)]을 두고 있다. 미국 연방파산법상의 사후취득재산 조항에 관한 보다 상세한 소개로는 이연갑(주 67), 203면; 최준규(주 64), 250면; 정소민, "도산법상 채권담보권자의 지위에 관한 연구 — 회생절차에서 담보목적물의 범위 확정을 중심으로 —", 법학논총 제33집 제1호(한양대학교 법학연구소, 2016), 234-237면 참조.

72) 채무자회생법 제65조 제1항은 "회생절차개시 이후 회생채권 또는 회생담보권에 관하여 채무자의 재산에 대한 권리를 채무자의 행위에 의하지 아니하고 취득한

법(Insolvenzordnung)[73]도 채무자회생법 제65조 제1항과 유사한 조항을 두고 있고, 그 조항도 이와 같이 해석되고 있다는 점을 전거로 들고 있다.[74] 대상판결의 사안에서 회생절차 개시 후에 발생하는 급여비채권에 대한 양도담보권은 '채무자의 재산에 대한 권리'이고, 이를 '회생절차 개시 후에 채무자의 행위에 의하지 아니하고 취득한 때'에 해당하므로 회생절차에 있어서는 효력이 없다고 본다. 다만, 이 견해는 위 효력긍정설과 마찬가지로 관리인의 관리처분권 행사에 의하여 발생한 채권은 관리인이 아니라 채무자에게 귀속되는 것이므로 관리인이 회생절차 개시 후에 발생하는 급여비채권의 권리 주체임을 전제로 한 대상판결의 설시는 타당하지 않다고 지적한다.[75]

때에는 회생절차와 관계에 있어서 그 효력을 주장하지 못한다."라고 규정한다. 파산절차 개시 후의 권리취득에 관한 동법 제330조 제1항은 "파산선고 후에 파산재단에 속하는 재산에 관하여 채무자의 법률행위에 의하지 아니하고 권리를 취득한 경우에도 그 취득은 파산채권자에게 대항할 수 없다."라고 규정한다. 파산절차에 관한 제330조 제1항은 문언상 회생절차의 경우와는 달리 채권자에 의한 권리취득만을 대상으로 하지 않고 넓게 규정하고 있는 관계로 그 적용범위에 관하여 견해가 일치되어 있지 않다. 竹河守夫 외 編, 大コンメンタル破産法(青林書院, 2007), 194-195면(大村雅彦 집필).

73) 독일 도산법 제91조 제1항은 "도산재단의 목적물에 대한 권리는 채무자의 처분과 도산채권자를 위한 강제집행에 기하지 않은 경우에도 도산절차개시 후에 유효하게 취득할 수 없다."라고 규정한다[김재형, 민법판례분석(박영사, 2015), 161면]. 이 조항의 적용에 관한 상세한 내용은, 이연갑(주 67), 198-200면; 최준규(주 64), 251-253면; 오영준(주 55), 88-89면.

74) 김재형(주 73), 160-161면; 이상주, "집합채권양도담보에서의 담보권 실행의 효력과 회생절차가 개시된 후 발생하는 채권에 대해서도 담보권의 효력이 미치는지 여부", 대법원판례해설 제95호(2013 상)(법원도서관, 2013), 678-679면; 오영준(주 55), 369-373면. 도산절차의 개시 후 도산재단을 투입하여 채권이 발생한 경우 그 채권에 대한 장래채권 양도담보의 효력은 원칙적으로 부정되어야 한다는 관점에서 장래채권 담보의 효력을 부정하는 견해로는 최준규(주 64), 282면 참조.

75) 김재형(주 73), 160-161면.

3. 검 토

(1) 장래채권의 개념과 양도성

"장래채권"이란 채권 발생요건의 일부 또는 전부가 갖추어지지 아니한 채권을 말하고, 대체로 다음과 같이 분류되고 있다.[76)]

① 현재 그 채권 발생의 기초가 되는 법률관계는 존재하고 그에 단순히 어떤 사실이 가하여짐으로써 채권이 발생하는 경우(예: 일을 완성하기 전의 도급계약상 공사대금채권, 임대차계약에 기하여 발생할 차임채권, 장래의 기간에 대한 임금채권 등).

② 현재 그 채권 발생의 기초가 되는 법률관계를 발생시킬 요건의 일부만이 성립하고 있는 경우(예: 기본계약인 계속적 물품공급계약에 기하여 장래 개개의 주문에 따라 발생할 매매대금채권, 계약상 채무의 불이행으로 발생할 손해배상채권, 계약의 해제로 인하여 발생할 원상회복청구권 등).

③ 아무런 기초적 법률관계도 없고 단지 예상되는 것일 뿐인 경우(예: 당사자들 사이에 협상이 진행되어 앞으로 일정한 단계에 이르면 계약이 체결될 수도 있다는 전망이 선 경우 장래에 체결될 계약상의 채권).

도산절차 개시 당시 양도 대상 채권이 이미 발생하였으나 도산절차 개시 이후에 그에 관한 계약이 이행될 경우에 그러한 '현재채권'으로서의 양도 대상 채권(예컨대, 이미 발생한 쌍방 미이행 쌍무계약상의 채권)과 위 ① 유형의 채권을 구분하기는 쉽지 않다. 여기서는 위의 분류대로 위 ① 유형의 채권을 장래채권에 포함시켜 논한다. 또한, 정지조건부채권은 장래채권의 양도성 맥락에서는 통상적으로 장래채권에 포함시키지 않고 있으나,[77)] 도산절차 개시 후

---

76) 양창수, "장래채권의 양도", 민법연구 제7권(박영사, 2003), 244-245면; 오영준(주 55), 238-239면.

77) 양창수(주 76), 243면; 오영준(주 55), 238면; 최수정, "집합채권양도담보의 해석을

장래채권 담보의 효력을 인정할 것인지의 문제와 관련하여서는 정지조건부채권과 위 ① 또는 ② 유형의 장래채권을 구분하기가 쉽지 아니하므로 정지조건부채권도 장래채권에 포함시켜 검토할 필요가 있는 것으로 생각된다.[78)]

장래채권에 대하여 담보권을 설정하기 위해서는 장래채권의 양도성 요건을 갖추어야 한다.[79)] 대법원 판례에 의하면 장래 발생할 채권이 채권양도 당시 기본적 채권관계가 어느 정도 확정되어 있어 그 권리의 특정이 가능하고 가까운 장래에 발생할 것임이 상당한 정도로 기대되는 경우에 이를 양도할 수 있다.[80)][81)] 이러한 대법원 판례에 대하여 학설은 장래채권의 양도성은 '채권의 특정성' 여부만을 가지고 판단하여야 하고 "가까운 장래에 발생할 것임이 상당한 정도로 기대될 것"(이하 "장래 발생 가능성")까지를 요구하는 것은 타당하지 않다고 보는 견해[82)]가 유력하다. 「동산 · 채권 등의

둘러싼 제문제 — 대법원 2003.9.5., 2002다40456 판결 —", 민사법학 제26권(한국민사법학회, 2004), 327면 참조.

78) 최준규(주 64), 248-249면 참조.

79) 장래채권에 대한 담보는 질권 설정에 의할 수도 있으나 여기서는 양도담보를 중심으로 살펴본다. 이 글에서의 장래채권 양도담보에 관한 논의는 질권 설정의 경우에도 타당하다.

80) 대법원 1991. 6. 25. 선고 88다카6358 판결(장래 물품대금채권의 양도가능성 인정), 대법원 1996. 7. 30. 선고 95다7932 판결(일의 완성 전 도급계약상 보수채권의 양도가능성 인정), 대법원 1997. 7. 25. 선고 95다21624 판결(장래 매매계약의 해제시 발생할 매매대금반환채권의 양도가능성 인정) 등.

81) 다만, 국제사법에 의하면 채권의 양도인과 양수인 간의 법률관계는 당사자 간의 계약의 준거법에 의하고, 채권의 양도가능성, 채무자 및 제3자에 대한 채권양도의 효력은 양도되는 채권의 준거법에 의한다(동법 제34조 제1항). 따라서 채권발생의 원인이 되는 계약의 준거법이 외국법인 경우, 국제사법에 의하면 그 계약에 따른 장래채권의 양도가능성에 대하여는 한국법이 적용되지 않고 그 외국법이 적용된다.

82) 양창수(주 76) 264면; 김재형, "근저당권부 채권의 유동화에 관한 법적 문제", 서울대학교 법학 제43권 제1호(서울대학교, 2002), 183-184면; 최수정(주 77), 328면. 일회성 장래채권이 아닌 계속적 장래채권을 양도하는 경우에는 '가까운 장래

담보에 관한 법률」에 의하여 장래채권에 대한 채권담보권을 설정하는 경우에는 담보의 목적인 채권이 특정되어 있을 것만 요하고 장래 발생 가능성은 요구되지 않는다(동법 제34조 제2항).[83)]

도산제도의 목적에 비추어 도산절차 개시 시 장래채권 담보의 효력을 제한할 필요가 있음을 강조하는 입장에서는 양도 대상 채권의 특정가능성만 인정되면 장래채권의 양도성을 넓게 인정하는 것보다는 우리 대법원 판례와 같이 엄격하게 장래 발생 가능성까지 요구하는 것이 오히려 장래채권 양도의 오남용으로부터 도산재단을 보호하는 데에는 도움이 될 수 있다는 관점도 가질 수 있을 것이다. 대상판결의 사안에서는 장래채권의 양도성은 문제되지 않았던 것으로 보인다.

(2) 장래채권 양도의 제3자 대항력과의 관계

장래채권 양도의 경우에는 아직 발생하지 아니한 채권을 양도하는 것이므로 언제 대항력이 생기는 것으로 볼 것인지의 문제가 있다. 대법원 판례와 국내의 지배적인 학설에 의하면, 장래채권 양도의 제3자 대항력은 채권이 발생한 때가 아니라 대항요건을 갖춘 때에 생긴다고 본다.[84)] 위와 같이 채권발생 전에 장래채권 양도의

의 발생가능성'은 요구되지 않고, 그렇지 않다 하더라도 장래채권의 발생이 가까운 장래에 개시될 가능성이 있으면 충분하고 가까운 장래의 일정기간 동안 계속하여 발생할 가능성까지를 요하는 것은 아니라고 보아야 한다는 견해도 있다. 김용호·선용승, "국제금융을 위한 담보수단 — 개관 및 관련된 몇 가지 문제 —", 석광현·정순섭 편, 국제금융법의 현상과 과제(제1권)(소화, 2009), 307면 참조.

83) 김재형 "『동산·채권 등의 담보에 관한 법률』 제정안의 구성과 내용", 법조 제638호(법조협회, 2009. 11), 40면. 다만, 동법에 의한 담보권의 최초 존속기간은 5년 이하이고, 5년 이하의 기간으로 이를 갱신할 수 있다(동법 제49조 제1항). 담보권의 존속기간을 갱신하려면 존속기간 만료 전에 연장등기를 신청하여야 한다(동법 제49조 제2항).

84) 대법원 2000. 10. 6. 선고 2000다31526 판결, 대법원 2000. 4. 21. 선고 99다70716 판결, 대법원 99. 4. 28.자 99그21 결정, 대법원 1995. 9. 26. 선고 95다4681 판결 등(장래채권의 압류 및 전부명령의 효력 발생 시기가 문제된 사례); 양창수

제3자 대항요건을 갖출 수 있다고 보는 경우에도, 양도채권은 채권 발생시점에 양수인에게 이전된다고 보는 견해가 있다.[85)]

대법원 판례에 의하면 관리인은 회생절차의 이해관계인 단체를 위한 일종의 공적 수탁자로서 제3자의 지위를 갖는 것이므로 회생절차 개시 전의 채권양도를 관리인에게 대항할 수 있으려면 확정일자 있는 증서에 의한 양도 통지 또는 승낙에 의하여 대항요건을 갖추어야 한다. 대상판결의 사안을 보면 회생절차 개시 전에 장래채권 양도의 제3자 대항요건이 갖추어졌다. 그런데 대상판결은 관리인의 지위에서 한 행위로 인하여 발생한 채권과 채무자가 회생절차 개시 전에 양도한 채권은 '채권 발생원인'을 달리하는 서로 다른 채권이라는 것이고, 이는 채권양도의 제3자 대항력으로 해결할 문제가 아니라고 보았다.[86)]

(3) 학설에 대한 검토

우선 효력부정설은, 채무자회생법(제124조 및 제340조)[87)]이 특별

(주 76), 250면; 오영준(주 55), 303-304면, 306-307면; 최수정(주 77), 340면 참조.

85) 오영준(주 55), 307면(만일 장래채권이 제3자 대항요건을 갖춘 때에 양수인에게 바로 이전하는 것으로 본다면, 제3채무자는 그 이후 장래채권이 현실적으로 발생할 때까지 사이에 양도인에 대하여 취득한 항변권이나 상계권을 가지고 양수인에게 대항할 수 없다는 논리적 귀결에 이르게 되는데, 이는 양수인의 권익을 지나치게 보호하면서 제3채무자의 법적 지위를 현저히 불안하게 하는 것이어서 부당하다고 한다).

86) 이상주(주 74), 677면; 최준규(주 64), 272면.

87) 채무자회생법은 임대인인 채무자에 대하여 회생절차 또는 파산절차가 개시될 경우, 임대인에 의한 차임채권의 양도 기타 처분은 회생절차 또는 파산절차가 개시된 때의 당기와 차기에 관한 것을 제외하고는 회생절차 또는 파산절차와의 관계에서는 그 효력을 주장할 수 없고(동법 제124조 제1항 및 제340조 제1항), 그로 인하여 손해를 받은 자는 그 손해에 관하여 회생채권자 또는 파산채권자로서 손해배상청구권을 행사할 수 있다고 규정하고 있다(동법 제124조 제2항 및 제340조 제2항). 위와 같은 조항을 둔 취지는 회생채무자가 임차인 또는 제3자와 통모하여 차임채권을 사전에 처분하거나 다액의 선급이 있었다고 주장함으로써 회생채무자의 재산 또는 파산재단의 감소를 초래할 우려가 있기 때문이라고 일반적으로

히 차임채권에 관하여는 회생절차나 파산절차의 개시 후에 차임채권의 사전처분의 효력을 엄격히 제한하고 있는 것은 장래채권의 양도 등 처분 행위가 회생절차나 파산절차의 개시 후에 발생하는 채권에 대하여도 효력이 미치는 것을 전제로 하고 있다는 점과 충돌한다.[88] 이는 장래의 차임채권을 유동화자산으로 하여 「자산유동화에 관한 법률」에 따른 자산유동화 거래를 하는 경우에는 위 채무자회생법 규정의 적용이 배제되도록 함으로써 자산보유자(임대인)에 대하여 도산절차가 개시되더라도 그 도산절차의 개시 후에 발생하는 차임채권에 대하여도 양도(또는 신탁)의 효력이 미치도록 하기 위해 마련된 「자산유동화에 관한 법률」 제15조에도 반하는 해석이 된다.[89]

양수인에 의한 양도담보권 취득원인은 회생절차 개시 전에 양수인과 채무자 간의 양도담보설정계약, 즉 채무자의 행위라고 보아야 할 것이므로[90] "회생절차 개시 후에 채무자의 재산에 관한 권리를 채무자의 행위에 의하지 아니하고 취득한 때"에 해당한다고 단정할 수는 없을 것이다.

앞서 본 바와 같이, 장래채권의 경우 양도인으로부터 양수인으

설명되고 있다. 서울중앙지방법원 파산부 실무연구회(주 20), 394면; 자산유동화 실무연구회, 금융혁명 ABS(한국경제신문사, 2000), 398면.

88) 이연갑(주 67), 194-195면; 박진수(주 67), 599-600면. 위 채무자회생법 조항들의 입법 연혁에 관한 상세한 설명은 최준규(주 64), 273-276면 참조. 일본의 경우 과거에는 회사갱생법 및 파산법에 채무자회생법의 위 조항들과 같은 내용으로 차임채권 사전처분의 효력을 제한하는 조항들을 두고 있었으나 법을 개정하여 동 조항들을 삭제하였다. 한민, "국제금융과 국제도산법에 관한 소고", 석광현 · 정순섭 편, 국제금융법의 현상과 과제(제1권)(소화, 2009), 400-401면 참조.

89) 자산유동화 실무연구회(주 89), 398면.

90) 동지: 박진수(주 67), 594면 각주 67(회생절차 개시 이전 채무자의 장래채권에 대한 권리를 채무자의 행위에 의하여 취득한 것이고, 다만 채권이 회생절차 개시결정 이후 발생하여 별도의 행위를 요하지 않고 당연히 담보 목적물로 되는 경우로 볼 수 있다고 한다).

로 채권이 이전되는 시점은 양도채권의 발생 시라고 보는 견해를 취하더라도 회생절차 개시 후에 채권이 발생한 때 양수인(양도담보권자)이 그 채권을 직접 취득한 것으로 볼 것인지(=직접취득설), 아니면 양도인(채무자)이 일단 그 채권을 취득한 후에 양수인이 이를 이전받는 것으로 볼 것인지(=경유취득설)의 문제가 남는다. 채무자회생법 제65조 제1항이 효력부정설의 근거가 되려면 직접취득설이 배제되고 경유취득설이 성립될 수 있어야 한다. 경유취득설에 의할 경우에만 양수인이 '회생절차 개시 후에 채무자의 재산에 대한 권리(=양도담보권)를 취득한 때'에 해당될 여지가 생기기 때문이다.[91)][92)]

한편, 효력긍정설은 회생절차가 개시되더라도 재산에 관한 권리 주체는 변동이 없고 관리인은 원칙적으로 채무자의 지위를 포괄적으로 승계한 것과 유사한 지위에 있다는 것을 전제로 하여, 장래채권 양도담보가 회생절차 개시 후에 관리인하에서 발생한 채권에 대하여 효력을 미치는지의 문제를 기본적으로 장래채권 양도의 제3자 대항력 문제로 다루고 있다. 요컨대, 효력긍정설은 회생절차 개시의 전과 후에 '채무자의 재산'(또는 '권리귀속 주체로서의 채무자')이 법적으로 동일성이 유지된다고 본 것으로 이해된다. 그러나 아래에서 논하는 바와 같이 회생절차 개시 후의 '채무자의 재산'은 개시 전의 '채무자의 재산'과는 법적 성질이 다르므로 회생절차 개시 후에 발생한 채권에 대해 회생절차 개시 전에 체결한 장래채권 양도담보의 효력이 어느 범위까지 미치는지에 대해서는 심도 있게 검토할 필요가 있다.

---

91) 이러한 복잡한 법리 구성에 대한 비판으로는 이연갑(주 67), 197-199면.

92) 일본의 경우에도 양수인이 채권을 취득하는 것은 양도대상채권의 발생 시라고 보는 것을 전제로 하여 경유취득설과 직접취득설의 가능성이 논의되고 있는데, 최근에는 직접취득설이 유력하다고 한다. 和田勝行, 將來債權讓渡擔保と倒産手續(有斐閣, 2014), 174면 참조.

(4) 양도인의 처분권이 미치는 장래채권의 범위 — 제한적 효력긍정설

대상판결의 관점에서 '양도담보목적물의 범위', 즉 '양도인의 처분권이 미치는 범위'에 관하여 보다 깊은 검토가 필요하다. 민법 법리에 의하면, 장래채권을 발생시킬 양도인의 지위에 변동이 생기면 그 지위 변동 후 제3자가 발생시킨 채권에 대하여는, 그 제3자가 장래채권을 발생시키는 계약상 지위를 승계하지 않는 한, 양도인의 처분권, 즉 장래채권 양도의 효력이 미치지 않는다.[93] 이는 채권양도의 대항력 문제가 아니라 해당 채권의 권리 주체 문제이다. 예컨대, 양도인이 어떤 영업을 영위하면서 발생할 장래의 매출채권을 금융회사에 담보로 양도한 후에 그 영업을 제3의 영업양수인에게 양도한 경우, 영업양수인이 매출채권을 발생시키는 계약상의 지위를 함께 승계하지 아니한 경우에는 영업양수인이 양도채권의 제3채무자와 새로 체결한 계약에 기하여 발생시킨 매출채권은 영업양수인에 귀속되고 장래 매출채권 양도의 목적물에는 포함되지 않는다. 그러나 영업양수인이 양도인으로부터 매출채권을 발생시키는 계약상 지위를 승계하여 그 계약에 기하여 매출채권을 발생시킨 때에는, 그 매출채권은 양도인하에서 발생한 채권과 동일시되어 양도인의 처분권(즉, 장래 매출채권 양도의 효력)이 미친다고 보아야 한다.[94]

회생절차가 개시된 경우 관리인의 지위를 위 영업양수인과 마찬가지로 볼 것인가? 이 점은 관리인의 법적 지위와 도산재단의 법

93) 이연갑(주 67), 190면; 法務省民事局參事官室, "民法(債權關係)の改正に關する中間的論點整理の補足說明"(平成 23年 5月), 122-123면(http://www.moj.go.jp/content/000074425.pdf); 小林信明, "倒産法における將來債權讓渡に關する規定の創設, 東京辯護士會倒産法部 編, 倒産法改正展望(商事法務, 2012), 319면. 일본의 民法(債權法)改正檢討委員會의 기본방침에 관한 간략한 소개로는, 이상주(주 74), 674면.

94) 이연갑(주 67), 190면; 小林信明(주 93), 319면.

적 성질을 어떻게 파악할 것인지의 문제와 관련된다. 회생절차 개시 후의 '채무자의 재산'은 회생채권자 · 회생담보권자 등 이해관계인을 위한 도산재단을 구성하는 것이므로 회생절차 개시 전의 '채무자의 재산'과는 법적 성질이 다르다.[95] 회생절차에서 관리인은 회생채권자 등 이해관계인의 이익을 위하여 도산재단을 관리 · 처분하는 것이다. 이러한 법적 구조는 회생절차 개시에 의하여 채무자로부터 도산재단 또는 (채권자 등 이해관계인을 위하여) 도산재단을 대표하는 관리인(도산대표자, insolvency representative)에게로 채무자의 사업 및 재산에 대한 신탁적 양도가 이루어진 것과 실질적으로 유사하다고 볼 수 있다.[96] 그렇다면, 대상판결의 관점에서 보더라도 장래채권 양도담보에 있어서 장래채권을 발생시키는 양도인의 계약상 지위가 도산절차 개시에 의해 도산재단으로 이전된(또는 귀속된) 것으로 볼 수 있는 경우에는 회생절차 개시 이후에 발생한 채권에 대하여 장래채권 양도담보의 효력이 미친다고 할 것이다.[97]

---

95) 회생절차에서는 회생재단에 관한 명시적인 조항은 없지만 회생절차 개시 후의 '채무자의 재산'에 관하여 "회생재단"이라는 개념을 상정할 수 있고, 회생절차 개시 후의 '채무자의 재산'은 파산절차의 파산재단 및 개인회생절차의 개인회생재단과 함께 넓게 도산채권자를 위한 "도산재단"이라고 통칭할 수 있다[김재형, "선진 도산법제 구축을 위한 편제 및 용어 정비 방안연구"(2011년 법무부 연구용역 과제보고서), 88면]. 파산재단은 채무자가 파산절차 개시 당시 가진 모든 재산(채무자가 파산절차개시 전에 생긴 원인으로 장래에 행사할 청구권 포함)으로 구성되나(채무자회생법 제382조), 채무자가 파산절차 개시 후에 생긴 원인으로 취득한 재산(신득재산)은 파산재단에 포함되지 아니한다(고정주의). 반면에, 회생절차에서의 '채무자의 재산'(위의 회생재단 · 도산재단)에는 회생절차 개시 당시뿐만 아니라 그 후에 취득된 재산도 포함된다(팽창주의). 파산절차와 회생절차에서 도산재단의 범위에는 차이가 있으나 그 법적 성질은 동일하다고 볼 수 있다.

96) 채무자로부터 도산채권자단에게 도산재단의 사업 및 재산이 양도된 것(도산채권자를 위하여 신탁적으로 양도된 것)과 유사하다고 설명하기도 한다. 小林信明(주 93), 313, 322면 참조.

97) 최근 일본에서는 일본 민법의 개정안 검토과정에서 제한적 효력긍정설과 같은 취지의 견해가 해석론 및 입법론으로 제시된 바 있다. 小林信明(주 93), 313면 참조.

이러한 해석론은 대상판결과 정합성을 유지하면서 효력긍정설과 효력부정설의 한계 내지는 문제점을 보완하는 절충적인 입장(이하, "제한적 효력긍정설")이라고 할 수 있다.

최근 파산절차와의 관계에서 장래채권 양도담보의 효력이 다투어진 소송사건이 있었다. 이 사건에서는 토지매매계약의 매수인이 매도인에 대하여 갖는 매매계약상 채권(매매계약 해제에 따른 원상회복청구권 포함)에 대하여 매수인의 금융채권자에게 채권양도담보를 설정하고 제3자 대항요건을 구비하였다. 그 후 매수인에 대하여 파산절차가 개시되어 매수인의 파산관재인이 쌍방 미이행 쌍무계약에 해당되는 위 매매계약을 해제하였다. 이에 원고(채권양수인)[98]가 매도인(피고·제3채무자)에 대하여 매매계약의 해제에 따른 원상회복으로서 계약금 및 중도금의 반환을 청구하자, 매도인 및 파산관재인(독립당사자참가인)이 위 채권양도담보는 파산절차 개시 후 파산관재인의 행위로 인하여 발생한 이 사건 원상회복청구권에 대하여 효력이 미치지 않는다고 다투었다. 이에 대하여 서울고등법원은 다음과 같은 이유로 파산관재인의 매매계약 해제에 따라 발생한 원상회복청구권은 위 채권양도담보의 담보목적물에 포함되고, 그에 대하여 채권양도담보권의 효력이 미친다고 보았다.[99]

① 매수인의 파산관재인이 파산선고 이후에 파산관재인의 지위에서 채무자회생법 제335조에 따라 매도인(제3채무자)에 대하여 해제권을 행사하였다고 하더라도, 그로 인한 원상회복청구권의 기초는 파산절차 개시 전에 체결된 위 매매계약으로부터 비롯된 것

98) 원고는 파산절차 개시 전에 이 사건 양도채권을 최초 양수인인 위 금융채권자로부터 다시 양도 받고 그 양도에 관하여 제3자 대항요건을 구비한 자이다.

99) 서울고등법원 2017. 1. 12. 선고 2016나2031174, 2016나2031181(참가) 판결(확정). 이 판결에 대하여는 대법원에 상고되었으나 심리불속행으로 상고기각 되었다(대법원 2017. 5. 16. 선고 2017다209228, 2017다209235 판결).

이다.

② 파산관재인이 '파산절차가 개시된 후 발생하는 채권은 파산채무자가 아닌 파산관재인의 지위에 기한 행위로 인하여 발생하는 것으로서 채권양도담보의 목적물에 포함되지 않는다'는 취지로 들고 있는 대법원 2013. 3. 28. 선고 2010다63836 판결(=대상판결)의 의료비채권은 회생절차가 개시된 이후 관리인이 의료 행위를 통하여 새롭게 얻은 것인 반면, 이 사건 원상회복청구권은 매수인에 대한 파산절차가 개시되기 전에 체결된 이 사건 매매계약의 해제에 의하여 발생한 것인바, 위 판례를 이 사건에 그대로 원용하기에는 적절하지 않다.

위 사건에서 매매계약의 해제로 인하여 발생할 원상회복청구권은 현재 그 채권 발생의 기초가 되는 법률관계를 발생시킬 요건의 일부만이 성립하고 있는 경우로서 앞에서 본 장래채권의 유형에 속한다. 제한적 효력긍정설에 의할 경우, 위 사건에서는 파산절차 개시 전에 장래채권 양도의 제3자 대항력을 갖추었고 장래채권의 발생원인이 되는 매매계약이 체결되어 그 계약상 지위가 파산재단에 이전된 것으로 볼 수 있는 경우이므로 원상회복청구권이 파산절차 개시 이후에 파산관재인에 의하여 발생하였더라도 여전히 양도담보 목적물에 포함된다. 효력긍정설에 의하면 파산절차 개시 전에 장래채권 양도의 제3자 대항요건을 갖춘 이상 당연히 양도담보 목적물에 포함된다. 그러나 효력부정설(제65조 적용설)에 의할 경우에는, 원고(채권양수인)가 이 사건 원상회복청구권을 취득하는 것은 채무자회생법 제65조 제1항에 해당되어 무효로 될 여지가 있다. 앞서 본 효력부정설 중 경유취득설에 의하면, 원고(채권양수인)는 파산절차의 개시 이후에 채무자(채권양도인)의 행위에 의하지 않고(즉, 파산관재인에 의한 해제에 의하여) 발생한 원상회복청구권을 채무자를 경유하여 취득한 것이 되기 때문이다.

결론적으로, 대상판결하에서는 효력긍정설을 취하기는 어렵고, 효력부정설은 해석상 명확하지 아니한 점이 있어서 선뜻 채택하기에 주저되는 점이 있다. 제한적 효력긍정설에 의하여 대상판결의 적용 범위에 관하여 절충적인 해석론을 모색할 필요가 있다.

4. 대상판결의 적용 범위에 관한 개별 쟁점

(1) 장래의 집합채권 양도담보의 유형

대상판결에서 문제된 채권 양도담보는 양도인(채무자)이 현재 또는 장래에 보유할 다수의 지명채권의 묶음을 담보의 목적으로 일괄 양도하는 것, 즉 집합채권 양도담보이다. 집합채권 양도담보는 순환형 집합채권 양도담보와 누적형 집합채권 양도담보로 구분된다. 순환형은 이미 발생한 채권의 가액이 정해진 담보가액을 초과하는 경우, 피담보채권에 관한 기한이익상실 등 당사자 간의 계약에서 정한 사유가 발생하지 않는 한, 그 초과 부분에 관하여는 채무자에게 추심권 및 추심금의 사용권을 부여하거나 또는 담보권자가 추심권을 갖되 회수금을 채무자에게 지급함으로써 기 발생 채권의 회수금이 수시로 담보 목적물로부터 유출되고 새로 발생하는 채권이 담보 목적물로 편입되는 방식이다. 누적형은 채권양도의 대상이 되는 현재 및 장래의 채권 전부(그 회수금 포함)를 누적하여 담보 목적물로 포착하고 채무자에게 추심권을 부여하지 않는 방식이다.[100)]

순환형의 경우에는 당사자 간에 별도의 특약이 없는 한 담보권 실행에 의하여 순환형 담보의 취지는 상실되는 것이므로 담보권 실행 시에 담보 목적물이 고정화되고 그 후에 새로 발생하는 채

---

100) 김연미, "매출채권을 이용한 기업의 자금조달", 상사법연구 제34권 제3호(한국상사법학회, 2015), 274-275면; 정소민(주 71), 230-231면.

권은 담보 목적물에 포함되지 않는다고 보는 것이 일반적인 견해이다. 반면에, 누적형 집합채권양도담보의 경우 채무자에게 추심·사용권이 부여되어 있지 아니하고 담보 목적물의 교체가 예정되어 있지 않은 것이므로 당사자 간에 달리 합의하지 않은 한 담보권의 실행에 의하여 담보 목적물이 고정화되지 않는다고 본다.[101)]

대상판결에서 다루어진 채권 양도담보는 누적형 집합채권 양도담보에 해당한다. 대상판결은 특별한 사정이 없는 한, 채권양수인인 원고가 담보 목적물 중 일부인 그 당시 현존 의료비 등 채권에 대하여 담보권을 실행하여 국민건강보험공단으로부터 채권액의 일부를 직접 회수하였다 하더라도, 원고가 피담보채권인 대출금채권 전액의 만족을 얻지 아니한 이상, 그 후 발생하는 의료비 등 채권에 대해서도 담보권을 실행할 수 있다고 할 것이고, 원고의 위와 같은 담보권 실행으로 인하여 그 후 발생하는 의료비 등 채권에 대하여 담보권의 효력이 미치지 아니하게 되는 것은 아니라고 판시함으로써 위 학설과 같은 입장을 취하였다. 이 부분 판시 내용은 집합채권 양도담보 특유의 평시 실체법 문제이고 도산절차에서의 효력과는 직접 관련되는 것은 아니므로 이하에서는 관련된 부분에서 간략히 언급하기로 한다.

(2) 장래의 개별채권

집합채권 양도담보의 효력에 관한 대상판결의 결론이 장래에 발생할 개별채권에 대한 양도담보에도 적용될 것인가? 제한적 효력긍정설에 의할 경우 개별채권을 발생시키는 양도인의 계약상 지위(예컨대, 공사도급계약)가 채무자의 재산으로부터 도산재단으로 이전된 것으로 볼 수 있는 경우에는 회생절차 개시 후 관리인하에서

---

101) 이상주(주 74), 655-656면, 663-664면; 이연갑(주 67), 174-176면; 정소민(주 71), 230-231면.

그 계약이 이행되어 개별채권(공사완공에 따른 공사대금채권)[102]이 발생한 때에도 그 채권에 대한 양도인의 사전처분은 효력이 있는 것이므로 그 채권은 양도담보 목적물에 포함된다.

더욱이, 도산재단의 부담으로 비용을 투입하여 장래에 개별채권을 발생시키는 계약은 대부분 채무자회생법상의 쌍방 미이행 쌍무계약(동법 제119조 및 제335조)에 해당될 것인데, 관리인이 개별채권을 발생시키는 쌍방 미이행 쌍무계약의 이행을 선택한 경우에는 채무자의 재산에 속하던 계약상 지위가 도산재단으로 이전된다는 점이 보다 분명해진다.[103] 관리인이 위 쌍방 미이행 쌍무계약의 이행을 위하여 도산재단에 속하는 재산을 투입하는 것이 도산재단에 이익이 되지 않는다고 판단하면 그 계약을 해제·해지할 수 있다. 또한, 관리인과 담보권자는 해당 쌍방 미이행 쌍무계약의 이행 또는 해제·해지에 따른 손익을 고려하여, 관리인이 계약의 이행을 선택하는 것으로 하되, 계약 이행을 위해 투입할 비용 상당액을 담보권자가 양도담보 목적물로 취득할 채권의 가액에서 적절히 감액하는 등의 방법으로 상호 양보하여 도산재단과 담보권자 모두에게 이익이 되는 해결책에 합의할 수도 있을 것이다. 따라서 제한적 효력긍정설과 같이 해석하더라도 도산재단의 보호가 불합리하게 취약해진다고 단정할 것은 아니다.[104]

102) 앞서 본 바와 같이, 일을 완성하기 전의 도급계약상 공사대금채권은 임대차계약에 기하여 발생할 차임채권과 마찬가지로 현재 그 채권발생의 기초가 되는 법률관계는 존재하고 그에 단순히 어떤 사실이 가하여짐으로써 채권이 발생하는 경우로서 장래채권으로 분류되고 있다.

103) 이 경우 그 계약상의 부담도 함께 도산재단으로 이전되어야 하는 것은 당연하다.

104) 독일 도산법상으로는 쌍방 미이행 쌍무계약상의 채권은 장래채권뿐만 아니라 현재채권인 경우에도 도산절차 개시 후에는 그에 대한 채권담보의 효력을 부정함으로써 매우 강한 수준으로 도산재단을 보호하고 있다. 즉, 쌍방 미이행 쌍무계약상의 채권에 대하여 양도담보가 설정된 때에는, 해당 채권이 양도인에 대한 도산절차의 개시 당시 아직 발생하지 아니하여 장래채권으로 남아 있는 경우뿐만 아니라 이미 발생한 현재채권인 경우에도, 그 채권양도담보는 양도인에 대한 도

요컨대, 장래의 개별채권 양도담보의 경우에도 그 채권을 발생시키는 계약상 지위가 도산재단으로 귀속되는 한 도산절차 개시 후에 발생한 채권에 대하여 효력이 미친다고 하여야 할 것이다. 대상판결의 결론은 이와 같이 계약상 지위의 이전을 수반하는 장래의 개별채권 양도담보에 대하여는 적용되지 않는다고 보아야 할 것이다.[105)]

(3) 계속적 거래를 위한 기본계약

제한적 효력긍정설에 의할 경우 장래채권을 발생시키는 '계약상 지위'의 개념 내지는 범위를 어떻게 이해할 것인가의 문제가 있

산절차 개시 이후에 관리인이 쌍방 미이행 쌍무계약의 이행을 선택함에 따라 상대방(제3채무자)에 대하여 갖는 채권에 대하여는 효력이 미치지 않는다. 이것은 최근의 독일 연방대법원의 판례에 의하여 관리인이 쌍방 미이행 쌍무계약의 이행을 선택함에 따라 상대방(제3채무자)에 대하여 갖는 채권은 원래의 채권과는 전혀 다른 — 관리인의 행위에 의하여 새로이 발생한 — 채권으로 취급되고 있고, 나아가 독일 도산법 제91조 제1항(채무자회생법 제65조 제1항에 대응되는 조문)이 적용됨에 따라 채권양수인(담보권자)은 이 채권을 취득할 수 없다고 보기 때문이다. Eberhard Braun (ed.), *German Insolvency Code (2nd ed.)* (C.H. Beck, 2019), p. 317, p. 341; 최준규(주 64), 280-281면; 和田勝行(주 92), 180-183면 참조. 우리 채무자회생법상 쌍방 미이행 쌍무계약의 이행 선택에 따라 관리인이 갖는 채권은 동 계약상의 채권과 동일성을 유지하는 것으로 보아야 하고, 위 독일 도산법에서와 같이 해석하기는 어려운 것으로 생각된다. 독일 연방대법원은 종전에는 양수인의 채권 취득을 허용하되 채권 발생에 지출된 비용에 관하여 관리인이 양수인에 대해 부당이득반환청구를 할 수 있다고 보았으나 위와 같이 판례를 변경하였다. 최준규(주 64), 280면; 和田勝行(주 92), 180면 참조.

105) 논거는 달리 하지만 결론을 같이 하는 견해로는 오영준, "집합채권양도담보", 김용담 편, 주석민법 제4판[물권(4)](한국사법행정학회, 2011), 632-633면. 이 견해는 대상판결 이전의 견해로서, 특정의 제3채무자와 사이에서 특정의 발생원인에 기하여 발생하는 것이 확실한 장래채권(예컨대, 특정의 공사도급계약에 따라 수급인이 장래 공사의 완공 시 취득할 공사대금채권)을 담보 목적물로 하는 경우에는, 집합채권 양도담보의 경우와는 달리, 채권양도인과 채권양수인 모두 채권양수인에 의한 당해 채권의 추심·사용을 전제로 하여 계약을 체결한 것이고 채무자도 그러한 결과 발생을 고려한 것이기 때문에, 통상의 기발생 채권의 양도담보와 동일하게 회생담보권으로 취급되어야 한다고 본다.

다. 예를 들어, 거래처와의 사이에 '계속적 기본계약'을 전제로 하면서 채권을 발생시키기 위해서는 개별계약을 필요로 하는 경우, '계약상 지위'는 개별계약상의 지위를 의미하는 것인지, 아니면 계속적 기본계약상의 지위도 포함하는 것인지의 문제이다.[106] 이에 대하여는 장래채권 양도의 효력 범위를 명확히 할 필요가 있으므로 '장래채권을 발생시키는 것'이라는 점에 주목하여 해당 채권을 발생시키기 위한 '개별계약상의 지위'가 도산재단에 이전되는 경우로 좁게 해석하는 견해가 있다.[107] 앞서 본 바와 같이, 기본계약인 계속적 물품공급계약에 기하여 장래 개개의 주문에 따라 발생할 매매대금채권은 계약상 채무의 불이행으로 발생할 손해배상채권, 계약의 해제로 인하여 발생할 원상회복청구권 등과 마찬가지로 현재 그 채권의 발생의 기초가 되는 법률관계를 발생시킬 요건의 일부만이 성립하고 있는 경우로서 장래채권의 한 유형으로 분류되고 있다. 계속적 거래를 위한 기본계약의 내용 및 구속력은 거래마다 차이가 있으므로 계속적 거래를 위한 기본계약과 관련한 계약상 지위의 이전에 관하여는 개별적인 검토가 필요하다.

(4) 회생담보권 가액의 평가 및 관련 문제

채무자회생법에 의하면 회생담보권액은 회생절차 개시 당시 담보권의 목적의 가액이고, 그 가액을 넘는 채권액 부분은 회생채권으로 취급된다(동법 제 141조 제3항, 제4항). 장래채권 양도담보가 회생절차 개시 후에 발생하는 채권에 대하여는 효력이 미치지 않는다는 입장을 취할 경우, 회생담보권액은 회생절차 개시 당시 발생한 채권의 가액이 될 것이다. 회생절차 개시 후에 발생하는 채권에 대하여도 양도담보의 효력이 미친다는 입장을 취할 경우에는, 이미

106) 小林信明(주 93), 320면.

107) 小林信明(주 93), 320면; 後藤出, "將來債權讓渡の'主體をまたがる效力'について", NBL, 942号(商事法務, 2010), 41면.

발생한 채권 외에 회생절차 개시 후에 발생할 것으로 기대되는 채권에 대한 평가를 어떻게 할 것인지가 문제된다. 장래 발생할 채권에 대한 평가방법으로는 장래 발생할 것으로 기대되는 채권의 가치를 현재가치로 평가한 전체가치가 되어야 한다는 견해(=전체가치파악설)와 그 전체가치에서 장래채권을 발생시키는 데에 필요한 합리적 사업 활동비용을 공제한 금액이 되어야 한다는 견해(=비용공제가치파악설)가 있다.[108]

그러나 장래 발생할 채권의 액면금액이 특정되어 있지 않거나 예측하기 어려운 때에는 관리인은 물론이고 회계법인, 감정평가사 등 전문가가 위와 같은 방법으로 채권액을 평가하는 것이 용이하지 않을 수도 있고, 이 경우 회생절차 개시 후에 발생하는 채권에 대하여 양도담보의 효력이 미친다고 보더라도 회생담보권액은 사실상 이미 발생한 채권액으로 한정될 가능성도 있다.[109] 따라서 이와 같이 회생담보권의 가액 평가가 곤란한 장래채권 양도담보의 경우에는 회생절차 개시 후에 발생한 채권에 대하여 담보권의 효력이 미치는지 여부에 관한 논의의 실익은 현실적으로 크지 않을 수도 있다.

이른바 "순환형 집합채권 양도담보"의 경우에는 담보권자는 이미 발생한 집합채권의 가치를 기초로 하여 여신 판단을 하게 되므로 회생절차 개시 당시까지 발생한 채권을 회생담보권액의 평가대상으로 하더라도 담보권자에게 불이익한 경우는 많지 않을 것으

---

108) 이상주(주 74), 681면; 倒産と擔保·保證實務硏究(주 15), 558-559면(杉本純子 집필).

109) 이상주(주 74), 686면. 2009년 1월에 도쿄지방재판소에서 개시된 Spansion Japan 주식회사에 대한 회사갱생절차에서는 집합동산양도담보권 및 집합채권양도담보권의 평가를 회사갱생절차 개시 당시 존재하는 동산 및 채권을 대상으로 한 것으로 보인다. 種ヶ 江洋祐·倉持 大, "更生手續における更生擔保權をめぐる諸問題(ABL融資および更生擔保權者委員會の實務對應), NBL, No.956(商事法務, 2011. 7), 85면; 長島·大野·常松法律事務所(주 51), 250면.

로 생각된다. 오히려 회생채무자의 입장에서는 본래의 양도담보계약대로 '순환형'을 유지하는 것이 회생에 도움이 되는 경우도 많을 것이다. 이미 발생한 채권으로부터의 회수금을 동결시킨다면 채무자는 현금 유동성에 어려움을 겪을 수 있기 때문에 담보가치를 유지하는 범위 내에서 회생절차개시 후에 새로 발생하는 채권을 담보목적물로 수시로 편입시키면서 기 발생 채권으로부터의 회수금은 관리인이 사용할 수 있도록 하는 방안이 고려될 수 있다.

(5) 파산절차

장래채권 양도담보의 효력이 파산절차 개시 이후에 발생한 채권에 대하여 효력이 미치는지에 관하여도 장래채권 양도담보의 회생절차에서의 효력에 관한 위의 논의가 타당하다고 본다. 파산절차의 경우에는 파산재단에 속하는 재산상에 설정된 담보권(=별제권)은 원칙적으로 파산절차와 관계없이 실행할 수 있으므로 집합채권 양도담보권자는 별제권자로서 파산절차 개시 후에 담보권을 실행하여 채권을 회수할 수 있다. 순환형 집합채권 양도담보의 경우에는 이러한 담보권 실행 시에 담보 목적물이 고정화하여 그 이후에 발생하는 채권에 대하여는 양도담보권의 효력이 미치지 아니할 수 있다.

(6) 장래채권의 진정양도

장래채권에 대하여 담보 목적의 양도(양도담보)가 아니라 진정양도(진정매매)가 이루어진 경우, 이는 도산절차 개시 후에 발생하는 채권에 대하여 효력이 미치는가? 진정양도의 경우에는 채무자가 갖고 있던 장래채권이 양수인에게 양도되고 확정일자 있는 통지 또는 승낙이라는 대항력을 갖추었으므로 양수인은 그 채권을 확정적으로 취득하였고, 그 채권은 더 이상 양도인의 재산이 아니므로 양수인은 양도인에 대한 회생절차와 관계없이 양수채권을 추심할 수 있다고 보는 견해가 있다.[110][111] 하급심법원의 실무에서도 같은 입장을 취한 선례가 있다.[112]

채권을 담보로 양도하는 것과 진정양도에 의해 양도하는 것은 큰 차이가 있다. 담보로 양도하는 경우, 양도인의 회생절차 또는 파산절차에서 그 담보재산은 여전히 도산재단을 구성하고 당사자들은 그것을 전제하고 담보부 금융거래를 한다. 회생절차에서는 원칙적으로 담보권을 행사하지 못하고 파산절차에서는 담보권을 행사할 수 있다는 점에서 차이가 있으나 담보권이 설정된 재산이 도산재단을 구성한다는 점에서는 동일하다. 회생절차에서 담보권은 회생계획에 따른 권리변경의 대상이 되고, 파산절차에서는 최종 3개월분의 임금채권, 최종 3년간의 퇴직급여등 채권 등과 같이 담보권에 우선하는 권리도 있다(채무자회생법 제415조의 2). 그러나 진정양도의 경우 거래당사자들은 양도 목적물이 양도인의 도산재단으로부터 제외될 것을 의도하고 또 그것을 전제로 하여 거래조건을 정한다. 진정양도에 의하여 자산보유자는 보다 용이하고 저렴하게 자금을 조달할 수 있다. 이러한 점에서, 부인권의 대상이 되는 예외적인 경우를 제외하고, 장래의 개별채권의 양도이든 집합채권의 양도이든, 진정양도 요건을 충족하는 이상 양수인은 양수 받은 채권을 양도인에 대한 채권자로서 행사하는 것이 아니므로 회생담보권자·회생채권자와는 달리 취급되는 것이 당연하

110) 오영준(주 55), 361면.

111) 반대견해로는 최준규(주 64), 278-279면(진정매매로 채권을 양도 받은 채권자도 도산재단을 투입하여 발생한 채권으로부터 독점적으로 자기 채권의 만족을 얻는다는 점에서 채권양도담보권자와 차이가 없다고 보아 장래채권 양도와 양도담보의 도산절차상 효력에 차이를 둘 이유는 없다고 한다).

112) 주식회사 두루넷에 대한 (구)회사정리법에 따른 회사정리사건(서울중앙지방법원 2003회7)의 선례[오영준(주 55), 358-363면; 조용연·최진숙, "자산유동화거래와 진정한 매매(True Sale) — 회사정리법과 관련된 사안을 중심으로 —", 박준·정순섭 편, 자산유동화의 현상과 과제(제1권)(소화, 2009), 212-222면].

다.[113] 진정양도의 양수인의 권리는 도산절차와의 관계에서는 실질적으로 환취권에 준하여 취급되는 것이 타당하다.

물론 장래채권의 진정양도에 대하여도 장래채권 양도담보와 마찬가지로 양도 목적물의 범위(=양도인의 처분권이 미치는 범위)의 문제를 검토할 필요가 있다. 도산절차 개시 전에 장래채권을 진정양도한 경우, 앞에서 본 제한적 효력긍정설에 의하면 장래채권을 발생시키는 '계약상 지위'가 양도인으로부터 도산재단으로 이전된 것으로 볼 수 있는 한 도산절차 개시 후에 발생하는 채권에 대하여 양도의 효력이 미친다. 진정양도의 속성을 고려하여 '계약상 지위'의 개념 내지 범위를 불합리하게 좁게 해석해서는 안 될 것이다.

Ⅳ. 맺음말

금융제공자는 가능한 한 채무자의 도산이나 도산절차에 의해 영향을 받지 않고 개별적인 권리행사를 통하여 채권회수를 극대화하고자 하는 유인을 갖고, 동시에 그와 같이 채권회수가 이루어지지 않을 가능성을 위험요소로 인식한다. 사전적으로 판단할 때 채권회수 가능성이 높을수록 채무자는 보다 용이하게 낮은 비용으로 자금을 조달할 수 있으므로 채무자에게도 이익이 된다.[114]

---

113) 따라서 장래채권 담보의 효력에 관하여 설사 효력부정설(제65조 적용설)을 취한다고 하더라도, 채무자회생법 제65조 제1항은 회생채권과 회생담보권에 관하여 채무자의 행위에 의하지 아니한 권리 취득을 금지하고 있는 것이므로 장래채권의 진정양도에 대하여는 적용될 여지가 없다. 다만, 파산절차의 경우에는 채무자회생법 제330조 제1항의 문언상 채권자에 의한 권리 취득만을 대상으로 하고 있지 않고 넓게 규정하고 있는 관계로 논의의 여지가 있다.

114) 미국 연방파산법에서 고가의 장비인 선박·항공기의 담보권자, 리스제공자와 소유권유보부매도인에게 넓게 환취권을 부여하는 특칙을 두고 있는 것은 바로 이 점을 중시하였기 때문인 것으로 보인다(주 41 참조). 국제적으로 항공기의 담보권자, 리스제공자 및 소유권유보부매도인에게 미국 연방파산법과 마찬가지로 넓게 환취권을 인정해 주고 있는 케이프타운협약 및 항공기의정서도 같은 취지에

반면에, 도산절차는 집단적 절차(collective proceedings)로서 채권자 일반의 공정하고 형평에 맞는 채권 회수를 그 목적으로 삼고 있고, 회생절차의 경우에는 채무자의 성공적인 회생도 그 목적 중의 하나이다. 채무자에 대한 도산절차에서는 이러한 도산절차의 목적에 따라 사후적으로 개별 채권자의 권리를 제한할 필요가 생기게 된다. 그런데 이러한 제한에 관하여는 법적 예측가능성이 담보되어야 한다. 채무자회생법은 개별 채권자와 도산채권자 일반 간의 상충되는 이해관계를 조정하기 위한 법적 장치들을 두고 있으나, 이 글에서 다룬 법적 쟁점들을 해결할 수 있는 법 규정은 미흡하다. 이로 인하여 야기되는 법적 불확실성은 자금을 제공하고자 하는 금융회사뿐만 아니라 자금을 조달하고자 하는 기업에도 도움이 되지 않는다.

이 글에서는 자산금융거래에서 중요한 의미를 갖는 두 가지 도산법 쟁점과 관련하여 최근의 대법원 판례와 법원 실무에 의해 제시되어 있는 기본 법리를 검토하고, 이를 토대로 그 구체적인 적용 단계에서 문제될 수 있는 세부적인 논점들에 관하여 해석론을 제시하였는바, 위의 기본 법리만으로는 개별 사안의 해결에 충분하지 않고 적지 않은 법적 불확실성이 있음을 알 수 있다. 이 글에서의 논의가 향후 해석론의 정립과 입법적 해결방안의 고려에 도움이 되기를 바란다.

서 마련되어 이미 전세계적으로 이용되고 있다(주 49의 본문 참조).

⊠ 참고문헌

1. 국내문헌

권영준, “도산해지조항의 효력”, 비교사법 제25권 2호(한국비교사법학회, 2018. 5).

김동수 · 오영진, “리스의 회계와 세무”, BFL 제90호(서울대학교 금융법센터, 2018. 7).

김연미, “매출채권을 이용한 기업의 자금조달”, 상사법연구 제34권 제3호(한국상사법학회, 2015).

김영주, “미이행쌍무계약에 대한 민법과 채무자회생법의 규율 — 해석론 및 입법론에 대한 비판적 검토를 중심으로 —”, 민사법학 제70호(한국민사법학회, 2015. 3).

김영주, “도산절차상 양도담보계약상 당사자의 법적 지위”, 사법 33호(사법발전재단, 2015. 9).

김용담 편, 주석민법 제4판[물권(4)](한국사법행정학회, 2011).

김용담 편, 주석민법 제4판[채권각칙(3)](한국사법행정학회, 2016).

김용호 · 선용승, “국제금융을 위한 담보수단 — 개관 및 관련된 몇 가지 문제 —”, 석광현 · 정순섭 편, 국제금융법의 현상과 과제(제1권)(소화, 2009).

김인현, “한진해운 회생절차에서의 해상법 및 도산법적 쟁점, 상사법연구 제36권 제2호(한국상사법학회, 2017).

김재형, “근저당권부 채권의 유동화에 관한 법적 문제”, 서울대학교 법학, 제43권 제1호(서울대학교, 2002).

김재형, “『동산 · 채권 등의 담보에 관한 법률』 제정안의 구성과 내용”, 법조 제638호(법조협회, 2009. 11).

김재형, “선진 도산법제 구축을 위한 편제 및 용어 정비 방안연구”(2011년 법무부 연구용역 과제보고서).

김재형, 민법판례분석(박영사, 2015).

김창준, "한진해운의 도산법적 쟁점 — 공익채권, 회생담보권, BBCHP, 책임제한절차를 중심으로 —", 한국해법학회지 제39권 제1호(한국해법학회, 2017. 5).

민정석, "질권 실행행위가 회생절차상 부인권 행사의 대상이 될 수 있는지 여부 — 대상판결: 대법원 2011. 11. 24. 선고 2009다76362 판결 —", BFL 제54호(서울대학교 금융법센터, 2012. 7).

박진수, "회생절차개시결정과 집합채권양도담보의 효력이 미치는 범위", 민사판례연구회 편, 민사판례연구[XXXVI](박영사, 2014).

박준 · 한민, 금융거래와 법(박영사, 2018).

서울중앙지방법원 파산부 실무연구회, 회생사건실무(상) 제4판(박영사, 2014).

서울중앙지방법원 파산부 실무연구회, 법인파산실무 제4판(박영사, 2014).

석광현, "항공기에 대한 국제적 담보거래 — 케이프타운협약과 항공기의정서를 중심으로 —", 국제거래법연구 제12집(국제거래법학회, 2004).

양창수, "장래채권의 양도", 민법연구 제7권(박영사, 2003).

양형우, "회생절차에서 소유권유보와 매도인의 지위 — 대상판결: 대법원 2014. 4. 10. 선고 2013다61190 판결 —" 인권과 정의 제447호(대한변호사협회, 2015. 2).

오영준, "집합채권양도담보와 도산절차의 개시", 사법논집 제43집(법원도서관, 2006).

윤진수, "담보신탁의 도산절연론 비판", 비교사법 제25권 제2호(비교사법학회, 2018. 5).

이상주, "집합채권양도담보에서의 담보권실행의 효력과 회생절차가 개시된 후 발생하는 채권에 대해서도 담보권의 효력이 미치는지 여부", 대법원판례해설 제95호(법원도서관, 2013 상).

이연갑, "리스계약과 도산절차", 민사판례연구회 편, 민사판례연구[XXVIII](박영사, 2006).

이연갑, "장래채권 양도담보와 회생담보권의 효력이 미치는 범위 — 대법원 2013. 3. 28. 선고 2010다63836 판결 —", 법조 제695호(법조협회, 2014. 8).

이진만, "통합도산법상의 부인권 — 부인의 대상을 중심으로 —", 민사판례연구[XXVIII](박영사, 2006).

임채홍 · 백창훈(2002), 회사정리법(상)(제2판)(한국사법행정학회, 2002).

임치용, "해운회사의 회생절차 개시와 국제사법의 주요 쟁점 — 회생담보권의 범위, 상계 및 쌍방미이행쌍무계약의 준거법, 국제중재절차, 외국관리인의 지위를 중심으로 —", 국제사법연구 제22권 제2호(한국국제사법학회, 2016. 12).

자산유동화 실무연구회, 금융혁명 ABS(한국경제신문사, 2000).

정석종, "회생절차에서의 선박금융에 대한 취급 — BBCHP를 중심으로 —", 도산법연구 제2권 제2호(도산법연구회, 2011).

정소민, "도산법상 소유권유보부매매의 매도인의 지위", 민사판례연구[XXXVII](박영사, 2015).

정소민, "도산법상 채권담보권자의 지위에 관한 연구 — 회생절차에서 담보목적물의 범위 확정을 중심으로 —", 법학논총 제33집 제1호(한양대학교 법학연구소, 2016).

정순섭, 은행법(지원사, 2017).

정우영, "선박 금융의 실무 소개", 석광현 · 정순섭 편, 국제금융법의 현상과 과제(제1권)(소화, 2009).

조용연 · 최진숙, "자산유동화거래와 진정한 매매(True Sale) — 회사정리법과 관련된 사안을 중심으로 —", 박준 · 정순섭 편, 자산유동화의 현상과 과제(제1권)(소화, 2009).

지원림, 민법강의(제14판)(홍문사, 2016).

최수정, "집합채권양도담보의 해석을 둘러싼 제문제 — 대법원 2003.9.5., 2002다40456 판결 — ", 민사법학 제26권(한국민사법학회, 2004).

최준규, "장래채권 양도담보의 도산절차상 효력", 사법 제32호(사법발전재단, 2015).

한민, "국제금융과 국제도산법에 관한 소고", 석광현·정순섭 편, 국제금융법의 현상과 과제(제1권)(소화, 2009).

한민, "미이행쌍무계약에 관한 우리 도산법제의 개선방안", 선진상사법률연구 통권 제53호(법무부, 2011. 1).

한민, "자산금융과 최근의 도산법 쟁점", BFL 제90호(서울대학교 금융법센터, 2018. 7).

2. 외국문헌

Braun, Eberhard (ed.), German Insolvency Code (2nd ed.) (C.H. Beck, 2019).

Brook, James, Secured Transactions: Examples and Explanations (6th ed.) (Wolters Kluwer, 2014).

Hanley, Donal Patrick, Aircraft Operating Leasing (2nd ed.) (Wolters Kluer, 2017).

Harris, Steven, "United States of America", in Marcel Willems (ed.), Retention of Title in and out of Insolvency (Global Law and Business, 2015).

Ripple, Gregory P., "Special Protection in the Air[ine Industry]: The Historical Development of Section 1110 of the Bankruptcy Code", 78 Notre Dame L. Rev. 281 (2002).

Schroth, Peter W., "Financial Leasing of Equipment in the Law of the United States", 58 American Journal of Comparative Law 323 (2010).

White, James J and Summers, Robert S., Uniform Commercial Code (6th ed.) (West, 2010).

倒産と擔保·保證實務硏究會 編, 倒産と擔保·保證(商事法務, 2014).

東京地裁會社更生實務硏究會 編, 會社更生の實務(新版)(上)(金融財政事情硏究會, 2014).

法務省民事局參事官室, "民法(債權關係)の改正に關する中間的論點整理の補足說明"(平成 23年 5月), 〈http://www.moj.go.jp/content/000074425.pdf〉.

山本和彦, 倒産法制の現代的課題(有斐閣, 2014).

山本和彦, "倒産手續におくる法律行爲の效果の變容", 民事手續の現代的使命(伊藤眞 先生古稀祝賀論文集)(有斐閣, 2015).

西村總合法律事務所(編), ファイナンス法大全(下)(商事法務, 2003).

小林信明, "倒産法における將來債權讓渡に關する規定の創設, 東京辯護士會倒産法部 編, 倒産法改正展望(商事法務, 2012).

伊藤眞, "證劵化と倒産法理(上)(下)", 金融法務事情 1657号, 1658号(金融財政事情研究會, 2002).

長島·大野·常松法律事務所 編, ニュ-ホライズン事業再生と金融(商事法務, 2016).

全國倒産處理辯護士ネットワク 編, 新注釋民事再生法(제2版)(上)(金融財政事情研究會, 2011).

齊藤 崇·上田 瓦, "デリバティブを組み込んだ證劵化商品に關する近時の諸問題", 事業再生と債權管理 No.131(金融財政事情研究會, 2011).

種ヶ 江洋祐·倉持 大, "更生手續における更生擔保權をめぐる諸問題(ABL融資および更生擔保權者委員會の實務對應)", NBL No.956(商事法務, 2011. 7. 1).

竹河守夫 외 編, 大コンメンタル破産法(青林書院, 2007).

和田勝行, 將來債權讓渡擔保と倒産手續(有斐閣, 2014).

後藤出, "將來債權讓渡の'主體をまたがる效力'について", NBL 942号(2010).

판례색인

[대법원 판례]

[하급심 판례]

[헌법재판소 결정]

[미국 판례]

[영국 판례]

[독일 판례]

[일본 판결]

사항색인

[ㅇ]

[ㅈ]

공저자 소개

권영준

서울대학교 법과대학 졸업(1994)
서울대학교 법학박사(2006)
서울지방법원 판사 등 역임
현 서울대학교 법학전문대학원 교수
권리의 변동과 구제(제3판, 2017), 담보거래에 관한 UNCITRAL 모델법 연구(2018), 주석민법 총칙(Ⅰ)(제5판, 2019), 민법판례연구 I (2019), 그 외 논문 다수

윤진수

서울대학교 법과대학 졸업(1977)
서울대학교 법학박사(1993)
대법원 재판연구관, 수원지방법원 부장판사 역임
현 서울대학교 법학전문대학원 교수
민법논고 1-7(2007-2015), 민법기본판례(2016), 친족상속법강의(제2판, 2018), "법의 해석과 적용에서 경제적 효율의 고려는 가능한가?", "위헌인 대통령의 긴급조치 발령이 불법행위를 구성하는지 여부", "판례의 무게" 등 100여 편

이동진

서울대학교 법과대학 졸업(2000)
서울대학교 법학박사(2011)
서울중앙지방법원 판사 등 역임
현 서울대학교 법학전문대학원 교수
주석민법 총칙(2)(제4판, 2010), 주해친족법 제1권(2015), 개인정보 보호의 법과 정책(개정판, 2016), 그 외 논문 다수

최준규

서울대학교 법과대학 졸업(2003)
서울대학교 법학박사(2012)
서울중앙지방법원 판사, 한양대학교 법학전문대학원 교수 등 역임
현 서울대학교 법학전문대학원 부교수
주해상속법 2권(2019), 상속법의 관점에서 본 생명보험(2018), 주석민법 채권각칙(3)(4판, 2016), 주해친족법 1,2권(2015), 그 외 논문 다수

한 민

서울대학교 법과대학 졸업(1981)
코넬대학교 LL.M.(1992)
변호사(김 · 장법률사무소, 법무법인 율촌), UN 국제상거래법위원회(UNCITRAL) 도산법회의 한국대표단(고문) 등 역임
현 이화여대 법학전문대학원 교수
금융거래와 법(제2판, 2019)(공저), 도산법(2012)(공저), 그 외 논문 다수

민법과 도산법

초판발행 2019년 10월 20일

지은이 권영준 · 윤진수 · 이동진 · 최준규 · 한 민
펴낸이 안종만 · 안상준

편 집 정수정
기획/마케팅 조성호
표지디자인 이미연
제 작 우인도 · 고철민

펴낸곳 (주) 박영사
서울특별시 종로구 새문안로3길 36, 1601
등록 1959. 3. 11. 제300-1959-1호(倫)
전 화 02)733-6771
f a x 02)736-4818
e-mail pys@pybook.co.kr
homepage www.pybook.co.kr
ISBN 979-11-303-3412-7 94360
979-11-303-2631-3 (세트)

정 가 25,000원